高职高专经济管理基础课系列教材

员工关系管理实务
(微课版)

尹丽莎　崔　静　主　编
魏文佳　胡先祥
雷　静　王　朋　副主编

清华大学出版社
北京

内 容 简 介

本书以工作过程为导向，工作任务为载体，以职业活动能力培养为目标，对员工关系管理实务的知识体系和技能体系进行了重构和梳理。

本书内容由课程导入和 11 个项目构成，包括员工关系基础分析，招聘管理，培训和保密管理，薪酬和工作时间管理，就业保护、安全与健康管理，员工行为约束与激励，员工沟通与满意度管理，企业文化建设，灵活用工管理，员工离职管理，劳动争议的预防和处理。每个项目围绕项目主题通过项目概述、学习目标和技能目标、案例导入、相关知识、工作任务、案例分析与讨论、思考与练习以及拓展阅读进行展开，可使在校学历教育和继续教育的学习者通过学习"相关知识、工作任务"等模块掌握相关的知识和技能。

本书的读者对象为人力资源及管理专业在校大学生、接受继续教育的学生，以及对人力资源管理及管理学等相关学科及实践内容感兴趣的学习者。

本书封面贴有清华大学出版社防伪标签，无标签者不得销售。
版权所有，侵权必究。举报: 010-62782989, beiqinquan@tup.tsinghua.edu.cn。

图书在版编目(CIP)数据

员工关系管理实务: 微课版/尹丽莎，崔静主编. —北京: 清华大学出版社，2022.2(2024.8重印)
高职高专经济管理基础课系列教材
ISBN 978-7-302-59908-1

Ⅰ. ①员… Ⅱ. ①尹… ②崔… Ⅲ. ①企业管理—人事管理—高等职业教育—教材 Ⅳ. ①F272.921

中国版本图书馆 CIP 数据核字(2022)第 018372 号

责任编辑:	章忆文　桑任松
装帧设计:	李　坤
责任校对:	周剑云
责任印制:	宋　林
出版发行:	清华大学出版社
网　　址:	https://www.tup.com.cn, https://www.wqxuetang.com
地　　址:	北京清华大学学研大厦 A 座　邮　编: 100084
社 总 机:	010-83470000　邮　购: 010-62786544
投稿与读者服务:	010-62776969, c-service@tup.tsinghua.edu.cn
质量反馈:	010-62772015, zhiliang@tup.tsinghua.edu.cn
课件下载:	https://www.tup.com.cn, 010-62791865
印 装 者:	北京嘉实印刷有限公司
经　　销:	全国新华书店
开　　本:	185mm×260mm　印　张: 17.5　字　数: 424 千字
版　　次:	2022 年 3 月第 1 版　印　次: 2024 年 8 月第 3 次印刷
定　　价:	49.80 元

产品编号: 091715-01

前　　言

随着中国经济的快速发展，经商环境的日臻完善，经济法规的日益健全，各种类型的企业不断快速涌现，且随着新的《劳动合同法》的颁布和实施，由劳动纠纷引发的劳动仲裁及诉讼案例也逐年增多。这同时也与企业用工法律观念淡薄，劳动者法律意识逐年增强，用工企业与劳动者的心理契约关系薄弱等多种因素有关。而现有已出版的员工关系管理类书籍，有两点缺失：一是可作为高职类学生的校本教材的种类少；二是多数书籍内容陈旧。有鉴于此，我们在"重庆市人力资源管理专业资源库建设项目"的建设过程中，根据行业发展与需求以及高等职业教育人力资源管理专业的人才培养目标编写了本书。

本书以工作过程为导向，工作任务为载体，通过校企双元合作，以职业活动能力为目标，对本书的知识体系和技能体系进行了重构和梳理。本书采用以项目为单元、工作内容为任务载体的结构。以项目为单位组织内容，以工作任务为内容选择的参照点，以行为导向为方法，根据职业能力培养的需要，将课程内容设计为具体技能的工作任务。本书选取的项目均是基于员工关系管理工作过程而提炼出的典型工作岗位和工作任务，项目内容与员工关系管理岗位实践紧密结合，具有创新性。在具体的项目内容设计上遵循"理论适度，重在技能"的理念。

本书由课程导入和 11 个项目构成。课程导入主要介绍员工关系的含义、特点、本质、根源，员工关系管理的内容及本书的结构安排。11 个项目的主题分别为：员工关系基础分析，招聘管理，培训和保密管理，薪酬和工作时间管理，就业保护、安全与健康管理，员工行为约束与激励，员工沟通与满意度管理，企业文化建设，灵活用工管理，员工离职管理，劳动争议的预防和处理。

每个项目包括以下几个部分或栏目。

(1) 项目概述。每一个项目均由项目概述导入，项目概述主要介绍每个项目标题的含义。

(2) 学习目标和技能目标。提出学习目标和技能目标，使得学习者了解本项目安排的难点和重点内容。

(3) 案例导入。案例导入针对项目的工作任务目标设置案例、引出对项目重点内容的思考。案例基本由来自于实践的工作内容加工而成，并紧密结合项目的工作任务。

(4) 相关知识。相关知识是对员工关系管理各项目的理论内容的精选，它可以回答部分学习目标和案例导入提出的问题，同时也为工作任务的讲解做出理论铺垫。

(5) 工作任务。工作任务是项目的核心内容，基本由知识结合企业实践工作提炼编撰而成。工作任务采用单任务式或多任务式，多任务按照一定的逻辑关系设置，有前后步骤关系、并列关系等。工作任务主要包括操作流程和注意事项等。

(6) 案例分析与讨论。案例分析与讨论和导入案例有所不同，案例分析与讨论是在学习者学习完相关知识，掌握了工作任务的操作步骤和注意事项等后列出的，有利于学习者检验每一个项目工作任务的掌握情况。

(7) 思考与练习。思考与练习将相关知识中的重要知识点，工作任务中的重点操作步骤、注意事项或高风险环节转化成思考问题，让学习者在学习完每一个项目后可以总结回顾相关知识或实践操作内容。

(8) 拓展阅读。拓展阅读选取了与对应项目相关的补充知识，不需要学习者像学习"相关知识、工作任务"等模块般掌握，仅是帮助学习者开拓知识视野，以便更好地理解项目内容。

员工关系管理是人力资源管理六大模块中法律性和人合性最强的一个工作模块，它的法律性主要体现在《劳动法》和《劳动合同法》等相关法律的规定贯穿了人力资源具体工作的方方面面，它是对人力资源工作的最基本要求，通常也是建立在书面上的有形契约；而人合性主要体现在对心理契约的管理，是无法通过有形契约对员工进行束缚的管理方式，可以说是人力资源管理的最高要求。员工关系管理就是要将两种管理方式有效地结合起来，以最低的法律底线为准绳，在此基础之上进行员工心理契约的管理，使得员工最大限度地发挥劳动力价值的同时，身心健康也得到满足和发展。学习者通过对本书的学习，可以系统掌握员工关系的所有环节，并可从事企业内部的员工关系管理工作，但也由于员工关系的法律相关性极强，也希望学习者在学习本书的同时注意对相关法律政策的最新内容的跟进。

本书由重庆青年职业技术学院的尹丽莎、崔静任主编，重庆人文科技学院的雷静、王朋和北京华科易汇科技股份有限公司的魏文佳、胡先祥任副主编，由这六位作者共同编写完成。其中，崔静和魏文佳负责编写本书的结构及样章，尹丽莎负责编写课程导入、项目1、项目2；崔静负责编写项目3、项目4、项目9、项目10；魏文佳负责编写项目5、项目6；胡先祥负责编写项目7；雷静负责编写项目8；王朋负责编写项目11。全书由尹丽莎、崔静和魏文佳负责统稿。

本书在编写过程中充分吸取了员工关系管理中的企业实践经验并采用了其中的典型案例，重庆青年职业技术学院项目课程组的相关老师对本书的编写及修改工作给予了大力支持，且提出了宝贵的修改意见。

由于本书编写时国家关于员工关系的相关政策陆续出台，而本书同时受到编写时间、编写者水平及截稿时间等多种因素的制约，书中难免存在不完善之处，恳请广大学习者在阅读、学习本书的同时，能够提出宝贵的指正建议。

编　者

目 录

课程导入 1
    0.1 员工关系的含义和特点 1
        0.1.1 员工关系的含义 1
        0.1.2 员工关系的特点 1
    0.2 员工关系的本质：合作、冲突、力量和权利交织 2
        0.2.1 员工关系的本质及与心理契约的关系 2
        0.2.2 冲突的产生 2
        0.2.3 力量的对比 3
        0.2.4 权力的主导地位变化 3
    0.3 员工关系的根源：冲突与合作 3
        0.3.1 合作的根源 3
        0.3.2 冲突的根源 4
        0.3.3 冲突的分类 6
        0.3.4 冲突与合作的影响因素 7
    0.4 员工关系管理的内容 8
        0.4.1 员工关系管理的概念与发展现状 8
        0.4.2 员工关系管理的内容 9
        0.4.3 员工关系管理和劳动关系管理的关系 9
    0.5 本书的结构安排及学习建议 10
        0.5.1 本书的结构安排 10
        0.5.2 项目化教学单元的结构安排 10
        0.5.3 本书的项目介绍及学习建议 11

项目 1 员工关系基础分析 14
    1.1 相关知识：员工关系的环境、管理岗位与企业的用工形式 17
        1.1.1 员工关系的环境 17
        1.1.2 员工关系管理的相关岗位 18
        1.1.3 企业的用工形式 19
    1.2 工作任务：员工关系岗位设置的业务操作 20
        1.2.1 制定岗位职责 20
        1.2.2 设置任职要求 21
    1.3 工作任务：进行公司内外部环境分析的业务操作 22
        1.3.1 进行员工关系的外部环境分析 22
        1.3.2 进行员工关系的内部环境分析 24

1.4　工作任务：制定员工关系计划书的业务操作 26
　　　　1.4.1　制定员工关系计划书的思路 26
　　　　1.4.2　制定员工关系计划书 27
　思考与练习 34

项目2　招聘管理 37

　　2.1　相关知识：录用审查、劳动合同与试用期 39
　　　　2.1.1　录用审查的前提 39
　　　　2.1.2　录用审查的内容 39
　　　　2.1.3　劳动合同 41
　　　　2.1.4　试用期 41
　　2.2　工作任务：员工录用审查的业务操作 42
　　　　2.2.1　进行背景调查 42
　　　　2.2.2　安排员工入职体检 44
　　　　2.2.3　防范入职通知书中的风险 45
　　　　2.2.4　招聘外籍人员的业务操作 48
　　2.3　工作任务：签订劳动合同的业务操作 48
　　　　2.3.1　注意劳动合同的条款 48
　　　　2.3.2　确定劳动合同的期限 51
　　　　2.3.3　选择劳动合同的形式 52
　　　　2.3.4　签订劳动合同 53
　　　　2.3.5　确认和处理无效劳动合同 58
　　2.4　工作任务：试用期管理的业务操作 60
　　　　2.4.1　确定试用期的时间 60
　　　　2.4.2　确定试用期工资 61
　　　　2.4.3　解除试用期劳动合同 62
　思考与练习 65

项目3　培训和保密管理 68

　　3.1　相关知识：培训、保密与竞业限制管理 70
　　　　3.1.1　培训管理 70
　　　　3.1.2　保密管理 71
　　　　3.1.3　竞业限制管理 71
　　3.2　工作任务：签订培训协议的业务操作 72
　　　　3.2.1　按照培训协议区分培训类型 73
　　　　3.2.2　辨别培训协议的签订条件 73
　　　　3.2.3　确定培训协议的服务期 74
　　　　3.2.4　限额内确定违约金金额及其支付 74
　　　　3.2.5　不得将服务期工资含于培训费中 75

          3.2.6　签订培训协议 75
    3.3　工作任务：签订保密协议的业务操作 76
          3.3.1　确定保密事项 76
          3.3.2　细化保密事项的范围 78
          3.3.3　约定泄密行为 78
          3.3.4　约定违约责任 78
          3.3.5　签订保密协议 78
    3.4　工作任务：签订竞业限制协议的业务操作 80
          3.4.1　范围内确定竞业限制人员 81
          3.4.2　约定竞业限制的范围、地域和期限 81
          3.4.3　制定经济补偿标准 81
          3.4.4　约定违约责任 82
          3.4.5　签订竞业限制协议 82
    思考与练习 86

项目 4　薪酬和工作时间管理 88

    4.1　相关知识：薪酬和工作时间管理 90
          4.1.1　薪酬管理 90
          4.1.2　工作时间管理 91
    4.2　工作任务：进行工资支付的业务操作 92
          4.2.1　工资支付项目 92
          4.2.2　最低工资标准 93
          4.2.3　工资支付原则 94
          4.2.4　特殊情况下的工资支付 95
          4.2.5　以工资为计算基数的待遇和补偿 96
          4.2.6　诉讼及破产的工资支付 97
    4.3　工作任务：进行工作时间管理的业务操作 99
          4.3.1　标准工作日的规定 99
          4.3.2　缩短工作日的规定 99
          4.3.3　不定时工作日的申报 100
          4.3.4　综合工作日的申报 100
          4.3.5　计件工作时间 101
          4.3.6　选择弹性工作时间 101
          4.3.7　加班加点的条件和限制 101
          4.3.8　休息休假的种类和规定 102
    思考与练习 104

项目 5　就业保护、安全与健康管理 106

    5.1　相关知识：员工就业保护、安全与健康管理 109

		5.1.1 员工就业保护	109
		5.1.2 员工安全管理	109
		5.1.3 员工健康管理	110
	5.2	工作任务：进行就业保护的业务操作	112
		5.2.1 进行女职工的就业保护	112
		5.2.2 进行未成年工的就业保护	112
	5.3	工作任务：进行员工安全管理的业务操作	114
		5.3.1 制定劳动安全卫生管理法规	114
		5.3.2 制定劳动安全技术规程	115
		5.3.3 制定劳动卫生规程	115
		5.3.4 制定伤亡事故报告和处理制度	115
	5.4	工作任务：进行员工健康管理的业务操作	116
		5.4.1 制订健康管理计划	116
		5.4.2 执行健康管理计划	117
		5.4.3 进行员工压力管理	119
		5.4.4 实施 EAP 员工帮助计划	120
	思考与练习		122

项目 6 员工行为约束与激励ﾠ125

	6.1	相关知识：企业规章制度、员工手册与员工奖惩	126
		6.1.1 企业规章制度	126
		6.1.2 员工手册	127
		6.1.3 员工奖惩	128
	6.2	工作任务：制定和实施企业规章制度的业务操作	129
		6.2.1 制定企业规章制度的规则	129
		6.2.2 企业规章制度的呈现形式	129
		6.2.3 企业规章制度的内容要求	130
		6.2.4 企业规章制度的生效条件	132
		6.2.5 制定和实施企业规章制度的程序	132
	6.3	工作任务：制定和实施员工手册的业务操作	134
		6.3.1 员工手册的内容	134
		6.3.2 员工手册的编制要求	136
		6.3.3 员工手册的编写步骤	136
		6.3.4 员工手册的执行程序	137
	6.4	工作任务：进行员工奖惩的业务操作	138
		6.4.1 奖惩的内容	138
		6.4.2 奖励的方式	140
		6.4.3 处分的方式	141
		6.4.4 进行员工奖惩	142

思考与练习 146

项目 7　员工沟通与满意度管理 148

7.1　相关知识：员工沟通和员工满意度调查 149
　　7.1.1　员工沟通 149
　　7.1.2　员工满意度调查 150

7.2　工作任务：进行有效沟通的业务操作 152
　　7.2.1　有效沟通的基础 152
　　7.2.2　有效沟通的行为法则 153
　　7.2.3　加强有效沟通的具体方法 154
　　7.2.4　有效沟通的程序 156

7.3　工作任务：进行员工满意度调查的业务操作 158
　　7.3.1　员工满意度调查的方式 158
　　7.3.2　员工满意度调查的测量工具 159
　　7.3.3　问卷调查法的操作流程 161

　　思考与练习 169

项目 8　企业文化建设 171

8.1　相关知识：企业文化建设、企业内刊和年会 173
　　8.1.1　企业文化建设 173
　　8.1.2　企业内刊 175
　　8.1.3　企业年会 176

8.2　工作任务：进行企业文化体系创建和实施的业务操作 177
　　8.2.1　创建企业文化体系 177
　　8.2.2　实施和推广企业文化 180

8.3　工作任务：进行企业内刊建设的业务操作 182
　　8.3.1　确定企业内刊的定位 182
　　8.3.2　选择企业内刊的内容 183
　　8.3.3　策划企业内刊的主题 183
　　8.3.4　编写企业内刊运作方案 184

8.4　工作任务：进行企业年会策划和执行的业务操作 186
　　8.4.1　步骤一：成立公司年会小组 187
　　8.4.2　步骤二：选定年会主题 187
　　8.4.3　步骤三：选择年会场地 187
　　8.4.4　步骤四：确定年会时间 188
　　8.4.5　步骤五：设定年会环节 188
　　8.4.6　步骤六：进行年会活动的准备 188
　　8.4.7　步骤七：安排年会活动的管理工作 189
　　8.4.8　步骤八：编写年会活动策划案 189

思考与练习 192

项目 9　灵活用工管理 195

9.1　相关知识：劳务派遣用工与非全日制用工 196

9.1.1　劳务派遣用工 196

9.1.2　非全日制用工 197

9.2　工作任务：处理劳务派遣用工的业务操作 198

9.2.1　适合劳务派遣的岗位 198

9.2.2　选择劳务派遣单位 199

9.2.3　处理与劳务派遣公司的关系 201

9.2.4　被派遣劳动者在劳务派遣中的权利 203

9.2.5　对劳务派遣员工的管理 205

9.3　工作任务：处理非全日制用工关系的业务操作 206

9.3.1　可以订立口头协议 206

9.3.2　可以形成两个以上劳动关系 207

9.3.3　不得约定试用期 207

9.3.4　必须缴纳工伤保险 207

9.3.5　工资最长支付周期不超过 15 天 208

9.3.6　用人单位可以随时终止合同，且无须向劳动者支付经济补偿 208

　　思考与练习 209

项目 10　员工离职管理 213

10.1　相关知识：员工离职、劳动关系的解除与终止 214

10.1.1　员工离职 214

10.1.2　劳动合同的解除 217

10.1.3　劳动合同的终止 218

10.2　工作任务：进行员工离职管理的业务操作 219

10.2.1　分析员工离职的原因 219

10.2.2　员工离职费用的计量 220

10.2.3　员工离职费用的管理 223

10.2.4　员工主动离职的管理 223

10.2.5　员工非主动离职的管理 225

10.2.6　经济性裁员的管理 225

10.2.7　员工离职后的综合管理 227

10.3　工作任务：进行劳动合同解除和终止的管理 228

10.3.1　劳动合同解除的适用情况处理 228

10.3.2　用人单位单方解除劳动合同的程序 232

10.3.3　劳动合同终止的条件 234

10.3.4　劳动合同终止的程序 235

思考与练习 237

项目 11　劳动争议的预防和处理 239

　11.1　相关知识：劳动争议与劳动争议处理 240
　　11.1.1　劳动争议的概念、分类及特征 240
　　11.1.2　劳动争议的范围 242
　　11.1.3　劳动争议处理的目的和原则 243
　　11.1.4　劳动争议处理中的核心概念理解 245
　11.2　工作任务：进行劳动争议预防的业务操作 246
　　11.2.1　明确企业规章制度与国家法律法规的关系 246
　　11.2.2　制定符合法律规定的企业规章制度 247
　　11.2.3　完善企业规章制度的方法与技巧 249
　11.3　工作任务：进行劳动争议证据的保护和运用的业务操作 250
　　11.3.1　劳动争议证据的作用 250
　　11.3.2　劳动争议证据的保护与运用 252
　11.4　工作任务：进行劳动争议处理的业务操作 253
　　11.4.1　劳动争议协商 253
　　11.4.2　劳动争议调解 254
　　11.4.3　劳动争议仲裁 257
　　11.4.4　劳动争议诉讼 262
　　思考与练习 265

参考文献 267

课程导入

"员工关系"一词源自西方人力资源管理体系。在西方，最初由于劳资矛盾激烈、对抗严重，给企业正常发展带来了不稳定因素。在劳资双方力量博弈中，管理方逐渐认识到缓和劳资冲突、让员工参与企业经营的正面作用。随着管理理论的发展，人们对人性本质认识的不断进步，以及国家劳动法律体系的完善，企业越来越注重改善员工关系，加强内部沟通，协调员工关系。

0.1 员工关系的含义和特点

0.1.1 员工关系的含义

员工关系又称雇员关系，与劳动关系、劳资关系相近，它主要研究与雇佣行为管理有关的问题的特殊现象。员工关系的基本含义，是指管理方与员工及团体之间产生的，由双方利益引起的表现为合作、冲突、力量和权利关系的总和，并受到一定社会中经济、技术、政策、法律制度和社会文化背景的影响。在员工关系这一概念中，员工与管理方之间相互作用的行为，既包括了双方因为签订雇佣契约而产生的法律上的权利义务关系，也包括了社会层面双方彼此间的人际、情感甚至道义等关系，亦即双方权利义务不成文的传统、习惯及默契等伦理关系。员工关系强调以员工为主体和出发点的企业内部关系，注重个体层次上的关系和交流，是从人力资源管理角度提出的一个取代劳资关系的概念，注重和谐与合作是这一概念所蕴含的精神。在西方发达国家工业发展进程中，劳资关系的改善和劳资双方的相互妥协，经历了一个不断变革的过程，如今西方国家已不再讨论"劳资"之间的关系，而开始讨论"管理层"与"员工"之间的关系。"资方的责任"以及"资方的权利"等字眼已经从其词汇中消失，取而代之的是"管理层的责任"以及"管理层的特权"。

0.1.2 员工关系的特点

员工关系具有以下四个特点。

1. 个别性与集体性

就员工关系主体而言，可分为个别员工关系与集体员工关系。个别员工关系，是个别员工与管理方之间的关系，其主要特点是个别员工在从属的地位上提供职业性劳动，而管理方给付报酬的关系。集体员工关系，则是员工的团体，如工会，为维持或提高员工劳动条件与管理方之间的互动关系。

2. 平等性与不平等性

以劳动换取报酬，处于从属地位提供职业性劳动，是员工的主要义务，员工在劳动过程中有服从管理方指示的义务，从这一点讲，员工关系有其不平等的一面。但在员工签订劳动合同之前，与管理方就劳动条件进行协商时，并不存在从属地位关系，即使在劳动关系存续期间，员工就劳动条件的维持或提高与管理方进行协商时，也无服从的义务，这是员工关系平等性的一面。

3. 对等性与非对等性

就员工关系双方相互间应履行的义务而言，具有对等性与非对等性之别。所谓对等性义务，是指一方没有履行某一义务时，他方可以免除另一相对义务的履行。所谓非对等性义务，则是指一方即使没有履行某一相对义务，他方仍不能免除履行另一义务。如员工提供劳动与管理方支付劳动报酬之间具有对等性；但员工提供劳动与管理方的照顾义务，员工的忠实义务与雇主的报酬给付，以及员工的忠实义务与雇主的照顾义务之间则均无对等性。对等性义务，属于双方利益的相互交换，而非对等性义务则属于伦理上的要求。

4. 经济性、法律性与社会性

员工通过提供劳动获取一定的报酬和福利，体现了员工关系的经济性，在员工关系中含有经济性要素。同时，员工关系在法律上是通过劳动契约的形式表现的，员工在获取经济利益的同时，还要从工作中获得作为人所拥有的体面、尊严、归属感、成就感和满足感，其经济要素和身份要素同时并存于同一法律关系之中，不过在这些要素中，以身份要素为员工关系中的主要部分。这也体现了员工关系的法律性与社会性。

0.2 员工关系的本质：合作、冲突、力量和权利交织

0.2.1 员工关系的本质及与心理契约的关系

员工关系的本质是双方合作、冲突、力量和权利的相互交织。管理方与员工要共同合作，进行生产，遵守一套既定的制度规则。员工通过提供劳动获取一定的报酬和福利，在法律上可以通过劳动契约形式表现。然而，劳动者在获取经济利益的同时，还要从工作中获得作为人所拥有的体面、尊严、归属感、成就感和满足感，换言之，员工关系的一些内容，比如对工作的预期和理解、工作保障、晋升机会等并不完全是用书面契约进行约定，有时它是建立在一种"心理契约"的基础之上，即建立在双方对"工资与努力程度之间的动态博弈"结果之上。虽然心理契约不是有形的，但却发挥着有形契约的作用。企业清楚地了解每个员工的需求和发展愿望，并尽量予以满足；而员工也为企业的发展全力奉献，因为他们相信企业能满足他们的需求与愿望。

微课01　经济契约还是心理契约

0.2.2 冲突的产生

由于理解和期望的复杂性和模糊性，在日常工作中经常会产生对于"公平合理安排"的不同看法。任何一方违反书面劳动合同都可能导致冲突，任何一方违反彼此间形成的不

成文的传统、习惯及默契，也同样会引发冲突。与"合作"不可避免一样，在员工关系中，由于双方的利益、目标和期望常常会出现分歧，产生冲突，甚至彼此背道而驰，因而冲突也在所难免。冲突的形式，对员工来说，有罢工、旷工、怠工、抵制、辞职等；对管理方而言，有关闭工厂、惩罚或解雇等。双方是选择合作，还是引发冲突，取决于双方的力量对比。

0.2.3 力量的对比

力量是影响员工关系结果的能力，是相互冲突的利益、目标和期望以何种形式表现出来的决定因素。力量分为劳动力市场的力量和双方对比关系的力量。劳动力市场的力量，反映了工作的相对稀缺程度，是由员工在劳动力市场供求中的稀缺性决定的，一般而言，员工技能越高，其市场力量就越强。双方对比关系的力量，是指员工进入组织后所具有的能够影响管理方的程度，其中尤以退出、罢工、岗位三种力量最为重要："退出"力量是指员工辞职给用人方带来的成本，如寻找和培训顶替辞职员工的费用；"罢工"力量是指员工停止工作给管理方带来的损失；"岗位"力量主要是指由于在岗员工不服从、不配合用人方的工作安排而带来的管理成本的增加。

0.2.4 权力的主导地位变化

在员工关系中，管理方享有决策权力。权力是管理方拥有的决策和权威，即对员工进行指挥和安排，以及影响员工行为和表现的各种方式。拥有权力，使管理方在员工关系中处于主导优势地位，但这种优势地位也不是无可争议的，在某些时间和场合，可能会发生逆转。例如，由于航空市场飞行员稀缺，飞行员拥有强于航空公司的市场力量。

0.3 员工关系的根源：冲突与合作

企业与员工之间的矛盾和问题是普遍存在的。虽然员工关系非常复杂，但最终都可以归结为冲突和合作两个根本方面。要对员工关系有深层次的理解，需要对冲突的根源以及阻碍这些冲突继续发展的合作的根源有全面的了解，弄清冲突与合作的根源的相互作用方式。

微课02 员工关系的实质

0.3.1 合作的根源

合作，是指在组织中，管理方与员工要共同生产产品和服务，并在很大程度上遵守一套既定制度和规则的行为。这些制度和规则是经过双方协商一致的，协议内容非常广泛，涵盖双方的行为规范、员工的薪酬福利体系、对员工努力程度的预期、对各种违反规定行为的惩罚，以及有关争议的解决、违纪处理和晋升提拔等程序性规定。

员工关系理论一般认为，合作的根源主要由两方面组成，即"被迫"和"获得满足"。

"被迫"是指员工迫于压力而不得不合作，即雇员如果要谋生，就得与雇主建立雇佣关系。如果他们与雇主利益和期望不符，或作对，就会受到各种惩罚，甚至失去工作。即使雇员能够联合起来采取集体行动，但长期的罢工和其他形式的冲突，也会使雇员收入受到损失，还会引起雇主撤资不再经营，或关闭工厂，或重新择地开张，最终使雇员失去工作。事实上，员工比雇主更依赖这种雇佣关系的延续。从长期而言，他们非常愿意加强工作的稳定性、获得提薪和增加福利的机会。从这个角度来讲，利益造成的合作与冲突同样重要。

"获得满足"主要包括以下三方面内容。

(1) "获得满足"主要建立在员工对雇主的信任基础之上，这种信任来自对立法公正的理解和对当前管理权力的限制措施。西方劳动关系领域对这种信任产生的原因，主要有三种解释。一是认为劳动者在社会化的过程中处于一种接受社会的状态，雇主可以通过宣传媒体和教育体系向劳动者灌输其价值观和信仰，减少劳动者产生"阶级意识"的可能性，劳动者被塑造成"团队成员"，而非"麻烦制造者"；二是认为大多数劳动者都是很现实的，他们明白没有其他可行的选择可以替代当前的制度安排，并认为从整体上看，当前体系运行得还不错；三是认为劳动者的眼界有限，他们总是与那些具有相似资格的其他人进行比较，并且相信只要他们在这个圈子里过得不错，就没什么好抱怨的。因而那些从事"较差"工作的劳动者往往很乐于工作。

(2) 大多数工作都有积极的一面，是员工从工作中获得满足的更重要的原因。调查显示，当今欧美国家大多数员工对其工作都有较高的满意度，认为自己已经"融入"工作中，并且觉得他们的工作不但有意义，而且从本质上说是令人愉快的。所以，即使有时会感受到工作压力，或者工作超负荷，或者对工作缺乏指挥权，但他们仍然乐于工作。员工认识到工作的价值，因而产生某种自我价值的满足。具有工作责任感的员工还认为，只要雇主没有破坏心理契约，他们自己就有必要遵守这些心理契约。

(3) 管理方也努力使员工获得满足。管理主义学派提倡的"进步的"管理手段，以及雇主出于自身利益考虑向员工作出的让步，都在一定程度上提升了员工的满意度。这些措施减少了冲突根源的影响，加强了合作根源的影响。

0.3.2 冲突的根源

劳资双方的利益、目标和期望不可能总是保持一致，反而经常会出现分歧，甚至背道而驰。冲突的根源可以分为"根本根源"和"背景根源"。前者是指由于员工关系的本质属性造成的冲突，后者是指由那些更加可变的，取决于组织、产业、地域、国家等因素的属性所造成的冲突。

1. 冲突的根本根源

1) 异化的合法化

在其他条件不变的情况下，劳动者缺乏努力工作的客观理由，因为生产的资料、过程、结果、收益在法律上都不归其所有，而归他人所有。这本身就是一个管理难题。

2) 客观的利益差异

在其他条件不变的情况下，雇主的利益在于给付员工报酬的最小化，以及从员工那里获得收益的最大化。同样，在其他条件不变的情况下，雇员的利益在于工资福利的最大化，以及在保住工作的前提下尽量少工作。毋庸置疑，雇主与员工之间的利益是直接冲突的。

3) 雇佣关系的性质

管理方的权力在组织中是以一种等级分层的形式逐级递减的。这种权力来源于所有者的产权，在没有法律特别规定的情况下，员工没有权利选举组织中直接的管理者或更高职位的人，而且管理者也无须对下属负责。虽然雇员拥有退出、工作和罢工的力量，并能够同管理方协商有关管理规则，但由于雇员难以真正行使参与管理的权利，所以劳动者力量的作用在很大程度上是负面的。在多数情况下，他们对抗管理权力的方法只有退出、罢工、投诉，或参加其他形式的冲突。

4) 管理利益导向

劳动者不愿意处于从属地位；更重要的是，管理权力的分布不是雇员的利益所在，而是资本所有者的利益(利润)所在。

2. 冲突的背景根源

1) 广泛的社会不平等

自从 20 世纪 70 年代后期，以上这种情况发生了改变，雇主变得越来越富，而劳动者却越来越度日维艰，愤恨也就随之产生。但由于经济条件恶劣，劳动者害怕失业，因此这种愤恨转化成产业冲突的可能性比较小。

2) 劳动力市场状况

工会使劳动者获得了大量权利，在与管理方的斗争中保护劳动者利益免受管理方独断和不公平政策的损害。社会保障政策也为劳动者提供了基本安全保障，使劳动者免受太大的生存压力，减少劳动者受剥削的程度。但同时劳动者在劳动力市场上仍要面临很多问题，失业率不断上升不仅对劳动者寻找工作带来更大难度，同时也使用人方因为有过多的选择机会而表现得更加挑剔。

3) 工作场所的不平等

工作场所的不平等问题，不仅表现在垄断与非垄断行业之间，还表现在不同地区、不同部门的工作场所之间。此外，工作场所中的性别不平等在全球仍十分显著，妇女要获得与男子平等的工资福利，往往要付出成倍的努力。

4) 工作本身的属性

雇主为了实现劳动成本的最小化和对劳动者控制程度的最大化，要不断压低对劳动者的技术需要，不断增加劳动强度以获得人均产出的最大化。雇主的这些政策，使劳动者的工作过度紧张和超负荷，工作范围过于狭隘。

这些冲突的根源，无论是内在的还是受环境因素影响的，都在不同程度地对员工的行为和劳动关系产生影响。需要注意的是，这些根源共同作用于劳动关系所产生的影响，比它们单独影响的简单相加要大得多。这些冲突的共同存在和相互加强使冲突成为员工关系的本质属性之一。虽然冲突的根源使劳动者不愿意工作，但是合作的根源又使更多的劳动者选择了从事工作。从总体上看，世界上大多数劳动者在从事工作，这就是合作的根源发挥作用的结果。

0.3.3 冲突的分类

尽管合作根源的作用能够部分地抵消冲突根源的影响，但是却不能完全化解冲突本身。冲突按其表现方式，可以分为明显的冲突和潜在的冲突。明显的冲突形式的产生是复杂的，对它的分析有助于我们对劳动关系模式的全面理解。

1. 明显的冲突：罢工

罢工是冲突最为明显的表现形式，因为罢工使双方都要付出成本。罢工虽然是冲突最为明显的形式，但并不总是可行的方法，罢工行为要符合国家各项法律规定。当然，劳动者也可以无视这些法律规定组织非法罢工，但这么做会受到管理方很严厉的惩罚，因而这类罢工已经不多见。

2. 冲突的其他形式：怠工、不服从

除了罢工，冲突还有其他形式，其中最为明显的是各种"不服从"行为，例如"工作松懈"或"低效率地工作"、怠工以及主观原因造成的缺勤等。当员工采取这些"不服从"行为时，可能并没有意识到这些行为是潜在冲突的一种反映，甚至没有认识到潜在冲突的存在。这些冲突的形式往往表现为在员工群体中发生的相互独立的事件，这些事件不但会随着工作条件的变化而改变，而且会受雇员个性特征的影响。这些冲突形式是雇员接受和适应其所在环境的行为，反映了雇员在工作环境中产生的既有合作又有冲突的矛盾心态。

其他的冲突表现形式还有"退出"行为，或称辞职。传统的经济学模型将劳动者当作理性的决策者，总是在寻找报酬最多的工作。在这种情况下，劳动者退出仅仅是因为他们可以在其他地方找到更好的工作。然而，实际上很多员工辞职并不是因为他们有更好的选择，而是因为他们不能忍受雇主的态度和行为，以及雇主提供的工作条件。在这种情况下，辞职成为回敬雇主和恢复自尊的最终行为。

3. 权利义务的协商

还有一类不太明显的冲突形式产生于劳动者与其上级的日常交往中。由于员工关系冲突根源的存在，劳动者及其上司之间的关系是高度等级化的，管理者力图从劳动者那里获得更高的绩效水平，而员工的反应是，如果上司准备了更多回报，则会服从监督和管理，否则会给予拒绝。例如，劳动者也许会因为赶订单而加快工作节奏，但作为回报，他们会要求在此之后工作的节奏相对松弛一些或有一段非正式的间歇。如果管理者没有准备这些回报或其他替代方法，就不可能实现这种合作。

员工关系正是通过这种"付出-获得"的方式形成了早期的心理契约。从这个角度而言，心理契约也属于"协商后的秩序"，这种秩序反映了员工关系存续期间员工与管理方之间的"付出-给予"关系。

0.3.4 冲突与合作的影响因素

前面我们介绍了冲突与合作的根源，以及由这些矛盾所引起的行为表现。但是我们并不能就此认为，所有员工所面对的合作和冲突的形式是相同的，因为劳动关系的表现形式（如冲突与合作的根源到底以何种形式表现出来，或者冲突与合作的程度如何等）会随着个人的工作岗位、所在的就业组织、所在的行业部门和职位情况不同而有所不同。那么，是什么决定着这些变化呢？

1. 文化因素的解释

从表面上看，劳动力市场状况的变化和劳动者的行为可以由"文化"因素来解释，它包括劳动者找到工作时的价值观和信仰，以及在工作期间对工作的态度和道德观的变化。换句话说，就是冲突是否出现，在很大程度上取决于劳动者对现实中自身所处地位的感受以及劳动者对自身可以接受的行为的理解。因此，如果劳动者在工作之前所处的文化氛围比较保守、提倡服从和尊敬权威，并且如果工作岗位的文化氛围是员工对组织高度认同，敌视雇主和怠工遭到其他员工的反对，那么冲突的程度就会比较低，工作低效率的现象相对就比较少，大多数管理方的行为也会得到正面的解释。但如果劳动者来自一种"对抗性"的文化，将对管理方的敌视和挑战看作是可以理解的，并且如果在工作岗位中的文化氛围是劳动者与雇主对立，并且对权威的服从和尊敬是被其他员工所藐视的，那么就容易引发冲突。

2. 非文化因素的解释

文化因素不能完全解释冲突的变化。影响冲突变化的其他因素主要有以下三种。

1) "客观"的工作环境

在文化因素相同的环境中，工作环境也或多或少存在着差别。国外的研究发现，与其他类型企业相比，在大型机器工业企业中的劳动者更多地感受到来自管理方的异化压力，并更容易产生冲突的行为。这些研究还指出，工作的性质和条件会对冲突的程度产生很大影响。

2) 管理政策和实践

正如管理主义学派所认为的那样，如果这些管理政策和实践是进步的，员工工作的满意度就会高些，劳动者的信任和认同感也会上升。

3) 宏观经济环境和政府政策

宏观经济环境和政府政策，如失业率和失业保险制度，也会对冲突的产生有很重要的影响，因为它们能够影响劳动者"被迫合作"的程度，以及劳动者对工作的态度和预期。

一般认为，这些客观因素并不能直接影响合作和冲突的表现形式，而是通过影响工作环境的人际关系和文化氛围、雇佣双方的职业道德和心理契约，甚至全社会的发展进程，间接影响冲突与合作的具体表现形式。当然，除了这些文化的和非文化的解释因素之外，劳动关系双方具体的冲突或合作的表现形式还具有很大程度的不确定性，也可能要从更加复杂的经济和社会运行机制来解释。

3. 冲突和合作的根源与影响因素之间的关系

任何文化的和客观的因素都只能影响冲突和合作的程度与表现形式,而无法从根本上改变劳动关系的本质属性——冲突和合作的存在。冲突和合作的根源始终是劳动者与管理方关系的基础,这些根源对了解劳动关系有重要的意义。通过根源与影响因素之间的比较,我们可以有以下两方面的收获。

1) 理解人力资源策略的局限性

很多管理者为保证劳动者的忠诚度和工作认同,采取了进步的人力资源策略,以此作为减少冲突、增加合作的根源的主要方法。这些策略有工作程序的设计、使劳动者更加细心地工作、缩小劳动者和管理方之间的认识差别、提供安全和愉快的工作环境、建立协商和信息共享计划,以及设计大量的沟通方式来维持良好的"人际关系"。这些策略确实起到了一定的积极作用,但是这些策略本身并不能消除冲突的根源,所以尽管管理方可以获得来自员工的高度的忠诚和认同,但这些信任和认同与管理主义学派的支持者所设想的还是有非常大的出入。这也是为什么这些策略没有像管理主义学派所期盼的那样被广泛地采纳,以及这些政策具有效率方面的局限性的原因所在。

2) 理解工会和集体谈判制度

工会是劳动者与管理方之间的人为障碍,是冲突产生的不必要的原因。但无论工会建立与否,劳动者与管理方之间的冲突都存在。尽管工会加剧了双方的冲突,但工会更提供了一条解决冲突的渠道。

0.4 员工关系管理的内容

0.4.1 员工关系管理的概念与发展现状

员工关系管理是人力资源管理的一个特定领域,贯穿于人力资源管理的方方面面,从把员工招进来的第一天起,员工关系管理工作就开始了。当今,越来越多的企业把组织内的"第一资源"(即员工)当作"客户"对待,上升到理论,就是"员工关系管理"。它强调企业与员工之间的沟通和联系,这种沟通更多地采用柔性、激励、非强制的手段,注重提高员工满意度,追求企业与员工之间的和谐与合作。北京埃森特咨询有限公司 2007 年对 200 多家《财富》世界 500 强在华企业员工关系管理的实践调查显示:目前有接近 40%的外资企业和上市公司设置了独立的员工关系管理组织,其典型的职能范围包括劳动关系管理、员工沟通、员工活动、激励、企业文化和员工关怀等。调研企业员工关系管理的五个首要目标为提高员工满意度(比例为 84.9%)、改善员工凝聚力和归属感(比例为 79.2%)、加强与员工的沟通(比例为 75.5%)、加强企业文化的贯彻和渗透(比例为 65.5%)和提高人才保留率(比例为 49%)。而衡量员工关系管理的指标则主要为员工流动率变化(比例为 52.8%)和员工满意度调查(比例为 49.1%)。78%的员工关系管理人员有"人力资源/行政"工作背景,有关劳动法规、沟通、员工活动等领域的知识和技能亟待提升;员工关系管理人员需要从员工服务者角色向专家角色和变革推动者角色转变。

微课03 员工关系管理的内涵

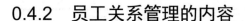

0.4.2　员工关系管理的内容

员工关系管理的最高目标，应该是做到"让员工除了把所有精力放在工作上之外没有其他后顾之忧"。在这一目标之下，有很多具体工作可以展开，如员工的衣、食、住、行、娱乐等都可以有员工关系管理发挥的空间。同时，员工关系管理又是一种"无形服务"，包括"沟通、冲突处理、职业发展顾问等"内容，并以"公平、信任"为战略建立的基础。从人力资源部门的管理职能看，员工关系管理主要有如下内容。

(1) 劳动关系管理，即员工入职、离职面谈及手续办理，员工申诉、纠纷和意外事件处理。

(2) 员工关系诊断与员工满意度调查。引导员工建立良好的工作关系，创建有利于员工建立正式人际关系的环境；关注员工心态、满意度调查，管理员工情绪。

(3) 员工沟通与咨询服务，即保证沟通渠道的畅通，引导企业与员工之间进行及时双向沟通，完善员工建议制度。重视管理者与团队领导或主管之间，管理者与雇员之间持续的非正式和正式的互动过程。为员工提供有关国家法律、企业政策、个人身心等方面的咨询服务，协助员工平衡工作与生活的关系，实施员工援助计划(Employee Assistance Program，EAP)。

(4) 组织员工参与管理。制定员工参与和沟通政策，引导员工价值观，维护企业良好形象。

(5) 纪律管理。制定雇佣行为规范的体系、准则和程序，如何决定奖励员工的努力，保护雇佣双方的合法利益，规范雇主对待雇员的方式以及工作期望。

(6) 冲突化解与谈判。制定组织的正式和非正式的雇佣政策，贯彻正式的集体谈判，如融洽工会关系、危机处理、争端解决等。预防和处理谣言、怠工等问题，解决员工关心的问题。

0.4.3　员工关系管理和劳动关系管理的关系

"员工关系管理"替代传统的"劳动关系管理"，源于人力资源管理哲学的转变，其在雇员关系方面倡导的理念是：提倡奉献精神——以赢得员工的"全心全意"，使员工认同组织、更努力地为组织服务，而不随便离职；强调相互关系——使员工了解"我们同舟共济，管理者和雇员有着共同的利益"；组织各种有效的沟通，如团队简报，将传统的由员工代表进行的集体谈判变为直接与员工沟通；将集体谈判变为个体合同；强调员工参与，如组织质量研讨小组或质量提高小组；在工作安排上具有更多灵活性，包括培训员工的多种技能，更有效地利用人力资源，为核心员工提供更安全的工作条件；强调团队工作；协调所有的雇佣条款。具体内容见表0-1。

表 0-1　传统劳动关系和员工关系管理的关键因素对比

维　度	劳动关系管理	员工关系管理
心理契约	遵守	奉献精神
行为参照	标准、习惯和实践	价值观/使命
关系	低信任、多元、集体主义	高信任、一元、以个人为中心
组织设计	正式角色，等级体系 劳动分工，管理控制	灵活角色、扁平组织结构 团队工作、自我管理 自我控制

0.5　本书的结构安排及学习建议

0.5.1　本书的结构安排

本书以课程导入介绍员工关系及员工关系管理的基础知识和课程结构安排，随后本书的核心内容采用项目化教学单元构建内容体系。以工作任务为课程设置和内容选择的参照点，以项目为单位组织内容，以行为导向为方法，根据职业能力培养的需要，将课程内容设计为具体技能的工作任务。本书选取的项目均为员工关系管理实际工作过程中涉及的主要的、核心的工作模块，项目内容与企业内部员工关系管理的岗位实践紧密结合，避免了传统高职、本科院校员工关系管理教材大多偏重理论化、知识化的局限性，全书以"知识够用"为引领，以高职院校"重在技能"的教学任务和目标为核心，将知识导入单任务或多任务的工作实际操作技能中，学习者既可以掌握员工关系管理的知识体系和实践操作的技能体系，也能为"1+X"岗证融通打下良好的基础，更可以在将来顺利开展现代企业员工关系管理的实际工作。所以本书具有一定的创新性。

0.5.2　项目化教学单元的结构安排

在具体的项目内容设计上遵循"理论适度，重在技能"的理念。以下按照项目结构顺序进行介绍。

1. 项目概述

每一个项目均由项目概述导入，项目概述主要介绍每个项目标题的含义。

2. 学习目标和技能目标

此部分提出学习目标和技能目标，使学习者了解本项目安排的难点和重点内容。

3. 案例导入

案例导入针对项目的工作任务目标设置案例，引出对项目重点内容的思考。案例基本由来自实践的工作内容加工而成，并紧密结合项目工作任务。

4. 相关知识

相关知识是对员工关系管理各项目的理论内容的精选，它可以回答部分学习目标和案例导入提出的问题，同时也为工作任务的讲解做出理论铺垫。

5. 工作任务

工作任务是项目的核心内容，基本是由知识结合企业实践工作提炼而编撰的。工作任务采用单任务式或多任务式，多任务按照一定的逻辑关系设置，有前后步骤关系、并列关系等。工作任务主要包括操作流程和注意事项等。

6. 案例分析与讨论

案例分析与讨论与导入案例有所不同，案例分析与讨论是在学习者学习完相关知识，掌握了工作任务的操作步骤和注意事项等后列出的，有利于学习者检验每一个项目工作任务的掌握情况。

7. 思考与练习

思考与练习将相关知识中的重要知识点，工作任务中的重点操作步骤、注意事项或高风险环节转化成思考问题，让学习者在学习完每一个项目后可以总结回顾相关知识或实践操作内容。

8. 拓展阅读

拓展阅读选取了与对应项目相关的补充知识，不需要学习者像学习"相关知识""工作任务"等模块般掌握，仅是为了帮助学习者开拓知识视野，更好地理解项目内容。

0.5.3 本书的项目介绍及学习建议

员工关系管理是人力资源六大模块(指人力资源规划、招聘与配置、培训与开发、绩效管理、薪酬福利管理、劳动关系管理或员工关系管理)中法律性和人合性最强的一个工作模块，它的法律性主要体现在我国《劳动法》与《劳动合同法》等相关法律的规定贯穿了人力资源具体工作的方方面面，它是对人力资源工作的最基本要求，通常也是建立在书面上的有形契约；而人合性主要体现在对心理契约的管理，是无法通过有形契约对员工进行束缚的管理方式，可以说是人力资源管理的最高要求。员工关系管理就是要将两种管理方式有效地结合起来，以最低的法律底线为准绳，在此基础之上进行员工心理契约的管理，使得员工最大限度地发挥劳动力价值的同时，身心健康也得到满足和发展。

然而，随着新的《劳动合同法》的颁布和实施，由劳动纠纷引发的劳动仲裁及诉讼案例也逐年增多。这与企业用工增多，企业用工法律观念淡薄，劳动者法律意识逐年增强，用工企业与劳动者的心理契约关系薄弱等多种因素有关。从这些角度出发，员工关系管理的实操性非常强，本书也可以说任重道远。学习者通过对本书的学习，可以系统掌握员工关系的所有环节，并可从事企业内部的员工关系管理工作，但也由于员工关系的法律相关性极强,也希望学习者在学习本书的同时也要注意对相关法律政策的最新内容的跟进。

对于本书的项目设置及学习建议如下。

"项目1　员工关系基础分析"是企业对如何开展员工关系管理的基础条件的分析,主要包括对从事员工关系管理工作岗位的设置,也包括员工关系的内外部环境分析,还包括在此基础上的员工关系计划的制订。为了在基础分析阶段让学习者了解员工关系管理的对象,即企业的用工形式,在本项目的基础知识部分也加入了企业用工形式的介绍。由于本项目的工作是员工关系管理的起始工作,它的分析决定了企业进行员工管理的方式和特点,建议学习者尽力掌握企业内部环境分析的相关知识和技能,并可以多阅读外部环境分析的相关文章,以便结合企业实际情况进行员工关系计划书的制定。

"项目2　招聘管理"为本书的正式员工关系管理的起始环节,主要包括员工录用审查、劳动合同签订及试用期管理三部分内容。员工录用审查主要选取了背景调查、员工入职体检及入职通知书的风险防范三个主要的审查内容。劳动合同签订按照从劳动合同的准备到劳动合同的签订流程进行介绍。试用期管理主要介绍了试用期的时间、工资的确定及解除试用期劳动合同的操作方法。本项目主要围绕着法律法规的要求展开,是劳动关系管理的最低要求,所以本项目全部的相关知识与工作任务都需要学习者掌握。

"项目3　培训和保密管理"为"项目2　招聘管理"随后需要开展的工作内容,其中的培训协议、保密协议与竞业限制协议通常都是在招聘管理的入职环节进行签订。本项目主要包括培训管理(培训协议的签订管理)、保密管理(保密协议的签订管理)和竞业限制管理(竞业限制协议的签订管理)三部分内容。由于本项目同样围绕着法律法规的基本要求展开,所以要求学习者对本项目全部的相关知识与工作任务进行掌握。

"项目4　薪酬和工作时间管理"主要包括薪酬管理和工作时间管理两部分内容,其中薪酬管理主要围绕着工资支付进行介绍,而工作时间管理也可以理解为薪酬管理的一部分内容,因为薪酬计算的重要基础就是工作时间。本项目内容在企业实际操作中非常重要,尤其以工资为计算基础的待遇和补偿问题,是劳动争议的焦点内容,所以要求学习者务必对本项目内容全部进行掌握。

"项目5　就业保护、安全与健康管理"主要包括就业保护、员工安全管理与员工健康管理三部分内容,其中前两部分内容的法律性非常强,是需要学习者着重重视的内容,以免在未来的员工关系相关工作中触碰"红线",后一部分内容与员工的心理契约管理相关,同样也是学习者需要重视的内容。所以建议学习者着重掌握前两部分内容,尽力熟悉和了解后一部分内容。

"项目6　员工行为约束与激励"主要包括企业规章制度、员工手册与员工奖惩三部分内容,其中员工手册是企业规章制度的重要内容,也是学习者在企业实际操作过程中常见的公司制度。员工奖惩的内容也需要通过公司的规章制度体现,既要符合法律法规的要求,又要满足公司的管理需求。所以建议学习者尽量掌握本项目的全部内容,尤其要注意规章制度的制定和实施法定程序。

"项目7　员工沟通与满意度管理"主要包括员工沟通与员工满意度调查两部分内容,前者主要从有效沟通的角度介绍沟通的法则和程序,后者主要介绍满意度调查的方式、测量和操作流程。本项目旨在从构建心理契约的角度进行员工关系的管理,难度有所提升,所以建议学习者尽量从相关知识入手，站在协助者的角度掌握有效沟通和满意度调查的操作方法。

"项目8　企业文化建设"主要包括企业文化建设、企业内刊建设和年会策划三部分内容，其中企业内刊建设和年会策划是企业文化建设的具体操作内容。企业文化建设是企业建设的核心内容，也是构建员工心理契约的关键所在，希望学习者能够在深入理解心理契约的基础上，搭建企业文化建设的知识和技能体系，着重掌握内刊建设和年会策划的具体实操技能。

"项目9　灵活用工管理"主要包括劳务派遣用工和非全日制用工两部分内容，两部分内容都在"项目1　员工关系基础分析"中做了架构铺垫，非全日制用工又以用工时间的角度在"项目4　薪酬和工作时间管理"中做了讲解，同时非全日制用工的内容也分布于其他项目中。本项目的用工方式极大地缓解了企业的用工短缺问题，部分解决了企业的用工风险问题，也得到了《劳动法》的法律认同，所以希望学习者尽力掌握本项目的全部相关知识和业务操作内容，以便在未来的员工关系管理相关工作中顺利地对接劳务派遣单位，并进行有效的非全日制员工管理。

"项目10　员工离职管理"主要包括员工离职管理、劳动合同的解除和终止两部分内容，其中员工离职就会引起劳动合同的解除和终止。本项目的法律性极强，对用工企业的影响极大，建议学习者掌握全部的相关知识和工作任务。

"项目11　劳动争议的预防和处理"主要包括劳动争议的预防和处理两部分内容，其中劳动争议的预防应该引起学习者的重视，学习者应该帮助企业建立起预防劳动争议的思维方式，而不是单单从处理劳动争议的角度出发。本项目无论是从事前防范的角度还是从事后解决的角度出发，都有着非常强的法律相关性，建议学习者掌握全部的相关知识和工作任务。

本书中各项目的主题和项目结构关系见图0-1。

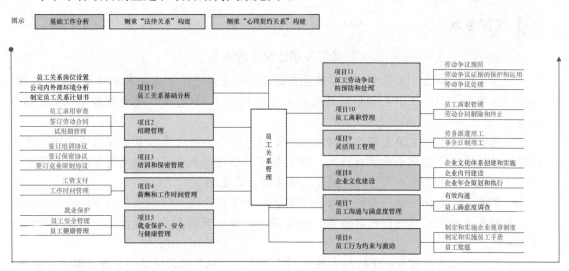

图0-1　本书中各项目的主题与项目结构关系

项目 1　员工关系基础分析

【项目概述】

员工关系基础分析是指对一个企业员工关系所处的内外部环境进行分析,即从员工关系的角度出发,对企业的内外部环境进行分析。员工关系基础分析是制订企业员工关系计划的基础工作,因为企业的员工关系内部环境差异巨大,不适宜地直接套用员工关系的计划目标及应对措施会适得其反。故本项目从处理与员工关系的岗位出发,进而开始分析员工关系所处的内外部环境,然后开始制订员工关系计划。

【学习目标】

- 能够掌握员工关系的内外部环境影响因素的内容;
- 能够熟悉员工关系在企业内部所涉及的岗位及岗位职能;
- 能够了解企业的用工形式。

【技能目标】

- 能够掌握员工关系管理相关的岗位职责和任职要求,协助进行员工关系相关岗位的设计和梳理;
- 能够根据公司内外部环境进行独立的思考和分析,尤其是对公司的内部环境进行分析;
- 能够掌握员工关系计划的制作思路,并协助进行员工关系计划书的制定。

案例导入

员工关系经理招聘启事

何某已经参加工作三年了,大学里主修法律,毕业后进了上海一家律师事务所做助理。她跟的王律师,担任了好几家知名公司的劳动法律顾问,这些年,她也接触了很多劳动争议案件。

小何日常的工作主要是帮王律师接咨询电话,准备各种文案以及法律文书,偶尔在王律师忙不过来时,替他出庭做代理人。时间长了,小何的业务水平提高得很快,有几回给顾问单位做的法律文件非常好,得到了王律师的当众表扬。

听到表扬,高兴之余,小何也有点心虚,她知道自己还差得很远。就拿接咨询电话来说,她好几次都被人家问得张口结舌。她发现:企业的事情真是太复杂了,不是都能用法律解决的。

随着咨询电话的增多,小何越来越感到力不从心,她意识到这点后,就开始大量读书,并报名参加了某著名高校的在职人力资源管理研究生班。班上同学绝大多数都在企业从事HR工作,于是课上课下大家经常会探讨企业中遇到的一些具体问题。

一学年下来,小何掌握了不少理论知识。但她不甘心总是纸上谈兵,于是向几个关系密切的同学表达了想去企业工作的想法。

临近年底，同学 Vivian 给小何发来一封电子邮件，附件里是一家企业招聘员工关系经理的启事。Vivian 说，这家公司的 HR 总监，曾是她以前一家公司的老板，小何有兴趣的话，她可以帮忙推荐。

中午休息时，小何仔细阅读了这则招聘启事。

公司名称：某某阳光投资集团公司	
职位名称：(集团)员工关系经理	
职位性质：全职	提供月薪：面议
职能类别：人力资源	职业类别：员工关系
招聘人数：1	工作经验：相关工作三年以上
学历要求：本科以上	专业要求：人力资源或法律专业
职位描述/要求 **岗位职责** (1) 管理和优化集团公司的员工关系管理体系，并负责规划中短期员工关系管理的目标。 (2) 全面负责集团公司的劳动关系管理，以及员工上岗前、上岗后和离职工作的管理。 (3) 维护和发展令企业与员工满意的组织氛围，提升员工归属感、凝聚力与士气。 (4) 负责员工季度、年度大会，人文关怀活动的筹备及组织。 (5) 参与公司企业文化建设工作，营造符合企业文化的员工工作环境和氛围。 (6) 做好员工信息的了解、分析及建议提报，并通过预防性的管理，降低劳动争议的发生频率。 (7) 负责对集团下属各公司的员工关系进行管理咨询及培训。	
任职资格 (1) 大学本科以上学历，三年以上员工关系管理的工作经验(有大中型集团企业的相关工作经验者优先)。 (2) 了解公共关系、掌握心理分析方法、热衷并善于融入各个层面的非政治员工团体，熟悉相关劳动法律法规。 (3) 具备较强员工活动组织安排的经验。 (4) 亲和力强，积极主动，有大局观，具有强烈的责任心。 (5) 具备优秀的沟通能力和说服能力、团队协作能力，以及很强的项目推动和项目管理能力。	
联系方式 ……	
公司简介 阳光集团是一家集工业、贸易和高科技产业于一体的综合型投资集团，主要经营纺织品、服装、五金矿产、运输工具、机械及设备、工农具、仪器仪表、医药保健品、化工产品、电子产品等商品的生产及进出口业务。前身创立于 1985 年，经过不断地重组、整合，集团现有 10 多家控股、参股公司，同时在海外设立分支机构，致力于向国际化现代企业的目标发展。	

看到招聘启事中要求有三年的员工关系管理经验，小何觉得这刚好是自己的软肋，于

是犹豫起来。

　　Vivian说她和那个总监聊过，这家公司还是更看重员工素质的，尤其是学习力及思维方式。在Vivian的鼓励下，小何把自己的简历找出来，针对这个职位的任职资格，做了些修改，突出自己处理过数十起劳动争议案件的经验，尤其强调了自己善于学习、长于思考的特点，然后把简历发到这家公司的招聘邮箱。

　　三天后小何接到面试通知，随后的两周，参加了两轮面试。最后阳光集团给小何发来入职通知书，通知她一周后到公司报到。

　　小何即将在阳光集团开始她职业HR经理人的生涯；与此同时，阳光集团也因为设立专职员工关系经理，标志着员工关系管理趋向规范化。

　　请问通过以上案例的阅读，您觉得一个企业的员工关系经理的主要岗位职责应该包含哪些方面？

中央电视台劳务派遣用工形式

　　改革开放尤其是20世纪90年代以来，中国电视事业和电视产业获得了空前发展，作为全国电视行业龙头的中央电视台更是如此。但在计划经济体制下，中央电视台是事业单位，在用人上受国家编制的严格控制，用人自主度受到限制，难以根据组织规模和事业发展的需要调整人力资源结构和数量。在中央电视台事业发展最为迅猛的15年间，事业编制仅仅增加了470人，就连"焦点访谈"等品牌栏目，也是在没有人员编制、没有经费的情况下开办的。事业发展需要人，编制又无法解决，怎么办？在当时的历史环境下，为了解决人力资源供求之间的矛盾，一些栏目、部门开始以编制外用工的方式从同行业其他单位或社会上引进人员。截止到2003年5月，在台内工作的各类编外人员总数达到了7142人，是编制内人员的2.85倍。编制外用工是为了适应电视事业迅猛发展的需要而采取的一种权宜之计，这种用工方式在一定程度上解决了制约中央电视台发展的燃眉之急。但这种用工方式也给人员管理工作带来了一系列问题和隐患，如进人随意性较大、用工不规范，编外人员游离于国家劳动政策法规之外，无法与事业体制的电视台确立劳动关系，而且对于编制外的临时人员，其报酬也无法通过这一渠道支付，导致编外人员报酬发放不规范、不透明。编外人员也不能按照编制内人员的待遇享受退休、医疗、养老保险、失业保险等福利，其党（团）关系既不能转入电视台，又不能长期搁置在原工作单位。

　　为了解决长期困扰电视事业发展的重大阻碍，规范人员管理，中央电视台决定引进一种新用工形式——劳务派遣制度，即由劳务派遣机构与被派遣员工签订劳动合同，之后再将员工派往用人单位提供劳务。劳务派遣机构与用人单位签订劳务派遣协议，派遣员工与派遣机构形成劳动关系，派遣员工与实际用人单位则构成劳务关系。2003年年底，中央电视台确定以公司化管理为基本方式，以劳务派遣制度为主渠道，进行编外人员管理改革。从2003年12月25日到2004年10月，全台15个中心(室)所使用的5684名编外人员与北京中视汇才文化发展有限公司签订了《劳动合同书》，成为北京中视汇才文化发展有限公司的签约员工，再由该公司以劳务派遣的方式委派到中央电视台工作，他们在台内被称为"派遣人员"或"企聘人员"，中央电视台由此而成为目前国内使用劳务派遣人员规模最大、人员种类最多的组织。推行劳务派遣制度，基本上改变了困扰电视台十几年的在用工制度上的无序、混乱状态，有效地整合了电视台的人力资源，提升了人力资源管理水平，实现了保障权益、理顺关系、调整结构的改革目标。

截止到 2007 年,全国企业、事业、机关单位的劳务派遣员工达到 2500 万人,包括电力、电信、石油石化、银行、航空等多数行业都存在大量劳务派遣用工形式。因劳务派遣而引发的员工关系问题,引起了社会的广泛关注。用人单位如何实施劳务派遣用工模式,如何规范用工形式,这些问题成为人力资源管理实践中的核心问题。

1.1 相关知识:员工关系的环境、管理岗位与企业的用工形式

1.1.1 员工关系的环境

员工关系处于不断变化之中,影响员工关系的因素主要有就业组织内部因素和外部环境因素。员工关系不是发生在真空之中,而是一系列内外部因素相互作用的结果,如图 1-1 所示。这些因素包括内部和外部两个方面。

微课04 变化中的员工关系环境

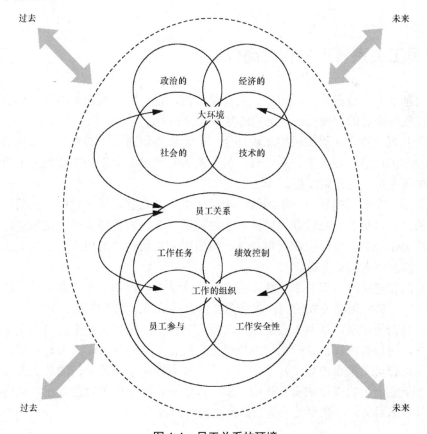

图 1-1 员工关系的环境

1. 外部大环境

外部大环境是指存在于企业之外的影响企业内部员工关系的环境，这些环境对处于同一竞争领域的企业来说往往是一致的，它主要包括政治环境、经济环境、技术环境和社会文化环境。例如，国家对最低工资的立法等政治行为就会限制用人单位的薪酬政策，进而影响企业与员工的关系。再如，信息和通信技术的引进可能改变工作地点，可能改变工作的组织方式和员工关系。

2. 就业组织内部因素

就业组织内部因素是指就业组织内部的工作组织，其中工作任务、绩效控制、员工参与、工作安全性是影响员工关系和工作方式变化的四个关键领域，这些因素相互作用，影响工作的组织方式和员工关系。就业组织内部组织系统本身就是外部环境作用的结果，外部环境的各种因素刺激并作用于内部工作系统，进而影响员工关系。

员工关系及其影响因素是随着时间的变化而不断变化的。为强调时间这一因素，图1-1用双箭头表示过去和未来的联系。现实的员工关系是过去的延伸，也是未来的一部分。在宏观层面上，员工关系会随着政治、经济、技术和社会的发展而不断调整。在微观层面上，员工关系处于过去与未来的交会点上，随着时间的推移而不断变化。例如，现实的员工关系问题是过去组织行为的产物，由于各种因素的变化，这些问题的解决方式也会变成未来的问题。

1.1.2 员工关系管理的相关岗位

企业内部的人力资源岗位，可以一人身兼数岗，也可以一岗招用数人，到底采用哪种方式，这往往与企业的规模及组织结构的复杂程度相关。

对于企业规模较大、组织机构比较健全、公司管理层对员工关系足够重视的企业，往往会设置专门的岗位进行员工关系管理。员工关系管理可能由不同层级的人力资源工作者负责，比如从专员、主管到经理。

而对于那些企业规模较小、组织结构相对简单，企业管理层又觉得员工关系管理并非不可或缺的企业，员工关系管理的岗位内容往往糅杂在人力资源其他岗位职责之中，比如招聘环节的员工关系管理岗位职责内容统一由招聘人员负责，培训人员的员工关系岗位职责内容统一由培训人员负责等。

或者有的公司认为员工关系与法律的关系非常密切，比如员工关系会经常涉及处理劳动争议等事宜，就将劳动关系的岗位职责归类到公司法律的职责内容之中。

但随着社会的发展，从业人员的综合素质显著提高，尤其是他们对法律知识的掌握程度日益提高，对自身的权益维护也越来越重视，符合条件的企业在人力资源部门设置专门的从业人员进行员工关系的处理是非常重要的。或者即便不设置专门的从业人员，也要了解员工关系从业人员的岗位职责及任职要求，以便于将其工作内容放置在其他岗位之中的时候，可以考虑周全，不缺少员工关系处理的核心内容。

1.1.3 企业的用工形式

《中华人民共和国劳动合同法》(以下简称《劳动合同法》，2013)对于不同的用工形式作出了不同的法律制度规定，这就需要员工关系从业者对用工形式进行辨别、区分和应对。本书站在用人单位的角度，主要根据《劳动合同法》中规定的劳动合同签订单位和用工工作时间，将企业用工形式分为以下类别，便于从业者在员工关系管理之初就建立起用工形式的模块化管理理念。

1. 灵活用工：劳务派遣用工的定义及三方关系

《劳动合同法》第六十六条规定：劳动合同用工是我国的企业基本用工形式。劳务派遣用工是补充形式，只能在临时性、辅助性或者替代性的工作岗位上实施。

劳务派遣，又叫人才派遣、人才租赁，与劳动关系不同，劳务派遣涉及派遣机构、劳动者和接受单位(实际用人单位)三方之间的关系。劳务派遣是具备劳务派遣资质的派遣机构向用人单位派遣劳动者，劳务派遣机构与该劳动者签订劳动合同，用人单位与劳务派遣机构签订劳务派遣协议，并提供相应劳务费用的用工形式。

在劳务派遣中，劳动者与劳务派遣机构存在劳动关系，与用人单位不存在劳动关系。它是派遣机构与劳动者订立劳动合同后，依据与用人单位订立的劳务派遣协议，将劳动者派遣到用人单位工作。对用人单位来说，劳务派遣是人力资源外包的一种重要形式，其最大特点是劳动力的法律雇用和使用相分离。劳动者与派遣单位之间签订劳动合同，形成劳动关系，但并不发生劳动力给付的事实；派遣单位与用人单位之间签订劳务派遣协议，形成劳务派遣关系；劳动力给付的事实发生在劳动者与用人单位之间，双方形成劳务关系。具体见图1-2。

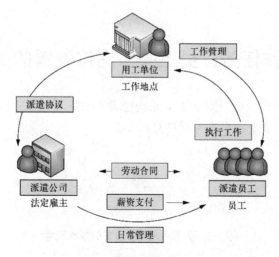

图1-2 劳务派遣的三方关系

2. 灵活用工：非全日制用工的定义及特点

《劳动合同法》第六十八条规定：非全日制用工是指以小时计酬为主，劳动者在同一用人单位一般平均每日工作时间不超过 4 小时,每周工作时间累计不超过 24 小时的用工形式。近年来,我国非全日制劳动用工形式呈现迅速发展的趋势,特别是在餐饮、超市、社区服务等领域,用人单位使用的非全日制用工形式越来越多。非全日制用工适应企业降低人工成本、推进灵活用工的客观需要。越来越多的企业根据生产经营的需要,采用包括非全日制用工在内的一些灵活用工形式。

非全日制用工具有以下三个特征。

(1) 以小时计酬为主,但不局限于以小时计酬;

(2) 劳动者在同一用人单位一般平均每日工作时间不超过 4 小时;

(3) 每周工作时间累计不超过 24 小时。

《劳动合同法》以基本法律的形式,确认了非全日制用工的形式。与全日制用工形式相比,非全日制劳动者与用人单位之间也是一种劳动关系,只不过非全日制用工机制较为灵活而已。非全日制用工与接下来要介绍的全日制用工的劳动关系都发生于用人单位和劳动者之间,即用人单位都需要与劳动者订立劳动合同。

灵活用工形式,包括劳务派遣用工与非全日制用工的员工关系处理将在"项目 9 灵活用工管理"中进行介绍。

3. 全日制用工的定义及特点

与非全日制用工相对,全日制用工即全日制劳动者。累计工时每周超过 24 小时就应该属于全日制用工。根据《劳动合同法》规定,国家实行劳动者每日工作时间不超过 8 小时、平均每周工作时间不超过 40 小时的工时制度。劳动者每日工作时间不超过 8 小时,是指法定正常付出劳动时间,也就是义务劳动时间,超过这一时间的工作即视为额外劳动,用人单位须支付加班工资。

全日制用工是企业的主要用工形式,是《劳动合同法》的主要内容,也是员工关系管理的核心和重中之重。

1.2 工作任务:员工关系岗位设置的业务操作

以下以员工关系经理为例,对员工关系岗位设置的业务操作进行详细说明,它几乎涵盖了员工关系管理的主要工作事项。具体见图 1-3。

图 1-3 员工关系岗位设置的操作流程

1.2.1 制定岗位职责

员工关系经理的工作职责主要包括两大范畴:一方面是处理员工和公司的关系,即传统意义的劳资关系；另一方面是员工内部的关系协调。具体到工作职责上，主要有以下 6 种。

1. 劳动关系管理

从员工入职到离职的全过程手续办理，主要是劳动合同管理、劳动争议的防范与处理等。

2. 纪律管理

依法建立企业规章制度，并引导员工遵守，可以提高员工的组织纪律性，这在某种程度上对员工行为起规范约束作用。

3. 满意度管理

组织员工心态、满意度调查，发现、分析和解决员工关心的问题，形成专题年度建议报告，并在获批后执行。

4. 沟通管理

保证沟通渠道的畅通，引导公司上下及时地双向沟通，完善员工建议制度。

5. 健康管理

关注员工身体和心灵的健康，协助员工平衡工作与生活。

6. 企业文化建设

建设积极有效、健康向上的企业文化，引导员工价值观，维护公司的良好形象。

虽然员工关系管理涉及的工作内容广泛，但具体到一家企业，还需要根据企业的情况作出具体分析，不能照搬照抄，而且在做工作之前，要了解公司发展战略和人力资源战略规划，要清楚地知道高层领导对这个岗位的定位，以及他们的经营理念，还要重点了解员工的思想动态。

1.2.2 设置任职要求

不同企业对员工关系经理的任职要求不一样。但一般来说，有些通用的素质要求是一样的，做一位称职的员工关系经理，应该具备以下 5 种素质。

1. 具有端正的职业操守

员工关系经理掌握着公司最宝贵的资源，对公司所有人才信息了如指掌，若在职业操守上出了问题，则不论是对员工个人还是对整个公司，都将带来极大危害。

2. 具有全局思考的习惯

员工关系经理仅仅着眼于公司内部甚至部门内部的事务是远远不够的，必须具备战略的眼光，在熟悉并掌握公司人力资源状况和人才市场情况的基础上，还必须了解公司整体生产经营状况，以及公司现在乃至未来所遇到的挑战和机会。

3. 具有较强的沟通能力

员工关系经理，顾名思义是要和员工打交道的，沟通能力无疑是其工作能力中相当重要的组成部分。坦诚而让人信任的沟通能吸引和留住真正的人才，艺术性的沟通能化解公司内部诸多纠纷和矛盾。

4. 具有良好的情绪调节和控制能力

员工关系经理会碰到一些员工的投诉、抱怨。有时还要直接处理各种各样的冲突和纠纷，如果不具备较好的情绪调节和控制能力，往往会将矛盾激化，给企业造成更大的损失。

5. 具有较高的敏感度

对各种信息的敏感度高了，才能发现工作中存在的各种问题，预见事物的发展趋势。

6. 具有广博的知识面

除此之外，员工关系经理的知识面必须非常广博，要求具备经济学、管理学、法律以及综合的人文知识，如社会学、教育学、心理学等。

总而言之，员工关系经理需要通过自己的努力工作，在企业里建立和谐、愉快、健康的劳资关系和员工关系，让每一个员工都能认同公司的企业文化，拥有共同的价值观和行为准则。

1.3 工作任务：进行公司内外部环境分析的业务操作

1.3.1 进行员工关系的外部环境分析

员工关系的外部环境分析流程见图1-4。

图1-4 员工关系的外部环境分析的操作流程

步骤一：进行政治环境分析

政治环境是指规范员工关系双方行为的法律、政策和规则。这些规则明确了双方的权利义务，具有相对稳定性。政府通过制定一系列正式和非正式的规则，对涉及公平和公正、权力和职权、个人而非集体权利的主观价值判断设定基本标准，制约雇佣关系的运行规则。

它包括国家的法律制度和各种政策方针。通过立法规范雇佣关系，是政府调整劳动关系的最基本形式。例如，我国《劳动法》规定了集体谈判中双方的权利义务、最低工资、健康和安全保护等。比如《劳动合同法》对试用期期限、试用期次数、试用期报酬、试用期间解除劳动合同的条件等都做了规定，避免了企业通过设定较长时间的试用期来规避其法律责任和义务。

政策环境是指政府的各种政策方针，包括关于就业的政策、货币政策和财政政策、教育和培训的政策以及其他政策。在诸多政策环境中，就业政策对于劳动力市场以及就业组织中的员工关系的影响最为直接。它往往通过供求状况的调整来改变双方劳动力市场的力量，以经济激励和惩罚措施来改变双方在就业组织内部的关系。再如，促进残疾人就业的政策，对残疾人的比例达到一定标准的就业组织给予税收、费率等方面的优惠，这些政策有利于促进企业雇用更多残疾人。其他政策(如货币政策和财政政策)也会通过宏观经济环境来影响各营利组织的劳动关系。这两种政策还可以通过影响资本的价格、改变资本和劳动的价格比率来影响企业的雇佣决策和企业劳动关系。

步骤二：进行经济环境分析

经济环境一般包括宏观经济状况，如全球化、经济增长速度和失业率；也包括更多的微观经济状况，如在某一特定产品市场上雇主所要面对的竞争强度。经济全球化使得资本有可能更容易流向工资、雇佣条件较低的国家和地区，各国有可能竞相降低成本以至于达到一种员工不可接受的最低水平，从而影响雇佣关系的和谐。同时，全球化带来的直接投资也给东道国的管理程序和员工关系实践带来了新的理念和挑战。比如在英国，就出现了诸如单一工会、公司对所有员工一视同仁以及无工会主义等新的理念，企业也面临采用"最佳实践"的管理方式的压力。经济环境影响员工关系的例子很多。比如，作为经济外部环境因素的失业率如果很高，就会减少劳动者凭其技术和能力获得工作的力量，即减弱他们的劳动力市场力量，从而影响其对工作的预期。再比如，在同行业工资普遍上升的情况下，企业可能就会面临更大的员工要求增加工资的压力。

经济环境能够改变员工关系主体双方的力量的对比，一方面，经济环境可能来自劳动力市场的变化，直接影响双方的劳动力市场力量的消长；另一方面，经济环境也可能来自厂商所要面对的要素市场，那么，要素市场的变化通过影响雇主的生产函数和员工的消费函数来改变双方的成本收益，从而带来各种关系的力量的变化。同样，偶发的经济冲击，以及有规律的经济周期都影响就业组织内部的劳动关系调整机制。经济冲击往往会造成产量的骤减，不同的企业会因为对未来预期的不同而制定不同的人力资源政策。在经济周期的影响下，就业组织内部的调整也会随着经济的起落而变化。一般来说，经济处于繁荣阶段，员工的力量就会强些，管理方会做更多的让步；而经济处于低谷阶段，管理方让步的空间很小，员工的力量相对较弱，在谈判和冲突中处于更为不利的地位。经济环境往往会首先影响员工的工资福利水平、就业、工作转换，以及劳动者运动和工会的发展，其次会影响到产品的生产、工作岗位的设计、工作程序等，最后可能会间接影响劳动关系的整体状况。

步骤三：进行技术环境分析

技术环境的内容包括产品生产的工序和方式，以及采用这些工序和方式所必需的资本密度(人均资本投资量)的程度、产品和工序是否容易受到新技术的影响、工作是否复杂和需要高水平的知识和技能。如果企业的产品易受新技术影响(比如 IT 产业)或者企业是资本密集型的(比如轿车生产商),那么员工不服从管理会给管理方带来更多的成本,因而员工岗位的力量就会增强。相反,那些不易受新技术影响(比如民族手工编织业)或者低资本密集度的行业(比如餐饮业),员工岗位的力量就弱些。技术环境的变化也会改变劳动力市场上不同技术种类劳动者的供求状况。例如,近年来随着我国 IT 产业的兴起,计算机、网络方面的人才需求量成倍增加,这类人才的劳动力市场的力量上升,因而在员工关系中的优势更大些。同样,技术对管理者的工作环境和工作性质也造成了冲击,调查显示,越来越多的管理者把电脑、电子邮件和移动电话作为工作必备物,而不需要在办公室有自己的个人工作空间。对于基层员工来说,新技术也改变了他们的工作性质,以前那些相互分离的任务,如起草一份文件然后再打印出来,现在变成了一项工作,传统的工作边界已经被打破。远程通信技术使组织增加了在任何地点进行工作的自由。新技术对各种工作和职位性质的影响是截然不同的,导致一些新职位出现了,而一些以前存在的职位消失了或者被合并了。新技术的应用使一些知识工作者,如大学教师,获得了更大的自我管理权。而对另外一些工作者来说,如客户服务中心的操作者,技术的发展使他们获得了更大的控制权。这些变化都直接或间接影响着企业与员工之间的雇佣关系的发展。

步骤四:进行社会文化环境分析

社会文化环境由各国、各地区甚至各工种的主流传统习惯、态度、价值观、信仰等组成。态度和价值观是构建社会的基石,通常是政治、经济和技术环境形成和变化的动力。如果社会环境表现为笃信工会的重要性和积极作用,那么,政府和企业就会通过制定政策,提高工会的密度,扩大工会的影响力。社会文化环境对员工关系影响深远,如随着日本终身雇佣制社会观念的日益改变,日本企业中的灵活用工形式日益增多,对企业与员工之间的影响非常大。又如,随着妇女就业人数的增多,使得企业在处理员工关系时需要更多地考虑女性员工的具体需求,实施包括工作-家庭平衡之类的管理策略。社会文化的影响虽然是潜在的、不易察觉的,但它通过社会舆论和媒介对企业和员工产生的影响却不可低估。

1.3.2 进行员工关系的内部环境分析

员工关系的内部环境分析流程见图 1-5。

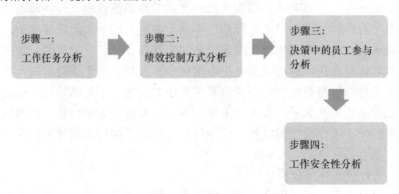

图 1-5 员工关系的内部环境分析的操作流程

步骤一：工作任务分析

工作任务的变化会对员工关系产生重大影响。由于社会分工进一步专业化，工作任务要求员工不断提升其技能水平，员工也因此获得了更多的工作自主权以及工作经验的改进，企业内部决策权呈现分权化趋势。研究发现，因职位任职资格的提高，员工为了有效达到职位所要求的绩效就不得不增加新的技能，这种情形在那些半技术型和非技术型的体力劳动者中特别明显，即使这些人没有更换工作岗位，他们也需要掌握更多的技能。员工在技能增加的同时，履行任务的自由度也大大增加。同时，技能的增加还伴随着员工工作责任、职务的多样性以及工作质量的增加。与此相反，也有学者认为，工作任务特征的变化，使得员工失去了对工作的控制权，因而工作经验积累减少，从而形成一个技能水平退化的长期趋势，这些都将改变员工与企业之间的力量对比关系。此外，工作压力的显著增加也是工作任务的特征影响员工关系的一个表现。

步骤二：绩效控制方式分析

绩效控制的方式可以影响员工关系，不同的绩效控制方式可以导致截然不同的员工关系。对不同的员工，企业所采用的绩效控制方式也不同，如对管理者和专业人士大多采用松散的直接控制方式，而对体力工作者则更多地采用严格的直接控制方式。工作进度控制系统和基于工作进度的激励系统等技术化控制手段，正越来越多地应用到体力工作者身上。相反，官僚层级制的控制，如绩效控制系统，则更多地应用在非体力型员工，特别是专业人士身上，以此来取代直接监督。研究表明，雇主更愿意将技术化控制应用到诸如生产线上的员工等体力工作者身上；反之，雇主更愿意通过规定的管理步骤，将官僚层级化的控制应用到非体力劳动者身上，特别是那些在组织层级中地位较高的人。

步骤三：决策中的员工参与分析

员工的参与形式和参与程度对员工关系的影响也至关重要。员工直接参与和通过工会代表参与企业决策是员工参与的两种最普遍方式。直接参与，是由员工本人亲自参加超出其直接工作任务范围的决策。直接参与可以使员工更好地了解组织的活动，支持技术或组织的变革。而通过工会代表参与决策的形式，则可能在影响雇佣条件方面的能力会更强。

步骤四：工作安全性分析

现今，企业所面对的是一个竞争更加激烈、市场变化日益增加、不确定性增多以及技术进步日新月异的大环境，与此相适应，企业在劳动力的使用上变得更加灵活，雇佣关系的本质也在发生变化，能够在传统或标准合同下受雇的人越来越少。研究显示，大多数工作场所都雇用了有固定期限合同的员工或临时员工，根据实际需求调整劳动力数量成为多数就业组织的选择。这些变化对雇员看待雇佣关系的方式产生了深远的影响。他们在一种不断变化的状态中工作，既可能经历就业期，也可能经历失业期。就业的稳定性、雇员为一个雇主工作的平均时间已经下降，年轻员工对职业的忠诚日益取代了对雇主的忠诚。组织精简和层级削减已经改变了员工看待雇佣关系的方式，他们所感觉到的工作的不安全性增加了。这种对工作不安全性的认识，既强化了雇员在更广泛的劳动力市场提高自己的就业能力的需要，又大大降低了他们对雇主的信任和忠诚。员工对工作安全性的期望与实际发生的雇佣关系上的变化之间存在非常明显的冲突。

1.4　工作任务：制定员工关系计划书的业务操作

1.4.1　制定员工关系计划书的思路

制定员工关系计划书的思路流程见图 1-6。

图 1-6　制定员工关系计划书的思路流程

步骤一：分析现有员工关系状态，找出问题所在

1) 人员流失率

比如人员流失率高的情况，主要是因为公司管理层级比较混乱，经常出现多头管理、无效管理的局面，指挥的人多，做事的人少；另外也因为公司的管理方式比较原始粗放，加之未建立起有效的绩效激励体系，导致有能力的员工很难留下来。

2) 用工管理的规范性

比如用工管理不规范，是由于公司员工流失率较高，因此会有频繁的新人入职，而这方面公司做得相当不到位，新人入职就被简化为填一份员工档案，发放一些办公用品；既没有成形的员工手册可以规范员工行为，更没有相关的入职引导程序；在合同管理上，也比较混乱，出现了该签的劳动合同没有及时签订、试用期过后没有及时转正等问题，留下很多隐患。

3) 员工满意度

比如员工满意度较低，员工基本上感受不到精神回报、成长与发展关怀。员工反映最多的是压抑的工作氛围和随时随地被部门主管训斥的担心。而新老员工之间的隔阂使大部分员工对工作群体中的内部和谐度、工作方法和作风、员工素养等问题极不满意。

步骤二：制订改进措施

问题找到了，接下来就是制订改进措施，也就是确定年度关注重点。

首先，加强公司的合同管理。

其次，根据公司的组织架构，厘清管理沟通层级及程序，并通过创新途径加强企业内部沟通机制；重新构建公司的激励体系；建立完善公司的各项规章制度等。

最后，定期进行员工满意度调查，努力提高员工满意度，降低主动离职率。

关注重点找到了，接下来就可以编写具体的工作目标计划了。在这个计划中，要对目标进行阐述，要有具体的实施方案，还要列明目标责任人、协同部门及注意事项。

1.4.2 制定员工关系计划书

制订工作计划时，不要忘记对公司新年度经营战略的充分理解，只有围绕公司战略制订出的工作目标计划才是有效的。接下来以如下的员工关系计划书为例进行介绍。

员工关系计划书

一、目的

(1) 不断加强并完善现有员工关系，为员工间和公司与员工间搭建更加通畅的沟通平台，提高员工满意度。

(2) 增强员工的归属感，营造更加团结、协作的团队精神。

(3) 提升企业凝聚力，创建企业特有的文化氛围。

二、执行责任人

主导：人力资源部

协助：各部门

三、员工关系项目介绍

(一)新员工入职访谈

(1) 访谈时间：根据新入职员工入岗时间(在新员工入职二至三周内进行)确定。

(2) 受访人员：入职一个月的新员工。

(3) 访谈结果：制表总结，每月15日抄送部门负责人、人力资源部、总经理。

(二)离职面谈及离职率分析

(1) 面谈时间：随时(当有员工离职时)。

(2) 受访人员：申请离职的员工(后勤全员，各区域店铺店长级)。

(3) 责任人：后勤第一负责人×××、其余×××；终端×××。

(4) 访谈结果：进行分析总结，抄送各部门负责人、总经理。

(三)员工意见箱及不定期的员工意见收集

(1) 取消网络员工意见邮箱，制作员工意见箱。

  制作数量：2个

  完成时间：20××年3月31日

  责任人：×××

(2) 员工意见箱的管理。

  维护周期：每周一次

  责任人：×××

  意见跟踪处理：×××

  意见处理及汇总：每月一次，抄送各部门负责人、总经理

(3) 不定期地进行员工意见反馈：人力资源部全员。

(四)企业文化建设

1. 公司宣传栏的建设

1) 宣传栏栏目变更

序号	宣传栏栏目	变更性质	内容	维护责任人
1	公告栏	不变	各部门公告	×××
2	主题活动	不变	每季度公布主题活动	×××
3	每周关注	不变	每周更新相关资讯	人力资源部轮流
4	本月培训	新增	公司本月培训活动	×××
5	本月寿星	新增	本月寿星照片	×××
6	公司资讯共享	新增	各部门最新动向	×××
7	拓展公告栏	撤销	——	——
8	联络栏	撤销	——	——

2) 宣传栏版面重新设计

责任人：×××

完成时间：3月31日

3) 宣传栏外部条件的完善

增加投射灯

2. 部门文化墙的建设

1) 维持原有部门文化墙建设

零售管理中心、拓展部

2) 人力资源部的部门文化墙改版

改版方向：按照模块分栏

序号	文化墙栏目	内容	维护责任人
1	招聘、绩效	相关知识、行业资讯	×××、×××
2	培训	相关知识、行业资讯	×××
3	行政	相关知识、行业资讯	×××、×××
4	综合成长类	职场、心态、哲理小故事	×××

3. 观新台的建设

版面调整：新增加"我转正了"栏目，内容为部门领导对转正员工的寄语和期望

改版完成时间：4月15日

维护责任人：×××

4. 生日祝福墙

撤销，改版为"图书资讯栏"

5. 图书资讯栏建设

1) 栏目设置

序号	资讯栏栏目	内 容	维护责任人
1	新书速递	每季度新书介绍	×××
2	好书推荐	阅读者书评	×××
3	专业推荐	根据专业性质由部门推荐专业书籍（如零售、商品、HR、财务等）	×××

2) 版面设计

完成时间：4月15日

责任人：×××

(五) 员工福利关怀

通过各种方式关怀员工，使其体验到公司的温暖，从而感动员工，进而增强员工归属感。

(1) 春节：提供春节返乡车费、年终现金券。

(2) 三八国际妇女节：取消现金形式，发放等额节日礼品。

(3) 端午节：取消现金形式，发放等额节日礼品。

(4) 中秋节：制作中秋节贺卡，发放给员工中秋节的礼品并为员工家庭寄送月饼及贺卡。

(5) 员工日常福利管理：提供生日金、生育金、婚礼金、奠金、优惠券等日常福利。

(6) 防暑降温：针对不同工作地点和工作类型进行补贴。

(7) 年度体检：组织员工体检。

(六) 员工活动的组织

为丰富员工的业余生活，提供一个交流沟通的平台，建议在××××年举行一系列的文体活动，包括晚会及文体比赛等。

(1) 周年庆活动：组织爬山、比赛，进行周年庆。

(2) 趣味运动会：为丰富员工生活，择日举办×××运动会；运动会通过一些团队小游戏，让员工之间在工作以外的业余时间增加彼此之间的了解度。

(3) 圣诞、元旦活动：迎接新年，营造节日温馨气氛，对新的一年进行展望，同时回顾一年成果。

(4) 优秀员工评选活动：每年年终，组织评选公司优秀员工，表彰先进个人及集体。

(5) 年终联欢晚会：为感谢员工一年来的辛苦付出，在年终送上一档丰富的年终晚宴，员工齐聚一堂，共同欢庆新年。

四、年度员工关系安排表

序号	类型	时间	项目	内 容
1	新员工入职访谈	新员工入职一个月左右	与员工一对一、面对面访谈	了解新入职员工状态，以及各部门对新员工的关注指导情况，并将相关事宜反馈部门主管、人力资源部
2	离职面谈	员工提出辞职后	离职人员面谈及跟踪管理	对离职人员进行面谈，对已离职人员进行后期跟踪

续表

序号	类型	时间	项目	内容
3	沟通平台	每月一次	员工意见箱	跟进员工意见反馈
4	满意度调查	12月	满意度调查	满意度调查问卷及分析
5	公司宣传栏建设与维护	不定时	资讯栏	公告通知类7天需清空、店铺动态一个月需清空
6		每周周末	联络栏	更新《会客室预订单》
7		不定时	今日寿星	寿星生日的前一天下班前贴上照片
8		每季度	主题活动	公布主题活动相关内容
9	公司企业文化氛围建设	每两周一次	每周关注	更新相关资讯
10		每月一次	图书资讯栏	新书介绍、图书推荐、读后感分享
11		新员工入职3天内	观新台	新员工介绍及转正员工信息
12	部门文化墙建设与维护	视各部门而定	部门文化墙维护	各部门根据自己的特色更新相应的内容
13		视各部门而定	倡导其他部门建设部门文化墙	各部门根据自己的特色设计相应内容
14	员工福利关怀	1月	年终现金券	按福利制度标准
15		2月	春节返乡费	按福利制度标准
16		3月	三八国际妇女节	节日福利
17		6月	端午节	1. 提供粽子 2. 按级别发等额购物卡
18		6月	高温降暑	1. 后勤福利方式变化(待定); 2. 从福利费用中剥离一部分至终端慰问
19		7月	员工体检	为员工提供健康体检
20		9月	中秋节	1. 给员工家中寄月饼及贺卡; 2. 给员工发放购物卡
21		每月	日常福利	提供生日金、生育金、婚礼金等
22	员工活动组织	6月	公司周年庆	全员组织爬山
23		10月	趣味运动会	1. 潜在需求调查; 2. 活动方案、宣传制作及报名统计; 3. 场地选择、道具准备等
24		12月	圣诞、元旦活动	迎接新年,营造节日温馨气氛,对新的一年进行展望,同时回顾一年成果
25		年终	联欢晚会	××××春节联欢晚会
26		年终	优秀员工评选活动	表彰先进的个人及集体

项目1 员工关系基础分析

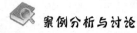

新员工集体离职的"风波"

"最近一月3名新员工递交辞呈,这些95后都才入职不到6个月,怎么就突然辞职这么多?究竟是哪方面出现了问题?"重庆某有限责任公司的HR经理赵某因为最近新员工相继离职的事找到了业务督导林某。

这3名员工都是通过2019年的秋季校园招聘会进入重庆某有限责任公司的,她们是语言水平最好的李某,李某的室友蒋某、王某。培训讲师章某汇报说,李某虽然口语水平最好,但是在培训教室中的状态却是最差劲的。总是在培训过程中走神、聊天、玩手机,对于培训师说到的重要信息不屑一顾。每次考试成绩都很差,但她自己却似乎毫不在意,完全不觉得这样有什么问题,也不觉得不好意思。她本人始终认为培训中讲授的知识太死板,未来的工作并不会像考试考得那样仔细的。

林某听了培训师章某的反馈也觉得有必要教育一下新进员工了。年轻人初入职场,都不太懂事,吓唬一下就能好。所以,他在培训期间多次找各个应届毕业生单独面谈。

"李某,你知道我们重庆某有限责任公司是专做呼叫中心外包服务的,面向的是日本客户,对语言水平和专业知识水平要求都特别高,虽然你的语言天分比较好,培训考试成绩也都达到了合格的标准,但这个成绩在所有应届生里面是属于偏低的,培训师章某和我说过关于你的状态,对于培训不上心,不认真。我们培训是有淘汰的,不要以为你和公司签了三方协议,就万事大吉,肯定可以留下来了,如果你通不过这几个月的培训,随时会让你离开的。"

"老师,我不是不认真,我……"

"别叫我老师,我不是你学校里的老师,我是你的项目经理,业务督导。你可以叫我林某,或者林督导。"两个人说了快半小时,林某觉得威严立得大概差不多了,就让李某离开。

李某回到培训教室就开始哭,哭了整整一个下午。她和一起培训的同学们说:"那个培训师章某真是个坏人,表面上和大家打成一片,实际上只会打小报告,哼!"蒋某和王某是李某的室友,听说了这些事情后都表示以后在公司里要注意这些"70后""80后"的前辈,一不小心竟然就被打小报告。

在后续的离职访谈中,这几位新员工都说在重庆某有限责任公司工作特憋屈,每天碰到公司的前辈们不能叫名字还要加上*哥*姐,距离很大不能好好沟通。而这些前辈们也不愿意和新来的年轻人聊天,总觉得隔着一层厚厚的屏障,觉得这些个应届毕业生工作态度不好,也不愿意在工作上帮助她们了。慢慢地几个应届生组成了一个小团体,有什么事情都不愿意和前辈们说。李某和姐妹们都觉得这份工作太累了,整天心情特别压抑,在重庆某有限责任公司的大半年里,她们都在寻找离开的机会,最终李某回老家找了一份留学顾问的工作,蒋某选择了去国外深造,王某也快速地离开了公司。

请尝试对以上案例中所展示的企业内外部环境因素进行分析。

员工关系年度目标计划

以下是某公司的员工关系年度目标计划，请仔细阅读并回答问题：

员工关系年度目标计划

一、目标概述

1. 协调处理好劳资双方关系，提高员工保留率，是人力资源部门的基础性工作之一。在以往的人事工作中，此项工作一直未纳入目标，也未进行规范性的操作。新的一年里，人力资源部将把此工作作为考核本部门工作是否达到工作质量标准的项目之一。

员工保留年度目标：正式员工(不含试用期内因试用不合格或不适应工作而离职的人员)年保留率争取达到80%以上；

劳资关系的协调处理目标：完善公司合同体系，除劳动合同外，与相关部门一些职位职员签订配套的保密合同、培训合同等，熟悉劳动法规，尽可能避免劳资关系纠纷。争取让每一个离职员工没有较大怨言和遗憾。树立公司良好的形象。

2. 建立内部沟通机制，促进公司部门之间、上下级之间、劳资双方的了解与合作，建立健康、和谐的内部关系，避免因沟通障碍而导致的人际关系紧张、工作配合度低、缺乏互信等不良倾向。

3. 企业文化的塑造与宣贯，企业文化的形成是一个不断累积、不断传承、不断发扬光大的过程，在一个拥有良好企业文化的企业，员工的向心力和凝聚力会不断增强，企业的团队精神和拼搏精神也非常明显。

在新的一年里，人力资源部将对以上几项工作进行有针对性的加强。

二、具体实施方案

1. 元月31日前完成劳动合同、保密合同、培训合同的修订、起草、完善工作。

2. 全年度保证与涉及相关工作的每一位员工签订上述合同，并严格按合同执行。

3. 为有效提高员工保留率，应严把招聘关。人力资源部在新的一年将对人员招聘工作进行进一步规范管理。一是严格审查预聘人员的资历，不仅对个人工作能力进行测评，还要对忠诚度、诚信资质、品行进行综合考评。二是任何部门需要人员都必须经人力资源部面试和审查，任何人、任何部门不得擅自招聘人员，或者仅和人力资源部打个招呼、办个手续就自行安排工作。人力资源部还应及时地掌握员工思想动态，做好员工思想工作，有效预防员工的不正常流动。

4. 建立内部沟通机制。

(1) 人力资源部在新的一年将加强人力资源部员工面谈的力度。员工面谈主要在员工升迁、调动、离职、学习、调薪、绩效考核或其他因公因私出现思想波动的时机进行，平时人力资源部也可以有针对性地与员工进行工作访谈。目标标准为：每月访谈员工不少于5人次，并对每次访谈进行文字记录，访谈掌握的信息必要时应及时与员工所在部门经理或总经理进行反馈，以便根据员工思想状况有针对性地做好工作。

(2) 设立总经理信箱。人力资源部在元月31日前在公司办公室设立总经理信箱，并保证此信箱的安全保密程度，取得员工信任。员工可对公司建设各个方面、公司内部每个工作环节提出个人意见和建议。总经理信箱每周开箱一次。收取员工的信件，对投递信箱的员工信件不作特殊要求，提倡署名但不反对匿名。对员工反映的问题和意见，做到处理及时、反馈及时。

(3) 其他沟通机制的完善。如员工满意度调查、部门经理会议等机制将继续保持和完善。

5. 企业文化塑造与宣贯。

人力资源部对公司的企业文化宣贯有不可推卸的义务和责任。在新的一年里,人力资源部将全力塑造独具特色的企业文化。

(1) 编辑出版内刊。

(2) 计划制定公司基本规章。将公司诞生以来积累的优良传统和企业文化精髓加以总结归纳。

(3) 加强对优秀员工、好人好事的宣传力度,弘扬正气。

(4) 对所有新进员工,在正式上班前,不仅做好人事培训和工作培训,还要做好企业文化的培训。做到让每一位员工都热爱公司。

三、实施目标需注意的事项

1. 劳资关系的处理是一个比较敏感的工作,它既牵涉企业的整体利益,也关系每个员工的切身利益。劳资双方是相辅相成的关系,既有共同利益,又有相互需求的差距,是矛盾中统一的合作关系。人力资源部必须从公司根本利益出发,尽可能为员工争取合理合法的权益。只有站在一个客观公正的立场上,才能协调好劳资双方的关系。避免因过多考虑公司方利益而导致员工的不满,也不能因迁就员工的要求让公司利益受损。

2. 员工保留率要做到合理。过高的保留率不利于公司人才结构的调整与提高,不利于公司增加新鲜血液和与公司既有人才的知识面、工作经验、社会认识程度不同的人才,容易形成因循守旧的企业文化,不利于公司的变革和发展;但保留率过低容易造成人心不稳,企业员工忠诚度、对工作的熟悉度不高,导致工作效率的低下,企业文化的传承无法顺利持续。人力资源部在日常工作中要时刻注意员工的思想动态,并了解每一位辞职员工的真正离职原因,从中做好分析,找出应对方法,确保避免员工不正常流动。

3. 实施内部沟通机制时,应注意所有沟通机制应以发现问题、解决问题为原则,注意操作方式的可行性,不能因设置的沟通方法导致问题。人力资源部应多观察、多聆听、多思考,找出合理有效的沟通方法。对员工的思想工作,应该把握原则,不能徇私,不能因个人感情放弃公司利益,不泄露公司秘密。对发现的思想问题,能解决的由人力资源部负责解决,不能解决的必须及时向相关部门或上级反馈。

4. 企业文化塑造不只是文字工作或文体活动。人力资源部在操作中应抓住关键工作,确定工作目的。旨在利用一切可以利用的媒介,团结广大员工,将每个员工的思想和观念统一到公司的精神、宗旨、理念上来。使组织内所有人员共同认同公司的价值观,统一全体员工的行为模式是人力资源部做好此项工作的标准。

四、目标责任人

第一责任人:人力资源部总监。

协同责任人:员工关系主管。

五、实现目标需支持与配合的事项和部门

1. 完善合同体系需请公司法务部予以协助。

2. 控制人员流动率工作,需要各部门主管配合做好员工思想工作、员工思想动态反馈工作。人员招聘过程中请各部门务必按工作流程办理。

3. 沟通机制的建立需要公司领导和其他部门的通力配合。

4. 企业文化塑造与宣贯是全体员工共同努力的结果,需要公司领导提供支持。

请根据所学知识回答以上员工关系计划目标的合理之处和不合理之处,并分别说明原因。

思考与练习

1. 员工关系的外部环境包括哪些影响因素？员工关系的就业组织因素又包括哪些具体影响因素？内外部环境的作用关系如何？
2. 员工关系在企业内部涉及哪些岗位？相关的岗位职责和任职要求又有哪些？
3. 企业有哪些用工形式？主要的用工形式是什么？
4. 如何进行员工关系相关岗位的设计和梳理？
5. 进行企业内外部环境分析都有哪些相关流程和步骤？
6. 员工关系计划书的制定有哪些思路？一份完整的员工关系计划书包括哪些内容？

拓展阅读

劳动关系的调整模式

劳动条件的确定、劳动关系的调整，究竟是由劳资双方协约自治、国家主导干预，还是由资方单独决定？这是整个劳动法制理念的大前提，这一前提决定着劳动法制的体系，以及劳动关系调整的模式。世界各国由于历史、法律、文化的不同，所采用的处理劳动关系的制度模式也各不相同。中国台湾学者黄越钦在其《劳动法新论》中，将劳动关系的主要调整模式归纳为下述四类。

一、斗争模式

"斗争模式"是以某种特定的意识形态为指导，认为劳资关系是建立在生产资料私有制基础上的具有阶级斗争性质的关系，其表现形式是雇佣劳动和剩余价值的生产，其本质是剥削与被剥削的关系。因而在劳资之间存在着不可调和的阶级矛盾，无产阶级夺取政权之后，要将工厂、土地及一切生产资料收归公有，同时要消灭资产阶级，以斗争模式解决劳动问题。随着社会的变迁和进步，工业革命以来曾经被认为是劳资间互动基础的阶级"斗争"正逐渐消失，而以"合作"为本质的劳资关系体制逐渐形成，因而以阶级斗争模式解决劳动问题的主张已成为历史。

二、多元放任模式

美国的劳资关系体制与大部分欧洲国家不同，美国欠缺中央级的工会组织，是全世界最大的移民国家，人种复杂，劳动者团结性欠缺，工会又倾向于以短期利益换取长期利益，政府对劳动关系的干预较小，因而可归为多元放任模式。这一模式秉承新古典学派劳动关系理论，认为市场是决定就业状况的至关重要的因素，工会或工会运动对市场机制的运行和发展具有副作用或负面影响，主张减少政府对劳动关系的干预。

三、协约自治模式

协约自治模式具体分为两种形式：劳资抗衡和劳资制衡。

1. 劳资抗衡(Antagonistic)

这一模式以劳资对立抗衡为主轴，完全排除国家干预。劳资双方通过行使争议权，进行周期性的抗争，缔结集体协议，在抗争中取得均衡与和谐，以法国、意大利等西欧国家为代表。

这一模式认为雇主联盟与受雇人联盟之间订立的集体协议，对其成员均具有规范效力，主张以协约自治原则处理劳资事务。早期的协约效力，只规定缔约双方负有义务令其成员遵守协议，但这种义务强制效力非常有限，因为单独的雇主或受雇人，只要不参加联盟，则联盟间的集体协议就对他无约束力。为使联盟间的协约发生广泛的概括拘束力，国家立法规定集体协议经国家认可后，在法源体系中由契约规范的地位上升为法律规范的地位，成为独立的法源。因而集体协议一经签订，对缔约双方成员具有法律约束力，使集体协议成为规范劳资关系的基础。

2. 劳资制衡(Co-determination)

"制衡"是对"抗衡"模式的修正与超越，是劳动者以劳工的身份参与企业经营，其形式包括从"参与决定"到"共同经营"，也就是所谓的"工业民主化"，其基本思想是从消极保护劳工，转为积极地由劳资双方共同参与决定企业经营活动，尤以德国、奥地利等国为代表。劳工代表参与企业内部经营的观念，产生于19世纪，其形式最早为工厂会议，后发展为经营协议、经营参议制等。经营参议制的最大特色是以法律形式将所有人在企业中的绝对主权，转变为一种由劳工参与的体制，使劳动者除了工会组织之外，还拥有了另一种形式的企业内的利益代表组织。这种工会与企业内利益代表并存的二元架构为德国、奥地利所特有。

四、统合模式

美国著名劳动关系学者邓洛普(Dunlop)最早以统合模式(Corporatism)对劳、资、政三者之间的关系加以说明，他在《产业关系体系》(1958)一书中对劳、资、政三者间的经济、政治关系进行了分析，但没有对彼此间的互动以及权利比例加以说明。随后学界纷纷对统合模式进行研究，并区分为国家统合和社会统合，20世纪90年代又增加了经营者统合。因此，统合模式具体分为社会统合、经营者统合和国家统合三类。

1. 社会统合模式(Societal Corporatism)

社会统合模式的特征：劳资双方的关系以整个社会为背景；工会在跨企业的团结权方面具有很强大的力量；集体意识与阶级认同存在于社会阶层；劳工对其他劳动阶层的忠诚高于本身的产业。著名的瑞典模式是社会统合模式的代表者，瑞典自20世纪30年代至90年代加入欧盟为止，其劳资事务处理的原则为社会统合模式，内容包括：①工会联盟与雇主联盟力量均十分庞大，并共同构成强大的劳动市场组织。在瑞典，劳动者参加工会的比率高达90%，为世界之冠，无论蓝领劳动者还是白领劳动者都建立了强大的组织，而且彼此非常团结，几乎所有职工都分属于三个主要劳工组织。同时，瑞典资方联盟下属各组织的百分比也很高，工会组织与雇主组织的中央机构力量强大，实行中央集权制。②劳资双方都愿意保持工业和平，都明确反对国家干预。认为劳资纠纷应以劳动市场上的供需情况为基础求得解决。劳资双方有能力面对社会制度产生的弊端，采取预防措施，不需要国家立法干预。③设立争议处理机构。根据1938年瑞典劳资双方的基本协议，由工会联盟和雇主联合会的代表组成"劳动力市场理事会"，为全国性协商机构，任何劳资争端在提交法院审理之前，应先在理事会内部进行调解。④劳资双方组织的影响扩大。20世纪70年代之后，工会采取主动措施，促使生产过程规范化，并参加政府的各种调查委员会，参与咨询或决策活动。⑤成为集团利益组织,插足政界,发表政见左右舆论。总之,劳资双方已超出以协约自治处理劳资关系的范围,成为统合经济、政治活动的当事人。

2. 经营者统合模式(Managerial Corporatism)

经营者统合模式的特征:劳资关系主要发生在企业层级;工会在跨企业的团结权方面不具有强大的力量;集体意识与阶级认同只存在于产业阶层;劳动者对本产业的忠诚高于对其他劳动阶层。经营者统合模式以日本最为典型。第二次世界大战之后日本制定了劳动基准法保障劳动者权益,提升劳动力品质。日本模式是建立在以劳动基准法为核心的三项"国粹"之上,即终身雇佣制、年功序列制和企业工会制。经营者在统合各方面力量之后,通过政府将其决策表达在劳动基准法中,要求各阶层予以服从。不过日本虽以经营者统合为原则,但对协约自治则仍维持某种程度的存在。

3. 国家统合模式(State Corporatism)

国家统合模式,是指企业与劳工组织在一个社会结构中所扮演的角色,由国家所决定。国家通过立法对企业的功能与活动范围予以界定、限制、命令或禁止。国家统合模式的特点是:①国家对劳资双方采取强而有力的控制手段,对劳动契约采取干预态度,对集体劳动关系予以压缩。在工会方面,实行强制入会制、单一工会制,禁止或限制特定当事人组织工会,在实务上政党力量介入较深,工会的自主性非常有限。在雇主团体方面,政府也采取相应的干预手段,对产业的控制极深。政党与产业界的关系密切,产业界对政府的影响力量也很大,但劳资双方团体却壁垒分明而互不相涉,没有固定的合作机制。②以劳动基准法为核心,国家公权力对劳资双方的劳动契约直接介入、干预和管制。③在劳动安全卫生与劳动监督检查方面,采取官僚本位主义,缺乏工会与劳动者的参与。④劳动力市场政策主要是为配合国家经济发展计划,而较少从劳动者的立场进行规划,体现劳动者利益。

总之,集体谈判作为现代工业社会调整劳动关系的主要机制,在第二次世界大战以后得到了广泛的普及与发展。在多数市场经济国家,集体谈判是为公众所接受的确认劳动条件的机制和稳定社会关系的手段。选择接受或拒绝集体谈判,主要取决于两种不同的价值判断体系:即一元论和多元论。在实践中,市场经济国家处理劳动关系的制度模式大致分为四种:斗争模式、多元放任模式、协约自治模式(包括劳资抗衡和劳资制衡)以及统合模式(包括国家统合、社会统合和经营者统合)。"多元放任模式"秉承新古典学派劳动关系理论,认为市场是决定就业状况的至关重要的因素,工会对市场机制的运行和发展具有副作用或负面影响,主张减少政府对劳动关系的干预,这一模式以美国最为典型。"协约自治模式"则以正统多元论学派理论为基础,主张劳资双方通过谈判取得均衡与和谐,以协约自治原则处理劳资事务,这一模式以法国、德国、意大利等西欧国家为代表。"统合模式"则以管理主义学派和自由改革主义学派理论为基础,其中"社会统合模式"秉承自由改革主义理论,主张劳资双方要突破协约自治范围,以整个社会为背景处理劳资关系,瑞典是这一模式的代表者。"经营者统合模式"则秉承管理主义学派理论,主张由经营者在企业层面统合各方力量,再通过政府将其决策表达在劳动基准法之中,这一模式以日本最为典型。"斗争模式"则以激进派理论为基础,认为劳资之间存在着不可调和的阶级矛盾,主张以斗争方式解决劳动问题。随着社会的变迁和发展,工业革命以来曾经被认为是劳资间互动基础的阶级"斗争"正逐渐消失,而以"合作"为本质的劳资关系体制逐渐形成,以阶级斗争模式解决劳动问题的主张已成为历史。

项目2 招聘管理

【项目概述】

员工招聘在人力资源管理工作中具有重要的意义。招聘工作直接关系到企业人力资源的形成,有效的招聘工作不仅可以提高员工素质、改善人员结构,也可以为组织注入新的管理思想,为组织增添新的活力,甚至可能给企业带来技术、管理上的重大革新。招聘是企业整个人力资源管理活动的基础,有效的招聘工作能为以后的培训、考评、工资福利、劳动关系等管理活动打好基础。因此,员工招聘是人力资源管理的基础性工作。员工招聘关系中的处理主要围绕着员工录用审查、劳动合同签订和试用期管理三个环节进行。

【学习目标】

- 理解并掌握录用审查的前提条件;
- 熟悉背景调查的定义及必要性;
- 熟悉员工入职体检的意义;
- 掌握入职通知书的法律责任;
- 掌握劳动关系建立与劳动合同生效的关系;
- 熟悉进行试用期约定的意义。

【技能目标】

- 能够掌握背景调查的工作流程,并独立地开展背景调查工作;
- 能够掌握员工入职体检的工作流程,并独立地进行员工入职体检的工作安排;
- 能够辨别入职通知书中的风险,并针对其中的风险进行风险控制;
- 能够掌握外籍人员招聘的流程,并能够根据工作任务开展外籍人员的招聘工作;
- 能够掌握劳动合同签订的操作技巧和流程,并能够根据不同的岗位和用工形式进行劳动合同的关键条款的设置、劳动期限的计算等,并保证劳动合同的及时签订;
- 能够掌握试用期管理的操作技巧和操作流程,并能够进行正确的试用期管理。

 案例导入

招工时不得要求劳动者提供担保

北京某制衣公司招聘技术员,提供的薪水、各项福利待遇均高于市场水平。李某前去应聘,在为数众多的应聘者中,李某表现优秀。随后公司与李某协商一致,签订了为期3年的劳动合同。因为优秀技术员在市场上非常难求,因此各个制衣公司之间对人才的争夺也尤为激烈。北京某制衣公司为了防止技术员的流失,便提出在合同中规定:"李某必须向企业交纳4000元的风险抵押金,合同终止后,企业连本带息返还;合同期限内,李某一旦违约，风险抵押金将不予退还。"李某急于得到工作，表示同意。李某工作半年后，因儿子考上大学，一时没有凑足生活费和学费，于是他就找到公司经理希望能把风险抵押金提前支取出来，公司经理一口回绝。李某一气之下，递交了辞职报告，并要求退还风险抵押金。而公司以李某提前解除劳动合同，没有履行劳动合同规定的期限为由，拒绝返还，双方发生争议。

本案例是由于用人单位在录用员工时向劳动者收取抵押金而产生的争议。《劳动合同法》规定，用人单位招用劳动者，不得要求劳动者提供担保或者以其他名义向劳动者收取财物。北京某制衣公司在劳动合同中约定的关于风险抵押金的条款违反了法律规定，制衣公司应该如数返还李某抵押金。案例表明用人单位在招聘录用过程中要依法合规，做好录用招聘环节员工关系的管理和风险防范。

不签书面劳动合同应当支付劳动者双倍工资

杨某于2017年6月起至2018年12月在兴盛公司担任项目施工员，从事现场施工工作。杨某曾先后多次被派往多个大的工程项目担任项目施工员，其中一个项目是驻上海市外的工程项目，杨某的月工资是8000元。虽然杨某多次提出签订书面劳动合同，但兴盛公司拒绝签订书面劳动合同，兴盛公司也没有为杨某缴纳社会保险。鉴于上述事实，杨某于2018年12月向劳动争议仲裁委员会提起仲裁。

要求：
1. 双方解除劳动关系；
2. 兴盛公司支付未签订书面劳动合同的两倍工资差额11个月×8000元/月=88000元。
仲裁委员会对本案经调解无效，裁决如下：
1. 双方解除劳动关系；
2. 用人单位支付未签订书面劳动合同的两倍工资11个月×8000元/月=88000元；
3. 驳回杨某的其他仲裁请求。

后兴盛公司不服裁决起诉到人民法院，法院支持了杨某的诉讼请求。
请结合以上案例分别讨论劳动争议仲裁委员会的仲裁依据和人民法院的判决依据。

可以延长试用期吗

2018年7月，小杨取得计算机技术专业学士学位后，与天津市塘沽开发区某科技软件公司签订了为期2年的劳动合同，岗位为电脑动画设计员。合同中约定：试用期两个月。在试用期内，小杨工作热情很高，但由于他刚接触此类工作，加之经理一直分给他一些很复杂的设计任务，他一直弄不太好。为此，小杨心里暗暗着急。两个月快到时，经理对他说："今天是你试用期的最后一天，公司要对你的水平进行一下考核，我现在给你一个活儿，你必须在今天设计制作出完整的动画。如果你能保质保量地完成，就说明你符合公司录用条件所规定的技术水平要求；否则，就说明你不符合要求。"小杨整整忙乎了一天，总算勉强把设计完成了。他怀着忐忑不安的心情，把完成的动画设计交给了经理。第二天，经理将小杨叫到办公室，告知其技术水平还有待提高，如果小杨想继续在单位工作的话，需要延长试用期。小杨迫于工作不好找的压力，同意了单位将试用期两个月延长到四个月的决定。后小杨经过和同事沟通，发现单位对每位新员工都采取这种做法延长试用期，于是要求单位对延长的试用期要给予相应待遇。

请问用人单位对于小杨试用期的延长符合《劳动合同法》的规定吗？

2.1 相关知识：录用审查、劳动合同与试用期

2.1.1 录用审查的前提

《劳动合同法》第八条规定："用人单位招用劳动者时，应当如实告知劳动者工作内容、工作条件、工作地点、职业危害、安全生产状况、劳动报酬，以及劳动者要求了解的其他情况；用人单位有权了解劳动者与劳动合同直接相关的基本情况，劳动者应当如实说明。"这一规定明确了用人单位在招聘员工时的告知义务和知情权。

1. 用人单位的告知义务

用人单位的告知义务即为劳动者的知情权。用人单位的告知义务，是指用人单位在招用劳动者时，应当如实告知劳动者工作内容、工作条件、工作地点、职业危害、安全生产状况、劳动报酬，以及劳动者要求了解的其他情况。这些内容是法定的并且无条件的，无论劳动者是否提出知悉要求，用人单位都应当主动将上述情况如实向劳动者说明。法定告知内容都是与劳动者的工作紧密相连的基本情况，也是劳动者进行就业选择的主要因素之一。选择一份适合自己的工作对于劳动者而言相当重要。劳动者只有详细了解了用人单位的基本情况，才能结合自身特点作出选择。此外，对于劳动者要求了解的其他情况，如用人单位相关的规章制度包括内部劳动纪律、规定、考勤制度、休假制度、请假制度、处罚制度以及企业内部已经签订的集体合同等情况，用人单位都应当进行详细说明。

2. 用人单位的知情权

用人单位的知情权即为劳动者的告知义务。用人单位在履行告知义务的同时，也享有一定的知情权，《劳动合同法》将用人单位的知情权限制在与缔结劳动合同有关的信息范围之内。知情权是指用人单位对劳动者与劳动合同直接相关的基本情况有真实、适当知晓的权利。与用人单位知情权对应，劳动者负有如实告知义务，这种义务限于劳动者与劳动合同直接相关的基本情况时，劳动者有如实说明的义务。与劳动合同直接相关的基本情况，是指与劳动合同的订立、履行以及实现劳动权利和履行劳动义务直接相关的情况，如劳动者的年龄、知识技能、身体状况、学历、工作经历以及就业现状等情况。用人单位无权了解劳动者与劳动合同无关的个人情况，比如家庭情况、血型、婚姻状况、有无异性朋友、女性是否怀孕等，以尊重和保护劳动者的个人隐私权。

2.1.2 录用审查的内容

一个完整的招聘流程应该包括招募、甄选、录用审查、签订劳动合同、入职、试用期、

转正等环节。相对于招募、甄选,录用审查处于招聘流程的后半阶段。而有的企业则误认为录用名单一确认,招聘工作就基本结束了,新录用人员可以直接到岗了,实则不然,录用审查是一个不可忽视的重要环节。

录用审查环节,主要做好背景调查工作、安排录用人员体检和发放入职通知,而每一项工作都需要把细节做好,才能防患于未然。

1. 背景调查的定义和必要性

员工背景调查是指用人单位通过各种合理合法的途径,来核实求职者的个人履历信息的真实性的过程,它是保证招聘质量的重要手段之一。

但目前劳动力市场总体供大于求,市场上出现了部分劳动者提供各种虚假信息骗取工作机会的现象,这既侵害了用人单位用工自主权,又损害了社会诚信风尚。因此,对劳动者进行"背景调查",可以很大程度筛选不符合要求的劳动者,从而在形式上达到"择优录用"的目的。

我国的现行劳动法律制度和最新的立法动向更加重了这种必要性。首先,对不符合录用条件的劳动者,劳动法只规定在试用期内,用人单位可以随时解雇劳动者,而如果过了试用期,用人单位解除不符合录用条件的劳动者的权利,将受到劳动法严格的解雇保护制度的束缚,甚至还需要支付一笔经济补偿金。这实际上就是一种"宽进严出"的制度。其次,尽管劳动法中规定因为欺诈订立的劳动合同为无效合同,但是却缺乏相应的细化操作手段,以致让用人单位面临较大的法律风险。更何况,即使劳动合同被判为无效,劳动法上的一些基本权利,主要是事实劳动关系保护方面的规定,仍然会限制用人单位的自主权。因此,企业在招聘员工时,一定要谨小慎微,而背景调查无疑可以提供很好的屏障。

2. 员工入职体检的定义和意义

入职体检是专项体检之一,旨在通过体检保证入职员工的身体状况适合从事该专业工作,在集体生活中不会造成传染病流行,不会因其个人身体原因影响他人。

体检结果是一项衡量员工是否能够胜任此工作的身体指标,有些疾病可能会使员工入职后因为身体疾病经常请假。还有一些特殊岗位对身体健康条件要求非常严格,如有突发事故,可能危及员工生命安全,但这需要公司承担责任;如食品行业需要对从业人员严格要求以避免携带传染病病毒,否则会使得病毒可能进入食品进行食物链传播。另外,对于职业病的责任承担问题,如果没有进行入职体检,就无法确定职业病的产生时间,可能需要用人单位承担职业病的赔偿责任。

3. 入职通知书的定义和法律责任

入职通知书用于正式向求职者提供职位,并提供重要信息,包括开始日期、薪酬、工作时间和职位。"要约"就是希望和他人订立合同的意思表示。入职通知书是用人单位愿意同劳动者建立劳动关系的意思表示,劳动者可以选择接受或不接受,劳动者一旦承诺同意按入职通知书与用人单位建立劳动关系,则入职通知书的内容对双方都有约束力。

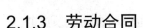

2.1.3 劳动合同

1. 劳动关系建立与劳动合同生效的关系

1) 劳动关系的定义

劳动关系是指劳动者与用人单位在劳动过程中发生的，以劳动和劳动报酬给付为主要内容的社会关系。

2) 劳动关系的建立时间

劳动关系建立的时间直接决定着劳动者与用人单位权利义务的时间界限，对双方都非常重要。法律规定用人单位自用工之日起即与劳动者建立劳动关系，即从劳动者到用人单位工作的第一天起，或者说从用人单位开始使用劳动者劳动的第一天起，不论双方是否订立书面劳动合同，劳动关系就成立了。《劳动合同法》规定劳动关系自"用工"之日成立，而不是从签订书面劳动合同时成立。如果用人单位不签书面劳动合同，则构成事实劳动关系，劳动者同样享有法律规定的权利。这一规定突破了劳动关系必须以书面劳动合同为有效要件的规定，确认只要有用工行为就存在劳动关系。这一规定对用人单位用工行为作了严格规范，避免一些企业不签订书面劳动合同而否认劳动关系存在、规避法律义务。

劳动关系成立的时间，决定了用人单位与劳动者劳动权利义务开始履行的时间。如果用人单位先签合同后用人，从劳动合同订立之日至用工之日期间，用人单位与劳动者尚未建立劳动关系，双方可以依法解除劳动合同并承担双方约定的违约责任，用人单位无须承担劳动者的医疗费用等责任，也无须向劳动者支付经济补偿。如果用人单位先用人后签合同，即用人单位未在开始用工时订立书面劳动合同，之后补订劳动合同的，劳动合同期限自用工之日起计算。

2. 劳动合同的期限

劳动合同期限，是指劳动合同的有效时间，是双方当事人所订立的劳动合同起始和终止的时间，也是劳动关系具有法律约束力的时间。劳动合同期限是劳动合同的必备条款，劳动者与用人单位在劳动关系存续期间享受权利和履行义务。劳动合同的期限是判定劳动合同是否有效以及生效时间的依据，也是判定劳动合同终止时间的依据。《劳动合同法》第十二条规定：劳动合同分为固定期限劳动合同、无固定期限劳动合同和以完成一定工作任务为期限的劳动合同。

2.1.4 试用期

1. 试用期的定义

试用期是用人单位与新录用的劳动者在劳动合同中约定的相互考察和了解的特定时间。约定试用期，属于劳动合同中双方自主约定的范畴。

2. 试用期的意义

(1) 试用期是双方约定的相互考察以决定是否建立正式劳动关系的期限。双方可以在法律允许的范围内约定试用期的长短以及是否延长或缩短试用期。

(2) 在试用期内，双方解除劳动合同的要件不尽一致。用人单位解除合同，须提前 30 天通知且需证明劳动者不符合录用条件，劳动者解除合同只需提前 3 天通知。

(3) 试用期解除劳动合同须履行相应的法律程序，如要有录用条件的制度规定，有劳动者不符合录用条件的考核报告以及其他证据，应在试用期届满前作出且送达劳动者。试用期作为劳动关系双方考察试用并据以决定是否继续保持劳动关系的重要阶段，双方当事人特别是用人单位需要在此期间通过各种方式考察员工。如果在试用期间，双方发现对方不符合录用条件或主观预期，均可以按照法定程序来解除劳动合同。

2.2 工作任务：员工录用审查的业务操作

2.2.1 进行背景调查

背景调查的操作流程见图 2-1。

步骤一：确定背景调查的人员

在背景调查过程中，有三类人员是需要重点排查的。具体内容如表 2-1 所示。针对这些人员，需要及时核实他们的个人信息，以防他们进入企业，留下后患。

微课 05　录用审查——信任建立的第一天

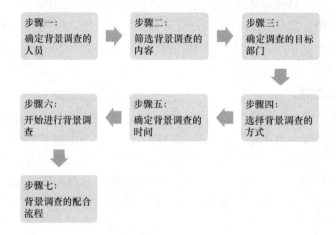

图 2-1　背景调查的操作流程

除了表 2-1 中建议的必须重点排查的人员外，企业也可以根据自身的实际情况确定需要调查的人员。

步骤二：筛选背景调查的内容

背景调查的内容，目前并没有统一的标准，往往根据企业自身的情况进行。一般包括：身份、户口、家庭住址、工作经历、目前职业、离职原因、学历水平、健康状况、职业技能、竞业限制等。另外，目前很多企业也将雇员忠诚度调查、违反合同调查、损害企业利益调查、个人资信调查列为重点。外籍人员需要核实《就业证》的到期时间，避免企业非法用工。

表 2-1 背景调查需要重点排查的人员

人员类别	排查内容
提供虚假信息的人员	个人教育和工作经历、工作业绩、工作经验等信息
有职业病史的人员	人员接触职业病危害因素的职业经历，包括接触职业病危害因素起止时间、工种、岗位、操作过程、所接触的职业病危害因素的品种及其浓度(强度)、实际接触时间、防护设施、个人防护等情况
回避法定或约定义务的人员	人员与原公司的劳动合同未合法解除或者与原公司签署保密协议或竞业限制协议

背景调查内容应以简明、实用为原则，内容简明是为了控制背景调查的工作量，降低调查成本，缩短调查时间，以免延误上岗时间而使用人部门人力资源不足，影响业务开展。再者，优秀人才往往几家公司互相争夺，长时间的调查是给竞争对手制造机会。实用是指调查的项目必须与工作岗位需求高度相关，避免查非所用，用者未查。

步骤三：确定调查的目标部门

根据调查内容把目标部门分为三类，分头进行调查。具体见表 2-2。

表 2-2 调查目标部门

调查目标部门	内　　容
学校学籍管理部门	在该部门查阅应聘者的教育情况，能够得到最真实可靠的信息，真假"李逵"即可分辨，持假文凭者此时就现原形
以前所在公司	可以让候选者本人填写《授权书》，并要求其写上原工作单位公司电话与传真，以及人事部联系人，可先致电该公司人事部，表明调查的请求，请求对方帮忙协助完成，然后将《授权书》传真过去，之后跟进，一般来说一天之内要返回来，而且一般都需加盖对方公司人事部门公章。除了是竞争对手公司，一般都会获得支持的。从雇主那里原则上可以了解到应聘者的工作业绩、表现和能力，但雇主的评价是否客观需要加以识别
档案管理部门	一般而言，从原始档案里可以得到比较系统、原始的资料。目前，档案的保管部门是国有单位的人事部门和人才交流中心，按照规定，他们对档案的传递有一套严格保密手续，因此，档案的真实性比较可靠。但目前人才中心保管的档案存在资料更新不及时的普遍缺陷，员工在流动期间的资料往往得不到补充，完整性较差。相比较而言，国有单位人事部门对自己员工的资料补充较好，每年的考评结果都会入档

步骤四：选择背景调查的方式

背景调查通常有两种方式，具体见表 2-3。

表 2-3 背景调查的常用方式

调查方式		内　容	优、缺点
方式一：直接调查		直接面向招聘对象收集信息	优点在于快速、简便，但不足之处在于难以防止不诚信者进入企业
方式二：间接调查	企业自己调查	指派自己的员工查询有关资料，拜访有关单位	获得的信息相对可靠，但耗时费力
	委托调查	委托有关专业性背景调查单位或个人进行信息收集	优点在于专业、快速，已经为很多企业所接受，委托调查合同一般会规定信息不实的风险和责任，由此可以进一步降低委托方的法律风险，但委托调查必须支付相应的成本

步骤五：确定背景调查的时间

在招聘录用的整个环节中，背景调查最好安排在面试结束后与上岗前的间隙，根据几次面试的结果，他们介绍的资料已经熟悉，此时调查，在调查项目设计时更有针对性。但也有的公司将背景调查安排在员工入职以后，这可能是根据调查人员的不同职位类别和调查手段的不同而做出的时间安排。如职级较高的潜在候选人选择在入职前进行背景调查，而职级较低的潜在候选人则选择在入职提交资料后进行网络简单的核验。

步骤六：开始进行背景调查

员工的背景调查工作准备完毕后就可以开始正式的背景调查了，如果选择背景调查的方式为间接调查中的委托调查，用人单位仅需要与第三方调查公司保持紧密联系即可。但如果是直接调查或者是间接调查中的企业自己调查，就需要根据目标部门分别采取不同的调查策略。

步骤七：背景调查的配合流程

企业应该建立健全背景调查的相关制度。在劳动合同中明确约定劳动者有提供真实信息的义务。签订合同之时，设置必要的试用期，以给发现问题后的操作留足空间。还应该规定相应责任，如规定不得提供虚假材料，一经发现，即刻解除劳动关系，甚至进一步列出需要赔偿的经济损失数目或项目。针对背景调查的其他责任人，主张自己的权利，主要是向有关从事背景调查的员工或者第三人主张权利。

2.2.2　安排员工入职体检

安排员工入职体检的操作流程见图 2-2。

步骤一：明确公司的合法权利

用人单位有了解员工健康状况的权利，如果新进的员工身体状况不适合公司的发展，公司有权拒绝录用。

步骤二：确定体检内容

体检项目可选择全面检查，也可根据企业的行业类别进行特殊项目的体检，以查明员工是否有不符合录用要求的职业病史。

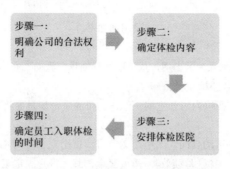

图 2-2　安排员工入职体检的操作流程

步骤三：安排体检医院

公司可以不指定医院，只要求员工提供体检报告，如果担心员工入职隐瞒身体疾病，可以要求其入职时提供三个月内的二级以上医院体检报告即可。

步骤四：确定员工入职体检的时间

新员工体检最好安排在员工进入公司工作之前，通常入职体检的具体规定体现在入职通知书中，成为入职通知书的重要组成部分(如需要)。如果确实因为工作需要，员工先到公司上班再体检，也应在劳动合同或者企业规章制度中说明"体检不合格者将不予录用"，这样作为录用条件设置，就可以在试用期把不合企业要求的员工挡在外面。当然，企业有义务将这个规定告知员工。

2.2.3　防范入职通知书中的风险

风险一：入职通知属于要约，对公司具有潜在的法律约束力

具体内容：从发出入职通知书到签订劳动合同之间存在时间差，因此入职通知书(具体见图 2-3)在为用人单位吸引人才的同时，也对企业存在潜在的风险。在这段时间内，主动权实际掌握在劳动者手中，劳动者可以决定这个要约是否生效。也就是说，劳动关系的建立与否，完全取决于劳动者的意志。即公司发出入职通知书后，候选人没有做出回应的，属于无约束力；公司发出入职通知书后，候选人已经回复同意，具有约束力。

微课 06　录用通知书到底能不能任性？

防范措施：可以从入职通知书的发放时间和内容编写两方面进行风险控制。具体见表 2-4。

风险二：候选人未回复影响公司的招聘安排

防范措施：每个公司都有人员到岗要求，如果潜在候选人没有及时回复，就会影响公司的人员录用安排。

防范措施：在入职通知书上明确约定其生效条件，如：候选人回复期限、必要文件齐备等，在设置答复期时也不应太长，一旦劳动者不承诺，则企业可以及时另行招聘。

入职通知书	
	录用通知书 尊敬的××先生/女士： 　　我们非常高兴地邀请你加入××公司，成为继续开创我们激动人心的事业的一员，我们相信××公司能够给你提供一个长期发展和成长的机会。 　　我们邀请你担任的初始职位为内刊主编，你在公司的进一步发展将取决于公司的发展、你的个人绩效、能力及意愿。 　　公司将与你签订2年的劳动合同，试用期2个月，试用期工资为×××元，转正后的工资构成为基本工资+岗位工资+级别工资+月绩效奖+季度奖金，其中每月固定工资为××元，月绩效考核工资为××元。季度奖金为××元(需考核)，每3个月发放一次。转正后享受每月××%的通信报销补贴。 　　公司实行严格的薪酬保密制，请你对上述数据信息进行严格保密，违者将解除劳动关系。 　　我们期望你在　年　月　日　上午　到公司报到，在入职时须提供身份证、学历证书和其他资格证书的复印件和原单位的离职证明。 　　　　　　　　　　　　　　　　　　　　　　　　××××××有限公司 　　　　　　　　　　　　　　　　　　　　　　　　　　　人力资源部 　　　　　　　　　　　　　　　　　　　　　　　　　　　年　月　日 报到须知： 报到时请持录用通知书； 报到时须携带本人＿＿寸照片＿＿＿＿张； 须携带身份证、学历学位证书原件和复印件； 指定医院体检表。

图2-3　入职通知书

表2-4　入职通知书的要约风险防范措施

事　项	防范措施
入职通知书的发放时间	在候选人入职审批结束、体检合格后再发放入职通知书 可在入职通知书发放后再要求体检及进行入职审批等，但需要注意编写内容(见下面几行)
编写内容	不合格或者提交的信息资料弄虚作假、入职通知失效等入职通知书除可将劳动合同的一些条款，如薪酬、福利、岗位、职责等关键条款写入之外，还可以附劳动合同的解除条件，如候选人必须体检合格，且能够提供办理用工手续的有效文件，所提供的资格证明文件必须真实有效，必须在入职通知书规定的期限内回复等。这样如企业在签订劳动合同前，发现求职者有上述失实情况的，可以及时终止与其建立的劳动关系。即使签订劳动合同后，在试用期内若发现劳动者存在此类失实情况的也可以作为不符合录用条件的情况处理

风险三： 入职通知与劳动合同约定不一致

防范措施： 入职通知书包含了劳动合同的部分内容，如薪酬、福利、岗位、职责等关键条款，但有些公司在候选人签订劳动合同时，发现入职通知书的以上约定与劳动合同不一致。

防范措施： 双方应当按照入职通知书的内容签订劳动合同，但也可以在协商一致的基础上予以变更。一方不同意按入职通知书上载明的条件签订劳动合同，另一方有权追究其违约责任。在劳动合同签订后，用人单位可以选择使入职通知书失效，或将其作为劳动合同附件，继续有效。所以要重视入职通知书的编写内容，一定要保证入职通知书和劳动合同的内容一致。

特别关注

1. 不得要求提供担保

《劳动合同法》第九条规定："用人单位招用劳动者，不得扣押劳动者的居民身份证和其他证件，不得要求劳动者提供担保或者以其他名义向劳动者收取财物。"

这一规定明确了在订立劳动合同时禁止劳动者提供担保，用人单位招用劳动者，不得扣押劳动者的居民身份证和其他证件。居民身份证是证明居住在中华人民共和国境内的公民的身份，保障公民合法权益，便利公民进行社会活动的法律证件。不经法定程序，任何部门个人不得扣押公民的居民身份证。其他证件是指除了居民身份证之外的能够证明劳动者身份的合法证件，如毕业证、学位证、专业技能证书、职称评定证书等证件。不得要求劳动者提供担保，包括人的担保和物的担保。担保是保证合同正常履行的方式，具体包括保证、抵押、质押、留置、定金等。用人单位招用劳动者时，不得向劳动者收取保证金、抵押金或者要求劳动者提供担保人，也不得以其他名义向劳动者收取财物，不得以报名费、招聘费、培训费、集资费、服装费、违约金等名义向劳动者收取各种财物。用人单位招用劳动者，不得要求劳动者提供担保或以其他名义向劳动者收取财物。《劳动合同法》第八十条明确规定违法收取抵押金的法律责任：用人单位违反法律规定，扣押劳动者居民身份证等证件的，由劳动行政部门责令限期退还劳动者本人，并依照有关法律规定给予处罚。用人单位违反法律规定，以担保或者其他名义向劳动者收取财物的，由劳动行政部门责令限期退还劳动者本人，并以每人500元以上2000元以下的标准处以罚款；给劳动者造成损害的，应当承担赔偿责任。劳动者依法解除或者终止劳动合同，用人单位扣押劳动者档案或者其他物品的，依照前款规定处罚，劳动行政部门应当对用人单位处以相应的罚款。因此，用人单位要避免劳动者给单位造成损失，不承担赔偿责任就离职或者跳槽的风险，应通过加强内部管理来解决，而不是简单采用收取抵押金(物)的方式。

2. 应当建立职工名册备查

职工名册是用人单位制作的用于记载本单位劳动者基本情况及劳动关系运行情况的书面材料，其内容应当包括劳动者姓名、性别、居民身份证号码、户籍地址及现在住址、就业方式、劳动合同期限等内容。建立职工名册的对象包括与用人单位建立劳动关系的劳动者，即用人单位以各种形式招用的劳动者(合同工、非全日制工等)。建立职工名册是用人单位的法定义务，用人单位应当建立职工名册备查。职工名册制度对于规范用工、防止和解决劳动争议具有重要意义。职工名册可以提供证明、记载劳动关系存续和履行记录，在双方发生争议时也可以作为重要证据，它有利于督促用人单位及时与劳动者签订劳动合同，减少不规范用工带来的风险和成本。同时，也便于劳动行政部门行使劳动监察职责，统计就业率和失业比率。

2.2.4 招聘外籍人员的业务操作

用人单位聘用外国人，必须符合相应的要求并按照规定的程序来操作。招聘外籍人员的操作流程见图2-4。

图2-4 招聘外籍人员的操作流程

步骤一：聘用合适的外籍人员

用人单位聘用外国人从事的岗位应是有特殊需要，国内暂缺适当人选，且不违反国家有关规定的岗位。

步骤二：申请就业许可

我国对外国人在中国就业实行许可制度。即用人单位聘用外国人，必须为外国人申请就业许可，经批准后，方可聘用。外国人在中国就业许可制度分为申领《中华人民共和国外国人就业许可证书》、申办职业签证和办理《中华人民共和国外国人就业证》、外国人居留证件三个方面。经就业许可同意在中国就业的外国人，应持职业签证入境(有免签证协议的，按协议处理)，入境后拿到《外国人就业证》和外国人居留证件，方可在中国境内就业。这样做，可以有效地抑制非法就业。

步骤三：选择聘用途径

用人单位招聘一些外籍技术人员的途径，一般是通过猎头公司，如果对外籍人员的国籍有要求，也可以通过该国驻华大使馆以及国外人才机构。外籍人士在中国工作主要有两个渠道：一是持"外国专家来华工作许可证"，以专家身份就业；二是持劳动保障部门发的"外国人就业许可证"，进入人才市场。目前在我国就业的外籍人员主要有两种：一是该外国人在国外时，从我国找到一份工作，来我国就业，其途径主要是网上招聘信息、朋友介绍。二是现在在我国学习的留学生，毕业后准备留在中国工作的。其途径主要是通过网上招聘信息、参加招聘会、朋友介绍。但不论哪种，都必须要有就业许可证。就业许可证由受聘单位根据我国相关规定办理。

2.3 工作任务：签订劳动合同的业务操作

2.3.1 注意劳动合同的条款

劳动合同的条款分为必备条款和约定条款，约定条款只要不违反法律和行政法规，具有与必备条款同样的约束力。

1. 必备条款

必备条款，是指根据劳动合同法律双方当事人签订劳动合同必须具备的内容。《劳动合同法》第十七条规定："劳动合同应当具备以下条款：(一)用人单位的名称、住所和法定代表人或者主要负责人；(二)劳动者的姓名、住址和居民身份证或者其他有效身份证件号码；(三)劳动合同期限；(四)工作内容和工作地点；(五)工作时间和休息休假；(六)劳动报酬；(七)社会保险；(八)劳动保护、劳动条件和职业危害防护；(九)法律、法规规定应当纳入劳动合同的其他事项。"

微课07 劳动合同签订那些事儿

1) 用人单位的名称、住所和法定代表人或者主要负责人

名称是代表用人单位的符号，即注册登记时所登记的名称，相当于自然人的姓名。住所，是用人单位进行业务活动的地方，一般以其主要办事机构所在地为住所。劳动合同文本中要记载用人单位住所的具体地址。法定代表人，是代表用人单位行使职权的主要负责人。法定代表人在注册登记时必须注明。不具有法人资格的用人单位，必须在劳动合同中写明单位的负责人。

2) 劳动者的姓名、住址和居民身份证或者其他有效身份证件号码

姓名是自然人区别于其他自然人的符号。劳动者的姓名以户籍登记，也即身份证上姓名为准。劳动者住所，以其户籍所在地为住所，其经常居住地与住所不一致的，经常居住地视为住所。身份证号码，是居民身份证上记载的号码。

3) 劳动合同期限

劳动合同期限，用人方与劳动者根据法律法规规定以及实际情况，协商约定合同的期限。劳动合同可分为有固定期限的劳动合同、无固定期限的劳动合同和以完成一定工作为期限的劳动合同。劳动合同期限是劳动合同的主要内容之一，既是劳动合同法律制度的外在表现形式，又是劳动合同制度发挥作用的内在条件。如何科学确定劳动合同期限，对双方都至关重要。

4) 工作内容和工作地点

工作内容是劳动者具体从事什么种类或者内容的劳动以及在什么地方从事劳动，是劳动合同的核心条款之一。根据劳动者的技能和企业的需要，可以规定劳动者从事某一项或者几项具体工作，也可以是某一类或者几类工作，但都要明确而具体。工作内容是用人方对劳动者劳动的具体要求，也是劳动者获得劳动报酬的依据。工作地点，是劳动者履行劳动合同义务的具体场所。工作地点的具体位置和环境状况直接影响着劳动者的身心健康和劳动权利的实现，应在合同中明确规定。

5) 工作时间和休息休假

工作时间，是指劳动者为履行劳动义务，在法定工作时间为履行劳动合同义务从事生产和工作的时间。我国法定工作时间为每周不超过40小时，每日不超过8小时，根据实际情况还可以实行不定时工作制和综合计算工时工作制。休息，是劳动者无须履行劳动义务，自行支配的时间。休假，是指劳动者无须履行劳动义务且一般有工资保障的法定休息时间。用人单位在制定劳动合同时，应依法明确劳动者的工作时间以及休息休假权利。

6) 劳动报酬

劳动报酬,是指用人单位根据劳动者的数量和质量,以货币形式支付给劳动者的工资。劳动报酬是劳动者提供劳动的直接目的,是劳动者的生活来源。协商约定劳动者的工资额、工资调整的权限、发放时间、报酬的构成和变更,对劳动关系双方具有重要意义。

7) 社会保险

社会保险,是指国家通过强制征集专门资金用于保障劳动者在丧失劳动机会或劳动能力时的基本生活需求的一种物质帮助制度。社会保险属国家强制性规范,凡是法律法规规定范围内的劳动者和用人单位都应当依法参加,并办理社会保险登记,履行缴纳社会保险费的义务,享有相应的权利。参加保险、缴纳社会保险是用人单位和劳动者的法定义务,双方都必须履行。为突出、强调社会保险的强制性,《劳动合同法》将社会保险规定为劳动合同的必备条款,旨在将双方的法定义务在劳动合同中说明,强调双方必须履行缴纳社会保险费的义务。

8) 劳动保护、劳动条件和职业危害防护

劳动保护,是指为防止劳动过程中的事故,减少职业危害,保障劳动者生命安全和健康而采取的各种措施。劳动条件,是指用人单位为劳动者提供的正常工作所必需的条件,包括劳动场所和劳动工具。职业危害防护,是指对工作可能产生的危害所采取的防护措施。

9) 法律、法规规定应当纳入劳动合同的其他事项

法律、行政法规规定应当纳入劳动合同的其他事项,是指按照《劳动合同法》以外的其他法律和行政法规的规定,应当在劳动合同中载明的内容。

2. 约定条款

约定条款,是指双方当事人在必备条款之外,根据具体情况,经协商可以自主约定的内容。《劳动合同法》第十七条规定,劳动合同除规定的必备条款外,用人单位与劳动者可以约定试用期、培训、保守秘密、补充保险和福利待遇等其他事项。

1) 试用期

试用期,是指劳动合同双方当事人在合同中约定的互相考察了解以确定是否继续履行劳动合同的期间。

2) 培训

培训是指用人单位对劳动者提供了专项培训费用,对其进行的专业训练。针对实践中劳动者在用人单位出资培训后违约现象比较突出,用人单位可以在劳动合同中约定培训条款或签订培训协议,就用人单位为劳动者支付的培训费用、培训后的服务期以及劳动者违约解除劳动合同时赔偿培训费的计算方法等事项进行约定。

3) 保守商业秘密

商业秘密是指不为公众所熟悉、能给用人单位带来经济利益、被用人单位采取保密措施的技术、经济和管理信息。保守商业秘密,是指保持商业秘密的原状,不使之泄露出去。对负有保守用人单位商业秘密义务的劳动者,用人单位可以在劳动合同或者保密协议中与劳动者约定竞业限制条款,并约定在解除或者终止劳动合同后,在竞业限制期限内按月给予劳动者经济补偿。劳动者违反竞业限制约定的,应当按照约定向用人单位支付违约金。

4) 补充保险

补充保险，是指用人单位与劳动者在基本社会保险之外为劳动者参加的保险，如补充医疗、企业年金等。参加了补充保险，劳动者可以在基本社会保险待遇的基础上，再享受补充保险待遇。

5) 福利待遇

福利待遇，是指用人单位在法定义务之外为员工的生活提供的便利和优惠等。

2.3.2 确定劳动合同的期限

1. 选择固定期限的劳动合同

《劳动合同法》第十三条规定："固定期限劳动合同，是指用人单位与劳动者约定合同终止时间的劳动合同。用人单位与劳动者协商一致，可以订立固定期限劳动合同。"

固定期限劳动合同必须对劳动合同履行的起始和终止日期有具体明确的规定。期限届满，双方的劳动关系即行终止。如果双方协商一致，还可以续订合同。固定期限劳动合同适用范围广泛，比较灵活。用人单位可以根据生产需要和工作岗位的不同要求来确定劳动合同期限，有利于合理使用人才，促进人力资源合理流动。《劳动合同法》对固定期限劳动合同的期限没有限制，没有最长期限的限制，也没有最短期限的限制。用人单位与劳动者协商一致可以选择签订半年、一年的合同，也可以选择签订5年、10年期限的劳动合同。

2. 选择无固定期限劳动合同

微课08 无固定期限劳动合同是与非

《劳动合同法》第十四条第一款规定："无固定期限劳动合同，是指用人单位与劳动者约定无确定终止时间的劳动合同。"无固定期限劳动合同是指用人单位和劳动者签订的无确定终止时间的劳动合同，没有确定终止时间并不等于就是"终身"，而是指只要符合法律、法规的规定，任何一方均可解除或终止无固定期限劳动合同。对劳动者来说，一般只要提前30天通知就可以解除劳动合同；而对用人单位而言，只有符合法定的解除和终止条件才能终结无固定期限劳动合同。用人单位要解除无固定期限合同，必须具备法定的理由，没有法定解除理由，不能随便解除无固定期限的劳动合同。所以，无固定期限劳动合同并不是"铁饭碗""终身制""保险箱"，而是要求用人单位解除和终止合同必须符合法律规定。与固定期限劳动合同相比，无固定期限劳动合同更有利于保护劳动者权益，更有利于保护劳动者就业稳定。对用人单位而言，有利于建立稳定的人力资源队伍，对于提高劳动生产率，促进企业生产经营具有积极作用。

《劳动合同法》为鼓励劳动关系双方建立长期、稳定的劳动关系，明确规定用人单位与劳动者协商一致，可以订立无固定期限劳动合同。有下列情形之一，劳动者提出或者同意续订、订立劳动合同的，除劳动者提出订立固定期限劳动合同外，应当订立无固定期限劳动合同：

(1) 劳动者在该用人单位连续工作满10年的；《劳动合同法实施条例》第九条进一步规定，"连续工作满10年的起始时间，应当自用人单位用工之日起计算，包括劳动合同法施行前的工作年限"。这意味着，劳动合同法实施前部分企业将劳动者工龄强行"归零"

的做法并不被认可。另外，《劳动合同法实施条例》第十条还规定：劳动者非因本人原因从原用人单位被安排到新用人单位工作的，劳动者在原用人单位的工作年限合并计算为新用人单位的工作年限。原用人单位已经向劳动者支付经济补偿的，新用人单位在依法解除、终止劳动合同计算支付经济补偿的工作年限时，不再计算劳动者在原用人单位的工作年限。这意味着劳动者非本人原因，被"依法安排"到新用人单位的，其在原单位工作年限也应该合并计算为新单位的工作年限。

(2) 用人单位初次实行劳动合同制度或者国有企业改制重新订立劳动合同时，劳动者在该用人单位连续工作满10年且距法定退休年龄不足10年的。

(3) 连续订立两次固定期限劳动合同，且劳动者无本法第三十九条和第四十条第一项、第二项规定的情形，续订劳动合同的。"连续两次"，从《劳动合同法》实施以后开始计算，施行前签订劳动合同的次数不计算在内，即在2008年之后，用人单位与劳动者签订两次固定期限劳动合同后，除非劳动者具有重大过失、患病不能工作、经考核不能胜任工作，否则用人单位有义务与劳动者签订无固定期限劳动合同。

同时，《劳动合同法》规定，用人单位自用工之日起满一年不与劳动者订立书面劳动合同的，视为用人单位与劳动者已订立无固定期限劳动合同。在法律责任中规定：用人单位违反本法规定不与劳动者订立无固定期限劳动合同的，自应当订立无固定期限劳动合同之日起向劳动者每月支付两倍的工资。可以预见，随着《劳动合同法》的实施，无固定期限劳动合同将逐步成为我国劳动合同制度的常态。法律的这些规定主要是为了解决我国现阶段劳动合同短期化的普遍现象，促进劳动者的就业稳定。

3. 选择以完成一定工作任务为期限的劳动合同

《劳动合同法》第十五条规定："以完成一定工作任务为期限的劳动合同，是指用人单位与劳动者约定以某项工作的完成为合同期限的劳动合同。用人单位与劳动者协商一致，可以订立以完成一定工作任务为期限的劳动合同。"在以完成一定工作任务为期限的劳动合同中，用人单位与劳动者双方把完成某项工作或工程作为确定劳动合同起始和终止时间。该项工作或者工程开始的时间，就是劳动合同履行的起始时间；该项工作或者工程完成时，劳动合同即终止。这类劳动合同，实际上也是一种定期的劳动合同，只是与固定期限劳动合同相比，其终止时间的表现形式不同而已。例如，为修建某些工程项目而招用的人员，就可以签订以完成某项工程为期限的劳动合同，这样工程结束的时间，就是劳动合同的终止时间。签订以完成一定任务为期限的劳动合同，双方必须经过协商一致来决定，在了解工作基本信息的基础上，最终达成合意，不得强迫一方接受这种劳动合同期限的形式。

科学合理确定劳动合同的期限，对于用人单位和劳动者都至关重要。用人单位可以根据生产经营的长期规划和目标任务，对人力资源的使用进行科学预测，合理规划，使劳动合同期限能够长短并用，梯次配备，形成灵活多样的格局。劳动者可以根据自身的年龄、身体状况、专业技术水平、自身发展计划等因素，合理地选择适合自己的劳动合同期限。

2.3.3 选择劳动合同的形式

劳动合同的形式，是指劳动合同的表示方式，劳动合同有书面形式和口头形式之分。

1. 应当订立书面劳动合同

《劳动合同法》第十条规定：建立劳动关系，应当订立书面劳动合同。已建立劳动关系，未同时订立书面劳动合同的，应当自用工之日起一个月内订立书面劳动合同。用人单位与劳动者在用工前订立劳动合同的，劳动关系自用工之日起建立。法律要求劳动合同采用书面形式，是因为劳动合同内容比较复杂，在一定时间内持续存在，且关系到劳动者各方的权益，口头形式的劳动合同难以保持劳动合同特有的严肃性。书面劳动合同记载着用人单位与劳动者协商一致确定的劳动合同内容，是双方履行劳动合同的依据，是劳动关系的书面凭证。书面劳动合同清晰地分配了双方的权利义务，可以预防劳动争议的发生。同时，当劳动争议发生时，书面劳动合同是极为重要的证据，有利于快速解决争议。

2. 可选择订立口头协议

作为例外，非全日制用工劳动者和用人单位可以订立口头协议。

订立书面劳动合同，是用人单位的法定义务。《劳动合同法》第八十二条规定：用人单位自用工之日起超过一个月不满一年未与劳动者订立书面劳动合同的，应当向劳动者每月支付两倍的工资。《劳动合同法》第十四条规定，用人单位自用工之日起满一年不与劳动者订立书面劳动合同的，视为用人单位与劳动者已订立无固定期限劳动合同。这一规定要求用人单位用工时，应当及时签订书面合同，超过一个月即视为违法，用人单位应当支付劳动者双倍的工资。《劳动合同法实施条例》第七条进一步规定："用人单位自用工之日起满一年未与劳动者订立书面劳动合同的，自用工之日起满一个月的次日至满一年的前一日应当依照劳动合同法第八十二条的规定向劳动者每月支付两倍的工资，并视为自用工之日起满一年的当日已经与劳动者订立无固定期限劳动合同，应当立即与劳动者签订书面劳动合同。"明确了企业超过一年未签书面合同的后果。超过一年尚未签订书面劳动合同的，法律直接推定双方之间为无固定期限劳动合同。同时，《劳动合同法》第十一条还规定了不签订书面合同的劳动报酬的确定问题，即用人单位未在用工的同时订立书面劳动合同，与劳动者约定的劳动报酬不明确的，新招用的劳动者的劳动报酬按照集体合同规定的标准执行；没有集体合同或者集体合同未规定的，实行同工同酬。

2.3.4 签订劳动合同

《劳动合同法》第十六条规定："劳动合同文本应当由用人单位和劳动者各执一份。"经双方当事人签字的劳动合同(具体见图 2-5)一式两份，用人单位和劳动者应当各执一份，以利于劳动合同的履行。如果发生争议，书面的劳动合同可以作为双方权利义务的有效证据。《劳动合同法》第八十一条规定确认了签订劳动合同不规范的相应法律责任，用人单位提供的劳动合同文本未载明法律规定的劳动合同必备条款或者用人单位未将劳动合同文本交付劳动者的，由劳动行政部门责令改正；给劳动者造成损害的，应当承担赔偿责任。

编号：＿＿＿

劳 动 合 同 书

甲　　方：＿＿＿＿＿＿＿＿＿＿＿

乙　　方：＿＿＿＿＿＿＿＿＿＿＿

签订日期：＿＿＿＿年＿＿月＿＿日

重庆市劳动和社会保障局监制

根据《中华人民共和国劳动法》《中华人民共和国劳动合同法》和有关法律、法规，甲乙双方经平等自愿、协商一致签订本合同，共同遵守本合同所列条款。

一、劳动合同双方当事人基本情况

第一条 甲方＿＿＿＿＿＿＿＿＿＿＿＿＿＿＿＿

法定代表人(主要负责人)或委托代理人＿＿＿＿＿＿＿

注册地址＿＿＿＿＿＿＿＿＿＿＿＿＿＿＿＿＿＿＿

经营地址＿＿＿＿＿＿＿＿＿＿＿＿＿＿＿＿＿＿＿

第二条 乙方＿＿＿＿＿＿性别＿＿＿＿＿

户籍类型(非农业、农业)＿＿＿＿＿＿＿＿＿

居民身份证号码＿＿＿＿＿＿＿＿＿＿＿＿＿＿＿＿

或者其他有效证件名称＿＿＿＿＿＿＿证件号码＿＿＿＿＿＿＿

在甲方工作起始时间＿＿＿＿＿年＿＿＿月＿＿＿日

家庭住址＿＿＿＿＿＿＿＿＿＿＿＿＿＿邮政编码＿＿＿＿＿＿＿

在渝居住地址＿＿＿＿＿＿＿＿＿＿＿＿邮政编码＿＿＿＿＿＿＿

户口所在地＿＿＿＿＿省(市)＿＿＿＿＿区(县)＿＿＿＿＿街道(乡镇)

二、劳动合同期限

第三条 本合同为固定期限劳动合同。

本合同于＿＿＿＿＿年＿＿＿月＿＿＿日生效，其中试用期至＿＿＿＿＿年＿＿＿月＿＿＿日止。本合同于＿＿＿＿＿年＿＿＿月＿＿＿日终止。

三、工作内容和工作地点

第四条 乙方同意根据甲方工作需要，担任＿＿＿＿＿＿＿＿＿＿＿＿＿＿＿＿＿＿岗位(工种)工作。

第五条 根据甲方的岗位(工种)作业特点，乙方的工作区域或工作地点为＿＿＿＿＿＿＿＿＿＿

第六条 乙方工作应达到＿＿标准。

四、工作时间和休息休假

第七条 甲方安排乙方执行＿＿＿＿＿＿＿＿工时制度。

执行标准工时制度的，乙方每天工作时间不超过8小时，每周工作不超过40小时。每周休息日为＿＿＿＿＿

甲方安排乙方执行综合计算工时工作制度或者不定时工作制度的，应当事先取得劳动行政部门特殊工时制度的行政许可决定。

图 2-5　劳动合同书(示例)

第八条 甲方对乙方实行的休假制度有＿＿＿＿＿＿＿＿＿＿＿＿＿＿＿＿＿＿＿＿
＿＿＿＿＿＿＿＿＿＿＿＿＿＿＿＿＿＿＿＿＿＿＿＿＿＿＿＿＿。

五、劳动报酬

第九条 甲方每月＿＿日前以货币形式支付乙方工资，月工资为＿＿＿＿＿＿＿＿＿
＿＿＿＿＿元或按＿＿＿＿＿＿＿＿＿＿＿＿＿＿＿＿＿＿＿＿＿＿＿＿执行。

乙方在<u>试用期</u>期间的工资为＿＿＿＿＿＿＿＿元。

甲乙双方对工资的其他约定＿＿＿＿＿＿＿＿＿＿＿＿＿

第十条 甲方生产工作任务不足使乙方待工的，甲方支付乙方的月生活费为＿＿＿元或按＿＿＿＿执行。

六、社会保险及其他保险福利待遇

第十一条 甲乙双方按国家和重庆市的规定参加社会保险。甲方为乙方办理有关社会保险手续，并承担相应社会保险义务。

第十二条 乙方患病或非因工负伤的医疗待遇按国家、重庆市有关规定执行。甲方按＿＿＿＿＿＿
＿＿＿＿＿＿＿＿＿＿＿＿＿＿＿＿＿＿支付乙方病假工资。

第十三条 乙方患职业病或因工负伤的待遇按国家和重庆市的有关规定执行。

第十四条 甲方为乙方提供以下福利待遇＿＿＿＿＿＿＿＿＿＿＿＿＿＿＿＿＿＿＿
＿＿＿＿＿＿＿＿＿＿＿＿＿＿＿＿＿＿＿＿＿＿＿＿＿＿＿＿＿＿＿＿＿＿＿＿＿＿
＿＿＿＿＿＿＿＿＿＿＿＿＿＿＿＿＿＿＿＿＿＿＿。

七、劳动保护、劳动条件和职业危害防护

第十五条 甲方根据生产岗位的需要，按照国家有关劳动安全、卫生的规定为乙方配备必要的安全防护措施，发放必要的劳动保护用品。

第十六条 甲方根据国家有关法律、法规，建立安全生产制度；乙方应当严格遵守甲方的劳动安全制度，严禁违章作业，防止劳动过程中的事故，减少职业危害。

第十七条 甲方应当建立、健全职业病防治责任制度，加强对职业病防治的管理，提高职业病防治水平。

八、劳动合同的解除、终止和经济补偿

第十八条 甲乙双方解除、终止、续订劳动合同应当依照《中华人民共和国劳动合同法》和国家及重庆市有关规定执行。

第十九条 甲方应当在解除或者终止本合同时，为乙方出具解除或者终止劳动合同的证明，并在十五日内为乙方办理档案和社会保险关系转移手续。

第二十条 乙方应当按照双方约定，办理工作交接。应当支付经济补偿的，在办结工作交接时支付。

九、当事人约定的其他内容

第二十一条 甲乙双方约定本合同增加以下内容：
＿＿＿＿＿＿＿＿＿＿＿＿＿＿＿＿＿＿＿＿＿＿＿＿＿＿＿＿＿＿＿＿＿＿＿＿＿＿＿
＿＿＿＿＿＿＿＿＿＿＿＿＿＿＿＿＿＿＿＿＿＿＿＿＿＿＿＿＿＿＿＿＿＿＿＿＿＿＿
＿＿＿＿＿＿＿＿＿＿＿＿＿＿＿＿＿＿＿＿＿＿＿＿＿＿＿＿＿＿＿＿＿＿＿＿＿＿＿

图 2-5　劳动合同书(示例)(续一)

十、劳动争议处理及其他

第二十二条 双方因履行本合同发生争议,当事人可以向甲方劳动争议调解委员会申请调解;调解不成的,可以向劳动争议仲裁委员会申请仲裁。

当事人一方也可以直接向劳动争议仲裁委员会申请仲裁。

第二十三条 本合同的附件如下_____
_____
_____

第二十四条 本合同未尽事宜或与今后国家、重庆市有关规定相悖的,按有关规定执行。

第二十五条 本合同一式两份,甲乙双方各执一份。

甲方(公　章)　　　　　　　　　　　　乙方(签字或盖章)

法定代表人(主要负责人)或
委托代理人(签字或盖章)

签订日期:　　　　　　　　　　　　　　　　　　年　　月　　日

劳 动 合 同 续 订 书

　　本次续订劳动合同期限类型为_____期限合同,续订合同生效日期为___年___月___日,续订合同_____
_____终止。

甲方 (公　章)　　　　　　　　　　　乙方 (签字或盖章)

法定代表人(主要负责人)或
委托代理人(签字或盖章)

　　　　　　　　　　　　　　　　　　　　　　　　　　年　月　日

图 2-5　劳动合同书(示例)(续二)

项目 2　招聘管理

　　　本次续订劳动合同期限类型为＿＿＿＿＿＿期限合同，续订合同生效日期为＿＿年＿＿月＿＿日，续订合同＿＿＿＿＿
　　　　　　＿＿＿＿＿＿＿＿＿终止。

　　　甲方 (公　章)　　　　　　　　　　乙方 (签字或盖章)

　　　法定代表人(主要负责人)或
　　　委托代理人(签字或盖章)
　　　　　　　　　　　　　　　　　　　　　　　　　　　　年　月　日

劳动合同变更书

　　经甲乙双方协商一致，对本合同做以下变更：

　　　甲方 (公　章)　　　　　　　　　　乙方 (签字或盖章)

　　　法定代表人(主要负责人)或
　　　委托代理人(签字或盖章)
　　　　　　　　　　　　　　　　　　　　　　　　　　　　年　月　日

使　用　说　明

　　一、本合同书可作为用人单位与职工签订劳动合同时使用。
　　二、用人单位与职工使用本合同书签订劳动合同时，凡需要双方协商约定的内容，协商一致后填写在相应的空格内。
　　签订劳动合同，甲方应加盖公章；法定代表人或主要负责人应本人签字或盖章。
　　三、经当事人双方协商需要增加的条款，在本合同书中第二十一条中写明。
　　四、当事人约定的其他内容，劳动合同的变更等内容在本合同内填写不下时，可另附纸。
　　五、本合同应使钢笔或签字笔填写，字迹清楚，文字简练、准确，不得涂改。
　　六、本合同一式两份，甲乙双方各持一份，交乙方的不得由甲方代为保管。

图 2-5　劳动合同书(示例)(续三)

2.3.5 确认和处理无效劳动合同

1. 无效劳动合同的确认

无效劳动合同，是指劳动者与用人方订立的违反劳动法律、法规的协议。无效劳动合同从订立时起就不具有法律效力，不能继续履行，不受法律保护。劳动合同符合法律法规的要求，是合同受法律保护的前提。无效劳动合同，分为部分无效和全部无效。部分无效的劳动合同，是指由于法定的理由自订立之日起，部分条款就没有法律效力的劳动合同。

劳动合同的无效或者部分无效是自订立的时候起就全部无效或者部分无效。劳动合同虽然无效或者部分无效，但劳动者已经按照劳动合同的约定履行，在用人单位的管理、指挥、监督下提供了劳动。劳动者提供的劳动无法返回，劳动报酬不能撤销，用人单位应当支付相应的报酬。

《劳动合同法》第二十六条规定：下列劳动合同无效或者部分无效：

(1) 以欺诈、胁迫的手段或者乘人之危，使对方在违背真实意思的情况下订立或者变更劳动合同的。

解读：所谓欺诈，指一方故意捏造虚假情况，或歪曲、掩盖事实真相，致使另一方陷于错误而签订的合同。虚构事实是捏造并不存在的情况，隐瞒真相是必须说明的情况隐瞒不说，如劳动者故意隐瞒其真实健康状况、技术水平。所谓胁迫，指以现实或者将来的危害威胁对方当事人人身或财产安全，迫使对方屈服，违背其真实意志签订的合同，如用人方胁迫劳动者从事劳动条件很差的工作。所谓乘人之危，是指一方当事人在对方处于危难之时，使其做出违背真实意思的行为。以欺诈、胁迫的手段或者乘人之危，其共同特点是都违反了平等自愿的原则，不是双方当事人的真实意思表示，属于无效劳动合同。劳动合同必须是双方当事人在平等自愿的基础上意思表示一致而达成的协议。任何一方采用欺诈、胁迫的手段或者乘人之危达到订立劳动合同的目的都违背了平等自愿、协商一致、诚实信用的合同订立原则，因而在这些情况下订立的劳动合同是没有法律效力的。

(2) 用人单位免除自己的法定责任、排除劳动者权利的。

解读：免除自己的法定责任，是指用人单位通过合同的约定不承担按照有关法律规定应当承担的义务，比如对劳动者人身健康与安全进行保护、为劳动者缴纳社会保险费等义务。排除劳动者权利，是指用人单位在劳动合同中限制或剥夺劳动者依法应当享受的法律权利，比如休息休假权、社会保险权等。用人单位通过劳动合同免除自己的法定责任，或者排除劳动者权利的一些约定，因为违反公平原则而无效。公平原则要求当事人通过合同确定的权利义务应该对等，不能出现权利和义务严重失衡的状况。

(3) "违反法律、行政法规强制性规定的"明确了劳动合同无效或者部分无效的确认条件。

解读：违反法律、行政法规强制性规定包括，劳动合同的主体、内容、形式和订立程序与法律、法规的强制性或禁止性规定相抵触，或滥用法律、法规的授权性或任意性规定。依法调整劳动关系，建立和维护适应社会主义市场经济的劳动制度，是签订劳动合同的准绳。因此，要求劳动合同必须合法，否则无效。

2. 无效劳动合同的处理

1) 劳动合同的无效或者部分无效有争议的处理

《劳动合同法》第二十六条规定："对劳动合同的无效或者部分无效有争议的，由劳动争议仲裁机构或者人民法院确认。"劳动争议仲裁机构和人民法院是劳动合同无效或者部分无效的确认机构。按照目前我国的劳动争议处理机制，只有当劳动合同当事人对合同是否有效产生争议时，才涉及劳动合同是否有效的审查和确认。劳动合同双方当事人，对劳动合同法律效力发生争议时，应向劳动争议仲裁委员会申请仲裁或向人民法院起诉确认。劳动合同被确认为无效后，应及时处理。

2) 劳动合同部分无效，不影响其他部分效力的处理

《劳动合同法》第二十七条规定："劳动合同部分无效，不影响其他部分效力的，其他部分仍然有效。"无效的劳动合同，从订立的时候起，就没有法律约束力。确认劳动合同部分无效的，如果不影响其余部分的效力，其余部分仍然有效。这就是说，部分无效的劳动合同内容，如果是独立于其他合同内容的，那么就不影响其他部分的效力。例如劳动合同中有关保守商业秘密的条款无效，对劳动合同的其他条款的效力并不产生影响，其他条款仍然有效。对劳动合同部分无效的处理，如违反法律、行政法规规定而无效的条款，应当根据有关法律、行政法规作相应的修改。对用人单位免除自己责任、排除劳动者权利的条款，应当予以删除。

3) 劳动合同被确认无效后劳动报酬的处理

《劳动合同法》第二十八条对此做了规定："劳动合同被确认无效，劳动者已付出劳动的，用人单位应当向劳动者支付劳动报酬。劳动报酬的数额，参照本单位相同或者相近岗位劳动者的劳动报酬确定。"劳动合同被确认无效时，如果劳动者并未提供劳动，无论劳动合同效力如何，都不能获得劳动报酬。如果劳动者已提供劳动，用人单位应当支付相应的劳动报酬，提供相应的待遇，一般可参照本单位同时期、同工种、同岗位的工资标准支付劳动报酬。由于一方当事人原因导致劳动合同无效，给另一方造成不同程度损害的，《劳动合同法》第八十六条规定，有过错的一方应当承担赔偿责任。

特别关注

1. 杜绝事实劳动关系

《劳动合同法》实施后，用人单位急需转变过去的一些错误观念和认识，如很多企业认为，临时工不需要签订书面劳动合同，试用期不用签订书面劳动合同。事实上，只要与用人单位建立劳动关系，就应当及时签订劳动合同。迟延或未与劳动者及时签订劳动合同的，不仅要承担两倍的工资责任，而且在预防员工解除劳动合同以及有效控制用工成本上同样陷于被动。按照法律规定，劳动者可以随时终止事实劳动关系，而无须提前30天通知用人单位。终止事实劳动关系，无论何种原因，也无论是何方终止，用人单位均须按照劳动者工作年限支付经济补偿金。而对于存在劳动合同的劳动关系而言，合同到期如果是员工不续签而终止，则企业不需要支付经济补偿金。对于因员工不愿意签订合同的情形，用人单位可以在员工入职时，明确要求员工同时签订书面劳动合同，不签订书面劳动合同的不予录用，从源头上预防争议发生。在入职须知中明确，入职后一个月内无特殊理由不签订

书面劳动合同的,视为不符合录用条件。在规章制度中明确,入职后一个月内无特殊理由不签订书面劳动合同的,致使公司造成重大损失的,视为严重违纪,可予以解除劳动合同。

2. 三方协议不是劳动合同

微课09 三方协议等同于劳动合同?

三方协议,也称就业协议,是明确毕业生、用人单位和学校在毕业生就业择业过程中权利和义务的书面协议。就业协议一经签订,对三方都具有约束力。就业协议书一般由教育部或各省、市、自治区就业主管部门统一制定。就业协议是学校进行毕业生派遣的根据,是确认就业意向和劳动需求的凭证。就业协议对于学校管理毕业生就业工作,规范用人单位和毕业生在用人、择业过程中的行为,维护各方的合法权益发挥了一定的积极作用。但就业协议并不是劳动合同,而是一种特殊的民事合同,并不直接受劳动法的调整。毕业生到用人单位报到视为用工开始,用人单位应及时签订劳动合同,并将劳动合同条款与就业协议衔接,防止因事实劳动关系或者就业协议与劳动合同相矛盾给企业带来用工风险。

3. 劳动者拒签书面合同的处理

实践中确实有一些企业用工时不与劳动者签订书面劳动合同,但也存在着劳动者恶意不签劳动合同想获取双倍工资的情况。《劳动合同法实施条例》规定了劳动者拒签书面合同时,用人单位如何处理的问题。

1) 劳动者在一个月内拒签书面合同

劳动者在一个月内拒签书面合同,用人单位应当书面终止劳动关系,无须支付经济补偿。《劳动合同法实施条例》第五条规定:自用工之日起一个月内,经用人单位书面通知后,劳动者不与用人单位订立书面劳动合同的,用人单位应当书面通知劳动者终止劳动关系,无须向劳动者支付经济补偿,但是应当依法向劳动者支付其实际工作时间的劳动报酬。这一规定明确了签订书面劳动合同不仅是用人单位的责任,也是劳动者的义务。对劳动者拒签书面合同的行为,用人单位应当及时终止劳动关系,不得形成事实劳动关系。

2) 劳动者超过一个月拒签书面合同

对劳动者超过一个月拒签书面合同,用人单位应当书面终止劳动关系,并依法向劳动者支付经济补偿。《劳动合同法实施条例》第六条规定:"用人单位自用工之日起超过一个月不满一年未与劳动者订立书面劳动合同的,应当依照劳动合同法第八十二条的规定向劳动者每月支付两倍的工资,并与劳动者补订书面劳动合同;劳动者不与用人单位订立书面劳动合同的,用人单位应当书面通知劳动者终止劳动关系,并依照劳动合同法第四十七条的规定支付经济补偿。明确规定对超过一个月劳动者仍拒签书面合同的处理方式:一是每月支付两倍工资,并补签书面合同;二是书面通知终止劳动关系;三是支付经济补偿。

2.4 工作任务:试用期管理的业务操作

2.4.1 确定试用期的时间

《劳动合同法》第十九条规定:"劳动合同期限三个月以上不满一年的,试用期不得超过一个月；劳动合同期限一年以上不满三年的，试用期不得超过二个月；三年以上固定期限和无固定期限的劳动合同，试用期不得超过六个月。同一用人单位与同一劳动者只能约定一次试用期。以完成一定工作任务为期限的劳动合同或者劳动合同期限不满三个月的，不得约定试用期。试用期包含在劳动合同期限内。劳动合同仅约定试用期的，试用期不成立，该期限为劳动合同期限。"这一规定明确了试用期的约定规则。

1. 试用期长短与合同期限挂钩

《劳动合同法》将试用期的长短与劳动合同的期限挂钩，合同期限越长，相应的试用期越长。具体讲，劳动合同期限三个月以上不满一年，试用期不得超过一个月；劳动合同期限一年以上三年以下，试用期不得超过两个月；三年以上固定期限和无固定期限的劳动合同，试用期不得超过六个月。以完成一定工作任务为期限的劳动合同或者劳动合同期限不满三个月的，不得约定试用期。上述"一年以上"包括一年，"三年以下"不包括三年；"三年以上"包括三年。而且《劳动合同法》进一步规定，以完成一定工作任务为期限的劳动合同或者劳动合同期限不满三个月的，不得约定试用期。

2. 规定试用期的次数

《劳动合同法》规定，同一用人单位与同一劳动者只能约定一次试用期。劳动者在同一用人单位的试用考察期只能约定一次，用人单位不得以任何理由再次与劳动者约定试用期。具体包括：在试用期内解除劳动合同，无论是用人单位解除还是劳动者解除，用人单位再次招用该劳动者时，不得再约定试用期。劳动者试用期结束后，不管是在合同期限内，还是劳动合同续订，用人单位不得再约定试用期。在试用期结束解除劳动合同后又招用劳动者的，用人单位不得再约定试用期。劳动合同续订或者劳动合同终止后一段时间又招用劳动者的，对该劳动者，用人单位不得再约定试用期。《劳动合同法》规定同一用人单位与同一劳动者可以，也只能约定一次试用期，这就意味着在具体企业和具体员工个体之间，无论劳动关系建立或存续期间工作岗位调动，甚至是离开原企业后又重新回来工作的，企业也只能约定一次试用期。

3. 不得单独约定试用期合同

《劳动合同法》规定：试用期包含在劳动合同期限内。劳动合同中仅约定试用期的，试用期不成立，该期限为劳动合同期限。试用期属于劳动合同期限的组成部分，包含在劳动合同期限之中。用人单位与劳动者单独约定的试用期合同，试用期合同不成立，该期限就是劳动合同的期限。在这种情形下，法律视为用人单位放弃试用期。

4. 违反试用期规定的法律责任

根据《劳动合同法》的规定，违法约定的试用期无效，已经履行的，由用人单位按照劳动者月工资为标准，按违法约定的试用期的期限向劳动者支付赔偿金。

2.4.2 确定试用期工资

《劳动合同法》第二十条规定："劳动者在试用期的工资不得低于本单位相同岗位最

低档工资或者劳动合同约定工资的 80%，并不得低于用人单位所在地的最低工资标准。"
《劳动合同法实施条例》第十五条进一步明确规定："劳动者在试用期的工资不得低于本单位相同岗位最低档工资的 80%或者不得低于劳动合同约定工资的 80%，并不得低于企业所在地的最低工资标准。"

劳动者在试用期的工资，可以由双方自主约定。约定的试用期工资可以高于试用期满后的工资，可以与该工资相等，也可以低于试用期满后的工资，但不得低于法定的标准，即首先不得低于当地最低工资标准，其次不得低于同岗位最低档工资的 80%或者劳动合同约定工资的 80%。其中，劳动合同约定工资，是指该劳动者与用人单位订立的劳动合同中约定的试用期满后的工资。

2.4.3 解除试用期劳动合同

《劳动合同法》第二十一条规定："在试用期中，除劳动者有本法第三十九条和第四十条第一项、第二项规定的情形外，用人单位不得解除劳动合同。用人单位在试用期解除劳动合同的，应当向劳动者说明理由。"

微课10　新员工刚入职就想离职，如何破？

这一规定旨在规范用人单位在试用期内解除劳动合同的条件。实践中，一些用人单位往往滥用试用期，在试用期内无理由地解除劳动合同。某些用人单位更是利用试用期内劳动者工资偏低以降低用工成本。试用期将满时即解除劳动合同。《劳动合同法》仍然保持了试用期解除劳动合同的灵活性，但禁止用人单位任意解除劳动合同。在试用期内解除劳动合同，必须符合法定条件，且须向劳动者说明理由。这就要求用人单位将录用条件、劳动者不符合录用条件的证据以及法定原因向劳动者解释，说明解除劳动合同的原因。

 特别关注

1. 试用期条款的约定与试用期考核

许多企业在实践中对"试用期"存在错误认识，认为试用期是"解除劳动合同万能法宝"，任意约定试用期、任意延长或缩短试用期，在试用期内任意解除劳动合同。在《劳动合同法》背景下，这些错误

微课11　看似简单的试用期解聘

做法往往会给企业带来不利后果。招聘新员工时，一些企业往往不与试用期内的员工签订正式劳动合同或只签订试用期合同，试用期过后再与劳动者签订正式劳动合同。其实，这种做法是违反法律规定的。劳动者与用人单位建立劳动关系，就应当签订劳动合同。试用期是劳动者和用人单位劳动关系的一种表现形式，所以也应当签订劳动合同。试用期过后再与劳动者签订劳动合同，不仅违法，而且不签合同形成事实劳动关系，企业要终止这种关系须提前 30 天通知并应依法补偿。试用期不签合同或者只签试用期合同，都是违法的。正确做法是与新员工签订劳动合同，劳动合同中包含试用期的内容。此外，一些企业认为试用期内双方的劳动关系尚未最终确定，所以也不为试用期内员工缴纳社会保险。试用期内双方的劳动关系虽未最终稳定，但却已形成，因此法律明确规定企业应为试用期内的员

工缴纳社会保险费。

试用期是劳动关系双方进行相互考核、增进了解的特殊阶段,是企业用以考核员工是否符合工作要求的重要依据。企业在与员工约定试用期条款后,对于试用期的员工往往要进行试用期考核,以决定是否继续录用。试用期考核,企业应当注意要将试用期考核不合格与录用条件联系起来,在员工手册或劳动合同中特别约定试用期考核不合格属于不符合录用条件的情形,这样解除劳动合同时就能占据主动。

2. 设定具体录用条件

企业在试用期解除劳动合同时,一定要有关于录用条件的前置性约定或说明,这种约定或说明,或者在劳动合同中,或者在入职须知、员工手册中体现。录用条件往往因人、因岗而异,总体上讲,可以从以下四方面确定录用条件。

(1) 能力因素,如学历、经历、资质、绩效等。

(2) 态度因素,如职业道德、遵章守纪等。

(3) 身体因素,如健康、疾病等。

(4) 法律因素,如有无原单位的解除劳动合同的证明、员工手册等。具体可以规定下列情形属不符合录用条件,如伪造学历、证书和工作经历的;个人简历、求职登记表所列内容与自然情况不符的;经体检发现患有传染病、不可治愈以及严重疾病的;器官残缺或肢体残缺,以及填写虚假体检信息的;不能按时按量完成工作任务的或者经试用期考核成绩不合格的;拒绝接受领导交办的临时任务;非因工无法在工作时间内提供劳动的;有任何违法公司规章制度行为的;其他不符合录用条件的情形。录用条件应当以书面形式告知劳动者,如招聘广告、岗位说明或描述、入职登记表、劳动合同、规章制度、特别约定等。

用人单位在招聘时必须有明确的录用条件,而且必须能证明劳动者不符合这一录用条件,才能与其解除劳动合同。制定录用条件要具体、明确,具有可操作性。以不符合录用条件解除劳动合同时,一定要在试用期内。如果劳动者在试用期内被证明不符合录用条件,但用人单位过了试用期才与其解除劳动合同,则用人单位就需要按解除未到期的劳动合同的情形支付劳动者相应的经济补偿。

 案例分析与讨论

入职通知书与劳动合同内容不一致

2015年4月22日,原告某公司向被告鹿某某发出入职通知书一份,载明原告邀请被告担任原告副总经理,并在收到此通知书后于2015年5月4日到原告处报到并办理相关入职手续,并载明入职薪酬标准为试用期两个月,试用期工资为正式工资的80%,正式工资为8000元,其中工资构成为基本工资、绩效工资、各项补助等;餐费补贴、交通补贴等按集团公司福利手册执行。2015年5月4日,原告某公司与被告鹿某某签订书面劳动合同,劳动合同期限自2015年5月4日至2018年5月3日,试用期为2月,约定被告在原告处从事管理层工种(岗位)工作,被告在原告处工作期间月平均工资为7600元。2015年10月4日,被告从原告处离职,双方解除劳动合同关系。2017年4月11日原告某公司与被告鹿某某再次签订书面劳动合同,并约定基本工资外各项补助标准:餐费补助330元/月、交通补助 243 元/月、通信补贴 120 元/月。2018 年 2 月 28 日，被告从原告处离职，双方再次解除劳动合同关系。被告鹿某某向原告某公司主张其在原告处工作的工资及各项生活补助未果，经仲裁，原告某公司不服仲裁裁决，遂诉至法院。

  潍坊滨海经济技术开发区人民法院经审理认为，原、被告就被告 2015 年 5 月 4 日至 2015 年 10 月 4 日工作期间的工资及各项生活补助待遇是适用入职通知书还是双方签订的劳动合同中载明的工资及待遇标准问题产生分歧。2015 年 5 月 4 日双方签订的劳动合同中并未明确废止 2015 年 4 月 22 日发出的入职通知书的效力，故劳动合同约定被告的工资按照 7600 元/月标准执行，与入职通知书中约定的工资 8000 元/月不一致，故正式工作期间的工资数额应以劳动合同的约定为准即 7600 元/月；对入职通知书中载明的试用期工资按照正式工资的 80%计算、伙食补贴、交通补贴等事项在签订的劳动合同中并未涉及，但应仍为有效，伙食补贴、交通补贴虽未明确约定具体的发放标准，在原告未提交相应的发放标准的情况下，可参照 2017 年 4 月 11 日签订的劳动合同中约定的误餐补助 330 元/月、交通补助 243 元/月标准进行认定为宜，关于工资构成在劳动合同中并未涉及，亦应有效，餐费补贴、交通补贴均在入职通知书中约定的工资构成中的"各项补助"范围之列，试用期的工资应以劳动合同约定的工资 7600 元为基数×80%进行计算；故 2015 年 5 月 4 日至 2015 年 10 月 4 日期间被告的工资为 8173 元/月(7600 元+误餐补助 330 元/月+交通补助 243 元/月，试用期 2 个月，试用期工资为月工资 7600 元的 80%即 6080 元)，该期间原告应支付被告工资总额为 37825 元(6653 元/月×2 个月+8173 元/月×3 个月)。

  潍坊滨海经济技术开发区人民法院作出如下判决：

  (1) 原告某公司于本判决生效后十日内向被告鹿某某支付工资及生活补贴合计 96830.2 元(其中 2015 年 5 月 4 日至 2015 年 10 月 4 日工作期间的工资及生活补贴合计 37825 元；2017 年 4 月 11 日至 2018 年 2 月 28 日工作期间的工资及生活补贴合计 95418.9 元，扣除原告已经支付被告的 36413.7 元)。

  (2) 驳回原告某公司的其他诉讼请求。

  请结合以上案例分别讨论开发区劳动争议仲裁委员会仲裁依据，人民法院的裁决依据。

试用期的录用条件

  2017 年 10 月，某公司聘陈某任华东区销售总监，签订 5 年期劳动合同，试用期为 6 个月，月工资为 3 万元。并在年底双方签署《2018 年度销售目标经营责任状》，确认陈某在 2018 年应完成销售目标 4000 万元。2018 年第一季度，销售业绩仅为 140 万元，公司遂于 2018 年 4 月 6 日通知陈某，称根据其在试用期内的综合表现，公司认为其不符合该岗位要求，与其解除劳动关系。陈某不服，申请劳动仲裁。

  陈某认为，《2018 年度销售目标经营责任状》约定的是全年业绩，未约定季度、月度经营目标，未到年底则不能确定自己无法完成指标。且文具销售有淡旺季之分，业绩目标未经双方协商不能平均划分。而且销量减少、出现亏损也有其他客观原因，如产能不足、前期费用分摊不合理等。自己其实作出了相当的业绩，请求恢复劳动关系，补发工资至劳动关系恢复之日。

  公司认为，文具销售基本无淡旺季之分，可以平均划分，第一季度陈某只完成年销售目标的 3.5%，公司无法相信其可以完成销售目标。陈某的表现也不符合《销售总监职务说明书》的要求。

经劳动仲裁委裁决双方恢复劳动关系，按原工资标准补发工资至劳动关系恢复之日。公司不服，诉至法院。

法院认为，《2018年度销售目标经营责任状》约定的是全年业绩，未明确约定可平均分为季度目标进行考核，双方也未约定在试用期内应完成多少销售目标才符合录用条件；市场变化具有不确定性，无法事先准确预测，公司以第一季度业绩推断陈某无法完成全年目标依据不足。《销售总监职务说明书》无法证明已向劳动者出示，不能作为审理依据。故判决：双方恢复劳动关系；考虑陈某第一季度完成销售量确实偏低，判决按原工资的50%即15000元补发工资至劳动关系恢复之日。

请问：如果你是案例公司的人力资源部员工关系经理，你该如何进行该岗位的试用期录用条件约定？

思考与练习

1. 录用审查的前提条件是什么？
2. 什么叫背景调查？为什么要进行背景调查？
3. 入职通知书有哪些法律责任？又有哪些潜在的风险？针对不同的风险该如何进行风险防控？
4. 劳动关系建立与劳动合同生效具有什么关系？
5. 试用期的约定有何意义？
6. 背景调查的工作流程是什么？
7. 员工入职体检的工作流程是什么？
8. 劳动合同签订有哪些操作技巧和流程？
9. 试用期管理的操作技巧和操作流程分别有哪些？

拓展阅读

优秀企业欢迎新员工的做法

一、报到前期

(1) 准备好办公家具和常用办公用品，尽可能避免提供"二手货"给高级管理人员。一定要整理好办公/工作场所，并保持干净整洁。

(2) 准备好企业和部门资料。这些资料包括：企业的历史和产品介绍资料；企业的《员工手册》和其他的福利和纪律等方面的政策文件，并将要点汇总成表；企业和新员工所属部门的组织机构图及岗位图，确保新员工的岗位已在岗位图上标明；新员工的岗位职责描述；与岗位有关的国家和地方文件和法规；语言或工具类字典或手册。

(3) 设置好新员工的E-mail地址和初始密码、分机号码并将相关信息列入企业内部的通信录。

(4) 准备好企业内部通信录。

(5) 准备新员工的名片并确保没有差错。

(6) 制作好新员工的员工识别卡和考勤卡。

(7) 配备必要的钥匙或相应的密码。

(8) 准备好企业办公区的平面图(标有部门名称、员工姓名或岗位名称、洗手间、会议室、餐厅和安全通道等)。

(9) 准备好企业班车线路图(标明停靠站名、时间、车型、车牌和驾驶员的姓名以及手机号码并附带标明停靠站附近的著名建筑物等，以方便新员工寻找)。

(10) 准备好企业的餐券或就近就餐的若干餐馆介绍。

(11) 准备一张"求助卡"，列明新员工碰到具体问题可以求助的部门及员工的联系方式等。

(12) 由其主管或指定一名有相关工作经验而又有热情和责任心的员工担任新员工的"师傅"，以帮助新员工在工作前期尽快熟悉工作。

(13) 向保安、前台接待员和用人部门通知新员工到达的时间。重要岗位的新员工要通知到高层管理者和相关部门主管。

(14) 准备一张由高层管理者签字的欢迎卡或欢迎信。

(15) 如新员工是异地招聘的，可为其准备好当地城市的地图和城市介绍手册等。

二、报到当天

(1) 确认新员工报到前的准备工作均已落实。

(2) 与新员工商讨当天和一周的具体安排并介绍新员工培训的计划。

(3) 陪同新员工参观企业和各部门，把今后新员工要紧密合作的部门和员工介绍给新员工。同时介绍企业内公用场所的位置，包括会议室、餐厅、咖啡室、休息室、停车场、诊所、安全出口和洗手间等。

(4) 安排企业高层主管与新员工会面。

(5) 发送欢迎函，利用企业公告栏和内部网络公告雇佣决定，包括新员工的简要背景、工作部门和岗位、职务以及主要职责等。对于重要岗位，应同时公告到相关单位，包括政府部门、客户、供应商和重要董事和股东等。

(6) 向新员工描述工作的部门、岗位名称、职务、岗位职责等；要保证这些内容与新员工在面试过程中收到的信息是一致的。

(7) 为新员工提供准备好的办公用品、文件资料、名片、内部通信录及《员工手册》等并做必要的说明。

(8) 新员工的部门主管和人力资源部可联合为新员工举行一个欢迎会(有条件的可以举行小型晚宴)，邀请那些将来要与新员工一起共事的员工一同用餐，以加强互相沟通和了解。

三、报到后到试用期结束

(1) 向新员工介绍企业的整体运作情况。这包括企业和集团的历史、组织机构、主要经营的产品及服务等。

(2) 向新员工介绍企业的目标和文化。

(3) 及时向新员工介绍企业的各方面政策，包括薪资福利和各种保险、奖励政策、工作和休息时间、劳动纪律以及长期的福利计划和职业发展计划等。

(4) 及时让新员工完成必要的雇佣手续。在新员工报到后的一周内，是要求新员工填写有关表格和签署雇佣合同的最佳时机。企业的人力资源部门应及时安排新员工填写必要的表格并要求新员工提供必要的录用资料，否则当新员工工作深入时，再办理相关手续会遇到许多未知的困难。

(5) 为新员工提供"师徒制"机会。所谓"师徒制"就是指企业让一位在某一领域富有经验的员工(即师傅)来培训和教导新员工(即徒弟)。通过这样的个人化重视，企业能及时将新员工所要的信息、反馈和鼓励等通过"师傅"来传达给新员工。而新员工也能在尽短时间内掌握岗位和其他必要的信息。全球最大的零售商沃尔玛为了帮助新员工在前90天里适应公司的环境，就分配公司的一些老员工给他们当师傅，并且分别在30天、60天和90天时对他们的情况加以评估。这些努力降低了整个公司 25%的人员流失，也为沃尔玛的进一步发展赋予了新的动力。

(6) 为新员工提供职业发展为导向的工作绩效评价。主管对于新员工的工作要设定目标和绩效考核的标准，并就此要与新员工达成一致意见。对于绩效，主管要及时作出评价，并将评价结果及时反馈给新员工。对新员工的工作绩效偏差要及时作出调整。同时对新员工的潜在职业通路的信息加以具体化。主管应明白如何考核新员工，同时要经常了解新员工的需求。

(7) 试用期内工作信息的收集和反馈。

(8) 定期听取新员工及其共事者对其工作、合作等方面的意见，并随时作出反馈。

(9) 试用期评估和结果反馈。

对于上述工作，企业可以制作成表格，并标明责任部门和责任人姓名以及完成的日期和准备工作的进度。这些工作似乎细小，但对新员工和企业来讲却都有潜在的重要意义。这些工作能让新员工立即感觉到企业已把他当作团队的一分子了，从而避免了新员工的陌生和孤独的感觉，为新员工早日融入企业打下了积极的基础，同时由于新员工的工作调动受到家庭、亲朋好友和过去同事的关心，新员工在新企业的新感受和对企业的印象，在新员工加入企业后的最初几天内同样受到他们的关心。如果企业做好了上述方面的工作，必将提高企业在当地社区的形象和声望，为企业在今后找到更优秀和更合适的人才打下基础。

项目 3　培训和保密管理

【项目概述】

培训管理是组织用来开发员工的知识、技能、行为或态度,从而帮助实现组织目标的任意系统的过程。培训管理的核心在于培训需求调研和培训效果评估,也是咨询方法论最为集中的环节,此外,对培训执行过程的管理和培训资源的管理可以根据企业实际情况和市场信息来源不断进行优化建设。培训管理涉及有效展开培训活动的程序、制度、内容、技术与方法等各个方面。它直接影响到企业培训的成效,是培训管理最核心的内容。保密管理是指用人单位为保护自身安全和利益需要员工对公司的商业秘密和知识产权等事项进行保密而安排的一系列管理活动。培训和保密管理中的员工关系处理主要体现在培训协议和保密(竞业限制)协议的签订和执行的处理上。

【学习目标】

- 熟悉培训管理的概念及培训管理中的员工关系管理内容;
- 熟悉保密管理的概念及保密管理中的员工关系管理内容;
- 熟悉竞业限制管理的概念及竞业限制管理中的员工关系管理内容;
- 掌握保密协议与竞业限制协议的区别。

【技能目标】

- 能够区分不同的培训类型,辨别培训协议的签订条件,确定培训协议的服务期,限额内确定违约金金额,并且能够正确地签订培训协议;
- 能够确定保密协议的保密事项,细化保密事项的范围,约定泄密行为和违约责任,并且能够正确地签订保密协议;
- 能够确定竞业限制协议的人员范围,约定其限制范围、地域和期限,制定经济补偿标准,约定违约责任,并且能够正确签订竞业限制协议。

　案例导入

飞行员跳槽遭 800 万索赔,法院终审判赔 203 万

被告高某曾是空军的一名战斗机飞行员,退伍后于 1993 年 6 月到南方航空公司河南分公司中原航空公司从事飞行工作,并与中原航空公司签订了无固定期限的劳动合同。合同约定,如果被告高某未满服务年限离开公司,必须支付公司相关培训费用、违约金及其他损失。2006 年 3 月 31 日,被告高某突然向中原航空公司提交辞职申请,该公司于 2006 年 4 月 4 日复函,不同意其辞职的申请。然而,被告高某在提出辞职申请 30 天后的 2006 年 5 月 1 日,不再为中原航空公司提供正常的劳动。该公司告到法院,要求被告高某赔偿人民币 813.4 万元。一审法院审理后认为,被告高某要求解除合同,在没有与原告中原航空公司

协商一致的情况下离职已构成违约。据此一审法院判令被告高某赔偿原告中原航空公司违约金、培训费共计 2035997.87 元。原告航空公司当即表示不服,遂上诉到了郑州市中级人民法院。2007 年 5 月 18 日,郑州中院开庭审理了此案。经二审法院审理后认为,一审判决事实清楚,证据确凿,适用法律正确,维持原审判决。航空公司不服,向郑州市中级人民法院提出再审,2007 年 6 月 25 日上午,郑州市中级人民法院对此案作出再审判决,认为二审法院作出的判决证据确凿、认定事实清楚,对被上诉人提出的其他赔偿要求不予支持,维持二审判决。

请问法院的判决是否合理?如果您认为合理,请说出合理的依据,如果您认为不合理,也请说明理由。

中国首例员工封杀令——游戏公司向离职员工索赔百万

2006 年 8 月 30 日,某电脑报及部分网站上刊登了游戏米果网络科技(上海)有限公司对 6 位前雇员的"通缉令",大致意思是该 6 名员工与公司存在竞业限制协议,希望同行业企业不要雇佣此 6 人,以免引起纠纷(连带责任),并公布了这 6 名离职员工的姓名、照片、身份证号码。继"真人通缉令"之后,游戏米果网络科技(上海)有限公司针对 2006 年离职的游戏开发团队的主要员工,又举起劳动索赔的大旗,在不同的区级(县级)法院、中级法院提起诉讼 43 起,其中个案的索赔金额达 600 万元。2007 年 5 月 22 日下午,这一系列纠纷中的一案在卢湾区法院开庭审理。此案的被告童某、王丹等 5 人,都曾为游戏米果网络科技(上海)有限公司的网游核心开发人员,离职前,他们正在开发、完善两款网络游戏《真封神》和《如来神掌》。2006 年七八月份,游戏开发团队的领军人物赖某,突然被公司开除,引发争议,童某等人随后提出辞职。游戏米果公司 2006 年年底在卢湾区法院诉称,童某等 5 人提出离职后,未经公司许可,便拒绝到公司上班,也不肯向公司指定的工作人员交接工作。公司与马来西亚一公司签约的升级游戏项目被迫中断,公司前期投入的开发费用也付诸东流,所以,向每个被告索赔提前离职造成的经济损失 200 万元,并请求判令 5 人履行交接手续。

2007 年 3 月,游戏米果公司再次在卢湾区法院提起诉讼,要求 5 被告共同赔偿因未依法办理离职交接手续给原告造成的损失共计人民币 574.4 万元,美元 5 万元。该劳动争议案已被受理。庭上,游戏米果公司改变诉求,只依据《员工服务期协议》向 5 名被告索取 16 万元到 30 万元不等的违约金 112 万元,离职赔偿金并入 3 月份起诉的案件里。原告代理人表示,5 名被告作为公司核心开发人员,都与公司签订了《员工服务期协议》,他们提前离职 20 个月,按规定,要付给公司月薪乘以 20 个月的违约金,这样算下来 5 人的违约金为 16 万~30 万元不等。5 被告表示,2006 年 7 月 17 日,他们提出离职后,并没有离开公司,而是等待办理相关手续,但后来由于人身安全受到威胁,他们从 2007 年 8 月 5 日起,不再到公司去。另外,被告代理律师表示,原告并没按照《员工服务期协议》给几位被告特殊待遇,所以,这些条款只是单方面约束员工,显失公平,是无效的。此前,劳动仲裁也认为双方所签的不是服务期协议。本案尚在审理中。游戏米果公司与离职员工间的诉讼案件已经达到了 43 起之多,其中 13 起为员工起诉公司,30 起为公司起诉员工,员工起诉公司的 13 起中,已有 7 起结案,全部为员工胜诉;公司起诉员工的 30 起案件中,已撤诉一起,判决一起,判决的为员工胜诉。

请问,您认为法院的判决是否合理?并分别说出合理或不合理的法律依据。

3.1 相关知识：培训、保密与竞业限制管理

《劳动合同法》已对违约金问题统一进行了规范调整。根据新法的规定，只有两种情况才可以约定违约金：

(1) 用人单位利用专项培训费用、提供专业技术培训并约定服务期的；

(2) 用人单位约定竞业限制的。

同时，《劳动合同法》对于违约金的数额也规定了上限，即不能超过用人单位为员工的培训所支付的实际培训费用。在新法背景下，用人单位亦应将留人的策略从"法律契约留人"向"心理契约留人"转变。

3.1.1 培训管理

1. 培训管理的概念

培训管理是组织用来开发员工的知识、技能、行为或态度，从而帮助实现组织目标的任意系统的过程。培训管理的核心在于培训需求调研和培训效果评估，也是咨询方法论最为集中的环节，此外，对培训执行过程的管理和培训资源的管理可以根据企业实际情况和市场信息来源不断进行优化建设。培训管理涉及有效展开培训活动的程序、制度、内容、技术与方法等各个方面。它直接影响到企业培训的成效，是培训管理最核心的内容。

企业培训常用的方法有讲授法、工作轮换法、研讨法、视听技术法、案例研究法、角色扮演法等。有的企业还会聘请第三方培训机构对员工开展培训。

2. 培训管理中的员工关系管理

《劳动合同法》第二十二条规定："用人单位为劳动者提供专项培训费用，对其进行专业技术培训的，可以与该劳动者订立协议，约定服务期。劳动者违反服务期约定的，应当按照约定向用人单位支付违约金。违约金的数额不得超过用人单位提供的培训费用。用人单位要求劳动者支付的违约金不得超过服务期尚未履行部分所应分摊的培训费用。用人单位与劳动者约定服务期的，不影响按照正常的工资调整机制提高劳动者在服务期间的劳动报酬。"这一规定明确了培训协议的签订条件以及双方的权利义务。

无论是哪种类型的企业培训方法，都会产生成本(成本不包含被培训员工的工资)。但并不是所有的培训成本都要由员工承担，即与员工约定《培训协议》。所以，培训协议是指用人单位为劳动者提供专项培训费用，对其进行专业技术培训时，双方约定的有关培训费用、服务期限、违约金以及违约金的支付等内容的合同。

随着经济社会的迅速发展，企业的竞争等更多地体现在人才的竞争上。企业核心人力资源的产生和吸纳主要有两个渠道：

(1) 内部培养，着重从内部选拔；

(2) 从外部通过"猎头"寻找优秀人才。

企业通过内部培训和外部培训等人力资本投入，提升员工的素质和能力，以满足企业持续发展的需求。为规范企业人力资本投入与员工离职之间的权利义务，法律规定双方可以签订培训协议，约定服务期。企业从外部引进人才，常常会涉及商业秘密和竞业限制问题。培训和保密制度是规范企业与核心人力资源之间权利义务关系的制度。如何防范和规避核心员工的不正常流动，对核心员工进行合法、有效的管理，是对人力资源管理的一大挑战。

3.1.2 保密管理

1. 保密管理的概念

保密是与公开相对而言的，本书中保密管理是指用人单位在一定的时间和范围内，为保护自身安全和利益，需要加以隐蔽、保护、限制、不让外界客体知悉的事项的总称。构成保密的基本要素有三点：一是隐蔽性；二是莫测性；三是时间性。一般地说，保密都是暂时的、相对的和有条件的，这由保密的性质所决定。保密管理是指用人单位为保护自身安全和利益而需要员工对公司的商业秘密和知识产权等事项进行保密而安排的一系列管理活动。

2. 保密管理中的员工关系管理

《劳动合同法》第二十三条规定：用人单位与劳动者可以在劳动合同中约定保守用人单位的商业秘密和与知识产权相关的保密事项。在实践操作中，用人单位主要通过与员工签订《保密协议》来进行此项工作的管理。保密协议是指用人单位针对知悉企业商业秘密的劳动者签订的要求劳动者保守用人单位商业秘密的协议。

3.1.3 竞业限制管理

1. 竞业限制的概念

竞业限制是指用人单位和知悉本单位商业秘密或者其他对本单位经营有重大影响的劳动者在终止或解除劳动合同后，一定期限内不得再生产同类产品、经营同类业务或有其他竞争关系的用人单位任职，也不得自己生产与原单位有竞争关系的同类产品或经营同类业务。

2. 竞业限制中的员工关系管理

竞业限制是《劳动合同法》的重要内容，根据《劳动合同法》第二十三条、第二十四条的规定，它是用人单位对负有保守用人单位商业秘密的劳动者，在劳动合同、知识产权权利归属协议或技术保密协议中约定的竞业限制条款。限制时间由当事人事先约定，但不得超过 2 年。竞业限制条款在劳动合同中为延迟生效条款，也就是劳动合同的其他条款法律约束力终结后，该条款开始生效。

在实践操作中，用人单位主要通过与员工签订《竞业限制协议》来进行此项工作的管理。竞业限制协议是指用人单位与劳动者约定在解除或者终止劳动合同后一定期限内，劳动者不得到与本单位生产或者经营同类产品、从事同类业务的有竞争关系的其他用人单位任职，或者自己开业生产或者经营同类产品的书面协议。竞业限制是保密的手段，通过订立竞业限制协议，可以减少和限制商业秘密被泄露的概率。保密是竞业限制的目的，订立竞业限制协议最终的目的是保护用人单位的合法权益。

3. 保密协议与竞业限制协议的区别

竞业限制往往与商业秘密的保护密切联系，竞业限制是保护用人单位商业秘密的手段之一。通过签订竞业限制协议，减少劳动者泄露、非法使用用人单位商业秘密的机会。竞业限制与商业秘密保护既有联系又有区别。竞业限制协议的存在可以是保护商业秘密的一个手段，但竞业限制本身并不等同于商业秘密保护；竞业限制的内容也不仅仅是保护商业秘密，反之，商业秘密的保护并不只有竞业限制一个途径。具体讲，商业秘密保护与竞业限制的区别在于以下5个方面。

1) 功能不尽相同

保密义务主要限于保护企业商业秘密，竞业限制既可能是保护商业秘密，也可能只是约束劳动者就业机会或应对竞争对手挖人。

2) 义务产生基础不同

保密义务的产生是基于法律规定，或者基于劳动合同的附随义务，不管双方是否有明示的约定，员工在职期间和离职以后均须承担保守单位商业秘密的义务；而竞业限制义务则是基于双方之间约定而产生的，无约定则无义务。

3) 约束期限不同

保密义务的存在是没有期限的，只要商业秘密存在，义务人的保密义务就存在；而竞业限制的期限由当事人具体约定，这个期限包括劳动关系存续期间和双方约定的劳动合同终止或解除后一段的时间，而且在劳动合同终止或解除后的期限不能超过两年。

4) 补偿对价关系不同

员工承担保密义务不需要权利人支付保密费；而对于离职后履行竞业限制的劳动者，用人单位则须支付合理的补偿费。

5) 法律责任形式不同

违反保密义务的员工，应当承担相应的民事责任，构成犯罪的承担刑事责任；而违反竞业限制义务的责任人通常只需要依据约定承担民事责任。

3.2　工作任务：签订培训协议的业务操作

签订培训协议的操作流程见图3-1。

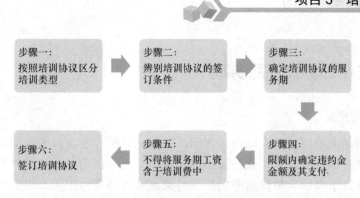

图 3-1　签订培训协议的操作流程

3.2.1　按照培训协议区分培训类型

用人单位对劳动者的培训可以分为常规培训和非常规培训。常规培训主要指入职培训、上岗培训以及国家规定的、用人单位按照职工工资总额的一定比例提取职工教育培训经费、对职工特别是一线职工的教育和培训。这些培训是用人单位的义务，也就意味着培训费用由单位承担，通常不涉及签订培训协议的问题。非常规培训，则是用人单位对劳动者的技术业务进步进行了特别的人力资本的投入，通常需要签订培训协议，明确双方的权利义务关系。

3.2.2　辨别培训协议的签订条件

签订培训协议的条件为用人单位给劳动者提供专项培训费用，进行专业技术培训。企业在向员工提供培训时，应当事先订立培训计划，并对培训的性质明确界定为专业技术培训。专业技术培训，即专业性、技术性的培训，其目的在于提高劳动者在所从事专业方面的技术能力。尤其是对于资格认证、项目课程等性质相对模糊的培训类别，要通过协议条款的方式予以明确化。专项培训费用包括用人单位直接承担的学费，还包括住宿费、差旅费、培训补贴、参观考察费、观摩费等间接支出的费用。企业应当在培训协议中明确约定培训费的范围、培训费的构成及计算方式。

《劳动合同法实施条例》第十六条从财务上对培训费用作出了补充说明。规定：《劳动合同法》规定的培训费用，包括用人单位为了对劳动者进行专业技术培训而支付的有凭证的培训费用，培训期间的差旅费用以及因培训产生的用于该劳动者的其他直接费用。也就是说，企业只有向劳动者支付了有支付凭证的培训费用，才能视为向劳动者提供了专项培训费用，即认定专项培训费用必须具有支付凭证。在实践中，当企业与员工就培训协议发生争议时，常常就是否提供了培训发生争议。企业认为提供了培训，员工则认为没有。根据《劳动合同法》的规定，签订培训协议通常要满足以下条件。

(1) 企业为培训支付了培训费用，并且有支付凭证证明；
(2) 企业支付的培训费是专项培训费用，而非安全、环保等通常非专项培训；
(3) 企业为员工提供的培训必须是专业技术培训。

3.2.3 确定培训协议的服务期

1. 服务期的定义

服务期是指用人单位提供专项培训费用,对劳动者进行专业技术培训,而由用人单位与劳动者双方在劳动合同或者培训协议中约定劳动者需为该用人单位提供劳动的服务期。服务期是劳动者因享有用人单位给予的特殊待遇而承诺必须为用人单位工作的期限,一般主要针对核心员工,其目的是防止员工接受出资培训后随意跳槽,给企业带来损失。

2. 服务期与劳动合同期限的关系

培训协议是合理保护企业利益,规范员工流动的一种法律手段和人力资源管理措施。服务期与劳动合同期限可能并不一致,可能短于劳动合同期限,也可能长于劳动合同期限。当服务期长于劳动合同期限时,应当优先使用服务期约定,因为服务期是劳动合同双方当事人之间的特别约定,是用人单位给员工提供了特别义务时的一种特别约定,应当优先于劳动合同期限这一一般规定。《劳动合同法实施条例》第十七条进一步明确规定:"劳动合同期满,但是用人单位与劳动者依照劳动合同法第二十二条的规定约定的服务期尚未到期的,劳动合同应当续延至服务期满;双方另有约定的,从其约定。"此外,劳动合同双方当事人可以变更劳动合同中的期限条款或者续订劳动合同,或者重新订立劳动合同,以与服务期的约定相一致。

3. 服务期时长

企业应该与受训员工约定多长的服务期,主要根据企业的实际情况和员工特点来定,员工流动率低的企业可以约定得长些,反之则可设置短一些。根据对跳槽周期的合理预估,服务期通常以3~5年为宜。

3.2.4 限额内确定违约金金额及其支付

1. 违约金数额规定

按照《劳动合同法》的规定,劳动者在服务期内解除劳动合同,不再履行劳动合同义务,要向用人单位支付违约金。违约金的数额按照双方在服务期协议中的约定履行,但不得超过用人单位提供的培训费用这一法定的最高数额。

2. 违约金的支付

劳动者违约时支付的违约金,不得超过服务期尚未履行部分所应分摊的培训费用。如培训费用10万元,服务期5年,则每年分摊2万元。如果已经履行3年,则违约金不得超过尚未履行的2年服务期所应分摊的4万元培训费用。

3. 违约金数额与违约金支付的关系

《劳动合同法》对违约金的数额作了封顶,对违约金的支付也进行了封顶,即不能超过尚未履行的服务期所应分摊的培训费用。这样规定的目的，在于适度保护用人单位的权益。用人单位为劳动者提供了专项培训费用用于专业技术培训，相应地，用人单位可以与劳动者约定服务期及违反服务期约定的违约金。即提供的专项培训费用与约定的服务期是相对应的，违反服务期约定的违约金最高限额即为用人单位提供的专项培训费用。如果服务期已经履行了一部分，则应当依法扣减违约金。

3.2.5 不得将服务期工资含于培训费中

根据《劳动合同法》规定，用人单位与劳动者约定服务期的，不影响按照正常的工资调整机制提高劳动者在服务期间的劳动报酬，即不能因约定了服务期而不再调整劳动者的工资。工资调整机制，是指用人单位根据经营利润状况、自身发展需要、绩效考核结果以及物价上涨等因素，对劳动者的工资级别进行调整的机制。由于工资的刚性特点，工资总体上呈现不断增长的趋势。该条规定是为了保护处于服务期的劳动者可以正常享受用人单位的工资调整待遇，保护劳动者的合法权益。这样规定的目的在于，防止用人单位由于与劳动者约定了服务期而长期不提高劳动者的工资。因为，培训协议中约定的工资待遇通常比较固定，在服务期较长的情况下，将缺乏灵活性和动态性，不能完全反映劳动者的工作表现和能力提升。

3.2.6 签订培训协议

1. 培训协议的签订时间

尽量选择在培训的关键性条款和事项已经确定好(前面几个步骤的工作已经进行完毕，最好经过专业的劳动关系方面的律师确认)，培训费用尚未支出前签订。

2. 培训协议的签订

以如图 3-2 所示的范本为例，由用人单位与被培训员工双方签订，通常由用人单位与被培训员工各执一份(双方签字、盖章后)。通常由员工先签字，然后由用人单位盖章后返还被培训员工一份。

```
                     培训协议(范本)

甲方：                        法人代表：
乙方：                        身份证号码：
                              户籍地：
甲乙双方秉持诚信公平原则，互相协商就甲方委派乙方_____事宜达成以下协议：
  1. 甲方委派乙方自____年____月____日起至____年____月____日止赴_____
     进行_____。
```

图 3-2 培训协议范本

2. 乙方_____培训期间所发生的费用，依照人事管理制度和财务作业流程报支。

3. 乙方目前任职于_____公司____部门，担任_____工作。乙方同意甲方的上述安排并同意自愿延长劳动合同期限_____年，即劳动合同至_____年_____月_____日终止。在上述期限内，乙方应继续从事甲方安排的工作。非因不可抗因素导致乙方不能履行劳动合同时，乙方承诺不单方面提出解除劳动合同。

4. 乙方要求提前解除劳动合同，经协商甲方同意时，劳动合同即解除，但乙方应赔偿甲方为乙方_____培训交流支付的费用。赔偿金额依《培训管理办法》执行。

5. 甲方不同意乙方提前解除劳动合同，乙方执意解除或擅自离职或因违法、违纪被公司辞退的，除计算赔偿金外，还应按下列方式计算交纳违约金。

违约金额=因培训所产生费用总额×(未服满劳动合同期÷应延长劳动合同期)

(培训所产生的培训费用包括：培训之学费、杂费、办理相关证件费用、培训期间所发生的住宿、膳食、交通、出差补助、技术交流费用等在甲方实际报支或由甲方实际支付的费用)

6. 乙方提前解除劳动合同的违约金或赔偿金应于甲方与乙方办理终止或解除劳动合同手续前交纳。

7. 本协议自双方签订之日起生效，至乙方劳动合同期满后终止。

8. 本协议书一式两份，具同等效力，甲乙双方各持一份。

甲方代表(公章)   乙方：
   年   月   日   年   月   日(附：身份证复印件)

图3-2　培训协议范本(续)

3.3　工作任务：签订保密协议的业务操作

签订保密协议的操作流程见图3-3。

图3-3　签订保密协议的操作流程

3.3.1　确定保密事项

《劳动合同法》规定，用人单位与劳动者可以在劳动合同中约定保守用人单位的商业秘密和与知识产权相关的保密事项。

1. 商业秘密的定义

商业秘密是指不为公众所知悉，能为权利人带来经济利益，具有实用性并经权利人采取保密措施的技术信息和经营信息。"技术信息和经营信息"，包括设计、程序、产品配方、制作工艺、制作方法、管理诀窍、客户名单、货源情报、产销策略、招投标中的标底及标书内容等信息。商业秘密有表3-1所示的特点。

2. 与知识产权相关的事项

与知识产权相关的事项是《劳动合同法》新提出的一项保密内容，是指尚未依法取得知识产权但与知识产权相关的需要保密的事项。知识产权原意是指"知识财产"或"知识所有权"。知识产权是一种无形财产权，是从事智力创造性活动取得成果后依法享有的权利。知识产权包括下列各项知识财产的权利：文学、艺术和科学作品；表演艺术家的表演及唱片和广播节目；人类一切活动领域的发明；科学发现；工业品外观设计；商标、服务标记以及商业名称和标志；制止不正当竞业以及在工业、科学、文学或艺术领域内由于智力活动而产生的一切其他权利。总之，知识产权涉及人类一切智力创造的成果。从法律上看，知识产权具有如表3-2所示的特征。

表3-1 商业秘密的特点

特 点	内 容
不为公众所知悉	指该有关信息不为其信息所属领域的相关人员普遍知悉；该信息在通常情形下不容易从公开或半公开的场合获得。不能从公开渠道直接获取，凡是公众所知晓的信息都不属商业信息范围
能为权利人带来经济利益，具有实用性	商业秘密必须具有商业价值，可以是现实的商业价值，也可以是潜在的商业价值，这些商业价值可以给权利人带来竞争优势
经权利人采取保密措施	此种措施包括限定秘密公开范围、对涉密信息载体采取加锁等防范措施，在涉密信息的载体上标有保密标或者采取保密码、签有保密协议、对涉密的场所限制来访者等

表3-2 知识产权的特征

特 点	内 容
地域性	除签有国际公约或双边协定外，依一国法律取得的权利只能在该国境内有效，受该国法律保护
独占性或专有性	即只有权利人才能享有，他人不经权利人许可不得行使其权利
时间性	各国法律对知识产权保护分别规定了一定期限，期满后则权利自动终止

3.3.2 细化保密事项的范围

商业秘密与知识产权的范围是保密合同的基础性条款。如果商业秘密范围约定不当，或过于笼统，员工不清楚哪些是商业秘密，就谈不上保密的问题。用人单位应根据自身实际对商业秘密加以细化约定。

1. 尽可能扩大商业秘密的范围

商业秘密范围不仅局限于本企业的秘密，有时企业在生产运营过程中获得的其他企业的商业秘密，如客户信息，也属于商业秘密的范围。否则一旦员工予以泄露，企业可能遭到客户索赔等重大损失。

2. 约定商业秘密和知识产权的归属

商业秘密归属主体是签订保密合同应当明确的重要内容。员工在职期限的技术革新，分为职务技术成果和非职务技术成果。职务技术成果的使用权、转让权属于企业，员工只享有技术成果的署名权。非职务技术成果的使用权、转让权属于完成技术成果的个人。对员工在工作期间形成的商业秘密，一般根据其与企业业务、员工工作的相关性确定权利归属。企业可以通过在保密合同中约定权利归属来保护自己的技术秘密和知识产权。

3.3.3 约定泄密行为

保密协议虽然不能设置违约金，除了可以就保密范围进行约定外，还可以就泄密行为等相关事项予以明确，预防和控制员工泄密风险。泄密行为主要包括擅自把单位或第三人秘密泄露给他人，引诱他们窃取单位秘密、违法使用单位秘密等。

3.3.4 约定违约责任

违约责任的形式包括违约金和赔偿损失。由于《劳动合同法》只允许就竞业限制约定违约金，所以保密协议在损失赔偿责任约定上应当主要约定赔偿计算方法。如企业可以与签订保密协议的劳动者约定违反保密义务可能涉及的公司利益、当前可以预见的这种泄密行为所带来的损失、以后可能还会发生的损失等。这种提前约定损失赔偿计算方法可以解决发生争议以后企业举证困难的问题，目前在实践中已经被广泛采用。

3.3.5 签订保密协议

1. 保密协议的签订时间

保密协议尽量与劳动合同的签订时间保持一致，因为一旦员工进入公司开展工作，就具备了接触保密事项的条件。

2. 告知劳动者的保密义务

负有保密义务的员工保守单位商业秘密，是一项附随义务，也是一项法定义务。企业不是必须要支付保密费、保密津贴等。

3. 保密协议的签订

以如图 3-4 所示的范本为例，由用人单位与员工双方签订，通常由用人单位与员工各执一份(双方签字、盖章后)。通常由员工先签字，然后由用人单位盖章后返还劳动者一份。

员工保密协议书(范本)

甲方：　　　　　　　　　　　　法人代表：

乙方：　　　　　　　　　　　　身份证号码：

户籍地：

甲、乙双方根据《中华人民共和国反不正当竞争法》、国家以及地方政府有关规定，双方在遵循平等自愿、协商一致、诚实信用的原则下，就甲方商业秘密保密事项达成如下协议：

一、保密内容

1. 甲方的交易秘密，包括商品产、供、销渠道，客户名单，买卖意向，成交或商谈的价格，商品性能、质量、数量、交货日期。

2. 甲方的经营秘密，包括经营方针、投资决策意向、产品服务定价、市场分析、广告策略。

3. 甲方的管理秘密，包括财务资料、人事资料、工资薪酬资料、物流资料。

4. 甲方的技术秘密，包括产品设计、产品图纸、生产模具、作业蓝图、工程设计图、生产制造工艺、制造技术、计算机程序、技术数据、专利技术、科研成果。

二、双方的权利和义务

1. 甲方提供正常的工作环境和经济支持，为乙方开发市场和客户提供良好的条件。乙方在工作中所掌握的市场信息、客户资料、买卖意向属于商业秘密，其所有权为甲方所拥有。

2. 乙方必须按甲方的要求从事经营、生产项目和市场开发，并将生产、经营、设计与开发的成果、资料交甲方，甲方拥有所有权和处置权。

3. 未经甲方书面同意，乙方不得利用甲方的商业秘密进行新产品的设计与开发和撰写论文向第三者公布。

4. 双方解除或终止劳动合同后，乙方不得向第三方公开甲方所拥有的未被公众知悉的商业秘密。

5. 双方协定竞业限止期的，解除或终止劳动合同后，在竞业限止期内乙方不得到生产同类或经营同类业务且有竞争关系的其他用人单位任职，也不得自己生产与甲方有竞争关系的同类产品或经营同类业务。

6. 乙方必须严格遵守甲方的保密制度，防止泄露甲方的商业秘密。

三、保密期限

1. 劳动合同期内。

2. 甲方的专利技术未被公众知悉期内。

图 3-4　员工保密协议书范本

四、脱密期限

1. 因履行劳动合同约定条件发生变化，乙方要求解除劳动合同的必须以书面形式提前1月通知甲方，提前期即为脱密期限，由甲方采取脱密措施，安排乙方脱离涉密岗位；乙方应完整办妥涉密资料的交接工作。

2. 劳动合同终止双方无意续签的，提出方必须以书面形式提前1月通知对方，提前期即为脱密期限，由甲方采取脱密措施，安排乙方脱离涉密岗位；乙方应该接受甲方的工作安排并完整办妥涉密资料的交接工作。

3. 劳动合同解除或期满终止后，乙方必须信守本协议，不损害甲方利益。

五、违约责任

1. 在劳动合同期内，乙方违反此协议，虽未造成甲方经济损失，但给甲方正常生产经营活动带来麻烦的，甲方有权调离乙方涉密岗位，并予以行政处分。

2. 在劳动合同期内，乙方违反此协议，造成甲方经济损失的，甲方可予以乙方行政处罚，情节严重者，甲方可解除乙方的劳动合同。

3. 在劳动合同期内，乙方违反此协议，造成甲方重大经济损失的，甲方予以乙方除名的行政处罚，并追加经济损失赔偿；构成犯罪的，上诉至人民法院，依法追究乙方刑事责任。

4. 甲、乙双方因履行本协议发生争议和违约责任的执行超过法律、法规、赋予双方权限的，可向甲方所在地劳动仲裁机构申请仲裁或向人民法院提出上诉。

六、其他

本协议一式两份，甲、乙双方各执一份，经甲、乙双方签字盖章之日起生效。

甲方代表(公章)　　　　　　　　　　　乙方：

　　年　　月　　日　　　　　　　　　　年　　月　　日(附：身份证复印件)

图 3-4　员工保密协议书范本(续)

3.4　工作任务：签订竞业限制协议的业务操作

签订竞业限制协议的操作流程见图 3-5。

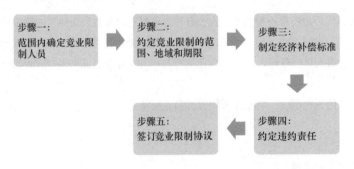

图 3-5　签订竞业限制协议的操作流程

微课 12　竞业限制那些事儿

3.4.1 范围内确定竞业限制人员

1. 确定保密义务的主体

竞业限制义务主体，是负有保密义务的劳动者。劳动者知悉了用人单位的商业秘密和与知识产权相关的保密事项，即负有保密义务。对于不知悉或不可能知悉企业商业秘密的员工，企业不需要也不可以与之签订竞业限制协议。

2. 确定竞业限制的主体

企业在选择签订竞业限制员工时，要把握好尺度，企业并不是与所有员工都订立竞业限制协议，而是只与负有保密义务的员工订立协议，限制其从事有竞争关系的工作。根据《劳动合同法》规定，竞业限制的人员限于用人单位的高级管理人员、高级技术人员和其他负有保密义务的人员，如公司的经理、副经理、财务负责人、上市公司董事会秘书和公司章程规定的其他人员。确认竞业限制的人员范围，应当限定在有机会接触、掌握企业商业秘密，且承担保护商业秘密义务的核心员工，一般指有机会接触到公司商业秘密的决策人员、高级技术人员及其他接触公司商业秘密的岗位和人员。

3.4.2 约定竞业限制的范围、地域和期限

1. 约定机制

竞业限制的范围、地域和期限，在不违反法律的前提下，由用人单位与劳动者约定。负有竞业限制义务的人员不能到与本单位生产或者经营同类产品、业务的有竞争关系的其他用人单位，或者自己开业生产或者经营同类产品和业务。

2. 竞业限制的范围、地域和期限

竞业范围既包括自己生产经营，也包括到与本单位有竞争关系其他用工单位。双方应尽可能约定能够预计到的、在法律规定的范围内的所有可能区间。竞业限制期限，是劳动者接受竞业限制的时间，从劳动合同解除或者终止之日起，到竞业限制期限届满结束。竞业限制期限最长不得超过两年。也就是说，劳动合同解除或者终止最长两年后，劳动者不再受竞业限制的约束。

3.4.3 制定经济补偿标准

1. 竞业限制经济补偿

竞业限制经济补偿是指用人单位与劳动者约定劳动者接受竞业限制，而由用人单位在劳动合同解除或者终止后的竞业限制期限内按月支付劳动者的货币。

2. 用人单位与劳动者的权利与义务

支付经济补偿与劳动者接受竞业限制相对应，接受竞业限制，对劳动者来说是义务，

对用人单位来说则是权利。支付经济补偿，对用人单位来说是义务，对劳动者来说则是权利。

3. 竞业限制经济补偿与竞业限制的关系

用人单位与劳动者约定竞业限制条款的，必须同时约定在解除或者终止劳动合同后，在竞业限制期限内按月给予劳动者经济补偿。因为竞业限制对劳动者离职后的就业范围和职业进行了规定，在一定程度上对劳动者的利益造成了减损。竞业限制经济补偿就是对劳动者接受限制和造成利益减损的补偿。所以，约定竞业限制，必须同时约定竞业限制经济补偿，否则竞业限制义务将自动终止。

4. 补偿标准的确定及支付时间

补偿的标准应根据保护商业秘密给企业带来的效益、竞业限制的区域、期限等因素，具体数额由双方协商约定。经济补偿支付的时间必须是在劳动合同终止或者解除之后，支付方式是按月支付。

3.4.4 约定违约责任

劳动者违反竞业限制约定，不履行相应义务，用人单位可以拒绝履行支付竞业限制经济补偿，并要求劳动者按照约定向用人单位支付违约金。劳动者是否违反竞业限制约定，应当根据用人单位与劳动者之间约定的范围、地域、时间、行为来判断。劳动者支付违约金必须以事先约定为前提，没有约定，则劳动者就无须支付违约金，但因此给用人单位造成损失的，应当承担赔偿责任。竞业限制违约金的具体数额、支付方式由双方当事人自主约定，违约金的约定应当公平、合理，过高或过低设置违约金都可能导致违约金约定无效。竞业限制违约金的具体标准、支付方式，按照双方约定执行。竞业限制条款是基于双方当事人约定而产生，竞业限制约定是一种合同关系，以当事人的意思自治为原则，劳动者违反竞业限制义务，要受到劳动合同约定的拘束。

3.4.5 签订竞业限制协议

1. 竞业限制协议的签订时间

竞业限制协议尽量与劳动合同的签订时间保持一致，因为一旦员工进入公司开展工作，就开始接触公司的商业秘密，尤其对一些重要的研发和设计岗位，就开始具备向同行业竞争岗位换岗的风险，或者其自身直接从事该业务的风险。

2. 告知劳动者的义务

在企业向劳动者按月支付了经济补偿金后，签订竞业限制协议的劳动者就承担了相应的法律责任。劳动者违反竞业限制约定，不履行相应义务，用人单位可以拒绝履行支付竞业限制经济补偿，并要求劳动者按照约定向用人单位支付违约金。

3. 竞业限制协议的签订

以如图 3-6 所示的范本为例，由用人单位与员工双方签订，通常由用人单位与员工各执一份(双方签字、盖章后)。通常由员工先签字，然后由用人单位盖章后返还劳动者一份。

员工竞业限制协议书(范本)

甲方：　　　　　　　　　　　　　法人代表：

乙方：　　　　　　　　　　　　　身份证号码：

户籍地：

甲乙双方就乙方在工作期间及离职以后保守甲方商业秘密的有关事项，协商达成一致，并共同遵守：

第一条　在乙方入职前，乙方应以书面形式，如实告知甲方有关其在原工作单位所承担的保密义务和竞业限制义务，因未主动告知而致使甲方遭受索赔的，甲方有权向乙方追偿，乙方应承担由此产生的一切法律责任。

第二条　双方确认，乙方在甲方工作期间，因履行职务或者主要利用甲方的物质技术条件、业务信息等产生的发明创造、计算机软件、作品、知识性文档、技术秘密或其他商业秘密信息，其知识产权均属于甲方所有。

乙方同意提供一切必要的信息和采取一切必要的措施，包括申请、注册、登记等，协助甲方取得和行使有关知识产权。

第三条　双方确认，乙方离职后一年内，利用所掌握或接触的甲方之商业秘密所产生的智力成果或技术创新，其知识产权及其他权利归甲方所有。

第四条　乙方应遵守甲方制定的保密制度，履行保密职责。乙方应采取任何必要、合理的措施，保护其于任职期间知悉或者持有的任何属于甲方或者虽属于第三方但甲方承诺有保密义务的商业秘密或其他商业秘密信息，以保持其秘密性。

第五条　乙方因工作需要所持有或保管的一切记录着甲方秘密信息的文件、资料、图表、笔记、报告、信件、传真、磁带、磁盘、仪器以及其他任何形式的载体，均归甲方所有。

乙方应当于离职时，或者于甲方提出要求时，将上述载体全部返还给甲方。

第六条　乙方承诺，未经甲方同意，不得以泄露、告知、公布、发表、出版、传授、转让或者其他任何方式使任何第三方知悉属于甲方或者虽属于他人但甲方承诺有保密义务的技术秘密或其他商业秘密信息，也不得非因工作目的而使用这些秘密信息或允许他人使用。

乙方不得利用所掌握的商业秘密牟取私利，不得将工作中知悉、获取的商业秘密据为己有，不得私自留存。

第七条　乙方离职之后仍应对其在甲方任职期间所接触、知悉的属于甲方或者虽属于第三方但甲方承诺有保密义务的技术秘密和其他商业秘密信息，承担如同任职期间一样的保密义务，而无论甲方因何种原因离职。

乙方离职后承担保密义务的期限至甲方宣布解密或者秘密信息实际上已经公开。

图 3-6　员工竞业限制协议书范本

第八条 在工作期间，非经甲方事先书面同意，乙方不得自营或者为他人经营与甲方同类的业务，或从事其他损害甲方利益的活动；也不得在任何其他公司、企业或组织担任任何职务，包括股东、合伙人、董事、监事、经理、职员、代理人、顾问等，从事前述经营或者活动的，所得收入归甲方所有，乙方并应承担相应法律责任。

第九条 无论何时，乙方均不得怂恿、诱导、唆使甲方员工到竞争对手处工作。

第十条 未经甲方事先书面同意，乙方不得在离职后一年内，在与甲方存在直接商业竞争关系或其他利害关系的用人单位内任职，或者自己生产、经营与甲方有竞争关系的同类产品或业务。

甲方逐月发放的薪资和福利待遇中，均已包括用以给乙方在竞业限制期内的补偿金额。

第十一条 本协议提及的甲方之商业秘密包括技术秘密和经营秘密。

(一)技术秘密是指甲方自行研制开发或者以其他合法方式掌握的并未公开的，且采取了适当保密措施的技术信息，包括但不限于：

1. 源代码类：软件源程序和目标程序等；
2. 产品需求设计类：客户调研报告、项目建议书、项目立项书、项目管理计划和进度表、概要需求列表、估算单、需求规格说明书、设计文档(含概要设计说明书，单元说明书或维护类设计说明书或改错类设计说明书)等；
3. 产品开发过程管理类：项目会议记录、项目评审记录、缺陷记录跟踪表、同行评审记录表、配置项登记表、配置管理资料、组间协调记录表、需求跟踪与进度控制表、测试计划、测试用例、测试报告、项目关闭报告、工作产品发版报告等；
4. 技术文档类：专有技术资料、技术经验、技术培训资料、技术总结等；
5. 质量管理类：产品评审报告、KDSP 相关资料、产品质量指标等；
6. 产品应用实施类：产品实施方案、产品应用状况、客户使用情况等。

(二)经营秘密是指甲方未公开的，并已采取适当保密措施的管理制度与流程、经营管理信息，包括但不限于：

1. 管理信息：战略规划、经营决策、组织架构、计划与总结、董事会或管理层会议的决议和记录、业务专项会议资料等。
2. 财务信息：财务报表、商业分析报告、税务资料、原材料进货渠道、审计报告、投融资交易、投资分析报告等。
3. 人事信息：员工档案、组织人事资料、薪酬福利状况、培训计划、绩效考核资料等。
4. 营销信息：合同、产品报价、重大交易记录、客户档案、代理商资料、供应商资料、合作伙伴资料、市场调研报告、市场营销方案、重大市场活动等。

第十二条 乙方若违反本协议任何条款的规定，其同意一次性向甲方支付违约金(人民币)_____；给甲方造成损失的，还应赔偿甲方的损失，违约金不能替代赔偿金。

乙方同意甲方可以从其工资中扣除违约金和赔偿金。

第十三条 双方同意，因本协议产生的或与本协议有关的一切争议，若协商解决不成，由甲方所在地的人民法院管辖。

图 3-6 员工竞业限制协议书范本(续一)

```
第十四条  本协议自双方签字或盖章之日起成立并生效。
第十五条  本协议若与双方以前的口头或书面协议有抵触,以本协议为准。
第十六条  双方确认,在签署本协议前已完全了解各条款的法律含义。
第十七条  本协议一式两份,甲乙双方各执一份。
甲乙双方于此同意上述条款,于_____年____月____日签署本协议。

甲方代表(公章)                        乙方:
  年   月   日                      年   月   日(附:身份证复印件)
```

图 3-6 员工竞业限制协议书范本(续二)

案例分析与讨论

培训协议与劳动合同期限的关系

2014年7月,劳动者王先生进入某外资背景的企业工作,双方签订了劳动合同,合同期限为2014年7月1日至2015年6月30日。2014年8月15日至9月15日,企业出资派王先生赴日本出差学习,双方于8月12日就此出差学习事宜签订了一份协议,协议中约定:"学习回国后3年内,王先生因自己的原因退职时,要赔偿企业支付此次出差学习的相关费用。本协议的效力不受劳动合同期限的约定。"2015年5月,王先生出于种种原因向企业提出劳动合同到期后不再与企业续订劳动合同并在劳动合同期满后离开了该企业。但是,一个月后王先生却收到了劳动仲裁委员会的仲裁通知书,企业认为王先生的做法违反了双方有关服务期的约定,应当承担相应责任并承担仲裁费,因此以王先生为被申诉人向仲裁机构申请了劳动仲裁。

请问如果您是仲裁机构的仲裁人员,您应该如何进行此案件的仲裁并说明相应的法律依据。

员工竞业限制协议纠纷

2016年,叶某与某技术公司签订劳动合同,并签订了附件《员工保密协议书》。

该保密协议约定了该公司每月应向叶某支付的保密金额,并约定在解除或终止劳动合同后2年内,叶某不得到与该公司生产或经营同类产品、从事同类业务的有竞争关系的其他单位工作,也不得自己开业生产或经营同类产品、从事同类业务。保密协议中还约定,若叶某在竞业限制期内,违反竞业限制义务,应返还公司支付的全部竞业限制经济补偿金并承担3万元违约金。

2018年3月,叶某与该技术公司解除劳动关系。随后公司向叶某出具了《竞业限制通知书》,要求叶某严格按照保密协议约定条款,执行竞业限制义务,并向叶某支付了7920元的竞业限制经济补偿金。但今年1月至4月,叶某到另一家与原技术公司经营范围存在竞争的公司工作,并隐瞒这一情况。

技术公司认为叶某违反合同约定,以侵权为由,向劳动争议仲裁委员会申请仲裁。

叶某对仲裁裁决不服，起诉到锦江法院。叶某认为，自己既不是企业高层管理人员，也不是高级技术人员，不属于《劳动合同法》中关于竞业限制范围的人员，不应承担违约责任。

请问您认为叶某的理由会得到法院的支持吗？请分别说明理由及相应的法律依据。

思考与练习

1. 培训管理的概念及培训管理中的员工关系管理的内容分别是什么？
2. 保密管理的概念及保密管理中的员工关系管理的内容分别是什么？
3. 竞业限制管理的概念及竞业限制管理中的员工关系管理的内容分别是什么？
4. 保密协议与竞业限制协议的区别是什么？
5. 培训协议的签订条件是什么？如何约定培训协议的服务期？如何约定培训协议的违约金金额？
6. 保密协议的保密事项有哪些？保密事项的范围又有哪些？如何约定泄密行为和违约责任？
7. 如何确定竞业限制协议的人员范围？如何约定其限制范围、地域和期限？如何制定其经济补偿标准？如何约定其违约责任？

■ 拓展阅读

竞业限制的由来

竞业限制起源于公司法中的董事、经理竞业禁止制度。目的是为防止董事、经理等利用其特殊地位损害公司利益，各国公司法都规定了董事经理的竞业禁止义务，尤其是西方国家首先建立了董事、经理竞业禁止制度。

对于竞业禁止，我国的相关立法有：旧《公司法》(已废除)第六十一条第一款规定："董事、经理不得自营或者为他人经营与其所任职公司同类的营业或者从事损害本公司利益的活动。从事上述营业或者活动的，所得收入应当归公司所有。"新《公司法》第一百四十九条第(五)项规定："未经股东会或者股东大会同意，利用职务便利为自己或者他人谋取属于公司的商业机会，自营或者为他人经营与所任职公司同类的业务。"《合伙企业法》第三十条规定："合伙人不得自营或者同他人合作经营与本合伙企业相竞争的业务。除合伙协议另有约定或者经全体合伙人同意外，合伙人不得同本合伙企业进行交易。合伙人不得从事损害合伙企业利益的活动。"《个人独资企业法》第二十条规定："投资人委托或者聘用的管理个人独资企业事务的人员不得有下列行为：……(六)未经投资人同意，从事与本企业相竞争的业务；(七)未经投资人同意，同本企业订立合同或者进行交易；……"《刑法》第一百六十五条规定："国有公司、企业的董事、经理利用职务便利，自己经营或者为他人经营与其所任职公司、企业同类的营业，获取非法利益，数额巨大的，处三年以下有期徒刑或者拘役，并处或者单处罚金；数额特别巨大的，处三年以上七年以下有期徒刑，并处罚金。"国家科委《关于加强科技人员流动中技术秘密管理的若干意见》规定："单位可以在劳动聘任合同、知识产权权利归属协议或技术保密协议中，与对本单位技术权益和经济利益有重要影响的有关行政管理人员、科技人员和其他相关人员协商、约定竞业限制期内不得在生产同类产品或经营同类业务且具有竞争关系或其他利害关系的其他单位任职，或自己生产、经营与原单位有竞争关系的同类产品或业务。"

  由于企业部分员工常常对企业的经营和技术情况了如指掌，员工在跳槽后也往往选择与其以前形成的业务特长相同或者近似的业务。一旦在跳槽后从事这些职业，不但易于成为原就职企业强劲的竞争对手，而且由于自身的便利和业务的需要，往往会情不自禁地使用原企业的商业秘密，为防止出现这种局面，西方国家率先将公司董事、经理竞业禁止制度移植到商业秘密和其他经营利益的保护中来，从而形成竞业限制。企业开始采取与员工订立竞业限制协议的办法，以保护企业的竞争利益和商业秘密。

项目 4　薪酬和工作时间管理

―【项目概述】―

　　薪酬管理是指在组织发展战略指导下，对员工薪酬支付原则、薪酬策略、薪酬水平、薪酬结构、薪酬构成进行确定、分配和调整的动态管理过程。薪酬管理要为实现薪酬管理目标服务，薪酬管理目标是基于人力资源战略设立的，而人力资源战略服从于企业发展战略。工作时间，又称法定工作时间，是指劳动者为履行工作义务，在法定限度内，在用人单位从事工作或者生产的时间。而工作时间管理是指通过事先规划和运用一定的技巧、方法与工具实现对时间的灵活以及有效运用，从而实现工作目标的过程。

【学习目标】

- 能够掌握薪酬及薪酬管理的概念，同时能够掌握工资与薪酬的区别与联系，也能够掌握薪酬管理中的员工关系管理的内容；
- 能够掌握工作时间及其管理的概念，同时能够掌握加班加点、休息休假的概念，也能够掌握工作时间管理中的员工关系管理的内容。

【技能目标】

- 能够熟练掌握工资支付的项目，最低工资标准，工资支付的原则，区分特殊情况下工资的支付内容，并且能够计算不同情况下以工资为支付基数的待遇与补偿；
- 能够熟练掌握标准工作日及缩短工作日的规定，并且能够进行不定时工作日及综合工作日的申报；
- 能够熟练掌握计件工作时间和弹性工作时间的规定，并且能够进行两者相关工资的计算；
- 能够熟练掌握加班加点的条件和限制规定，并且能够进行加班加点工资的计算；
- 能够熟练掌握休息休假的种类和规定，并且能够进行休息休假工资的计算。

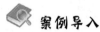 案例导入

法定节假日工作支付三倍工资

　　高某在一家有名的糕点厂上班，五一眼看就要到了，厂长召集职工开会时鼓励说："五一黄金周了，这是我们的好节日！现在都说旅游拉动经济，这可是好时机啊，咱们可得抓住啦，今年五一大家努把力，好好干！赚够外地人的钱！回头咱们按正常工资的三倍算！"虽然大家因为不能外出旅游有些惋惜，但一想那三倍的工资都禁不住诱惑。于是劳动节期间糕点厂机器隆隆，职工们干得热火朝天。转眼到了中秋，厂里生产的月饼牌子老，订单源源不断，厂里急召 30 多名职工回厂加班，高某是做月饼的老师傅，自然也被召回应急，厂长拍着胸脯说："保证按四倍算！"元旦节期间，厂里为了创收，专门设计生产了许多

特色糕点，全厂职工又迎来了一个忙碌的假日。虽然每次厂长都说有加班工资，但大家都没有领到。职工几次问起来，厂长都说："元旦的糕点赔了！没有厂子哪里有职工？我们每一个职工都应当把自己的命运和厂子的命运连在一起，这样咱们的厂子才能火起来，不是吗？至于工资嘛，元旦的就不发了，五一和中秋的都按三倍算！"高某心里纳闷着，怎么一会四倍，一会三倍，一会又没有了。这么不确定，还总是加班，要是以后工厂都不给加班工资怎么办。疑惑得不到工厂的答复，迫于无奈，高某向当地的劳动争议仲裁委员会申请了劳动仲裁。

劳动争议仲裁委员会认为糕点厂应当向高某一次性支付五一、中秋节、元旦按照三倍计算支付除正常工资之外的加班工资。经调解，双方达成调解协议，糕点厂元旦付给高某的加班费以正常工资的三倍来计。三次加班费累计4000元，于调解书生效之日起一次性支付。

请问：根据以上案例进行分析劳动争议仲裁委员会的仲裁结果是否合理？法律依据是什么？

刘某与北京广科网络科技有限公司申请支付令民事裁定书

北京市朝阳区人民法院支付令

(2019)京××××民督××××号

申请人：刘某，男，1989年7月29日出生，汉族，住北京市通州区。

被申请人：北京广科网络科技有限公司，住所地北京市朝阳区××大厦×号×层××××室。

法定代表人：徐某。

申请人刘某于2019年3月21日向本院申请支付令。申请人刘某称：其与北京广科网络科技有限公司于2018年7月4日建立劳动关系，并于2019年1月16日解除劳动关系，北京广科网络科技有限公司累计拖欠其工资人民币81808.23元并承诺于2019年2月28日前支付，并且向其支付利息人民币11390.3元，双方签订有《解除劳动关系协议书》，但是北京广科网络科技有限公司并未按照约定的时间支付工资及利息，因此其向法院申请支付令，要求北京广科网络科技有限公司支付所欠的工资共计人民币93198.53元。

本院经审查认为，刘某的申请符合民事诉讼法规定的条件。

依照《中华人民共和国民事诉讼法》第二百一十四条、第二百一十六条规定，特发出如下支付令：

被申请人北京广科网络科技有限公司应当自收到本支付令之日起十五日内，给付申请人刘某人民币93198.53元。

申请费710元，由被申请人北京广科网络科技有限公司负担。

被申请人如有异议，应当自收到本支付令之日起十五日内向本院书面提出；逾期不提出书面异议的，本支付令即发生法律效力。

审　判　员：王某

二〇一九年四月二十二日

书　记　员：李某

说明：以上案例为真实案例改编。

请根据以上案例讨论除了本案例中涉及的情况，还有哪些情况可以申请支付令？

4.1 相关知识：薪酬和工作时间管理

4.1.1 薪酬管理

1. 薪酬与薪酬管理的概念

薪酬是员工因向所在的组织提供劳务而获得的各种形式的酬劳。狭义的薪酬指货币和可以转化为货币的报酬。广义的薪酬除了包括狭义的薪酬以外，还包括获得的各种非货币形式的满足。

薪酬管理是指在组织发展战略指导下，对员工薪酬支付原则、薪酬策略、薪酬水平、薪酬结构、薪酬构成进行确定、分配和调整的动态管理过程。薪酬管理要为实现薪酬管理目标服务，薪酬管理目标是基于人力资源战略设立的，而人力资源战略服从于企业发展战略。薪酬管理包括薪酬体系设计、薪酬日常管理两个方面。薪酬体系设计主要是薪酬水平设计、薪酬结构设计和薪酬构成设计；薪酬日常管理是由薪酬预算、薪酬支付、薪酬调整组成的循环，这个循环可以称之为薪酬成本管理循环。薪酬设计是薪酬管理最基础的工作，如果薪酬水平、薪酬结构、薪酬构成等方面有问题，企业薪酬管理不可能取得预定目标。薪酬体系建立起来后，应密切关注薪酬日常管理中存在的问题，及时调整公司薪酬策略，调整薪酬水平、薪酬结构以及薪酬构成以实现效率、公平、合法的薪酬目标，从而保证公司发展战略的实现。

2. 工资的法律含义

工资是雇员生活的主要来源，支付工资是雇主与雇员劳动义务相对应的一项重要义务。劳动法中，工资是雇主依据国家有关规定或劳动合同约定，以货币形式直接支付给劳动者的劳动报酬。我国法律法规规定，工资是用人单位依据劳动合同规定，以货币形式支付给劳动者的工资报酬。

最低工资是指劳动者在法定工作时间内提供了正常劳动的前提下，其所在企业应支付的最低劳动报酬。法定工作时间是指国家规定的工作时间；正常劳动指劳动者按照劳动合同的有关规定，在法定工作时间内从事的劳动。

3. 薪酬与工资的区别与联系

工资是指雇主或者法定用人单位依据法律规定、或行业规定、或根据与员工之间的约定，以货币形式对员工的劳动所支付的报酬，也称基本工资。薪酬是员工因向所在的组织提供劳务而获得的各种形式的酬劳。

具体来说，工资具有如下特征。

(1) 工资是劳动报酬的货币形式(这里的"劳动"也包括管理、技术等复杂劳动)；

(2) 工资的依据是劳动合同；

(3) 接受工资的主体是劳动者(这里的劳动者应该包括所有雇员，即相对于雇主的另一方)。

薪酬的含义和内容更加宽泛和严谨，而工资属于薪酬的一部分，是比较传统和笼统的说法。

4. 薪酬管理中的员工关系管理

《中华人民共和国劳动法》(以下简称《劳动法》)和《工资支付暂行规定》，工资支付应符合如下规定。

(1) 用人单位支付给劳动者的工资不得低于当地最低工资标准。
(2) 工资应当以法定货币支付，不得以实物及有价证券替代货币支付。
(3) 工资应当按时支付。
(4) 用人单位应将工资支付给劳动者本人等。

所以薪酬管理中尤其要重视工资的支付问题。

4.1.2 工作时间管理

1. 工作时间及其管理的定义

工作时间，又称法定工作时间，是指劳动者为履行工作义务，在法定限度内，在用人单位从事工作或者生产的时间。工作时间既包括劳动者实际完成工作的时间，也包括劳动者从事生产或工作所必需的准备和结束的时间、从事连续性有害健康的间歇时间、工艺中断时间、女职工哺乳未满一周岁婴儿的哺乳时间以及因公外出等法律规定限度内消耗的其他时间。工作时间可以依小时、日、周、月、季和年来计算，用人单位必须按规定支付劳动者的劳动报酬。工作时间管理是指通过事先规划和运用一定的技巧、方法与工具实现对时间的灵活以及有效运用，从而实现工作目标的过程。

2. 加班加点的概念

加班加点，即延长劳动时间，是指劳动者的工作时数超过法律规定的标准工作时间。加班，是指劳动者在法定节日或公休假日从事生产或工作。加点，是指劳动者在标准工作日以外继续从事劳动或工作。为维护劳动者的身体健康和合法权益，国家法律、法规严格限制加班加点。

3. 休息休假的概念

休息休假，是指劳动者在国家规定的法定工作时间以外自行支配的时间。休息休假的规定是劳动者休息权的体现。世界各国普遍在宪法或劳动法中明文规定了休息权。

4. 工作时间管理中的员工关系管理

工作时间管理中的员工关系管理主要体现在工作时间的特点上。工作时间具有如下特点。

(1) 工作时间是劳动者履行劳动义务的时间。根据劳动合同的约定，劳动者必须为用人单位提供劳动，劳动者提供劳动的时间即为工作时间。
(2) 工作时间不限于实际工作时间。工作时间的范围，不仅包括作业时间，还包括准备工作时间、结束工作时间以及法定非劳动消耗时间。

（3）工作时间是用人单位计发劳动者报酬依据之一。劳动者按照劳动合同约定的时间提供劳动，即可以获得相应的工资福利待遇。加班加点的，可获得加班加点工资。

（4）工作时间的长度由法律直接规定，或由集体合同或劳动合同直接规定。工作时间分为标准工作时间、计件工作时间和其他工作时间。

（5）劳动者或用人单位不遵守工作时间的规定或约定，要承担相应的法律责任。

4.2 工作任务：进行工资支付的业务操作

进行工资支付的操作流程见图4-1。

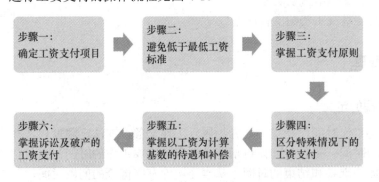

图4-1 进行工资支付的操作流程

微课13 工资条里隐藏着企业"秘密"？

4.2.1 工资支付项目

按照国家统计局1990年颁布的《关于工资总额组成的规定》，现阶段职工工资总额由六部分组成：计时工资、计件工资、奖金、津贴和补贴、加班加点工资、特殊情况下支付的工资。工资的种类可以是货币工资、实物工资和混合工资。所以工资的具体支付项目见表4-1。

微课14 员工想请事假，公司有权拒绝吗？

表4-1 工资性收入项目

项目	内容
计时工资	对已做工作按计时工资标准支付的工资
	实行结构工资制的单位支付给职工的基础工资和职务(岗位)工资
	新参加工作职工的见习工资(学徒的生活费)
	运动员体育津贴
计件工资	实行超额累进计件、直接无限计件、限额计件、超定额计件等工资制，按劳动部门或主管部门批准的定额和计件单价支付给个人的工资
	按工作任务包干方法支付给个人的工资
	按营业额提成或利润提成办法支付给个人的工资

续表

项　目	内　容
奖金	生产奖
	节约奖
	劳动竞赛奖
	机关、事业单位的奖励工资
	其他奖金
津贴和补贴	津贴：补偿职工特殊或额外劳动消耗的津贴，保健性津贴，技术性津贴，年功性津贴及其他津贴
	物价补贴：为保证职工工资水平不受物价上涨或变动影响而支付的各种补贴
加班加点工资	指按规定支付的加班工资和加点工资
特殊情况下支付的工资	根据国家法律、法规和政策规定，因病、工伤、产假、计划生育假、婚丧假、事假、探亲假、定期休假、停工学习、执行国家或社会义务等原因按计时工资标准或计时工资标准的一定比例支付的工资
	附加工资、保留工资

4.2.2　最低工资标准

我国《劳动法》第四十八条明确规定：国家实行最低工资保障制度，用人单位支付劳动者的工资不得低于当地最低工资标准。《劳动合同法》第七十二条也规定，非全日制用工小时计酬标准不得低于用人单位所在地人民政府规定的最低小时工资标准。这从法律上保证了劳动者享有的最低工资保障权。

1. 设置最低工资的目的

设置最低工资的目的在于保证工资劳动者的最低收入，使其得以维持生活、改善劳动条件，有利于安定工人生活，提高劳动者素质，确保企业公平竞争，同时有助于社会经济发展。最低工资的规定本身具有救济、援助最低工资收入者的重要作用，同时对确保社会公正也十分必要。

2. 最低工资的效力

最低工资是法定的最低报酬。企业支付给劳动者的工资不得低于其适用的最低工资率。实行计件工资或提成工资等工资形式的企业，必须进行合理的折算，其相应的折算额不得低于按时、日、周、月确定的相应的最低工资率。当事人在劳动合同中约定的劳动报酬低于最低工资额时，其工资部分应视为无效。其无效部分应改按法定的最低工资执行。

3. 最低工资不得包含的项目

根据我国有关规定，下列各项不得作为最低工资的组成部分。
(1) 加班加点工资；
(2) 中班、夜班、高温、低温、井下、有毒有害等特殊工作环境、条件下的津贴；

(3) 国家法律、法规、政策规定的社会保险、福利待遇等。

4.2.3 工资支付原则

1. 协商同意原则

用人单位支付劳动者的工资不得低于当地最低工资标准。但同时，工资也应当由雇员和雇主平等地决定。协商可以集思广益，使工资分配更加合理，从源头上避免矛盾和争议的产生；经协商确定的工资具有法律效力，双方都要依法履行。一旦发生争议，也能依法调解。用人单位向潜在候选人发送的入职通知书中会体现协商工资的数额等。此部分将来也会写入劳动合同中，由员工签字确认。

2. 同工同酬原则

《劳动法》第四十六条规定：工资分配应当遵循按劳分配原则，实行"同工同酬"。同工同酬是指用人单位对于技术和劳动熟练程度相同的劳动者在从事同种工作时，不分性别、年龄、民族、残疾、区域等差别，只要能以不同方式提供相同的劳动量，即获得相同的劳动报酬。同工同酬体现着两个价值取向：确保贯彻按劳分配这个大原则，即付出了同等的劳动应得到同等的劳动报酬。在实践操作中体现为岗位和职级的设置上，即相同岗位和职级设置相同的工资。

3. 紧急支付原则

紧急支付原则是指当劳动者遇有生育、疾病、灾难等非常情况急需用钱时，雇主应当提前支付劳动者应得的工资。

4. 依法支付原则

依法支付原则是指要按照法律规定或合同约定的标准、时间、地点、形式和方式发放工资。根据我国《劳动法》《劳动合同法》和《工资支付暂行规定》，工资支付应符合表 4-2 中的规定。

表 4-2 工资依法支付原则

依法支付原则	内 容
法定货币支付	工资应当以货币支付，不得以实物及有价证券替代货币支付
按时支付	我国劳动法规定工资按月支付，即按照企业规定的每月发放工资的日期支付工资。工资必须在用人单位与劳动者约定的日期支付。如遇节假日或休息日，则应提前在最近的工作日支付。工资至少每月支付一次，实行周、日、小时工资制的，可按周、日、小时支付。《劳动合同法》第七十二条规定，非全日制用工劳动报酬结算支付周期最长不得超过 15 日。对完成一次性临时性或某些具体工作的劳动者，用人单位应按有关协议或合同规定在其完成劳动任务后支付工资。劳动者与用人单位在依法解除或终止劳动合同时，用人单位应同时一次付清劳动者工资。用人单位依法破产时，应将劳动者的工资列入清偿顺序，优先支付

续表

依法支付原则	内容
直接支付	工资应当直接支付给劳动者本人，劳动者因故不能领取工资时，可由亲属或委托他人代领。用人单位可委托银行代发工资。支付工资时，用人单位必须书面记录支付劳动者工资的数额、时间、领取者的姓名以及签字，并保存两年以上备查。应向劳动者提供一份其个人的工资清单

4.2.4 特殊情况下的工资支付

特殊情况下的工资，是指依法或按协议在非正常情况下，由用人单位支付给劳动者的工资。主要包括以下 4 种类型。

1. 履行国家和社会义务期间的工资

我国法律规定，劳动者在法定工作时间内依法参加社会活动期间，用人单位应视其提供了正常劳动而支付工资。社会活动包括：依法行使选举权或被选举权；当选代表出席乡(镇)、区以上政府、党派、工会、共青团、妇女联合会等组织召开的会议；出任人民法庭证明人；出席劳动模范、先进工作者大会；不脱产工会基层委员会因工会活动占用的生产或工作时间；其他依法参加的社会活动。

2. 年休假、探亲假、婚假、丧假期间的工资

根据我国《劳动法》及相关规定，劳动者依法享受年休假、探亲假、婚丧假期间，用人单位应当按劳动合同规定的标准支付工资。

微课 15　带薪年休假的是与非

3. 延长工作时间的工资支付

根据我国《劳动法》的规定，劳动者加班加点的，用人单位应当按照下列标准支付高于劳动者正常工作时间工资的工资报酬：安排劳动者延长工作时间的，支付不低于工资的 150%的工资报酬；休息日安排劳动者工作又不能安排补休的，支付不低于工资的 200%的工资报酬；法定休假日安排劳动者工作的，支付不低于工资的 300%的工资报酬。上述三种情形中，法律规定，在休息日安排劳动者工作的，首先

微课 16　加班工资惹纠纷

是安排劳动者补休，在不能安排补休的情况下，支付不低于工资的 200%的工资报酬。而在第一种、第三种情形下，只能依法支付加班工资，不能只安排补休而不支付高于正常工作时间的工资报酬。在实践中要正确适用加班工资的规定。

4. 停工期间的工资

根据《工资支付暂行规定》，非因劳动者原因造成单位停工、停产在一个工资支付周期内的，用人单位应当按劳动合同规定的标准支付劳动者工资。超过一个工资支付周期的，若劳动者提供了正常劳动，则支付给劳动者的劳动报酬不得低于当地最低工资标准；若劳动者没有提供正常劳动，应按国家有关规定办理。

4.2.5 以工资为计算基数的待遇和补偿

以工资为计算基数的待遇和补偿中的工资除了包括步骤一中的工资支付项目,主要指扣除员工社会保险、公积金的个人支付部分及个人所得税之前的工资。内容具体见表 4-3。

表 4-3 以工资为计算基数的待遇和补偿内容

待遇和补偿项目	内　容
加班费	《劳动法》第四十四条规定,有下列情形之一的,用人单位应当按照下列标准支付高于劳动者正常工作时间工资的工资报酬:(一)安排劳动者延长工作时间的,支付不低于工资的百分之一百五十的工资报酬;(二)休息日安排劳动者工作又不能安排补休的,支付不低于工资的百分之二百的工资报酬;(三)法定休假日安排劳动者工作的,支付不低于工资的百分之三百的工资报酬
未休年休假工资	依据企业职工带薪年休假实施办法的规定,计算未休年休假工资报酬的日工资收入按照职工本人的月工资除以月计薪天数进行折算。月工资是指职工在用人单位支付其未休年休假工资报酬前 12 个月剔除加班工资后的月平均工资。在本用人单位工作时间不满 12 个月的,按实际月份计算月平均工资; 注意,年休假工资计算中的前 12 个月平均工资和解除或终止劳动合同的经济补偿金计算中的平均工资不同之处在于这里需剔除加班费,而解除或终止劳动合同的经济补偿金是包含加班费的
代通知金	"代通知金"是指解除劳动合同时未提前通知劳动者而"额外支付劳动者一个月工资"。依据《劳动合同法》第四十条规定,"代通知金"只适用于用人单位未能提前 30 日书面通知的三种解除劳动合同的行为。 《劳动合同法实施条例》规定,用人单位依照劳动合同法第四十条的规定,选择额外支付劳动者一个月工资解除劳动合同的,其额外支付的工资应当按照该劳动者上一个月的工资标准确定
经济补偿金	实践中很多用人单位在计算经济补偿时,以劳动者的基本工资或实发工资作为计算基数,其实都是不对的。 《中华人民共和国劳动合同法实施条例》第二十七条对此进行了明确,《劳动合同法》第四十七条规定的经济补偿的月工资按照劳动者应得工资计算,包括计时工资或者计件工资以及奖金、津贴和补贴等货币性收入。劳动者在劳动合同解除或者终止前 12 个月的平均工资低于当地最低工资标准的,按照当地最低工资标准计算。劳动者工作不满 12 个月的,按照实际工作的月数计算平均工资。 劳动者月工资高于用人单位所在直辖市、设区的市级人民政府公布的本地区上年度职工月平均工资三倍的,向其支付经济补偿的标准按职工月平均工资三倍的数额支付

续表

待遇和补偿项目	内　容
赔偿金	《劳动合同法》规定用人单位未订书面劳动合同需每月向劳动者支付二倍工资；按照劳动者当月的应得工资予以确定，包括计时工资或者计件工资以及加班加点工资、奖金、津贴和补贴等货币性收入
工伤待遇中工资	工伤待遇中一次性伤残补助金，一级伤残为27个月的工资，二级伤残为25个月的工资，三级伤残为23个月的工资，四级伤残为21个月的工资； 工伤保险条例规定工资是指工伤职工因工作遭受事故伤害或者患职业病前12个月平均月缴费工资。工资高于统筹地区职工平均工资300%的，按照统筹地区职工平均工资的300%计算；工资低于统筹地区职工平均工资60%的，按照统筹地区职工平均工资的60%计算

4.2.6 诉讼及破产的工资支付

1. 工资的诉讼保护

《劳动合同法》第三十条规定："用人单位应当按照劳动合同约定和国家规定，向劳动者及时足额支付劳动报酬。用人单位拖欠或者未足额支付劳动报酬的，劳动者可以依法向当地人民法院申请支付令，人民法院应当依法发出支付令。"支付令是人民法院依照民事诉讼法规定的督促程序，根据债权人的申请，向债务人发出的限期履行给付金钱或有价证券的法律文书。对拒不履行义务的债务人，债权人可以直接向有管辖权的基层人民法院申请发布支付令，通知债务人履行债务。债务人在收到支付令之日起15日内不提出异议又不履行支付令的，债权人可直接申请人民法院强制执行。

《劳动合同法》第八十五条规定："用人单位有下列情形之一的，由劳动行政部门责令限期支付劳动报酬、加班费或者经济补偿；劳动报酬低于当地最低工资标准的，应当支付其差额部分；逾期不支付的，责令用人单位按应付金额百分之五十以上百分之一百以下的标准向劳动者加付赔偿金：

（一）未按照劳动合同的约定或者国家规定及时足额支付劳动者劳动报酬的；

（二）低于当地最低工资标准支付劳动者工资的；

（三）安排加班不支付加班费的；

（四）解除或者终止劳动合同，未依照本法规定向劳动者支付经济补偿的。"

劳动行政部门有权监察用人单位工资支付情况。劳动者与用人单位因工资支付发生劳动争议的，当事人可依法向劳动争议仲裁机关申请仲裁。对仲裁裁决不服的，可以向人民法院提起诉讼。

2. 破产时工资的清偿权

2007年6月1日实施的《中华人民共和国企业破产法》(以下简称《企业破产法》)重新界定了企业破产清偿顺序，法律的公布时间2006年8月27日是界定劳动债权和担保债权清偿顺序的分水岭。该法公布前出现的破产，破产人应优先清偿职工工资和其他福利；破产人无担保财产不足清偿职工工资的，要从有担保的财产中清偿。该法公布后，破产人将优先清偿企业担保人，职工工资和其他福利仅能从未担保财产中清偿。《企业破产法》第一百一十三条规定，破产财产在优先清偿破产费用和共益债务后，依照下列顺序清偿：

首先，破产人所欠职工的工资和医疗、伤残补助、抚恤费用，所欠的应当划入职工个人账户的基本养老保险、基本医疗保险费用，以及法律、行政法规规定应当支付给职工的补偿金。

其次，破产人欠缴的除前项规定以外的社会保险费用和破产人所欠税款。

最后，普通破产债权。破产财产不足以清偿同一顺序的清偿要求的，按照比例分配。破产企业的董事、监事和高级管理人员的工资按照该企业职工的平均工资计算。

 特别关注

1. 禁止克扣劳动者工资

1) 工资不得扣除

所谓克扣劳动者工资，是指在正常情况下，劳动者依法律或者合同规定完成了生产工作任务，用人单位未能足额支付规定的报酬，或借故不全部支付劳动者工资。

任何组织和个人无正当理由不得克扣劳动者工资。克扣劳动者工资，是一种侵权行为。我国《劳动法》第五十条规定，不得克扣劳动者工资。任何人不得直接或间接用武力、偷窃、恐吓、威胁、开除或其他任何办法，不经雇员同意，扣除其任何数量的工资，或引诱其放弃部分工资。雇员赊贷雇主的财物一般不得在工资项目中扣除，但以原价供给的生活品、房屋租金或取暖费等，以及为雇员利益而设立的储蓄互助金、统筹金等除外。

2) 扣除工资的限制

我国《工资支付暂行规定》指出，因劳动者本人原因给用人单位造成经济损失的，用人单位可按照劳动合同的约定要求其赔偿经济损失。经济损失的赔偿，可从劳动者本人的工资中扣除，但每月扣除部分不得超过劳动者当月工资的 20%。若扣除后的剩余工资部分低于当月最低工资标准，则按最低工资标准支付。

3) 对代扣工资的限制

我国《工资支付暂行规定》对代扣工资也作了具体规定。有下列情况之一的，用人单位可以代扣劳动者工资：用人单位代扣代缴个人所得税；用人单位代扣代缴应由劳动者个人负担的各项社会保险费用；法院判决、裁定中要求代扣的抚养费、赡养费；法律、法规规定从劳动者工资中扣除的其他费用。

2. 禁止无故拖欠劳动者工资

任何组织和个人无正当理由不得拖欠劳动者的工资。拖欠劳动者工资，是一种侵权行为。我国《劳动法》第五十条规定，不得无故拖欠劳动者工资。所谓拖欠劳动者工资，是指用人单位在规定时间内未支付劳动者工资。通常，劳动者和用人单位在一个工资支付周期内会事先商量具体付薪时间，并形成制度，超过商定付薪时间未能支付工资，即为拖欠工资。拖欠的原因，有的是用人单位生产经营困难，资金周转受到影响，暂时不能支付；

有的则是故意延期支付。

3. 工资处理不受干涉

工资处理不受干涉，指任何人不得限制和干涉雇员处理其工资的自由。雇主不得以任何方法要求甚至强迫雇员到雇主或其他任何人的商店购买商品，亦不得强迫工人接受雇主提供的劳务服务。任何限定工资使用地点和方式的协议都是非法的、无效的。

4.3 工作任务：进行工作时间管理的业务操作

进行工作时间管理的操作流程见图 4-2。

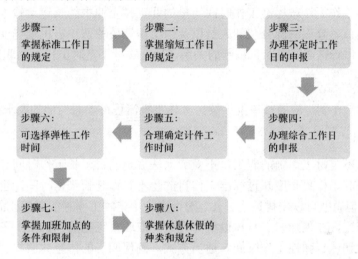

图 4-2 进行工作时间管理的操作流程

4.3.1 标准工作日的规定

标准工作日是国家统一规定的，在一般情况下，是劳动者从事工作或劳动的时间。我国的标准工作日为每日工作 8 小时，每周工作 40 小时。标准工作日是计算其他工作日种类的依据，如实行综合计算工作时间的用人单位，其平均日工作时间和平均周工作时间应与法定标准工作时间基本相同。对实行计件工作的劳动者，用人单位应当根据标准工作日制度，合理地确定其劳动定额和计件报酬标准。

4.3.2 缩短工作日的规定

缩短工作时间是指法律规定的少于标准工作日时数的工作日，即每天工作时数少于 8 小时或者每周工作时数少于 40 小时。我国实行缩短工作日的情况主要有以下情况。
(1) 从事矿山井下、高山、有毒有害、特别繁重体力劳动的劳动者；
(2) 夜班工作；

(3) 哺乳期工作的女职工。

4.3.3　不定时工作日的申报

1. 不定时工作日的定义

不定时工作日是指没有固定工作时间限制的工作日，主要适用于因工作性质和工作职责限制，不能实行标准工作日的劳动者。

2. 适用人员

实行不定时工作制的适用人员包括企业的高级管理人员、外勤人员、推销人员、部分值班人员和其他工作无法按标准工作时间衡量的职工；企业中的长途运输人员、出租汽车司机和铁路、港口、仓库的部分装卸人员以及因工作性质特殊，需机动作业的职工；其他因生产特点、工作特殊需要或职责范围的关系，适合实行不定时工作制的职工。

3. 审批手续

实行不定时工作制，应履行审批手续。具体审批流程可参照当地的要求执行。

4. 休息办法

经批准实行不定时工作制的职工，不受劳动法规定的日延长工作时间和月延长工作时间标准的限制，其工作日长度超过标准工作日的，不算作延长工作时间，也不享受超时劳动的加班报酬，但企业可以安排适当补休。对于实行不定时工作制的职工，企业应根据《劳动法》的有关规定，在保障职工身体健康并充分听取职工意见的基础上，采取集中工作、集中休息、轮休调休、弹性工作时间等适当方式，确保职工的休息休假权利和生产、工作任务的完成。

4.3.4　综合工作日的申报

1. 综合计算工作日的定义

综合计算工作日指用人单位根据生产和工作特点，分别采取以周、月、季、年等为周期综合计算劳动者工作时间的一种工时形式。一般适用于从事受自然条件或技术条件限制的劳动。

2. 适用范围

综合计算工作日的适用范围包括交通、铁路、邮电、水运、航空、渔业等行业中因工作性质特殊，需连续作业的职工；地质及资源勘探、建筑、制盐、制糖、旅游等受季节和自然条件限制的行业的部分职工；其他适合实际综合计算工时工作制的职工。

3. 审批手续

实行综合计算工时工作制，应履行审批手续。具体审批流程可参照当地的要求执行。

4. 延长工作时间处理办法

经劳动行政部门批准执行综合计算工时工作制的，其工作时间可分别以月、季、年为周期，综合计算工作时间，但其平均日工作时间和平均周工作时间应与法定标准工作时间基本相同，超过法定标准工作日部分，应作为延长工作时间计算，并应按规定支付职工延长工作时间的工资报酬。在法定节日工作的，用人单位应按规定支付法定节日工作的工资报酬。实行综合计算工时制，企业要按劳动行政部门审批的、相应的周期时间安排劳动者工作和休息，无权随意安排劳动者的工作时间。无论实行何种工时制度，都要做到保护劳动者的身心健康，不能以实行综合计算工时制或其他工时制为借口侵犯劳动者的休息权。

4.3.5 计件工作时间

1. 计件工作时间的定义

计件工作时间指以劳动者完成一定劳动定额为标准的工作时间。

2. 计件工作时间的确定

《劳动法》规定，对实行计件工作的劳动者，用人单位应当根据标准工时制度合理地确定其劳动定额和计件报酬标准。实行计件工作的用人单位，必须以劳动者在一个标准工作日或一个标准工作周的工作时间内能够完成的计件数量为标准，合理地确定劳动者每日或每周的劳动定额。

4.3.6 选择弹性工作时间

弹性工作时间是指在标准工作时间的基础上，每周的总工作时间不变，每天的工作时间在保证核心时间的前提下可以调节。弹性工作时间制度是 20 世纪 60 年代末在德国率先发展起来的，目前发达国家已普遍实行，我国在个别地区和行业开始试行。

微课 17 2.5 天休假？没那么简单！

4.3.7 加班加点的条件和限制

1. 一般条件和限制

用人单位由于生产经营需要，可以延长工作时间。《劳动法》第四十一条规定："用人单位由于生产经营需要，经与工会和劳动者协商后可以延长工作时间，一般每日不得超过一小时；因特殊原因需要延长工作时间的，在保障劳动者身体健康的条件下延长工作时间每日不得超过 3 小时，但是每月不得超过 36 小时。"这一规定，明确了加班加点的条件：

微课 18 "996 工作制"别让"过劳死"成为员工生命的"贪吃蛇"

（1）符合法定条件，即必须是生产经营需要，必须与工会协商，必须与劳动者协商，征得劳动者同意，不得强迫劳动。

(2) 不得超过法定时数,即每日不得超过 1 小时,特殊原因需要延长工作时间的,每日不得超过 3 小时,但每月不得超过 36 小时。《劳动法》第九十条规定:"用人单位违反本法规定,延长劳动者工作时间的,由劳动行政部门给予警告,责令改正,并可以处以罚款。"

2. 特殊条件和限制

当出现特殊情况或紧急事件时,如救灾、抢险或威胁公共利益时,用人单位延长工作时间不受《劳动法》第四十一条的限制,即不受一般情况下延长工作时间的条件和法定时数的限制,既不需要审批,也不必与工会和劳动者协商。《劳动法》第四十二条规定:"有下列情形之一的,延长工作时间不受本法第四十一条的限制:(一)发生自然灾害、事故或者因其他原因,威胁劳动者生命健康和财产安全,需要紧急处理的;(二)生产设备、交通运输线路、公共设施发生故障,影响生产和公众利益,必须及时抢修的;(三)法律、行政法规规定的其他情形。"所谓的"其他情形"是指:在法定节日和公休假日内工作不能间断,必须连续生产、运输或者营业的;必须利用法定节日和公休假日的停产期间进行设备检修、保养的;为完成国防紧急任务的;为完成国家下达的其他紧急生产任务的。

4.3.8 休息休假的种类和规定

根据《劳动法》及相关法规规定,劳动者的休息时间主要见表 4-4。

微课19 病假不要伤身又伤心

表 4-4 我国劳动者的休息时间

种 类	内 容
工作日内的间歇时间	定义:一个工作日内给予劳动者休息和用膳的时间
两个工作日间的休息时间	定义:一个工作日结束后至下一个工作日开始前的休息时间
公休假日	定义:工作满一个工作周以后的休息时间; 法律依据:我国劳动者的公休假日为两天,一般安排在周六和周日
法定休假日	定义:国家法律统一规定的用于开展庆祝、纪念活动的休息时间; 法律规定:根据 2007 年《国务院关于修改〈全国年节及纪念日放假办法〉的决定》:全体公民放假的节日共有 11 天,包括新年(1 月 1 日)1 天、春节(农历除夕、正月初一、初二)3 天、清明节(农历清明当日)1 天、劳动节(5 月 1 日)1 天、端午节(农历端午当日)1 天、中秋节(农历中秋当日)1 天、国庆节(10 月 1 日、2 日、3 日)3 天

续表

种 类	内 容
年休假	定义：即法律规定的劳动者工作满一定年限后，每年享有的保留工作带薪休假； 法律规定：根据2008年《职工带薪年休假条例》，职工累计工作已满1年不满10年的，年休假5天；已满10年不满20年的，年休假10天；已满20年的，年休假15天。职工有下列情形之一的，不享受当年的年休假：职工依法享受寒暑假，其休假天数多于年休假天数的；职工请事假累计20天以上且单位按照规定不扣工资的；累计工作满1年不满10年的职工，请病假累计2个月以上的；累计工作满10年不满20年的职工，请病假累计3个月以上的；累计工作满20年以上的职工，请病假累计4个月以上的。单位确因工作需要不能安排职工休年休假的，经职工本人同意，可以不安排职工休年休假。对职工应休未休的年休假天数，单位应当按照该职工日工资收入的300%支付年休假工资报酬
探亲假	定义：劳动者享有的探望与自己分居两地的配偶和父母的休息时间； 法律规定：探望配偶的，每年给予一方探亲假一次，假期为30天。未婚职工探望父母的，原则上每年给假一次，假期为20天；两年探亲一次的，假期为45天。已婚职工探望父母的，每四年给假一次，假期为20天

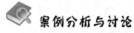

案例分析与讨论

公司未申请综合计算工时制行政审批的加班工资认定

申请人王某于2015年与甲银行建立了劳动关系，2018年1月1日甲银行与王某签订了无固定期限劳动合同，王某从事保安岗位工作。在劳动合同中约定了王某所在岗位实行综合计算工时制，但是该综合计算工时制并没有经人力资源和社会保障部门的许可。甲银行安排刘某上班12小时，休息24小时。因甲银行没有支付过王某加班费，双方产生了争议，2019年3月5日王某将甲银行诉至劳动争议仲裁委员会。

庭审中，王某主张，他的工作时间已经超出了标准工作时间，应当得到加班工资。而甲银行则主张，王某的岗位是综合计算工时制，虽然没有行政许可，但实际上已经符合了实行综合工时制的条件，总体上不存在超时工作的情况，因此，不应该支付王某加班工资。

庭审中，王某对其主张加班的事实提供了工作时间登记簿以证明其在2018年1月1日至2019年3月5日期间的延时加班情况以及休息日加班情况。甲银行提供了王某工资明细，体现出其每月工资构成包含了基本工资、奖金和岗位津贴。其中，基本工资和岗位津贴是固定的，奖金数额每月随着效益情况而浮动，王某的工资中还有取暖费、生日补贴及带薪休假工资。王某向劳动仲裁争议委员会要求甲银行支付其2018年1月1日至2019年3月5日期间的延时加班工资以及休假日加班工资，其主张的加班工资计算基础是其每月应发工资数。

请问回答以下问题：

1. 王某所在的岗位未获得综合计算工时制行政审批批准，能否适用关于综合计算工时的规定？

2. 加工工资计算基数如何界定？

停产停工期间工资的支付

2018年年初，重庆某生物制药有限公司(简称：某公司)由于生产经营困难而无法继续组织正常的生产活动，无奈之下，某公司于当年2月9日前召开职工大会，宣布延期支付工人工资。同年3月26日，公司再度召集全体职工，并在会上决定对部分职工放假。此后，除了极少数员工仍留在单位上班外，其余的都离厂放假。4月21日，公司通知放假员工继续放假。同年6月，公司终因难以为继而不得不宣告全面停工停产。作为公司员工，李某、王某等10名员工从2018年4月按公司安排开始放假起，既没等到公司恢复生产的喜讯，也没收到公司发放的任何工资收入。2018年11月4日，李某等10名员工提起仲裁申请，经仲裁机关裁决，由某公司向李某等10名员工支付2018年2—10月的工资及经济补偿金等费用。当企业接到仲裁裁决时，企业不服诉至南岸法院，要求判令企业不支付员工工资及经济补偿金。

法院认为，原、被告之间存在合法有效的劳动关系。原告虽因生产经营困难而作出让员工放假的决定，但双方的劳动关系并未因之而解除，故原告所称已将员工辞退的证据不足，不予认定。由于本案原告停产后同意对停产期间未提供正常劳动的职工每月发放400元生活费，这一决定应对所在单位的职工均应有效。故原告应按每月400元的标准向被告支付从停产到解除劳动关系期间的生活费。对于应否加发经济补偿金，法院认为，本案原告系因生产经营困难而延付工资，不属上述两种情形之列，不应向员工给付经济补偿金。

据此，南岸法院判令某公司向10名员工每人支付2018年4—10月的生活费2800元。

请问您认为以上案例中法院裁决是否合理？请分别说出合理或不合理的法律依据。

思考与练习

1. 薪酬及薪酬管理的概念分别是什么？工资与薪酬的区别与联系又是什么？薪酬管理中的员工关系管理的内容有哪些？

2. 工作时间及其管理的概念分别是什么？如何理解加班加点、休息休假？工作时间管理中的员工关系管理的内容有哪些？

3. 工资支付的项目，最低工资标准，工资支付的原则，区分特殊情况下工资的支付内容，并且能够计算不同情况下以工资为支付基数的待遇与补偿。

4. 标准工作日及缩短工作日的规定有哪些？

5. 计件工作时间和弹性工作时间的规定有哪些？

6. 加班加点的条件和限制规定有哪些？

7. 休息休假的种类和规定有哪些？

拓展阅读

国外企业对加班的规定

美国：雇主欠加班费须承担刑事责任

美国劳工部对公民假期加班应得的报酬有明确规定：管理和专业领域工作的员工，在一星期工作超过 40 个小时后，有资格向雇主领取工资 1.5 倍的加班费。加班费必须以工资的形式支付，不能以实物或倒休的方式替代。

但对加班费的具体实施，各个州的劳工部门又有各自的规定。比如在加利福尼亚州，雇员一天工作 12 小时以上，超过这个时间工作雇主须支付一般工资的双倍。

不过有趣的是，劳工部法规又同时要求雇主不能用一次性支付报酬的方式来支付加班费。比如某职工周日加班，雇主一次性向其支付 90 美元，该报酬不算作加班费。

对于不按法规给予加班费的雇主，劳工部制定了一套办法，保障劳动者的权利。

英国：捍卫劳工权益工会最坚决

英国的做法与德国相似，劳动法中没有具体规定加班费怎么发，是支付加班工资还是另补给假期，均由劳资双方商议而定。劳动者一旦与雇主发生劳资方面的纠纷，也可求助于工会，工会则会积极通过谈判、联名上书甚至是联合罢工的方式来捍卫劳工的权益。

在英国，工会的影响力很大。英国是工会的发源地，到目前为止，已经有超过 300 年的历史。据介绍，英国工会往往会做出最大努力来关心上班人群的权益，它会呼吁要求雇主改善职工的工作环境，甚至连细节都能照顾到。

法国：强力的劳工保护导致较高用工成本

在法国，不仅劳工部对劳工的加班费发放有明确规定，还有专门的劳工司法机构进行监督。法国劳工部有规定，一周工作 35 至 43 个小时之间的雇员，加给工资 10%的加班费，或是另补时间休假；一周工作超过 44 个小时的，则须付给工资 50%的加班费。1789 年法国大革命后，法国逐渐建立起"均贫富"的高福利制度。最大限度地保护劳动者的权益，并为弱势群体撑起强大的保护伞。此外，劳动者一方一般会有精通劳动法规和社会保障法规的谈判代表，如各个工会组织的劳动法和社会保障法专家。如果受到不公平待遇，可找工会组织出头帮助协调、解决。

日本：员工加班公司必须付加班费

日本对加班费的发放有严格的法律规定。根据日本厚生劳动省的规定，员工只要加班，公司就必须付给加班费。

劳动法规定，加班费按正常时薪(月薪÷月工作时数)计算，依据加班时段的不同，加给时薪 25%至 50%不等的加班费。对每月加班时数超过 60 小时者，加给 50%以上的加班费。

对于劳工的工作时长，法规也作出了具体要求：每天以 8 小时、每周以 40 小时为限。连续工作时长达 6 小时者，应给予 45 分钟以上的休息时间；达 8 小时者，则给予 1 小时以上的休息时间。劳工每周应至少有 1 天的休假日，或连续 4 周内应有 4 日以上的休假日。

(资料来源：中外人才网)

项目 5　就业保护、安全与健康管理

【项目概述】

员工就业保护包括女职工的就业保护与未成年工的就业保护。员工安全管理既包括劳动者的安全管理的权利，即针对劳动过程中的不安全和不卫生因素，劳动法规定了劳动者有获得劳动安全卫生保护的权利，以保障劳动者在劳动过程中的安全和健康；同时也包括了劳动者安全管理的义务，即劳动者在劳动过程中必须遵守安全生产规章制度和操作规程，服从管理，正确佩戴和使用劳动防护用品，接受安全生产教育和培训，掌握本职工作所需的安全生产知识，提高安全生产技能，增强事故预防和应急处理能力，发现事故隐患或者其他不安全因素，应当立即向现场安全生产管理人员或者本单位负责人报告。员工健康管理主要包括员工健康管理计划、员工压力管理和员工帮助计划。

【学习目标】

- 能够熟悉员工就业保护的内容；
- 能够掌握劳动者安全管理的权利和义务；
- 能够熟悉员工健康管理计划、员工压力管理与员工帮助计划的定义。

【技能目标】

- 能够熟练掌握女职工就业权利的保障内容及女职工禁忌从事的劳动范围，并且可以根据相关规定对女职工进行就业保护；
- 能够熟练掌握未成年工就业保护的规定，并且能够根据相关规定对未成年工进行保护；
- 能够熟练掌握员工安全管理的相关规定，并且能够根据相关规定对员工进行安全管理；
- 能够制订和执行员工健康管理计划，也能够对员工进行压力管理，同时能够组织 EAP 员工帮助计划的实施。

案例导入

EAP 员工帮助计划

以下是某公司的 EAP 员工帮助计划

一、关怀目的

1. 以人为本，建立和谐的人际关系；
2. 提高员工忠诚度；
3. 推动企业发展；
4. 凝聚团队力量。

二、重点关怀对象

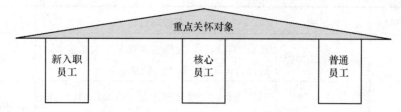

三、关怀原则

1. 分阶段、有重点地实施：首先安排核心员工，然后安排新入职员工，最后安排普通员工；
2. 量力而行，节约成本；
3. 注重精神关怀，形成文化关怀。

四、关怀方式

			2014年EAP员工关怀计划	
关怀项目	类别	方 式	流程与目标	周 期
职业关怀	入职关怀	常规的入职指引	1.人力资源将新进员工一一介绍给各部门员工。帮助新员工快速熟悉角色，融入公司 2.行政做好新员工办公用品发放工作	不定期
	试用期关怀	直接主管进行工作辅导	直接主管在新进员工入职一周内展开工作辅导，使其熟悉工作内容	入职后一周
		人力资源展开新进员工访谈	人力资源在入职一个月后进行新员工访谈，了解员工在工作中的紧张与困惑	入职后一个月
	工作关怀	直接主管绩效面谈关怀	1.每季度直接主管与下属一起回顾本季度绩效考核结果，了解在工作中的进步与不足 2.每季度直接主管与下属进行绩效面谈，确定下一季度绩效考核指标	季度
		绩效改进辅导	针对绩效考核中存在的不足，由直接主管进行绩效改进辅导工作	季度
		提供培训资源	1.建立和保存每次培训的课件与教材，并在员工中提供共享 2.了解员工的培训需求，并有针对性地开展培训	不定期
	沟通关怀	总经理信箱	建立总经理信箱，便于员工表达心声	不定期
		员工恳谈会	每季度开展员工恳谈会，加强与员工的沟通，了解员工内心动态	季度

续表

关怀项目	类别	方式	流程与目标	周期
职业关怀	培训关怀	新员工入职培训	在员工入职后，定期安排新员工入职培训，进行公司简介、制度、安全培训	不定期
		职业技能提升培训	制订完善的年度培训计划，按照培训计划定期开展培训，提高员工职业技能	不定期
		素质拓展活动	4—5月开展员工素质拓展活动，增强团队凝聚力和企业文化建设	年度
		读书台	管理公司公共图书，建立读书平台，每月一次优秀图书推荐与分享	月度
		E-Learning 建设	1.搜集电子图书，建立电子阅览室 2.根据培训需求采购部分电子讲座课程，作为自学资源 3.平台网络学习资源积累	每月
	高职关怀	人性化离职手续办理	针对不同性质的离职员工，给予于续办理、工作交接、心理关怀等方面的照顾 培养高职员工对企业感恩的心；强化企业的社会品牌	不定期
生活关怀	健康关怀	年度健康体检	每年一次健康体检，关怀员工身体	年度
		员工活动	不定期举办员工活动，强健身体，劳逸结合	不定期
		下午茶关怀	每天下午为工作人员准备水果和茶点	每日
	节日关怀	节日礼金	每个节日发放节日礼金，慰问员工，体现企业关怀	各节日
	生日关怀	员工生日会	每两个月开展一次员工生日，每次主题不同，加强员工凝聚力和企业文化建设	每两个月

根据以上案例回答下面问题：

1. 请问您听说过 EAP 员工帮助计划吗？能根据以上案例简单讲述什么是 EAP 员工帮助计划吗？

2. 您认为以上案例中的 EAP 员工帮助计划还可以加入哪些员工关怀方式？

5.1 相关知识：员工就业保护、安全与健康管理

5.1.1 员工就业保护

1. 女职工的就业保护

根据妇女的生理特点，对妇女劳动者在劳动过程和劳动市场中实施特殊保护，是保证人类健康繁衍生存和劳动力再生产质量的大事。国际劳工组织先后制定了对女职工进行特殊保护的公约和建议书。我国也制定了一系列关于女职工就业保护的法律规定。

微课 20　雇员的劳动权利有哪些

2. 未成年工的就业保护

未成年工，指年满 16 周岁未满 18 周岁的劳动者。1984 年，中国政府批准了国际劳工组织《确定准许使用儿童从事工业劳动的最低年龄公约》。而童工不满 16 周岁，不能成为劳动法的主体。

5.1.2 员工安全管理

1. 劳动者安全管理的权利

针对劳动过程中的不安全和不卫生因素，劳动法规定了劳动者有获得劳动安全卫生保护的权利，以保障劳动者在劳动过程中的安全和健康。此外，还有一系列与《劳动法》相配套的劳动安全卫生法规和安全卫生的国家标准，如国务院 1991 年发布的《企业职工伤亡事故报告和处理规定》，1992 年全国人大常委会通过的《中华人民共和国矿山安全法》，劳动部 1994 年颁布的《矿山安全监察员管理办法》，2021 年全国人大常委会通过修订的《中华人民共和国安全生产法》(以下简称《安全生产法》)等。

用人单位与劳动者订立的劳动合同，应当载明有关保障劳动安全、防止职业危害的事项、依法为劳动者办理工伤社会保险的事项。用人单位不得以任何形式与劳动者订立协议，免除或者减轻其对劳动者因生产安全事故伤亡依法应承担的责任。

劳动者有权了解其作业场所和工作岗位存在的危险因素、防范措施及事故应急措施，有权对用人单位的安全生产工作提出建议，有权对安全生产工作中存在的问题提出批评、检举、控告，有权拒绝违章指挥和强令冒险作业。用人单位不得因此而降低其工资、福利等待遇或者解除与其订立的劳动合同。《劳动合同法》第三十二条规定："劳动者拒绝用人单位管理人员违章指挥、强令冒险作业的，不视为违反劳动合同。劳动者对危害生命安全和身体健康的劳动条件，有权对用人单位提出批评、检举和控告。"劳动者发现直接危及人身安全的紧急情况时，有权停止作业或者在采取可能的应急措施后撤离作业场所。单位不得因此而降低其工资、福利等待遇或者解除与其订立的劳动合同。因生产安全事故受到损害的劳动者，除依法享有工伤社会保险外，依照有关民事法律尚有获得赔偿的权利的，有权向所在单位提出赔偿要求。保障劳动者在工作过程中的安全与健康是用人单位的重要义务，法律赋予劳动者相应的权利以达到平衡双方权利义务、保障劳动者安全与健康

的目的。

2. 劳动者安全管理的义务

劳动者在劳动过程中必须遵守安全生产规章制度和操作规程，服从管理，正确佩戴和使用劳动防护用品，接受安全生产教育和培训，掌握本职工作所需的安全生产知识，提高安全生产技能，增强事故预防和应急处理能力，发现事故隐患或者其他不安全因素，应当立即向现场安全生产管理人员或者本单位负责人报告。

5.1.3　员工健康管理

1. 员工健康管理计划

关注员工的健康，人力资源部不能只停留在报销医药费、定期体检等传统项目上，而应该根据企业的具体情况，有计划地为员工设计更为贴切的健康管理方案。健康管理计划的主要分为员工生理健康计划、员工心理辅导计划，见表5-1。

表5-1　员工健康管理计划的类型

类　型		内　容
员工生理健康计划	定期为员工进行健康检查，办理医疗保健卡	定期的健康检查，使员工能够及时地了解自己的身体状况，防患于未然；而且也能及早发现病情，有利于病情的控制及救治。为员工办理医疗保健卡，可以使员工定期接受专业的医疗保健，由医师提供专业的检查和建议，能够更全面地了解员工的身体健康状况
	为员工举办健康知识讲座，普及健康保健知识	企业聘请专业的健康知识专家，为员工做健康知识专题讲座，主要是围绕企业员工的工作特点和工作性质来开设健康专题，提升员工的健康保护意识，使员工在平时的生活、工作中养成良好的习惯，防患于未然
	为员工提供合理的营养工作套餐	大多数企业都会为员工提供工作餐，但是多为外卖，营养结构不合理，这也是造成员工身体健康状况差的一个原因。企业可以聘请专业的营养师，针对本企业员工工作的特点设计营养餐谱，充分调适员工的胃口，同时又能加强员工的饮食营养，以"食疗"方法增强员工的体质
	组织工间操	企业还可以在上午或下午的某个时段组织员工跳工间操，让长期伏案工作的员工多锻炼身体以预防颈椎病等
员工心理辅导计划		是对员工提供的一项心理辅导计划，可以帮助员工克服压力和心理方面的困惑。聘请专业人士对员工及其家属进行指导、培训和咨询，帮助解决员工及其家属的心理和行为问题，以保护员工的心理健康。企业一定要聘请专业而且有职业操守的心理专家，进行这项员工心理辅导计划，既可以真正为员工提供帮助、解决员工的心理健康问题，又可以为员工的个人隐私保守秘密，使员工可以放心地接受帮助
职业安全健康计划		推进职业安全健康体系建设可以很好地预防各类职业病
健康保险计划		企业通过与保险企业合作，为员工提供一定的健康保险，可以解决企业员工健康管理的部分资金来源

2. 员工压力管理

压力管理是对感受到的挑战或威胁性环境的适应性反应。个人层面的压力源来自工作和非工作两方面，工作方面的压力源有物理环境、个人承担的角色及其角色冲突、人际关系等因素，其管理策略有锻炼、放松、行为自我控制、认知治疗以及建立社会和工作网络等。组织层面的压力源来自组织管理政策和政治、组织结构和设计、组织程序以及工作条件等。其管理策略是消除或者控制组织层面的压力源，从而阻止或者减少个体员工的工作压力。

员工的压力问题一直被认为是个人的问题而没有引起组织足够的重视。实际上因为压力所导致的员工的缺勤、人际关系不良、情绪困扰、猜疑抱怨、易怒攻击、酗酒、各类疾病、工作中的差错增加、设备的损坏、工作效率下降、缺乏创造性和主动性等，早已经困扰着企业的管理者。

管理是提高企业竞争力的有力杠杆，而管理(包括考核、监督、惩罚、竞争机制)必然对员工造成心理压力。另外，日趋激烈的竞争也为人们带来了前所未有的压力，每一个人都感到压力无处不在，危机四伏。面对压力引发的种种问题，压力管理浮出水面。在管理领域，许多专家学者指出：人力资源管理的职能之一就是"压力管理"。

3. 员工帮助计划

EAP(实施员工帮助计划，Employee Assistance Program)是一个企业压力和心理问题的一揽子解决方案，围绕着职业心理健康，由专业的心理服务公司设计提供包括企业心理问题的调查研究、组织管理改进建议、宣传教育、心理培训、心理咨询等各个方面的服务。

财富 500 强中，有 80%以上的企业建立了 EAP 项目。日本企业在应用 EAP 时创造了一种被称为"爱抚管理"的模式。一些企业设置了放松室、发泄室、茶室等，来缓解员工的紧张情绪；或者制订员工健康修改计划和增进健康的方案，帮助员工克服身心疾病，提高健康程度；还有的是设置一系列课程进行例行健康检查，进行心理卫生的自律训练、性格分析和心理检查等。

通过改善员工的职业心理健康状况，EAP 能给企业带来巨大的经济效益，美国的一项研究表明，企业为 EAP 投入 1 美元，可为企业节省运营成本 5~16 美元。

企业员工若不具备良好的心理状态，便会情绪低下、失去工作热情，进而引发工作满意度、工作效率及工作质量的降低。而 EAP 可以通过帮助员工缓解工作压力、改善工作情绪、提高工作积极性、增强员工自信心、有效处理同事/客户关系、迅速适应新的环境、克服不良嗜好等，使企业在以下这些方面获得很大收益：

(1) 节省招聘费用；
(2) 节省培训开支；
(3) 减少错误解聘；
(4) 减少赔偿费用；
(5) 降低缺勤(病假)率；
(6) 降低管理人员的负担；
(7) 提高组织的公众形象；
(8) 改善组织气氛；

(9) 提高员工士气；

(10) 增加留职率；

(11) 改进生产管理；

(12) 提高生产效率。

5.2 工作任务：进行就业保护的业务操作

5.2.1 进行女职工的就业保护

1. 女职工就业权利的保障

微课21 二胎妈妈休产假被辞退

我国劳动法律规定，妇女享有同男子平等的就业权利。《就业促进法》第二十七条规定，用人单位招用人员，除国家规定的不适合妇女的工种或者岗位外，不得以性别为由拒绝录用妇女或者提高对妇女的录用标准。用人单位录用女职工，不得在劳动合同中规定限制女职工结婚、生育的内容。法律的主要规定有：

(1) 凡适合妇女从事劳动的工作，不得以性别为由拒绝录用妇女或者提高对妇女的录用标准；

(2) 不得以结婚、怀孕、生育、哺乳等为由辞退女职工或者单方面解除劳动合同；

(3) 男女同工同酬，同等劳动应领取同等报酬，不得因女工怀孕、生育、哺乳而降低其基本工资。女职工生育期间，享受法律规定的产假和医疗待遇，产假期间应由所在单位按法律规定支付工资。

2. 女职工禁忌从事的劳动范围

禁止女职工从事不利于身体健康的工作。《劳动法》第五十九条规定："禁止安排女职工从事矿山井下、国家规定的第四级体力劳动强度的劳动和其他禁忌从事的劳动。"《女职工禁忌劳动范围的规定》明确了女职工禁忌从事以下范围的劳动：

(1) 矿山井下作业；

(2) 森林业伐木、归楞及流放作业；

(3)《体力劳动强度分级》标准中第四级体力劳动强度的作业；

(4) 建筑业脚手架的组装和拆除作业，以及电力、电信行业的高处架线作业；

(5) 连续负重每次超过二十公斤，间断负重每次超过二十五公斤的作业。

5.2.2 进行未成年工的就业保护

我国劳动法律对未成年工的特殊保护做了专门规定，需要企业遵守的内容如下：

1. 最低就业年龄的规定

《劳动法》第十五条："禁止用人单位招用未满十六周岁的未成年人。""文艺、体育和特种工艺单位招用未满十六周岁的未成年人,必须依照国家有关规定,履行审批手续,并保障其接受义务教育的权利。"

2. 禁止未成年工从事有害健康的工作

不得安排未成年工从事矿山井下、有毒有害、国家规定的第四级体力劳动强度的劳动和其他禁忌从事的劳动。用人单位不得安排未成年工从事以下范围的劳动:

(1)《生产性粉尘作业危害程度分级》国家标准中第一级以上的接尘作业;
(2)《有毒作业分级》国家标准中第一级以上的有毒作业;
(3)《高处作业分级》国家标准中第二级以上的高处作业;
(4)《冷水作业分级》国家标准中第二级以上的冷水作业;
(5)《高温作业分级》国家标准中第三级以上的高温作业;
(6)《低温作业分级》国家标准中第三级以上的低温作业;
(7)《体力劳动强度分级》国家标准中第四级体力劳动强度的作业;
(8) 矿山井下及矿山地面采石作业;
(9) 森林业中的伐木、流放及守林作业;
(10) 工作场所接触放射性物质的作业;
(11) 有易燃易爆、化学性烧伤和热烧伤等危险性大的作业;
(12) 地质勘探和资源勘探的野外作业;
(13) 潜水、涵洞、涵道作业和海拔三千米以上的高原作业(不包括世居高原者);
(14) 连续负重每小时在六次以上并每次超过二十公斤,间断负重每次超过二十五公斤的作业;
(15) 使用凿岩机、捣固机、气镐、气铲、铆钉机、电锤的作业;
(16) 工作中需要长时间保持低头、弯腰、上举、下蹲等强迫体位和动作频率每分钟大于五十次的流水线作业;
(17) 锅炉司炉。

3. 定期体检

用人单位应当对未成年工定期进行健康检查,用人单位应按下列要求对未成年工定期进行健康检查:

(1) 安排工作岗位之前;
(2) 工作满一年;
(3) 年满十八周岁,距前一次的体检时间已超过半年。
未成年工体检,由用人单位统一办理和承担费用。

4. 实行登记制度

(1) 用人单位招收使用未成年工,除符合一般用工要求外,还须向所在地的县级以上劳动行政部门办理登记。劳动行政部门根据《未成年工健康检查表》《未成年工登记表》,核发《未成年工登记证》。
(2) 未成年工须持《未成年工登记证》上岗。
(3) 未成年工登记,由用人单位统一办理和承担费用。

5. 进行免费安全卫生教育、培训

第十条未成年工上岗前用人单位应对其进行有关的职业安全卫生教育、培训。

5.3 工作任务：进行员工安全管理的业务操作

5.3.1 制定劳动安全卫生管理法规

为保障劳动者在劳动过程中的安全和健康，用人单位应根据国家有关规定，结合本单位实际制定有关安全卫生管理的制度。我国《劳动法》第五十二条规定："用人单位必须建立、健全劳动安全卫生制度，严格执行国家劳动安全卫生规程和标准，对劳动者进行劳动安全卫生教育，防止劳动过程中的事故，减少职业危害。"《安全生产法》第四条规定："生产经营单位必须遵守本法和其他有关安全生产的法律、法规，加强安全生产管理，建立、健全安全生产责任制度，完善安全生产条件，确保安全生产。"相关法规的具体建设内容如下。

1. 建立企业管理者、职能部门、技术人员和职工的安全生产责任制

如规定单位主要负责人对安全生产工作全面负责，应当建立、健全本单位安全生产责任制；组织制定本单位安全生产规章制度和操作规程；保证安全生产投入的有效实施；督促、检查安全生产工作，及时消除生产安全事故隐患；组织制定并实施生产安全事故应急救援预案；及时、如实报告生产安全事故等。

2. 建立安全技术措施计划制度

如规定用人单位应当保证安全生产条件所必需的资金投入，对由于安全生产所必需的资金投入不足导致的后果承担责任；建设项目安全设施的设计人、设计单位应当对安全设施设计负责。

3. 建立安全生产教育制度

如规定用人单位应当对从业人员进行安全生产教育和培训，保证从业人员具备必要的安全生产知识，熟悉有关的安全生产规章制度和安全操作规程，掌握本岗位的安全操作技能；未经安全生产教育和培训合格的从业人员，不得上岗作业；特种作业人员必须按照国家有关规定经专门的安全作业培训，取得特种作业操作资格证书，方可上岗作业。

4. 建立安全生产检查制度

如规定工会对用人单位违反安全生产法律、法规，侵犯从业人员合法权益的行为，有权要求纠正；发现单位违章指挥、强令冒险作业或者发现事故隐患时，有权提出解决的建议；发现危及从业人员生命安全的情况时，有权向单位建议组织从业人员撤离危险场所等。

5. 建立安全卫生监察制度

如工会有权对建设项目的安全设施与主体工程同时设计、同时施工、同时投入生产和

使用进行监督，提出意见。

5.3.2 制定劳动安全技术规程

劳动安全技术规程，是防止和消除生产过程中的伤亡事故，保障劳动者生命安全和减轻繁重体力劳动强度，维护生产设备安全运行的法律规范。《劳动法》第五十三条规定，劳动安全卫生设施必须符合国家规定的标准。《安全生产法》第二十四条规定，生产经营单位新建、改建、扩建工程项目的安全设施，必须与主体工程同时设计、同时施工、同时投入生产和使用。安全设施投资应当纳入建设项目概算。劳动安全技术规程的内容主要包括：①技术措施，如机器设备、电气设备、动力锅炉的装置，厂房、矿山和道路建筑的安全技术措施；②组织措施，即安全技术管理机构的设置、人员的配置和训练，以及工作计划和制度。

5.3.3 制定劳动卫生规程

劳动卫生规程，是防止有毒有害物质的危害和防止职业病发生所采取的各种防护措施的规章制度。包括各种行业生产卫生、医疗预防、健康检查等技术和组织管理措施的规定。职业危害主要有：

(1) 生产过程中的危害，如高温、噪声、粉尘、不正常的气压等；
(2) 生产管理中的危害，如过长的工作时间和过强的体力劳动等；
(3) 生产场所的危害，如通风、取暖和照明等。

5.3.4 制定伤亡事故报告和处理制度

伤亡事故报告和处理制度是对劳动者在劳动过程中发生的伤亡事故进行统计、报告、调查、分析和处理的制度。《劳动法》第五十七条规定："国家建立伤亡事故和职业病统计报告和处理制度。县级以上各级人民政府劳动行政部门、有关部门和用人单位应当依法对劳动者在劳动过程中发生的伤亡事故和劳动者的职业病状况，进行统计、报告和处理。" 1991年国务院颁布的《企业职工伤亡事故报告和处理规定》具体要求如下：

1. 明确伤亡事故的种类

伤亡事故是指职工在劳动过程中发生的人身伤害和急性中毒事故。伤亡事故按伤亡程度和伤亡人数的不同可分为轻伤、重伤、死亡事故、重大伤亡事故和特大伤亡事故。

2. 报告和调查伤亡事故

伤亡事故发生后，负伤者或事故现场有关人员应立即直接或逐级报告企业负责人；企业负责人接到重伤、死亡、重大伤亡事故报告后，应当立即报告企业主管部门或当地劳动部门、公安部门、检察部门和工会；企业主管部门和劳动部门接到死亡、重大伤亡事故报告后，应当立即按系统逐级上报，死亡事故报至省、自治区、直辖市企业主管部门和劳动部门，重大伤亡事故报至国务院有关主管部门。伤亡事故发生后，必须进行调查，查明事故发生原因、过程、人员伤亡和经济损失情况；确定事故责任者；提出事故处理意见和防范措施的建议；写出调查报告。伤亡事故调查工作，依事故的伤害程度和人数采取不同的方式，由不同的人员进行。

3. 处理伤亡事故

《安全生产法》第十三条规定："国家实行生产安全事故责任追究制度，依照本法和有关法律、法规的规定，追究生产安全事故责任人员的法律责任。"伤亡事故由发生事故的企业及其主管部门负责处理。对于因忽视安全生产、违章指挥、玩忽职守或者发现事故隐患、危险情况而不采取有效措施，以致造成伤亡事故的，由企业主管部门或者企业按照国家有关规定，对企业负责人或者直接责任人给予行政处分；构成犯罪的，由司法机关依法追究刑事责任。在伤亡事故发生之后隐瞒不报、谎报、故意延迟不报、故意破坏事故现场，或者无正当理由拒绝接受调查或拒绝提供有关情况和资料的，由有关部门按照国家有关规定，对有关单位负责人和直接责任人给予行政处分；构成犯罪的，由司法部门依法追究刑事责任。在调查、处理伤亡事故中玩忽职守，徇私舞弊或者打击报复的，由其所在单位按照国家有关规定给予行政处分；构成犯罪的，由司法部门追究刑事责任。伤亡事故处理工作应当在 90 天内结案，特殊情况不得超过 180 天。伤亡事故处理结案后，应当公开宣布处理结果。

5.4 工作任务：进行员工健康管理的业务操作

5.4.1 制订健康管理计划

制订健康管理计划的流程见图 5-1。

图 5-1 制订健康管理计划的操作流程

步骤一：调查员工需求

年龄、性别、家庭状况和职务会影响员工对该计划中不同组成项目的偏好。要想制订一个受大多数人欢迎的健康关怀计划，首先应该详细地调查员工的不同健康基础及工作条件、生活习惯等，并且将他们的意见在必要的时候给予反馈。如果企业跨地域、跨省、跨国分布，还要考虑到当地的风俗习惯、地域特点等因素。

步骤二：提供可供选择的计划

通过研究调查的结果，无论怎样制订计划都不可能兼顾到每一个员工的偏好。因此，可以制订菜单式的健康自助标准计划，即企业可以在成本相当的情况下提供给员工若干套可供选择的标准。这几套计划根据不同层面的、具有大体相同需求的员工进行划分。

步骤三：公布健康计划菜单和成本

向员工公布健康菜单计划，并附之以各单项内容及费用等详细的说明。

步骤四：详细解释健康计划的应用

可以向员工解释健康计划中每一项关怀措施，以及员工一旦选择享受这些措施时需注意的事项。

步骤五：与员工签订《员工健康计划意愿书》

一旦员工选择并确定了相应的健康关怀菜单组合方案，便在事先准备好的包括不同项目、对应费用、实施条件等内容的空白《员工健康计划意愿书》中填上对应的"√"符号，并在"自愿选择者姓名栏"处要求其签上自己的名字，同时附上员工详细的个人健康资料，公司及员工各执一份。

5.4.2 执行健康管理计划

执行健康管理计划的流程见图5-2。

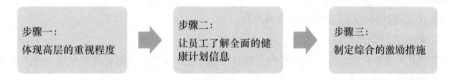

图5-2 执行健康管理计划的操作流程

步骤一：体现高层的重视程度

应体现企业高层领导者对健康问题的重视，主要领导应当亲自参与，并向员工宣传企业对个人隐私的保密措施及对失密者的惩罚举措，从而消除员工顾虑，调动员工参与的积极性，并在组织内培育重视员工健康的文化。

步骤二：让员工了解全面的健康计划信息

采取定期的员工健康调查及风险评估措施，并组织相应的定期讲座和个别辅导，指导员工如何关注、善待自己的身体，在此基础上，制订适合员工个人的健康计划。

步骤三：制定综合的激励措施

下面以下发"关于开展员工健康管理工作的通知"的模板(见图5-3)为例介绍执行健康管理计划的方式。

关于开展员工健康管理工作的通知(模板)

集团公司所属各部门、子公司：

为进一步完善集团补充医疗保障制度，构建有特色的福利体系，根据 2008 年集团公司"员工安康工程"的统一部署和要求，决定在集团公司所属各单位、子公司在岗员工中稳步推进健康管理工作。现将有关事项通知如下。

一、健康管理的背景

现代社会竞争激烈，经常使员工身体处于透支状态，加上员工普遍缺乏健康知识，平时缺少好的健康习惯，不知不觉身体从健康到亚健康，以致生病。

集团公司补充医疗保险是员工基本医疗保障以外的第二道防线，补充医疗保险减轻了员工医疗负担，一定程度上解决了员工的后顾之忧。但补充医疗保险，重点是对患病员工的补偿，是一种生病事后的补偿，且大多数在岗员工享受不到补充医疗保险带来的福利。健康管理的理念却与之相反，它强调预先投资于员工健康以及疾病预防，将企业传统的"回应式"医疗计划转变成通过建立员工健康档案，分析员工健康趋势，进行有效的健康干预，促使员工养成良好的生活习惯和运动习惯，大大降低患病的风险，从而改善员工健康状况，提高工作效率和生活质量。

二、健康管理工作的目标

1. 为在岗员工建立健康档案，进行健康评估和健康促进。
2. 为在岗员工提供专家咨询平台。
3. 为在岗员工提供专家预约挂号平台。
4. 为在岗员工提供个性化体检平台。
5. 为理赔员工提供理赔进度查询的平台。
6. 为集团提供理赔分析、健康状况查询平台。

三、健康管理工作计划

健康管理是一项新兴的行业，在没有相关经验的基础上，集团公司拟订统筹规划，分步实施，逐步在在岗员工中推进健康管理工作。

第一期(2017 年)

2017 年进行健康管理工作的试点，在试点工作的基础上，总结经验，逐步扩大健康管理的范围。

为各部、各子公司服务期限达五年的二级以上部门经理级员工及所有具高级职称的在岗员工建立健康档案，提供健康评估、健康促进平台，提供专家咨询、预约挂号平台(统计日期为 2016 年 12 月 31 日)。

为理赔员工提供理赔进度查询平台。

为集团提供理赔分析、健康状况分析平台。

2017 年健康管理费用由集团公司统一承担。

请各单位将参加健康管理的人员填入附表《2017 年健康管理人员名单》。

第二期(2018 年)

在第一期工作试点的基础上，2018 年将把健康管理的范围扩大到服务期达三年及以上的所有男 40 周岁、女 35 周岁的员工(统计日期为 2017 年 12 月 31 日)。

图 5-3　关于开展员工健康管理工作的通知(模板)

第三期(2019年及以后)

根据前两年实施情况,确定纳入健康管理的人员范围。

四、相关要求

1. 健康管理是一项专业性很强的工作,集团公司聘请专业的健康管理公司负责集团的健康管理工作。健康管理也是一项新兴的服务项目,员工普遍了解不多,所以各单位需加强宣传,让员工全面了解、支持健康管理,并充分利用集团公司为员工提供的健康管理平台。各单位还需做好健康管理相关的组织服务工作,配合健康管理公司,积极开展在岗员工的健康管理。

2. 健康管理是集团公司为在岗员工提供的一项福利,只对本公司在岗员工本人提供健康管理服务。员工退休或终止合同后,健康管理服务自行终止。

3. 健康管理为本人自愿参加,为便于进行健康管理,参加健康管理的人员需提供便捷的联系方式。员工参加健康管理以后,需严格按健康管理的相关流程和要求享受相应的服务。健康管理过程中如发现有明显违反操作规定的,将取消其参加健康管理的资格。

4. 集团公司与健康管理公司签订保密协议,员工个人信息以及健康状况由健康管理公司严格保密,任何人(包括单位)均不能查询不属于本人的信息以及健康状况。

5. 健康管理作为人力资源薪酬福利体系的重要组成部分,相关工作由各单位人力资源部门牵头,各单位须指定专人负责,配合健康管理公司做好组织服务工作。

6. 请各单位于11月30日前将《2018年健康管理人员名单》报集团公司人力资源部。

附件:2017年参加健康管理人员名单

图 5-3　关于开展员工健康管理工作的通知(模板)(续)

5.4.3　进行员工压力管理

企业领导者和人力资源管理者应充分关心、关注、调查、分析员工体会到的压力源及其类型,从组织层面上拟订并实施各种压力减轻计划,有效管理、减轻员工压力。具体策略方法如下:

1. 改善组织的工作环境和条件,减轻或消除因工作条件恶劣给员工带来的压力

企业应力求创造健康的工作环境,严格控制健康干扰。如关注噪声、光线、舒适、整洁、装饰材料及风格等方面,给员工提供一个赏心悦目的工作空间,有利于达到员工与工作环境相适应,提高员工的安全感和舒适感,减轻压力。

确保员工拥有做好工作的良好的工具、设备。如及时更新陈旧的计算机、复印机、传真机等。

2. 从企业文化氛围上鼓励并帮助员工提高心理保健能力,学会缓解压力、自我放松

企业向员工提供压力管理的信息、知识。企业可为员工订阅有关保持心理健康与卫生的期刊、杂志,让员工在休息时免费阅读。使员工感受到关怀与尊重,从而激发员工提高绩效,进而提高整个组织的绩效。

企业可开设宣传专栏,普及员工的心理健康知识,还可开设有关压力管理的课程或定期邀请专家作讲座、报告,向各级管理者宣传压力的严重后果、代价(如疾病、工作中死亡、事故受伤、医疗花费、生产率下降而造成潜在收入损失等）；压力的早期预警信号(生理症状、情绪症状、行为症状、精神症状)；压力的自我调适方法(如健康食谱、有规律锻炼身体、放松和睡眠的心理暗示、发展个人兴趣爱好等)……让员工筑起"心理免疫"的堤坝，增强心理"抗震"能力。

3. 从组织制度、程序上帮助减轻员工压力，加强过程管理

从招聘开始就注意识别人力资源的特点，选拔与工作要求(个性要求、能力要求等各方面)相符合的人力资源，力求避免员工上岗后因无法胜任工作而产生巨大心理压力的现象。

在员工培训中，可培训员工提高处理紧张的工作能力，尤其是突发事件的处理能力；对员工进行时间管理培训(按各项任务的紧急性、重要性区分优先次序、计划好时间)，消除时间压力源；还可培训员工的沟通技巧等，消除人际关系压力源。

在职业生涯规划方面，帮助员工改善思维，抛弃不切实际的期望目标，而建立现实客观的发展目标。

同时，各级主管应学习掌握基本的沟通技巧和心理干预知识，与直接下属进行积极的沟通，除了下达工作指标外，还应给予达标所需的支持和辅导，同时，还应当全方位了解下属在生活中遇到的困难并给予尽可能的安慰、帮助，减轻各种生活压力源给员工带来的种种不利影响和压力，并缩短与下属的心理距离。

5.4.4 实施 EAP 员工帮助计划

1. 尤其适合实施 EAP 员工帮助计划的行业

EAP 员工帮助计划对所有行业、企业都有作用，而对某些特殊行业和企业里特殊的部门，该计划尤其能显现其价值。

1）服务行业或企业客服部门

微课22　员工援助计划

对那些直接面对客户的工作来说，一个最重要的原则是怎样让客户满意。这样的工作需要员工对自己的工作有一个非常好的理解或认识，有豁达的心胸，具有非常好的耐心和控制力等，但同时也需要向他们提供一个很好的释放压力的途径和方法。

2）航空业、远洋业等行业

由于行业的特殊性，要求飞行员、船员有过硬的心理素质。同样，同在高空飞行、远洋跋涉且直接为乘客服务的空姐、海嫂的心理素质也一样重要。一方面，她们必须对自身的工作有清晰的认识，有方法排解不安全感，拥有正确释放压力的方法。另一方面，她们在处理与客人关系的时候，也必须有着良好的心态，能够承受作为服务人员在面对客人时可能遇到的各种怨气。最重要的是，在面对危机的时候，她们的心理素质将关系到众多人的生命。

3）对安全有特殊要求的行业

对安全有特殊要求的行业(比如核电站、化工行业等)，其人力资源部成员，在工作中会有如履薄冰的感觉。员工的任何动态都需要密切关注，甚至会随着每个员工的感情变化而变化，因为他们工作中的任何差错将给整个公司乃至周围环境造成灾难。对这些人员的心理健康的关注，包括帮助他们解决来自家庭的后顾之忧等，成为这类公司人力资源部的头等大事。他们对 EAP 会有更大的需求。

2. 尤其适合 EAP 员工帮助计划的情境

当企业处于某种特殊情况时，EAP 能凸显现其独到的作用和意义。

1) 机构合并、裁员时

在这种危机与机会并存的时候，员工对企业现状的判断，对自己情况的分析，以及与同事关系的评价在相当大的程度上影响着变革的成败。如果能够帮助员工更好地认识自己、调整心态，处理和周围人的关系、判断企业的真实现状，那么无疑能使员工更快地、更积极地成长，减小影响变革的负面因素。

2) 经历危机事件时

面对危机事件，员工的心理状态会对公司产生巨大的影响。这些影响不仅表现在氛围上，整个公司的产出也会变得不尽如人意。这时，他们就需要有一种外在支持，能够让员工更清楚、客观地面对这种突发事件，了解自己应该采取怎样的态度。

3. EAP 的实施步骤

完整的 EAP 流程包括以下环节，具体见图 5-4。

图 5-4　EAP 实施的操作流程

步骤一：压力评估

在企业内部为员工建立一个身心健康评估系统，对与评定任务有关的信息进行观察、收集、组织、储存、提取和实际的评定，尽早发现问题，并在问题严重前就帮助其解决，实现从事后的处理功能转向事前的预防功能管理，达到防患于未然的目的。

步骤二：宣传推广

在企业中对 EAP 进行宣传推广，提高员工的心理保健意识。一旦出现个人或工作问题并影响到工作绩效，员工就可提出申请，接受 EAP 服务；同时，企业管理者要加强对员工的关注，及时发现员工存在的问题，帮助其更好地解决问题。

步骤三：进行教育培训

一是要进行管理者培训，使管理者学会一定的心理咨询理论和技巧，在工作中预防、辨识员工心理问题的发生；二是对员工开展保持积极情绪、工作与生活协调、自我成长等专题的培训或团体辅导，提高员工自我管理、自我调节的技能。

步骤四：心理咨询

对员工进行专业的心理咨询与治疗，如开通热线电话、建立情绪发泄网上平台、开辟咨询室等，使员工能够顺利、及时地获得发展、咨询及治疗的帮助和服务。企业可以利用自身资源或外部专业机构的力量来提供此项服务。如果利用自身资源，服务者必须接受专业培训，达到职业化标准。更重要的是，服务者必须对员工的所有信息保密，尊重员工的隐私，建立的 EAP 档案除非本人许可，否则不能供他人翻阅。

除上述步骤外，EAP 项目还应当有良好的监控和反馈机制，保证其正常、正确运行，并及时报告项目中发现的企业管理问题，提出相应的建议。

 案例分析与讨论

案例1：试用期可以辞退怀孕女员工吗？

2018年3月，姑娘兰某与好友李某一起入职某科技公司。签订劳动合同时约定试用期为三个月，合同期限三年，月工资为8000元，两人签署了正式录用条件确认书。

试用期间，两人都存在业绩未达录用条件的情况。

6月上旬，兰某怀孕了。公司以兰某不符合录用条件为由将其辞退，但是却留用了李某。

兰某表示，自己是怀孕女职工，公司这么做是违法辞退。

为此，兰某申请仲裁要求支付赔偿金。

到了9月底，李某也怀孕了。

公司以李某不符合录用条件、无法胜任工作且拒绝公司为其调整岗位为由，将李某辞退。李某申请仲裁要求公司支付赔偿金16000元。

请问，如果您是仲裁人员，对于本案例中的两次仲裁申请，应该如何分别进行仲裁？并分别说明理由。

案例2：雇用未成年工从事有害健康的工作

2018年1月，有群众投诉珠海某电子公司未按规定组织从事接触职业病危害作业岗位的员工进行职业健康检查。接报后，香洲区安监局立即对该公司进行执法检查，并于1月10日对该公司开出了责令限期整改指令书，该公司于1月20日前分批组织员工进行职业健康检查。

但是，在调查过程中，香洲区安监局发现，该公司还存在有安排未成年工从事接触职业病危害作业的情况。于是，安监部门执法人员马不停蹄地对新情况进行立案调查。经了解，执法人员在对该公司进行职业卫生执法检查时，发现该公司浸漆岗位员工凌某的体检报告存疑：报告单显示，凌某体检时间为2017年5月份，出生年月为1999年8月份。凌某从事相关岗位时离18岁还差3个月。而该岗位会接触到有毒有害气体，按法律规定是不允许未成年工从事的岗位。随后，执法人员制作了《现场检查记录》，调取了未成年工凌某的身份证复印件、劳动合同、职业健康检查报告书和该公司工作场所职业病危害因素检测与评价报告。还对该公司的经理吴某和员工凌某、尹某进行了询问并制作了《询问笔录》。

经调查认定，珠海某公司存在有"安排未成年工从事接触职业病危害的作业"的违法行为。香洲区安监局对该公司作出人民币伍万元罚款的行政处罚。

请问香洲区安监局的处罚是否合理？请分别说明理由，即法律依据。

思考与练习

1. 员工就业保护有哪些内容？
2. 劳动者安全管理的权利和义务分别有哪些？

3. 员工健康管理计划、员工压力管理与员工帮助计划分别指什么？
4. 女职工就业权利的保障内容及女职工禁忌从事的劳动范围分别有哪些？
5. 未成年工就业保护的有哪些规定？
6. 员工安全管理有哪些规定？
7. 如何制订员工健康管理计划？如何进行员工的压力管理？以及如何进行EAP员工帮助计划的实施？

拓展阅读

国外如何对待"隐孕入职"？

日本：试用期内怀孕员工难被录用

据《全球华语广播网》观察员黄某介绍，在日本，怀孕期间想找到工作不是一件容易的事情，所以有些出于经济原因等不得不工作的女性会隐瞒怀孕的事实。有一位妈妈说，她"隐孕"找到一份超市的工作，就职以后说刚刚发现怀孕，可能是因为女同事很多的缘故，大家对她非常照顾，还给她各种建议，但是也有人认为她是"隐孕入职"，对她很冷淡。虽然她休了产假，之后还回到工作岗位，但因为大家的关怀和公司的宽容，她反倒为自己"隐孕"的行为感到内心有愧。

日本的法律规定，不得以员工怀孕为由将其解雇，但是因为孕妇的身体状况有些工作无法完成，有的公司会以不能胜任工作为由，劝怀孕的员工辞职。尤其是"隐孕入职"的员工，可能会受到来自公司和同事的双重压力，有些妈妈为了拿到失业保险和产假会坚持不辞职，有些人最终无法承受给周围带来的麻烦，内疚辞职。作为雇主一方也是左右为难，一方面不能辞退，一方面担忧工作被耽误，还要担心孕妇在工作中会不会出意外，特别是一些需要体力的工作。很多公司有三个月的试用期，试用期是还没签署雇佣合同的，如果在试用期结束前发现员工怀孕，不少公司会不录用该员工。

俄罗斯："隐孕"普遍并可获工作福利

在俄罗斯，入职时隐瞒怀孕的情况普遍。俄罗斯政府为了提高国家生育率，通过法律和各种行政手段给予孕妇面面俱到的保护，但同时相对造成用人单位不得不适应一个高成本的人力资源市场，甚至在一定程度上，孕妇员工的数量直接决定企业的人力成本。因为根据俄罗斯法律，孕妇可以享受全薪、半薪以及无薪产假。如果职工只生一个孩子，雇主必须保留该职工在产假期间的工作岗位长达3年之久。而俄罗斯的很多传统家庭并不满足于只有1个孩子，为了节省时间和带娃支出，通常会选择连续生几个孩子。如果按生3个孩子来算，雇主就必须为其保留工作岗位长达9年的时间。

在此法律保护下，俄罗斯招聘官对女性员工的要求就更高更严苛。自知怀孕的女性是绝对不会在求职过程中公开怀孕信息的。对于一些工作不够稳定或是签订非正式雇佣合同的女性，怀孕就意味着失去一切收入。一些女性不得不故意钻法律漏洞，找到正式工作以后再怀孕，甚至接二连三地怀孕。

虽然企业对女性员工入职时是否怀孕倍加防备，但其实私人企业并不是隐瞒怀孕员工入职的首选，因为私企可能会因为各种原因解雇怀孕员工，即便维权胜算很大，但消耗的时间成本也不低。综合来看，最佳的去向是由政府拨款的国有单位，比如各级政府、大学等各级教育机构、国有企业等。虽然薪资起点可能偏低，但孕妇的福利有充分保障。

法国：用人单位无权过问怀孕隐私

在法国，是否怀孕是女性隐私，用人单位是无权过问的。法国的法律明确保护孕妇的劳动权利，用人单位不得以怀孕生子为由拒绝录用、解雇、不予提拔员工，或者该涨工资而不涨，这些都会被视为歧视孕妇，告到法院肯定用人单位理亏。很多法国女性连着生两三个孩子，就可能会出现连续两三年都处在休产假状态，却工资照拿的状态，即便是这样雇主也要接受，因为这是合法的。

在招聘过程当中，是否结婚、生没生孩子、有没有怀孕这些问题被视为个人隐私，与个人工作能力无关，用人单位是不能问的，这和个人宗教文化、政治主张这些问题一样被列入禁区，应聘者可以拒绝回答，甚至可以告单位侵犯隐私。女性员工怀孕了也不是必须告诉单位，只需要在休产假的时候告知即可，以便单位安排人员顶替工作。一些大的公司有自己的医务室，配有专职的医生，即使医生知道某位女员工怀孕了，也不能够透露给员工的主管，因为这属于医生必须保护患者隐私的职业道德。

英国：孕期女性常因歧视被迫离职

英国商业、创新和技能部以及平等与人权委员会曾有调查报告称，越来越多的英国孕妇因面临职场歧视而被迫离职，或是遭到解雇。报告显示，在接受调查的孕妇中有11%的人称自己在职场因受到歧视而被迫离职或者被雇主解雇。2016年孕妇被迫离职的人数达到5.4万，与2005年的3万人相比几乎翻了一番。

英国议会下院妇女和平等委员会对此表示震惊，曾要求政府扭转这一趋势，否则会有更多的孕妇被迫辞职。妇女和平等委员会希望能修改法律，给予孕妇和新生儿母亲额外的保护，防止被歧视性裁员。新生儿往往会给一个家庭造成相当大的财政压力，尽管如此，成千上万的孕妇和新生儿母亲还是因为担忧孩子的健康和职场歧视问题而离职。近年，英国女职工人数创下历年来的新高。如果雇主无法给予孕妇和新生儿母亲有效的支持和保护，英国经济将会蒙受损失。有专家认为，英国政府当务之急是制订一个详细计划，出台打击歧视行为的具体措施，以改善女职工的待遇。

(资料来源：劳权周刊)

项目6　员工行为约束与激励

【项目概述】

员工行为约束与激励主要体现在企业规章制度的制定和执行上，也体现在对员工的奖励和惩罚上。企业规章制度特指劳动规章及企业内部的劳动规则，是指根据国家有关法律、法规和政策，结合本企业生产经营实际，制定并认可的由企业行政权力保证实施的组织生产劳动和进行劳动管理的规则和章程。员工手册是企业规章制度中的一种，属于程序性规章的综合性规定，它涵盖企业人事管理的各个方面，适应企业的独特个性。奖励和惩罚是纪律管理不可缺少的方法。奖励属于积极性的激励诱因，是对员工某项工作成果的肯定，旨在利用员工的向上心、荣誉感，促使其守法守纪，负责尽职，并发挥最高的潜能。惩罚则是消极的诱因，其目的是利用人的畏惧感，促使其循规蹈矩，不敢实施违法行为。

【学习目标】

- 能够熟悉企业规章制度的定义、作用及企业规章制度与人力资源各模块的关系；
- 能够掌握员工手册与企业规章制度的关系、员工手册的作用及员工手册的法律效力；
- 能够掌握员工奖惩的定义，熟悉员工奖惩的意义，也能够掌握奖惩制度的生效条件。

【技能目标】

- 能够熟练掌握企业规章制度的制定规则、呈现形式、内容要求及生效条件，并且能够根据其制定和实施流程进行企业规章制度的制定和实施；
- 能够熟练掌握员工手册的内容、编制要求，并且能够根据其编写步骤和执行程序进行员工手册的编写与执行；
- 能够熟练掌握奖惩的内容、方式，处分的方式，并且能够根据员工奖惩的程序进行有效的员工奖惩。

 案例导入

未经公示的《员工手册》

云某于2017年1月入职重庆某公司，担任生产部领班一职。2018年度，云某在生产经营工作中多次违纪，分别被处以两次大过处分和两次小过处分。2019年1月，重庆某公司根据公司制定的《员工手册》和《奖惩管理办法》规定的员工在一个年度内被处以两次大过处分即达到解除劳动合同的条件，重庆某公司向云某发出《解除劳动合同通知书》，通知云某解除劳动关系。

云某对重庆某公司解除劳动关系的行为不服，遂向劳动争议仲裁委员会发起仲裁。云某称其在2018年之内曾多次受到大过处分和小过处分。某公司在举证时也出示了有云某签名确认的多份《奖惩提报单》。云某辩称某公司制定的《奖惩管理规定》和解雇手续存在严重问题，比如制定和修改管理规定主体是公司人力资源部的某个人、条款规定不够清楚明确、未通过合理途径公告让劳动者知悉等。所以其虽然有违纪的事实，但某公司据以解除劳动关系的《奖惩管理办法》的制定和修订未经过合法程序，不能依此解除劳动合同，某公司在决定解除劳动合同时也没有将事由通知工会，某公司解除与云某的劳动关系属于违法解除，云某要求某公司支付违法解除劳动关系的赔偿金。

请问：您认为劳动争议仲裁委员会如何进行本案件的仲裁，并说明仲裁的法律依据。

6.1 相关知识：企业规章制度、员工手册与员工奖惩

6.1.1 企业规章制度

1. 企业规章制度的定义

企业规章制度，特指劳动规章及企业内部的劳动规则，是指根据国家有关法律、法规和政策，结合本企业生产经营实际，制定并认可的由企业行政权力保证实施的组织生产劳动和进行劳动管理的规则和章程。

2. 企业规章制度的作用

从企业的角度讲，规章制度是由其单方制定的一种管理工具，它主要体现的是用人单位的意志，服务于用人单位的单方利益，当然规章制度的有效必须要符合过程的民主性、内容的合法性和信息的公开性等条件。企业可以利用规章制度加强内部劳动管理，稳定、协调劳动关系，保证用人单位正常劳动生产秩序，帮助企业管理人员优化管理环境，提高管理效力。

而对员工来讲，它是准则也是指引，通过这些文字资料，让员工明白该做什么和不该做什么，可以得到什么，同时也需要付出什么。

3. 企业规章制度与人力资源各模块的关系

规章制度是企业的"内部法"，涵盖企业人事管理的各个方面，适应企业的独特个性，和国家的法律一样，它可以根据功能、性质、内容分为很多单独法，或者也可以称之为规范、规定、条例，例如培训制度、薪酬福利制度、绩效考核制度、劳动合同管理规定、员工奖惩办法等。同时，规章制度不仅规范企业的人事制度，还承载着传播企业形象，树立企业文化的功能。因此它不是锁在员工抽屉中的一叠废纸，而是员工的行动指南，企业管理的有力"武器"。

6.1.2 员工手册

1. 员工手册的定义

员工手册是企业规章制度中的一种，属于程序性规章的综合性规定，它涵盖企业人事管理的各个方面，适应企业的独特个性。员工手册既包括一些法律和制度常见的原则性规定，更有企业自身的历史、成就介绍，以及企业创始人的致辞、企业文化特征等。它是企业管理的直接工具，也是员工的指南手册，是现代企业制度体系中必不可少的部分。

2. 员工手册的作用

(1) 员工手册是企业规章制度、企业文化与企业战略的浓缩。

(2) 员工手册是企业内的"法律法规"，同时还起到了展示企业形象、传播企业文化的作用。它既覆盖了企业人力资源管理的各个方面规章制度的主要内容，又因适应企业独特个性的经营发展需要而弥补了规章制度制定上的一些疏漏。站在企业的角度，合法的"员工手册"可以成为企业有效管理的"武器"；站在劳动者的角度，它是员工了解企业形象、认同企业文化的渠道，也是自己工作规范、行为规范的指南。特别是，在企业单方面解聘员工时，合法的"员工手册"往往会成为有力的依据之一。

《劳动法》第二十五条规定的用人单位可以随时解除劳动合同的情形中包括"严重违反劳动纪律或者用人单位规章制度的"，但是如果用人单位没有规定，或者规定不明确，在因此引发劳动争议时，就会因没有依据或依据不明确而陷入被动。制定一本合法的"员工手册"是法律赋予企业的权利，也是企业在管理上的必需。

《劳动合同法》和《劳动争议调解仲裁法》相继颁布，出于保护劳动者的立法宗旨，对企业的人力资源管理提出了更高的要求。因此，从调整企业人力资源管理理念，提升员工关系管理水平，避免劳资冲突，建立和谐的劳动关系等各方面来讲，根据企业规模、经营管理特点、行业特点、用工方式及种类，量身打造精品员工手册对于企业的成长和发展至关重要。

3. 员工手册的法律效力

原劳动部《关于加强劳动合同管理完善劳动合同制度的通知》(劳部发〔1997〕106 号) 要求，用人单位应当依照国家法律、法规，建立健全支撑劳动合同制度运行的企业内部配套规章制度，包括工资分配、工时、休息休假、劳动保护、保险福利制度以及职工奖惩办法等，并把劳动合同履行情况与职工的劳动报酬、福利待遇联系起来。《劳动合同法》第四条规定，用人单位应当依法建立和完善劳动规章制度，保障劳动者享有劳动权利、履行劳动义务。用人单位在制定、修改或者决定有关劳动报酬、工作时间、休息休假、劳动安全卫生、保险福利、职工培训、劳动纪律以及劳动定额管理等直接涉及劳动者切身利益的规章制度或者重大事项时，应当经职工代表大会或者全体职工讨论，提出方案和意见，与工会或者职工代表平等协商确定。在规章制度和重大事项决定实施过程中，工会或者职工认为不适当的，有权向用人单位提出，通过协商予以修改完善。用人单位应当将直接涉及劳动者切身利益的规章制度和重大事项决定公示，或者告知劳动者。最高人民法院的司法解释也指出，用人单位只有通过民主程序制定的，不违反国家法律、行政法规及政策规定，并已向劳动者公示的规章制度，才可以作为人民法院审理劳动争议案件的依据。

因此，法律本身赋予了企业规章制度应具有法律效力，但也只有依法制定的规章制度才具有充分的法律效力。员工手册符合上述条文所列举的范围，涉及劳动者切身利益，是从属于企业规章制度体系中的一分子，自然也应严格遵守这样的法律约束。员工手册只有遵循法律途径制定才可以为员工提供有效的指引，并作为制裁违纪者的依据，否则无论用了多少心血，形式多么精美也都是一叠无效的废纸。

员工手册的效力具体体现在以下几个方面。

(1) 员工手册的制定权是法律赋予企业的用人权的重要组成部分。制定规章制度用以规范企业管理运作是企业行使用人权的重要方式之一。因此，员工手册这样的规章制度也称为"企业内部法"，经公示的员工手册劳动者应当遵守。

(2) 用人单位可以依据依法制定的员工手册对劳动者进行管理，包括对劳动者违纪违法的行为予以依法处理。

(3) 员工手册的法律效力不能溯及既往，只对其发布实施之后的人或事产生效力，对颁布实施之前的人或事无效，除非企业和劳动者另行特殊约定承认后来实施的企业规章对以往的事或人发生法律效力。

6.1.3 员工奖惩

1. 员工奖惩的定义

奖励和惩罚是纪律管理不可缺少的方法。奖励属于积极性的激励诱因，是对员工某项工作成果的肯定，旨在利用员工的向上心、荣誉感，促使其守法守纪，负责尽职，并发挥最高的潜能。惩罚则是消极的诱因，其目的是利用人的畏惧感，促使其循规蹈矩，不敢实施违法行为。

2. 员工奖惩的意义

奖励可以给员工带来高度的自尊、积极的情绪和满足感。惩罚会使人产生愤恨、恐惧或挫折，除非十分必要，否则不要滥施惩罚。奖惩是管理者对工作努力或严重违反劳动纪律的员工所采取的激励或惩罚措施。有效的奖惩措施，不应随便使用，而应符合预先设定的规则，并按照规定的程序进行；应明确奖惩的原因、奖惩依据、奖惩程度、奖惩的具体形式，对事不对人。奖惩不当，无论是对员工还是管理方，都十分有害，并会影响劳动生产率的提高和员工关系的改善。

3. 奖惩制度的定义

奖惩制度是规范企业经营管理、约束员工行为的重要规范，大多数企业都根据自身需要出台了或繁或简的规章制度。制定包括奖惩措施在内的规章制度，是法律赋予企业的权利，也是企业用工自主权的重要内容。

4. 奖惩制度的生效条件

法律在赋予企业此项权利的同时，为了防止此项权利的滥用导致员工合法利益受损也设定了相应的生效条件，与企业规章制度的生效条件一致，奖惩制度的生效条件包括：

(1) 奖惩制度的内容合法，即奖惩制度的内容不能与现行法律法规、社会公德等相背离；

(2) 奖惩制度要经过民主程序制定，即企业奖惩制度必须经过职工大会或职工代表大会，或至少是职工代表同意；

(3) 奖惩制度要向员工公示，即规章制度出台后要公开告知员工。

6.2 工作任务：制定和实施企业规章制度的业务操作

6.2.1 制定企业规章制度的规则

企业规章制度没有固定的格式范本，通常是根据每个公司的实际情况以及管理需求而定，或翔实或简约，它有以下一些通用性的规则。

(1) 强调管理者对企业的期许，也表达了管理者对员工的职业化要求。

(2) 规章制度必须成为辅助管理的工具、员工的工作指南，而不是一纸空文。

(3) 员工可以在规章制度中得到其所必须领会与掌握的方法与要求，同时它也是员工的工具书。

(4) 它还必须符合企业各类人员的需求。

6.2.2 企业规章制度的呈现形式

用人单位的规章制度主要包括：劳动合同管理、工资管理、社会保险福利待遇、工时休假、职工奖惩以及其他劳动管理规定。可见，规章制度通常是一个体系化的概念，它需要涵盖所有人力资源管理的环节和模块，对所有可能发生和出现的问题有所覆盖，它的主要形式如表 6-1 所示。

表 6-1 企业规章制度的呈现形式

呈现形式	内容和种类
员工手册	注重规范，让员工从招聘、入职、异动、日常管理到离职都明白该以什么程序完成每一个环节，范围涉及所有模块，但内容多限于流程的程序法
单项制度	招聘与规划、培训与发展、薪酬福利、绩效考核、劳动合同管理、奖惩、考勤与假期等，所有的内容都可以根据企业需求形成单独成文的"实体法"。这些制度需要对从原则、宗旨、定义到具体实施办法详细规定

企业的规章制度的表现形式又可以按照图 6-1 划分。

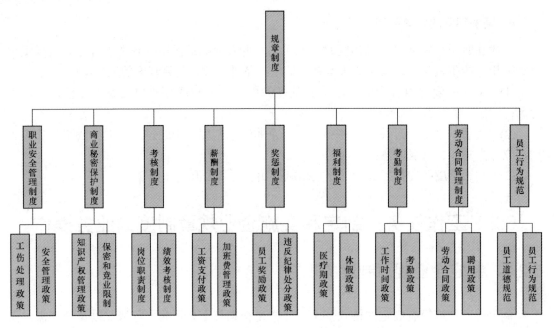

图 6-1　企业规章制度的表现形式

在具体管理中，这两种制度形式都需要具备，搭配使用，而内容和种类未必全部都涉及，只是视企业的不同发展阶段和管理程度自由组合即可。

6.2.3　企业规章制度的内容要求

1. 遵纪守法

合法性是企业规章制度生效的首要条件。只有不脱离法律规定的框框，才能有机会、有资格在制度中体现企业的单独意志。例如，曾有公司明文规定同事间不允许结婚，已经结婚的员工夫妻，其中有一人要辞职。这样的条款不仅不符合《劳动法》，更是违背了《宪法》和《婚姻法》赋予员工个体的基本人权。

微课23　违反纪律，工伤待遇就泡汤

根据《劳动部关于〈劳动法〉若干条文的说明》中对《劳动法》第四条的说明："依法"应当做广义理解，指所有的法律、法规和规章，包括宪法、法律、行政法规、地方性法规、民族自治地方还要依据该地方的自治条例和单行条例以及关于劳动方面的行政规章。

企业规章制度应当对立法所列举的必备事项作出具体规定，内容应该尽量全面、具体、明确。其内容条款必须体现权利与义务的一致性、员工利益与企业利益并重、奖励与惩罚结合、规章制度面前人人平等的精神。其中，关于劳动条件和劳动待遇的规定，不得低于法定最低标准和集体合同约定的最低标准；关于惩罚违纪员工的规定，必须同法定的违纪罚则相符，必须贯彻教育为主、惩罚为辅的原则，不得侵犯员工合法权益。

《劳动法》第八十九条规定，用人单位制定的规章制度违反法律、法规的，由劳动保障行政部门给予警告，责令改正；给劳动者造成损害的，应当承担赔偿责任。该条表明，企业的规章制度必须重视其合法性的问题。

企业的规章制度，特别是涉及劳动纪律以及相关惩罚的条款，应当根据国家相关法律法规的变化，不定期进行修改，主动完善。只有依法制定的规章制度才具有法律效力，这就要求企业人力资源管理工作者至少应对劳动法律、法规要相当熟悉。

2. 内容明确

通常会看到一些企业的制度多是道德规劝、粗略规范，甚至直接节选照搬国家、地方的法规条款。这些大而化之的东西，不仅对员工的工作指导意义不大，管理执行层在使用起来也如杀鸡用牛刀一般无从下手。而很多世界500强公司的员工手册，其内容非常具体。

（1）明确告诉员工哪些行为是公司禁止的，哪些行为是公司提倡的，什么样的行为又会导致什么样的后果，员工和有关部门工作人员依照相关制度规定的内容去做就可以了。

（2）明确列出员工对企业应负的责任，比如，要保护企业的哪些有形资产和无形资产，要对公司的哪些信息进行保密，而且详细列出类别及名录。

（3）明确列出员工在工作期间创作出作品的知识产权归属，一般都会区分职务作品和非职务作品，职务作品知识产权归公司所有，员工享有署名权，非职务作品则看其是否使用了公司资源而区别对待。

（4）明确列出企业对员工隐私(受雇佣员工个人资料，包括医疗、福利资料)的保护责任及特殊情况(比如，司法调查)免责条款等。

这样，管理者使用起来方便对应，也使企业的管理具备明确的依据，防止争议发生。

3. 措辞严谨

就拿带有处分性质的条款来说，有些企业对员工的违纪行为用一些诸如"屡次批评教育""损失重大""情节严重恶劣""经常迟到早退"等词语来描述后果的严重。企业的出发点是为了涵盖一些制定时不能预见的情况，扩大管理范围，但其实是无效的。当真的发生上述问题时，就无法解释：多少次是屡次？什么程度是重大或恶劣？怎么做才是经常？如果无法解释这些问题，违纪处理就失去了法律依据。而针对这种情况，不妨就用具体的数字来体现，例如，可规定造成5000元损失者就构成"严重"，也就是说可以解除劳动合同。

4. 条款严密

在设计有关处罚条款时一定要注意严密性，防止条款间的冲突和脱节。很多企业在自己的奖惩制度中明确规定：哪些行为属于轻度违纪，适用于口头警告处分；哪些行为属于重度违纪，适用于书面警告处分，哪些行为属于严重违纪，适用于解除劳动合同处理等。这些并不是固定的格式，不同的企业可根据自身不同的情况，制定不同的处罚办法。当某一个员工真的有越轨的行为时，企业的管理人员仅仅需要做一个对号入座的处理，问题便迎刃而解。

5. 称谓统一

制度中的主语应当统一，也就是说一个制度体系至少应当在称谓上保持一致。有些称谓不统一，一会儿用"公司要求……"，一会儿又用"我们认为……"。其实，这里的"我们"就代表着公司，不如一律用"公司"。当某件事情要求员工与公司一起努力，协同一致去完成时，再用"我们……"。还有的称员工为"职工""职员""雇员"等，最好也是统一为一种叫法。当然为了突出员工的主人翁地位，像《员工手册》这样流程化的制度，可采用第二人称，对员工称"您"，更具技巧性。

6. 语言简洁规范

企业的规章制度应尽量做到简洁流畅、易懂易记，以增强实效，切忌语法有误。每一部制度从框架到段落，由语句至标点，都要反复琢磨，不仅要简洁通顺，还要力求亲和优美。

员工手册不是一般意义上的规章汇编，少用"不准""严禁""绝对不许"等字样，更慎用"过时不候""后果自负"之类。将命令改为沟通，对员工发出心灵的呼唤，无疑是现代公司的文明之举。不仅要求员工承担义务，遵守制度，亦讲明员工可享有的权利。公司旨在营造文明、温馨的工作环境，以最大限度发挥广大员工的聪明才智，多用几个"请"，用协商口吻"让我们……"，拉近管理者与部属的距离，将公司与员工融为一体。

6.2.4 企业规章制度的生效条件

根据《最高人民法院关于审理劳动争议案件适用法律若干问题的解释》（法释〔2001〕14号）第十九条的规定，企业规章制度成为处理劳动关系、审理劳动争议案件的依据，须具备三个条件，缺一不可：

第一，不能违反法律法规和政策的规定。

第二，必须经过员工大会或员工代表大会讨论通过。

第三，向员工公示。

《劳动法》第四条规定，通过民主程序制定的规章制度，不违反国家法律、行政法规及政策规定，并已向劳动者公示的，可以作为人民法院审理劳动争议案件的依据。

《劳动合同法》第四条规定，用人单位应当依法建立和完善劳动规章制度，保障劳动者享有劳动权利、履行劳动义务。用人单位在制定、修改或者决定有关劳动报酬、工作时间、休息休假、劳动安全卫生、保险福利、职工培训、劳动纪律以及劳动定额管理等直接涉及劳动者切身利益的规章制度或者重大事项时，应当经职工代表大会或者全体职工讨论，提出方案和意见，与工会或者职工代表平等协商确定。在规章制度和重大事项决定实施过程中，工会或者职工认为不适当的，有权向用人单位提出，通过协商予以修改完善。用人单位应当将直接涉及劳动者切身利益的规章制度和重大事项决定公示，或者告知劳动者。在制定企业内部规章制度的过程中，凡属于法定必要程序，都必须严格履行。因此，要想规章制度生效，除了内容要着重把关之外，程序也不可忽视。

6.2.5 制定和实施企业规章制度的程序

制定和执行企业规章制度的程序见图6-2。

步骤一：提案与立项

董事、经理及其他高级管理人员（主要指人力资源管理人员）可根据企业的状况和科学合理的预测，发现需要在哪些方面设立规章制度进行管理，哪些方面需要利用制度推动企业的发展,哪些制度需要变革,并根据企业章程和其他制度规定的各部门的规章制度设立提案权的规定,提出规章制度立、改、废的议案,提案应说明理由。

图6-2 制定和执行企业规章制度的程序

步骤二: 确定主题,制定草案

公司各职能部门根据各部门的需要,在提案和立项基础上确定主题,起草草案,并指派专人进行初稿撰写,经过充分讨论形成草案。制度起草部门组织相关职能部门对草案进行会签,征集相关意见。法律部门对规章制度草案的合法性进行全面审查。

步骤三: 公开讨论征求意见

一般而言,制定规章制度必须经过职工代表大会或股东大会、董事会等机构或其他相应的民主程序通过,也就是说企业需要将拟定出的制度草案交由职工代表大会征求意见,没有职工代表大会的则改由全体职工"审查"。企业需要将员工提出的意见进行采集,并根据意见做进一步完善,形成建议稿。

步骤四: 平等协商、形成定稿

同时还需要和工会或者职工代表进行协商后才能确定制度的最后版本。企业制定的制度是为了规范管理、有效管理而不是出于"剥削"和极大程度的限制,是达到劳资双方和谐的一个工具。因此,通过大多数人的"审查"并不应该成为制定规章制度的桎梏。而且,也并不是说所有员工提出的意见都必须要采纳,企业具有法律赋予的管理自主权,可以根据企业特点和客观情况进行一番筛选并剔除后再加以使用。

制度起草部门汇总协商意见后形成定稿,将定稿逐级报送审批。

步骤五: 公示、告知员工

经过协商之后确定的制度文本,还需要最后正式地展现在每个员工面前,让单位的所有成员知晓才能生效。也就是说,只有企业履行了将规章制度告知员工的义务,规章制度才能对员工产生效力。那种把经过一定程序最终形成的规章制度"收藏"起来,不告知员工制度具体内容,等员工违反了相应规范再拿出制度进行惩处的行为是没有法律效力的。

在向员工公布规章制度内容时,可以召开全体员工大会宣读规章制度的内容,可以把规章制度张榜公布,也可以印刷成册发放给每个员工。现在,不少企业还采用发送电子邮件、在公司网站公示等方法。这些都可以将规章制度公之于众。但是,在具体方法的选择上,应该考虑到企业的不同情况,尽量采用风险较小的方式,避免产生不必要的纠纷。

现在很多企业在员工入职接受培训或教育时,就要求新员工学习公司的规章制度。或者把一些规章制度作为附件,在劳动合同中加以约定。这样就可以避免有的员工没有看到规章制度的情况发生。

特别关注

用公告、网络、电子邮件等形式发布规章制度，都存在容易灭失或修改的弊端，也就使用人单位面临一定的风险。所以最好是使用员工书面签收规章制度的形式，更易于保留原始的证据材料。但是，当遇到有争议的员工时，用人单位在公示规章制度时就一定要灵活运用公示的方法，避免简单而无效的公示。

6.3 工作任务：制定和实施员工手册的业务操作

6.3.1 员工手册的内容

员工手册既是公司人事制度的汇编，又是公司员工培训的教材，反映的是公司形象、公司文化，是公司所有员工的行为准则。不过，员工手册应该含有哪些内容，并无定规，编排亦无固定模式。但一般可由以下几个部分组成。

1. 欢迎词

欢迎词可以是公司创始人曾经的一段话，也可以由现任公司的董事长或总经理致辞，对新员工表示诚挚欢迎，预祝事业成功。如果致辞的领导在最后亲笔签名，则更具亲切感。

2. 公司概况

这个部分概要介绍本公司历史、现状及隶属关系，让员工大体了解公司性质、经营范畴、主导产品(含劳务、服务)、市场分布、注册资本、现有资本及实现利税等基本情况，以对公司实力和竞争能力充满信心。

3. 公司历史

这个部分简要回顾公司创业历史，对公司战略目标和发展规划略加阐述，亦将公司美好前景展示给员工，以激励斗志，为实施目标管理打好基础。

4. 企业文化

企业文化是企业具有自身特色的意识形态和行为规范的总和，大致包含企业哲学、企业规范、企业形象和企业精神。以下只简要介绍一下企业哲学和企业精神。企业哲学是企业一切活动的行动指南，其核心是价值观念。在员工手册中介绍企业经营理念，即始终遵循的价值观念，以统一员工思想，为企业整体目标共同奋斗。企业精神是企业内部规范和外部形象的融合与升华，集中体现出企业经营哲学和独特风格，是公司迎着市场风浪前进的旗帜和号角。企业精神是一种无声无形的信念，但通常又可用简短、响亮的标语或口号予以表述。可将凝练出的企业精神，印到员工手册的扉页，以求醒目，鼓舞斗志。

5. 组织结构

员工来到公司，自然应对公司结构框架有个粗略的了解。一般可绘制部门结构图。通过该图，员工不仅可一目了然地知晓公司包括哪些部门，且对公司的产权构成，组织管理模式以及各个系统(办公系统、生产系统、营销系统、财务系统等)形成印象。

6. 部门职责

通过阅读各部门工作职责，员工自会明白某个部门负责何种事务，协同其他部门，参与哪些工作。部门自身职、责、权分明，部门之间纵横关系清晰，有利于回答员工"有事找谁"和"我所在的部门分管什么"两个基本问题，有助于员工搞准自身位置，尽快进入角色。

7. 行为规范

一个现代化的公司，其精神风貌必然体现于员工的仪表风度(包括着装、发型、化妆等)。员工的一言一行、一举一动，均代表着企业形象。公司在这些方面的倡导，应明确且具体地写入员工手册之中，以利于员工经常对照，不断提高自身道德修养和文明素质。待人接物的行为准则，虽为企业文化的有机组成部分，但单独列为一节，以期引起员工特殊重视，自觉强化日常训练，以达"习惯成自然"。

8. 人事问题

这部分内容较多，且涉及员工切身利益，可谓手册的"重头戏"。主要包括以下 5 个方面。

(1) 人事政策，即选聘员工依据，员工考核标准、晋升条件，员工聘用(解聘)程序。

(2) 工资待遇，即工资结构及分级、绩效奖励的计算、工资发放的流程和时间。各种奖金和补贴发放办法，试用期待遇等。

(3) 劳动纪律、劳动合同的签订、工作时间，以及请假制度。

(4) 其他各项制度，如报销制度(指差旅费、医药费等)、车辆使用制度、安全制度、卫生制度、保密制度等，可视必要程度作出详略不同的介绍。

(5) 公司为员工提供的各种社会保险(如养老保险、医疗保险、人身保险)，以及其他福利，如提供工作服、免费午餐，提供可借阅的图书，提供单身公寓或发放租房补助金，提供年度休假等，亦应列入此部分，以体现公司的关怀，展示公司为员工创造的良好工作，生活条件以及必要的保障。

9. 附录

正文之后可增设附录。

首先要说明一些未尽事宜的处理原则及可以作为手册附件的相关文件或规定，可做如下说明："本手册未尽事宜可参照国家和所在省市现行法律、法规、规章、政策及公司的有关管理规定执行。"

其次要强调公司对于员工手册中的所有条款具有修订权利："本手册是根据国家和所在省市现行的有关劳动法规及本公司有关规章制度而制定。今后如遇国家法规及公司的规章制度有变更时，本手册亦相应作适当修订。如有修订，公司将以通告形式通知员工。"

最后还要说明本员工手册的生效时间及执行、管理及解释权的归属："本手册经公司职工代表大会或职工代表联席会议讨论通过后实施，自某年某月某日生效。本手册执行、管理及解释权归公司人力资源部，如有不明事项，请向所在用人单位或公司人力资源部咨询。"

10. 员工接受书

企业规章制度是体现企业单方意志，由企业发放给员工遵守的规则，因此，很多企业认为只要完成"交付"制度的程序就算员工接受。但是试想，如果在出现问题引发争议时，员工称其并没有见过这样一份制度规定，并不知道自己的行为可以由企业做出这样的处理，企业该如何举证证明从而使争议向有利于自己的一方发展。恐怕只有证明员工确实收到过制度才可以。所以说，员工接受书这项内容非常重要。

作为日后处理争议时，公司证明员工获悉公司规章制度的一个依据，《员工接受书》可放在手册最后一页，最好一式两份。公司留存一份，员工留存一份。内容可以这样表述："本人确认已阅读了由某年某月某日起生效的公司《员工手册》，清楚了解了手册的全部内容，并同意接受此手册的全部内容。"最后一定让员工签上本人姓名和日期。

6.3.2 员工手册的编制要求

1. 勿贪多求全

员工手册在编写上与其他制度一样，应当严格遵守法律规定、内容明确、措辞严谨、条款严密、称谓统一、语言简洁规范等，但同时还应当注意，作为一部更注重程序性规定的制度，员工手册要精细而非多全。

员工手册不是"企业大全"，不可能也无必要包罗万象，面面俱到。手册所含内容，应是员工最为关心的，与员工日常工作和切身利益相关度最高的事项，通常亦是出现频率高、处理程序化强的各种事宜。手册内容不能过多过细，以免造成杂乱无章，查阅不便。至于涉及某个方面具体细节，员工可查询其他专项制度和文件，或者咨询相关职能部门。

2. 印刷精美

一些企业认为员工手册与其他制度相同，通过培训时的演示、上传至内部网站、从系统文件库下载等形式足以达到贯彻的效果。但是员工手册不仅仅是一部制度，还附有很多企业文化和形象的信息。

当员工手册成为新员工拿到的早期书面资料时，这无疑凝聚着公司精神，代表着公司形象。员工手册的质量不仅体现在科学取舍，精心编写，还体现于装帧精美的印刷质量上。唯此，方能给员工留下美好的第一印象。经常翻阅员工手册，不仅可迅速查到相关资料，获取有用信息，还将获得美学享受。让员工在手册引导下，满怀信心地迈入公司。

6.3.3 员工手册的编写步骤

一本适合企业特点和要求的员工手册的制定，需要各个方面的人付出很多艰辛的劳动。它是一个企业制度不断完善，管理水平不断提高的表现。具体流程见图6-3。

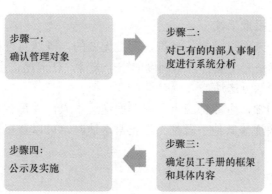

图 6-3　员工手册的编写步骤

步骤一：确认管理对象

对象不同，传播信息不同，规范不同。真正做到因人而异才能达到好的管理效果。

步骤二：对已有的内部人事制度进行系统分析

企业就已有的内部人事制度作系统化的分析，结合企业以往在管理过程中遇到的问题，明确员工手册要实现的目的，要达到的结果。

步骤三：确定员工手册的框架和具体内容

明确对员工的职业化要求，根据企业特点确定员工手册的框架和具体内容。当然，只有依法制定的规章制度才是受到法律保护的。因此，也就需要严格依据法律，至少也是在不违反法律的原则下确定手册的细节。

步骤四：公示及实施

员工手册和其他制度一样必须在通过民主程序制定并向员工公示后，在本单位内颁布施行，否则将失去其法律效力。至于公示的方法，企业可根据自己的情况采用由员工签收、组织学习、提交读后感、考试等。

6.3.4　员工手册的执行程序

员工手册制订完成后，需要有人去实际操作和监督其贯彻执行。具体流程见图 6-4。

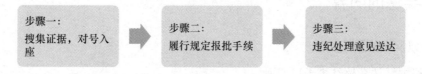

图 6-4　员工手册的执行程序

步骤一：搜集证据，对号入座

从法理上就是要求企业将违纪处理员工的事实依据和法律依据找出来，然后通过对号入座的方式将它们结合在一起，形成初步的处理意见。任何企业的行为都是有风险的，处理违纪职工也不例外，为了预防今后可能出现的仲裁或诉讼，要求具体操作人员必须出色地完成这一任务，最后换来的是仲裁裁决和法院判决中"事实依据充分，法律依据确凿"的判定。

步骤二：履行规定报批手续

任何未经批准的，未经过授权的处理，都是无效的，既然有严格的纪律处分程序，就要严格遵照执行。这也是完全履行规章制度的一个关键，任何擅作主张的行为都是愚蠢的。

步骤三：违纪处理意见送达

无论什么内容的通知，企业都应当争取书面送达本人，并得到本人签字。如果无法通知本人且通过邮寄、快递等其他手段都无法正常送达时，可以登报公告处理，但需要保留无法正常送达的证据。

 特别关注

1. 提交《员工手册》计划报告时明确作用

在提交公司制订一部完备的《员工手册》的计划报告时，应明确地表述员工手册的作用、大致内容以及想要实现的目的。例如，以员工手册来明确和完善以下几个基本方面：宣传企业文化；明确考勤、招聘、员工入职、离职、劳动纪律；确定员工的岗位职责；明确员工的福利待遇；明确员工的行为准则、奖惩原则和方式方法等。

2. 争取高层支持

争取公司高层的支持，要求其他部门给予协助，例如由他们反映已有制度在使用过程中的优势及不足，期望达到的其他效果以及管理和执行中力不从心的地方等，分析可以由制度加以解决的部分并在制作《员工手册》时增加进去。

3. 公司的制度体系需要具备统一性、稳定性和特殊性

在制定《员工手册》时，从表达方式、称谓、基本宗旨和实体内容都应与其他制度保持一致，尽量不要出现先后不一，前后矛盾。当然，在结尾处留有"与其他制度规定不一致之处，以本手册为准"的条款还是必要的。

6.4 工作任务：进行员工奖惩的业务操作

6.4.1 奖惩的内容

1. 可以奖励的员工行为

1) 根据绩效考核结果予以奖励

例如全年度出勤最好的员工，业绩最好，全年考评达到某一级别及以上的，年度优秀团队成员等，这一类别的认定依据比较简单，根据公司内部考核机制中的期限、标准和结果自行设置即可。

2) 根据员工的个别、机动性的表现和成绩来认定是否具备可以奖励的资格，以及奖励的种类

例如按照公司相关制度，在发明创造与申请专利方面获得成绩的员工或团队；参与跨部门协作的公司级重大项目并且成绩突出；或者积极参与、协助事故、事件救援工作或危

机处理且表现出色的员工或团队；积极参与公司举办的各项业余活动或比赛并获得名次的员工或团队，举办公司内部活动且表现优异的组织者，以及代表公司参与公司外部业余活动或比赛而取得优异成绩的员工或团队；在公司、社会见义勇为，与各种违法违纪、不良现象的斗争取得显著成绩的员工或团队；自觉和有效减少或防止他人对公司的损害，使公司获得实际利益的；对维护公司荣誉、塑造公司形象方面有较大贡献；为公司带来良好社会声誉的员工或团队；业务改进，技术改造方面取得显著成绩的；在专业技术比赛上获奖的……这类行为通常是由员工自发形成，与本职工作联系不大，但如果对这些行为予以奖励，不仅在企业团队中间树立榜样，激发员工为企业争光、创造价值的积极性，也增强员工对企业的认同感和忠诚度，更为企业形象和文化创建了一个宣传与提升的机会和平台。

3) 依靠结果的程度来判断奖励资格与方式

例如对公司提出合理化建议并收到明显成效，使公司的流程效率提高若干百分点，或使公司节约成本若干元以上的员工或团队；保护公司财物，使公司利益免受重大损失为一定金额以下的员工或团队等。这类行为不是只要发生就能受到奖励，而是需要看他的贡献程度，达到程度标准者才可以享受奖励。

2. 可以处分的员工行为

处分在使用的时候可以和企业中的员工行为准则、工作礼仪、劳动合同管理办法、考勤等关联使用，也就是说，当员工出现违反以上规则的时候，公司可以根据行为的程度给予不同类型、不同级别的处分，从警告到解除劳动合同不等。例如，可以根据企业性质和违纪行为对企业的影响加以划分和选择。

1) 不遵守公司的考勤纪律

不遵守公司的考勤纪律包括并不限于不遵守上下班、会议、培训的规定以及公司的值班安排，例如：

(1) 迟到或早退达到一定时间、一定次数的；

(2) 旷工达一定时间、一定次数的；

(3) 违反规定休假的；

(4) 无视公司的考勤纪律，代替他人打卡、代替他人进行大型会议或培训的签到，或接受上述代办行为；

(5) 其他情节类似行为。

2) 违反工作礼仪和行为准则

(1) 在禁烟区内吸烟者；

(2) 浪费或损毁公司财物；

(3) 未经主管以上领导(含主管)的许可，擅自带外人进入公司参观或进入办公区进行工作交流；

(4) 在工作时间聊天、嬉戏，或做与工作无关的事情而影响自己或他人工作，或造成不良影响；

(5) 不按照规定使用办公用计算机的，如未经许可使用他人计算机；

(6) 在办公用计算机上使用与工作无关的光盘或打游戏；

(7) 未经许可，在办公用计算机上安装或使用非标准软件等；

(8) 未经批准,移动作为公司财产的任何文章或保存在公司的任何个人财产;

(9) 滥用或误用公司计算机软件、因特网或公司内部局域网;

(10) 使用公司资源作为私用或做与工作无关的事情;

(11) 工作态度差、无服务意识,与内部同事、外部联系人或客户争吵,影响办公秩序,损害公司声誉;

(12) 因酒精或其他药物而影响公司的工作;

(13) 其他情节类似行为。

3) 玩忽职守、严重失职、营私舞弊等未构成触犯法律的行为

(1) 对公司的重大工作项目不负责任,或对重大项目的某个环节处理不当而对项目的进程有所阻碍或造成一定程度的损失,或发现重大工作项目中存在安全或服务隐患而知情不报等;

(2) 因玩忽职守或督导不力而给公司带来物质损失,或使公司声望受损;

(3) 利用工作或职务之便投机取巧、谋取非法或不正当的利益;收取或索要可看作贿赂的礼物和赠品;

(4) 对公司同事进行恶意诽谤、攻击、诬告、提供伪证而制造事端;

(5) 造谣生事,散播谣言致公司蒙受重大不利或影响公司工作氛围者;

(6) 盗窃财物,挪用公款;

(7) 遗失或非故意损毁经管的重要文件,破坏公司财产、环境、服务或其他员工的财物;

(8) 故意泄露技术、商业秘密,致使公司声誉或利益受损;

(9) 违反信息安全等规定措施导致公司蒙受重大不利,或其他情节类似的行为;

(10) 挑动是非,破坏团结,损害他人名誉或领导威信,扰乱公司秩序,影响恶劣;

(11) 利用职权对员工打击报复或包庇员工违法乱纪行为;

(12) 欺骗行为,如伪造账目和伪造费用或伪造、篡改公文,伪造或隐瞒公司要求提供的员工个人信息等;

(13) 违反公司的保密制度,出卖或泄露公司的知识产权、商业秘密;

(14) 参与公司竞争对手的商业活动;

(15) 未经公司许可,参与与公司有竞争关系单位的各种业务活动;

(16) 行凶、殴打他人;

(17) 对其他员工进行性骚扰,或其他情节类似行为。

4) 违反国家法律法规,被追究刑事责任或曾被劳动教养(现已废除)的

这类触犯刑律的,除了可以提交司法部门依法处理以外,根据《劳动法》《劳动合同法》的规定,可以直接解除劳动合同,因此,也属于可以处分的行为之一。

6.4.2 奖励的方式

1. 物质奖励

1) 嘉奖、记功、记大功

根据奖励事实和程序,给予嘉奖、记功、记大功。嘉奖 3 次相当于记功一次,记功 3

次相当于记大功一次。这些奖励措施通常可以作为绩效加分或增发奖金的依据或者晋升参考，比如获得嘉奖一次，在绩效考核中加一分；记功一次加 3 分，记大功一次加 9 分。记功的奖励也可以根据其程度，分为一等功、二等功、三等功。

2) 奖金

发放奖金即以金钱激励受奖者，奖金数目可以根据月薪的百分比发放，也可以另定数目。

3) 晋级加薪

调升受奖者的薪级，提高薪酬水平。

4) 调升职务

提升受奖者职务，如将技术员调升为工程师，或由职责较轻的工作调任职责较重的工作等。

5) 培训深造

优先选送受奖者进修、深造，或送其出国考察。

2. 精神奖励

(1) 授予某种称号。这类奖励方式可以使受奖者长期显示荣耀。另外，奖状、奖牌、奖章的设计样式，本身的价值以及赠奖人的身份地位，都可以影响奖励的价值。

(2) 以公司定期发文的方式进行正式的全员推广。

(3) 通过公司宣传载体的定期宣传进行集中表扬。

(4) 组织专门的表彰仪式，并颁发奖杯和证书。

因奖励产生风险的潜在可能性很小，如果做到公平、公正、公开，员工一般不会为此同企业发生争议。因此，对奖励的设置和评判企业拥有更大的自主权和创造性，企业可以根据员工行为的价值和影响，结合企业的发展给予不同类别、不同程度的奖励，如根据价值大小分别给予一星级奖励、二星级奖励以及特等奖励不等，在此不对内容作出更多的限制。

6.4.3 处分的方式

给予处分自然是员工出现违反规章制度、行为规范的行为或事实，但即使是触犯刑律也会因主观意愿、社会危害性、危害结果的程度不同给予不同刑事处罚，企业中的处分也一样道理，违纪程度不同，将量事而为，按照级别、类型和范围给予处分。

1. 口头警告

对一些危害不大、主观意识不强的行为可以采取这种处分方式，如迟到或早退在 30 分钟以内，当月累计两次以上(含两次)；在工作时间聊天、嬉戏，或做与工作无关的事情而影响自己或他人工作，或造成不良影响；在禁烟区内吸烟者；浪费或损毁公司财物；不按照规定使用办公用计算机，滥用或误用公司计算机软件、因特网或公司内部局域网等其他情节类似行为。

2. 书面警告

对一些程度较重，以口头警告处理畸轻，以解聘处理又畸重的行为，可以在二者之间设立这样的处理方式，如一次迟到、早退或离岗 4 小时至 8 小时的；旷工一天的；无视公司的考勤纪律，代替他人打卡、代替他人进行大型会议或培训的签到，或接受上述代办行为；在 3 个月内受到 3 次或 3 次以上口头警告者；丢失公司文件，但未造成重大损失等其他情节类似的行为。

3. 解除劳动合同

《劳动合同法》第三十九条规定，"劳动者有下列情形之一的，用人单位可以解除劳动合同：(一)在试用期间被证明不符合录用条件的；(二)严重违反用人单位的规章制度的；(三)严重失职，营私舞弊，给用人单位造成重大损害的。"

但在上述条文中并没有对什么情况能够达到以上程度作详细说明，因此，这就需要公司在制度中明确解释和列举可以解除劳动合同的行为有哪类、哪些。例如以下 10 类行为。

(1) 盗窃财物，挪用公款；触犯公司规章制度、侵犯公司权益，玩忽职守，严重违反公司操作规范，造成严重事故或经济损失。

(2) 挑动是非，破坏团结，损害他人名誉或领导威信，扰乱公司秩序，影响恶劣；捏造、歪曲事实，诽谤他人，诋毁他人个人名誉和公司信誉。

(3) 故意破坏经管的重要文件或物品，破坏公司财产、环境、服务或其他员工的财物，或故意泄露技术、商业秘密，致使公司声誉或利益受损。

(4) 利用职权对员工打击报复或包庇员工违法乱纪行为。

(5) 违反公司规定，情节严重，或经几次批评教育仍拒绝改正。

(6) 欺骗行为，如伪造账目和伪造费用或伪造、篡改公文，伪造或隐瞒公司要求提供的员工个人信息等。

(7) 违反公司的保密制度，出卖或泄露公司的知识产权、商业秘密；参与公司竞争对手的商业活动；未经公司许可，参与与公司有竞争关系单位的各种业务活动。

(8) 行凶、殴打他人。

(9) 违反国家法律法规，被追究刑事责任或被劳动教养。

(10) 公司其他规章制度中同等规定。其中需要注意的是所有规定有"造成损失"的行为，对于不同类型、不同规模的企业，损失程度是否能够达到"严重""重大"的也就不同，因此，最好是对损失的程度用具体金额加以量化。

6.4.4 进行员工奖惩

进行员工奖惩的流程见图 6-5。

步骤一：建立绩效考核等规章制度

绩效考核一般通过绩效评价过程来确定，规章制度是获得高绩效的保证，应当与成功的工作业绩相关，其内容应合法、公正、具体、明确，具有可操作性。

步骤二：符合民主程序

制定规章制度和工作规则时，应直接或间接征求员工意见和建议，应符合法定的民主

微课 24 违纪惩罚，有理有据也要有情义

程序，如职工代表大会通过、集体谈判确认等。

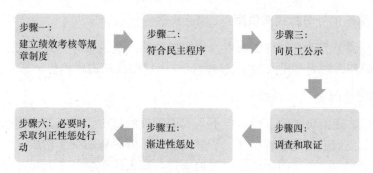

图6-5 进行员工奖惩的操作流程

步骤三：向员工公示

管理方负有将绩效考核标准和规章制度传达给员工的责任和义务，其方式有多种如通过发放员工手册，介绍工作规则和组织政策；通过上岗引导，向新员工解释相关规则；通过让新员工在文件上签字，表明他们已经收到或读过工作手册；通过公告牌、公司简报和备忘录传达工作规则等。

步骤四：调查和取证

奖惩应建立在事实清楚、证据确凿的基础之上，以充分、恰当的记录为依据。建立详细的工作档案，对员工的工作表现、工作业绩、过去违反规则的行为，要有扎实的考核评价和书面记录，因为良好的工作绩效以及在企业工作时间的长短，都可能会影响惩处行为的严厉程度。管理方要避免对员工进行草率惩罚，更不能在惩罚员工之后，再去搜集、寻找相关证据。

步骤五：渐进性惩处

管理方对员工进行处罚，应采取逐步严厉的方式进行，即口头警告、书面警告、停职和解雇这种正常顺序，其目的是确保对所犯错误施以最轻惩处。实施渐进性惩处方式，要求对员工所犯错误，按照其严重程度进行分类。除了需要立即解雇的违纪行为如盗窃、伪造时间卡、工作时间打架等之外，对员工的各种违纪行为要制定出不同的处罚标准，并规范处理程序，如对工人未经允许擅自离开岗位，初犯时会受到口头警告，第二次违犯时会受到书面警告，第三次违犯时将被解雇；对浪费财物、上班时间睡觉，初犯时会受到书面警告，第二次违犯时将被解雇。总之，处罚应与错误的严重程度相当，并不是越严厉越好。处罚员工，应仔细、公正、规范，避免草率。

步骤六：必要时，采取纠正性惩处行动

当员工的工作绩效低于预期或者违反了规章制度时，必须采取纠正措施。

特别关注

1. 尽量不要用现金处罚

鉴于劳动法律没有明确规定企业可以处以经济处罚，以及《中华人民共和国行政处罚法》等法律的规定，企业一般情况下是不具有这样的权限的，因此，尽量不要处以罚款、扣款的处分，防止造成克扣工资的风险。

2. 降职、降薪的处分方式需慎用

岗位和薪金属于劳动合同重要内容，如需变动的应经过双方一致的同意才可以变更，单方面予以降职和降薪会有极大的争议风险，与末位淘汰的道理相仿，都应当慎重使用。

3. 把握好奖惩的度

奖惩是塑造、规范员工的手段，但不是我们管理的目的，如何把握奖惩的度，恰当地使用奖惩，需要我们更多地了解法令、了解企业、了解企业的员工构成。例如，一个刚从大学毕业的学生来到一个新的岗位上，对他而言，在工作中学到东西可能是最重要的，所以对他最好的激励就是给予施展拳脚和接受培训发展的机会，而不是一旦发生违规事件就马上给以颜色；而对一个工作近二十年的老员工而言，他可能更多地考虑他将来的生活保障，所以福利、保险计划等金钱激励恐怕是更合适他的方式，而处分上或许简单的书面警告就足以消除他的懈怠或疏忽。单一的奖惩方式恐怕只能使少数人受到激励或惩戒，而多种奖惩方式综合地、有针对性地运用则能使员工的正确行为获得最大限度的强化。

 案例分析与讨论

未按《员工手册》规定直接解除劳动合同

2016年5月21日，刘某进入重庆某公司工作，2019年9月，双方签订无固定期限劳动合同。同年12月，某公司经工会同意向刘某发出《解除劳动合同通知书》，与刘某正式解除劳动关系，理由为：2012年4月4日，刘某为公司员工王某打卡，已经构成欺诈，情节严重。

随后，刘某向劳动人事争议仲裁委员会申诉，要求支付加班工资差额及违法解除劳动合同的赔偿金。劳动仲裁部门支持刘某的申诉请求，裁决重庆某公司支付赔偿金3万元和加班工资差额6万元。

重庆某公司不服，认为刘某严重违反公司规章制度，其与刘某解除劳动关系合法有效，且其未拖欠加班工资，并以此为由提起诉讼，请求法院确认仲裁裁决无效。

法院审理后认为：

一、原告重庆某公司制定了《员工手册》并向劳动者公示，双方均应受到规章制度的约束，即被告刘某有违反公司规章制度的行为，原告重庆某公司只能按照规章制度的规定对其进行处罚。双方均确认被告刘某唯一违反规章制度的行为就是代他人打卡。对此，《员工手册》中明文规定相应的处罚措施是"警告"，重庆某公司因此解除与被告刘某的劳动关系，已违反《员工手册》的规定，属于违法解除劳动关系，刘某要求其支付赔偿金，应予支持。

二、劳动者提供了劳务，用人单位应足额向劳动者支付工资及加班工资。根据双方确认的出勤记录及工资表，重庆某公司拖欠刘某加班工资62000元，由于刘某仅主张60000元，未超过实际拖欠数额，应予支持。

请问，您认为仲裁委的仲裁结果和法院的审理结果合理吗？请分别说出理由，即法律依据。

公司惩罚制度

以下是×多彩公司惩罚制度的部分内容，请仔细阅读并回答问题：

×多彩公司惩罚制度

一、目的

为了促进公司各项规章制度更好地执行，严肃工作纪律。

二、处罚涉及对象

本制度适用于公司全体员工(包括试用期内人员)。

三、处罚方式

1. 通报批评(口头批评、会上点名批评、书面批评);
2. 罚款;
3. 减薪(降低工资标准);
4. 留用察看;
5. 辞退。

四、处罚事项分类

第一条：为增强公司职工的工作责任感，维护正常的工作秩序，提高工作效率，并形成一种勤奋工作、努力上进的良好风气，制定本制度。

第二条：本制度适用于本公司所有职工。

职工是指：

1. 与公司签订固定期限和无固定期限劳动合同的职工;
2. 与公司订立以完成一定工作任务为期限的劳动合同的职工;
3. 依据公司与劳务派遣公司签订的劳务派遣合同，派遣到本公司，在本公司的指挥下在公司内工作的劳动者。

第三条：职工应有良好的品质，为人诚实信用，认真工作，保质保量地完成工作。

第四条：职工上班时应按照规定要求做好工作前准备，下班要按规定要求做好各项整理工作，尽力做到工作场所清洁有序。

第五条：在工作时间内或在工作场所内要严格按照规定穿戴作业服及安全装备，遵守安全守则，工作时照章操作。

第六条：职工之间应团结合作，不得在公司内恶语相向。

第七条：无正当理由不得回避、拒绝参加公司组织的培训和教育。

第八条：爱护珍惜公司的财产，做到不浪费公司的财产。

第九条：值班人员要有高度的责任心，在值班时对工作高度负责。

第十条：职工工作期间不得会客，确有必要的经公司领导批准，在公司指定的地点进行；但有关业务方面的会客或有其他特殊情况除外。

第十一条：职工携带物品进出公司时，应按规定程序主动接受保安人员的检查。

第十二条：职工因工负伤或患危险传染病的，应立即向所属部门负责人报告。

第十三条：公司职工未经公司书面同意，不得从事第二职业。

> 第十四条：未经公司同意，不得把公司发给的各种证书、证明借给他人使用，不得把公司的文件、账本、产品图纸等借阅给他人。
>
> 第十五条：工作中做到"三轻"（动作轻、说话轻、走路轻），"四勤"（眼勤、嘴勤、手勤、腿勤）。按规定使用工作餐，不准吃、拿待售的成品。
>
> 第十六条：遵守公司内部规章制度，严格遵守上下班作息时间；休事假或公休要提前一天当面请假，不允许电话请假。

请问您认为多彩公司的惩罚制度存在哪些问题？并说明存在问题的法律依据。

思考与练习

1. 企业规章制度的定义、作用是什么？企业规章制度与人力资源各模块的关系又是什么？
2. 员工手册与企业规章制度有什么关系？员工手册的作用及员工手册的法律效力分别是什么？
3. 员工奖惩的意义有哪些？奖惩制度的生效条件又是什么？
4. 企业规章制度的制定规则及呈现形式分别是什么？其内容要求及生效条件分别又是什么？
5. 员工手册的内容是什么？编制要求有哪些？执行程序是什么？
6. 奖惩的内容和方式分别是什么？处分的方式有哪些？员工奖惩的程序是什么？有哪些事项需要特别关注？

■ 拓展阅读

996工作制度的合法性

近期由某公司旗下的某公司云实施的996工作制度，即上班时间为早九晚九，每周工作六天。并且在最近西方国家集团在9月也同样实施996的工作制度。

一、996工作制的定义

996工作制即早9点到晚9点、一周工作6天，且没有任何的补贴。公司要求员工要按照"996工作制"来加班，而且公司不会给任何补偿，包括加班餐、晚上打车补贴也没有。

在这一真实的情况，互联网公司员工的工作似乎不像想象得那么美好，而是变得越来越糟糕。事实上，不只是这些大的公司或上市集团是这样的，在很多中小企业、初创公司，都会有这样的情况。即便不实施996的工作制度，很多公司每周的工作量都是需要加班来完成的。尤其是对初创公司而言，加班是肯定的。

二、996工作制的利与弊

为什么企业会实施早出晚归的996工作制度来打破这种传统的所谓平衡。究其根本原因，是因为互联网领域在当下的激烈竞争。

有竞争也就有焦虑,最大的焦虑就是产品同质化的问题。只有极少数互联网企业通过创新来建立竞争壁垒,绝大多数企业,还是依赖于资本,人力,扩大渠道来迅速建立市场规模。所以就形成了商业模式方面在不断地创新,从而导致底层技术的缺乏和创新。在这种情况下,工作量就会变得越来越大,加班文化也是必不可少的。但同时也会带来一些严重的加班问题。

(一)过劳死现象频现

有统计数据显示,巨大的工作强度和压力,导致我国每年因过劳而死亡的人数达60万人。其中,IT(信息技术)、互联网领域是"过劳死"的重灾区。更值得一提的是,研究发现,中国过劳死群体正呈现出越来越明显的年轻化趋势。

(二)企业违反《劳动法》行为加剧

根据《劳动法》和《国务院关于职工工作时间的规定》(国务院令第174号)的规定,我国目前实行劳动者每日工作8小时,每周工作40小时这一标准工时制度。有条件的企业应实行标准工时制度。有些企业因工作性质和生产特点不能实行标准工时制度,应保证劳动者每天工作不超过8小时、每周不超过40小时、每周至少休息一天。

用人单位因生产经营需要,经与工会和劳动者协商后可以延长工作时间。标准工时制的用人单位,安排劳动者延长工作时间,支付不低于工资的150%的工资报酬;休息日安排劳动者工作又不能安排补休的,支付不低于工资的200%的工资报酬;用人单位在法定节假日安排劳动者工作的,支付不低于工资的300%的工资报酬。

项目 7 员工沟通与满意度管理

【项目概述】

员工沟通是指在组织内部，管理者通过"发出信息到接收信息再到反馈"的行动过程，来完成"计划""组织""领导"等目标性工作。沟通是双向的，包括自上而下的沟通和自下而上的沟通。员工满意度，是指员工对在组织中所扮演的角色的感受或情感体验，是员工对其工作或工作经历评估的一种态度的反映，它与组织承诺和工作动机等有密切关系。而员工满意度管理主要体现为员工满意度调查，是指运用专业方法，向员工收集意见并与员工就有关观点、想法、评价等进行交流，适时了解员工工作状态和企业管理上的成绩和不足，以改善企业管理，提高员工满意度和工作绩效的一种活动。

【学习目标】

- 能够了解员工沟通的定义，熟悉员工沟通的作用，并且掌握员工沟通的目标；
- 能够熟悉员工满意度调查的定义，了解员工满意度调查的作用，并且掌握员工满意度调查的目标。

【技能目标】

- 能够熟练掌握有效沟通的基础、行为法则及具体方法，并且能够根据有效沟通的程序进行有效的员工沟通；
- 能够熟练掌握员工满意度调查的方式及测量工具，并且能够根据问卷调查法的操作流程进行问卷调查的操作。

 案例导入

没有人带领吃饭受到的委屈

某家公司的新媒体编辑的职位，面试了不少候选人，最后业务主管定下来一位90后的已婚女孩美兰。办理正常的入职手续后，业务主管确认了带人导师刘某。人力资源部经理安排专员帮忙跟进新人情况。

但是在执行工作的过程中，业务主管找人力资源部经理说：人力资源部可不可以和新员工沟通一下，因为新员工不听从工作安排，比如这几天安排她熟悉 App 的情况，并协助文档的编辑校对，虽然她表面答应，但不出活儿。

人力资源部经理开始以新员工入职一周访谈的名义找到美兰了解情况：原来美兰认为她是新人，不熟悉公司产品，却在没有安排培训的情况下随意安排工作。另外，人力资源专员在安排工作的时候话语简单，内容安排不清楚，有种欺负新员工的意思。再有她入职第一天，人生地不熟，中午不知道去哪吃饭，感觉非常孤单。

人力资源部经理和业务主管恍然大悟，进行了解释："创业公司很多细节做不到位，需要在今后的发展中逐步改善和规避。但这样的环境，和你之前的环境确实有蛮大差别的，所以你看，现在这种情况，我们想劝你留下来，你可能也会觉得很不舒服、压抑、不开心，换岗情况可能也会差不多，我们也不希望强迫你做什么。可能，我们确实不适合你，我们愿意你有更好的选择。你看呢？"

随后，美兰选择了离职……

请问您认为以上案例中的问题出在了公司还是员工个人身上？请分别说明理由。

7.1　相关知识：员工沟通和员工满意度调查

7.1.1　员工沟通

1. 员工沟通的定义

员工沟通是指在组织内部，管理者通过"发出信息到接收信息再到反馈"的行动过程，来完成"计划""组织""领导"等目标性工作。沟通是双向的，包括自上而下的沟通和自下而上的沟通。

自上而下的沟通，是指从管理者向员工的单方的沟通，它是管理方向员工传达信息的过程，其目的是向员工提供组织信息，加深员工及其代表对组织的问题和管理层地位的理解，也就是说，通过"教育"员工，使他们接受管理者的计划。

自下而上的沟通，是指员工向上级(管理层)提供信息反馈，汇报工作进度，并告知当前存在的问题，其目的是使管理者能经常了解到员工对他们的工作、同事和组织的总体感觉，另外，管理者也能通过这种沟通来了解那些需要改进的工作。

2. 员工沟通的作用

组织通过有效的沟通，能够快捷而准确地将信息传递到各部门及管理者，在全面而有效的信息支持下，制订出正确的计划。正如松下幸之助所说："企业管理的过去是沟通，现在是沟通，未来还是沟通。"具体来说，沟通的作用有以下三点。

1) 沟通可以引发员工的意见、力量和奋发心及减少冲突

通过与员工面对面的交流，可以了解他们的真实想法，了解员工对工作的意见和期望，无论是抱怨还是一些不成熟的设想和建议，都是很有用的信息。通过有效的沟通，可以营造令人满意的员工关系，建立良好的人际关系和组织氛围，减少冲突，保持员工的忠诚。

2) 沟通是体现和实现员工参与的重要形式，有助于发挥员工的主动性和创造性

员工参与是建立在有效沟通的基础之上，沟通有利于管理者准确而迅速地搜集、处理、传递信息，使决策更加合理有效。没有信息沟通，企业的共同目标就难以为员工所了解，也不能使协作的愿望变成协作的行动。如果管理者不懂得与员工如何沟通，不懂或忽视员工的意见和建议，就会挫伤他们的积极性和工作责任感。沟通体现并实现了员工对管理的充分参与，有助于发挥员工的主动性、创造性，提高工作质量和员工的工作满意度，达到自我实现的目的。

3) 沟通能够激励员工，提高员工士气

员工工作的动力包括外在的奖励体系和来自工作本身的内在奖励。但工作动力的大小则取决于责任的多少和从工作中取得成就的大小，以及对员工期望的满足程度。对工作的想法和相关的奖励很大程度上取决于管理者或团队领导者以及企业内部的沟通效率。建立一套成熟完善的沟通系统，把企业的构想、使命、期望与绩效等信息准确地传递给员工，并指引和带领他们完成目标，有助于改善企业员工关系，提高工作效率。

3. 员工沟通的目标

员工关系主要受到管理者和内部沟通的影响。不同的沟通领域所对应的目标也不尽一致。

1) 管理者的沟通领域和目标

(1) 将企业目标、政策计划和预算向下或横向传达给部门经理，其目标是确保部门经理清晰、确切而及时地了解企业的期望。

(2) 部门经理向下给员工传达工作指示，其目标是确保指示清晰而精确，并提供行动的必要动机。

(3) 员工向上或横向传达对有关公司目标、政策和预算决策的提议、建议和评价，其目标是确保经理在涉及其特殊技能和知识的领域有施加影响的空间。

(4) 部门经理向上或横向传达有关绩效和成果的管理信息，其目标是使上级管理者能够监控雇员表现，必要时迅速采取校正措施。

2) 内部关系的沟通领域和目标

(1) 企业向员工传达有关企业计划、政策或绩效信息，其目标是确保雇员了解事关他们的事务，特别是工作条件变化和影响他们成功和安全的因素变化；鼓励雇员加深对企业的归属感。

(2) 员工向企业传达事关他们利益事务的变化，或对实际发生的变化进行评价和反映，其目标是确保雇员有机会说出他们的建议和担心，并使企业能够根据这些评价修正其计划。

7.1.2 员工满意度调查

1. 员工满意度调查的定义

所谓员工满意度，是指员工对在组织中所扮演的角色的感受或情感体验，是员工对其工作或工作经历评估的一种态度的反映，它与组织承诺和工作动机等有密切关系。员工满意度调查(Employee Satisfaction Survey, ESS)，是指运用专业方法，向员工收集意见并与员工就有关观点、想法、评价等进行交流，适时了解员工工作状态和企业管理上的成绩和不足，以改善企业管理，提高员工满意度和工作绩效的一种活动。

2. 员工满意度调查的作用

员工对工作是否满意，是否认为在组织内部有发展机会，这种心理感受会直接影响到员工工作时的情绪。提高员工满意度，可以提高员工的工作热情，降低人才流失率，因而员工满意度调查和测量已成为许多大企业管理诊断的评价标准。具体讲，员工满意度调查至少具有以下作用。

1) 预防和监控的手段

通过员工满意度调查可以捕捉员工思想动态和心理需求，从而采取针对性的应对措施，如通过调查发现了人员流动意向和原因，如果改进及时，措施得法，就能预防一些人才的流失。

2) 管理诊断和改进的工具

了解企业在哪些方面亟待改进，企业变革的成效及其改革对员工的影响，为企业人力资源管理决策提供重要依据。

3) 广泛听取员工意见和激发员工参与的一种管理方式

通过员工满意度调查能够收集员工对改善企业经营管理的意见和要求，真实地了解员工在想什么、有什么意见与建议、有什么困难、对什么不满意，这种民主参与方式能够激发员工参与组织变革，提升员工对组织的认同感和忠诚度。

4) 企业管理成效的扫描仪

员工满意度调查可以提供企业管理绩效方面的数据，监控企业管理成效，掌握企业发展动态。调查汇总结果可以为企业和部门业绩提供来自民意方面的量化数据。

3. 员工满意度调查的目标

1) 诊断潜在问题

员工满意度调查是员工对企业各种管理问题是否满意的晴雨表。进行员工满意度调查可以对企业管理进行全面审核，及时发现企业潜在的管理危机和问题，保证企业工作效率和最佳经济效益，减少和纠正低生产率、高损耗率、高人员流动率等问题。比如，通过调查发现员工对薪酬满意度有下降趋势，就应及时检查薪酬政策，找出员工不满日益增加的原因并采取措施予以纠正。

2) 找出现存问题的症结

员工满意度调查有助于解释出现高缺勤率、高离职率等现象的原因，找出问题的症结。研究表明，满意度与缺勤率之间存在着一种稳定的消极关系，即员工满意度越低，缺勤率越高；满意度与流动率之间也存在负相关关系，且这种相关比满意度与缺勤率之间的相关程度更高，因而提高员工满意度在一定程度上可以降低缺勤率，更能够降低流动率。相对而言，员工不满意在先，缺勤、离职在后，如果能够及时发现员工的不满，并采取有效措施，可以预防一些"人才流失"情况的发生，维护稳定和谐的员工关系。

3) 评估组织变化和企业政策对员工的影响

员工满意度调查能够有效地评价组织政策和规划中的各种变化，通过变化前后的对比，管理者可以了解管理决策和变化对员工满意度的影响。

4) 促进与员工间的沟通和交流

员工满意度调查是一种有效的群体沟通方式，它创造了沟通氛围，是管理者与员工之间重要的信息沟通和反馈渠道。通过满意度调查，员工能够畅所欲言，反映平时管理者听不到的声音，管理者也可以收集到员工对企业经营管理改善的要求和意见，同时又能激发员工参与企业管理，使管理者能够针对员工的主要需求，加强激励的有效性。

5) 培养员工对企业的认同感、归属感

管理者认真对待员工满意度调查,会使员工感受到企业的关怀和重视,有利于员工在民主管理的基础上树立以企业为中心的群体意识,不断增强员工对企业的向心力、凝聚力。

7.2 工作任务:进行有效沟通的业务操作

7.2.1 有效沟通的基础

沟通策略应建立在对以下因素的分析基础之上:即管理者愿意表达的内容;雇员喜欢接收的内容;在传达或接收信息中遇到的难题。

微课 25 和员工沟通,
当心"位差效应"

1. 管理者愿意表达的内容

管理者想沟通的内容,取决于他们对雇员需要知道的事务的估计,而这种估计又受到雇员想听些什么的影响。通常,管理者应该将沟通内容定位在以下三点上。

(1) 如何使雇员了解并接受管理者在影响雇员方面所作出的提议;

(2) 如何赢得雇员对企业目标、计划和价值观的认同和忠诚;

(3) 如何帮助雇员更清楚地了解他们对企业的贡献以及所获得的利益。

管理者应通过与雇员讨论,获得员工关于企业价值观、计划、意图和提议的反馈以及相关信息,避免采用训诫员工的方式。沟通应集中在具体而不是抽象的问题上,比如如何提高产品质量或生产力等。管理者在进行此类沟通时,应强调所有相关人员怎样在一起工作以及合作的利益。

2. 雇员喜欢接受的内容

通常,雇员想就与其切身利益相关的事务进行沟通,例如,工作方法和条件的变化,加班和轮班安排的变化,影响薪酬或安全的计划,雇佣条款的变化等。管理者必须理解雇员喜欢接受的内容,并据此制定沟通策略才能达到沟通效果。要做到这一点,管理者应将不同的雇员群体聚集到一起进行讨论,聚焦影响其切身利益的一些问题。还可以通过进行员工态度调查、向雇员代表咨询以及非正式地倾听雇员意见的方式,分析员工不满的原因,确保通过改善沟通可以减轻雇员的不满。

3. 在传达或接收信息中遇到的难题

如果是沟通不畅造成的员工关系问题,或者造成员工关系问题的一个因素时,就必须具体分析沟通不良的原因以及相应的纠正方法。常见的沟通障碍包括沟通渠道不适当,人们不理解沟通的必要性,缺乏克服沟通障碍的技巧等。如果是沟通渠道的问题,可以通过推行新的或改善已有的沟通系统来克服;如果是缺乏沟通技巧,则可以通过教育和培训加以解决。

7.2.2 有效沟通的行为法则

管理者运用沟通方式和技巧，有效地与员工接触，是获得成功的重要方式。有效沟通应遵循如下四条行为法则。

微课26　如何应对"问题员工"

1. 自信的态度

有自信的人常常是最会沟通的人。管理者在与员工沟通时，可以有不同的风格和作风，但要注意自己态度和情绪的控制，避免吼叫、谩骂或争辩，过度兴奋和过度悲伤的情绪都会影响信息的传递与接收，应尽可能在平静的情绪状态下与员工沟通，才能保证良好的沟通效果。

2. 尊重、体谅他人的行为

沟通是心灵的参与，是实现真诚、信任和尊重的桥梁。管理者在沟通中不仅要善于"表达自我"，更要注意"体谅对方"。体谅就是要设身处地为对方着想，并且体会对方的感受与需要。由于你的了解和尊重，对方也会体谅你的立场与好意，因而做出积极而适当的回应，反之则会出现相反的情况，尊重、体谅是"信任"的基础。另外，身体语言在沟通过程中也非常重要，有50%以上的信息可能是通过身体语言传递的。管理者的眼神、表情、手势、坐姿都可能影响沟通。管理者专注凝视对方还是低着头或是左顾右盼显然都会造成不同的沟通效果，如坐姿过于后仰会给员工造成高高在上的感觉，而过于前倾又会对员工形成一种压力。因此，管理者要把握好身体语言的尺度，尽可能不让员工感到紧张和不舒服。只有让员工尽可能地放松，才能让他说出真实的感受。

3. 善用询问与倾听

优秀的沟通者，应善于询问并积极倾听他人的意见与感受。尤其是在员工行为退缩、默不作声或欲言又止时，可用询问引出对方真正的想法，了解对方的立场以及需求、愿望、意见与感受，如可以聊天的方式开头，"最近工作如何？""公司最近比较忙，累不累？"等。这样一方面为要说的话铺路，另一方面也可以营造比较自然的谈话气氛。运用积极倾听的方式，来诱导对方发表意见，进而加以引导激励。良好的沟通应注重聆听技巧，避免听而不闻、先说再听、一心二用。为避免产生误解，在沟通交流中，如果双方或至少一方能适时复述、提问以确认关键信息，并予以适当的反馈，那么沟通的有效性(即准确、省时、较少冲突)就能大大提高。

4. 直接有效地表达观点

为保持沟通的简洁准确性，在沟通交流中，时常以"我觉得"(说出自己的感受)、"我希望"(说出自己的要求或期望)为开端，结果常会令人极为满意。这种行为是直言不讳地告诉对方自己的要求与感受，若能直接有效地表达观点，将会有效帮助建立良好的人际关系，但要注意时间、气氛、对象是否合适。

7.2.3 加强有效沟通的具体方法

公司内部加强有效沟通的方法有很多,沟通的方式和方法贯穿了人力资源管理的方方面面,具体内容见表 7-1。

微课27 参与管理,调动员工积极性

表 7-1 加强有效沟通的具体方法

沟通方法	具体内容
及时反馈和处理员工的投诉或建议、电话、邮件	①各级部门经理应努力做到每封信必回、及时回复; ②及时处理当日投诉的事件,调查投诉原因和提供解决问题的办法; ③收集员工对公司各部门的意见和建议,及时反映到有关部门或高层; ④凡是公司配备手机的部门经理应随时随地保持手机的畅通
定期组织沟通会听取员工意见	①可争取每月全体经理人员沟通一次; ②可争取每季度召开沟通大会一次; ③可邀请各部门员工代表参加专题的座谈会; ④可定期对企业的各项服务举行调查讨论会; ⑤可于中午午餐时与公司部门经理们一起吃饭会有巨大收获; ⑥可每周定期召开相关级别的经理工作汇报会
定期计划和组织员工调查	①随时针对某项专题、"热点问题"等进行(如班车问题、餐饮问题、房子问题)调查; ②针对企业所组织的活动进行调查,以了解活动的效果;适时开展员工满意度调查
为员工提供咨询服务	①及时更新公司电话簿,让员工在需要时能找到企业相关的人; ②规定凡是企业报销的手机必须 24 小时开机; ③为员工提供各类工作和个人发展、生活方面的咨询; ④通过内部网等方式对员工所提出的热点问题进行及时解答; ⑤帮助员工处理好感情、生活、工作上的苦恼、压力,解决员工的后顾之忧等个人问题;通过专业公司提供心理咨询、精神咨询
加强对企业内部网的管理	①加强内部网管理、资料输入和日常管理的规范化,创建一个高质量的内部网; ②努力做到专业化,使之真正成为企业内部的沟通桥梁; ③及时对企业所取得的业绩予以宣传,使之成为员工的知心朋友和企业政策宣传的好渠道; ④及时撰写、发布稿件和简讯; ⑤及时更新版面和内容; ⑥努力实现内容的多样化,丰富充实现有栏目; ⑦设立奖励措施鼓励员工积极写稿和参与内部网和企业的建设

续表

沟通方法	具体内容
定期组织员工与高层的见面畅谈会	①选出一些员工或一个部门的员工与高层沟通，帮助公司高层了解部门情况； ②凡是新员工，公司总裁都要会见 10～15 分钟； ③每周总裁安排出一至二小时与员工谈话、征求意见； ④实施"开门政策"，鼓励员工随时可进入总经理办公室与总经理沟通； ⑤设置"建议奖"，鼓励员工通过与高层沟通为企业的发展积极出谋献策
及时公布公司政策、通知	①通过新闻组、内部网、员工电子信箱等方式，解释公司规定； ②对某些误解或不正确的言谈及时进行解释或纠正； ③及时回答员工问题； ④及早宣布节假日安排
加强人员培训	①组织开办有关沟通的课程，特别是培训外地办事处或业务部门的员工以提高沟通质量； ②提高部门经理沟通素质，加强员工关系、拓宽沟通渠道； ③开展案例分析，宣传好的典型，介绍著名企业的成功经验； ④行政、人事、财务等后勤部门应全力为各个业务部门和外地分公司提供人力资源管理和员工沟通管理的支持； ⑤在新员工职前培训中特别突出强调沟通问题； ⑥训练管理人员如何处理危机
积极组织各类推广企业文化的活动	①通过员工手册或各类文章宣传企业文化； ②通过内部网络树立企业形象； ③通过举办培训班、研讨会等形式，宣传企业的价值观，真正建立一个"大家庭"； ④通过组织每周体育活动、例会、各类文体活动等，加强员工关系； ⑤通过各种渠道收集员工的反映和建议； ⑥及时对员工关注的"热点问题"进行研究； ⑦组织各类社会公益活动
及时表彰优秀员工	①表彰安心在企业工作和长期服务的员工大力宣扬和表彰本年度/季度在沟通方面有突出表现的员工和部门； ②设立专项奖，鼓励沟通
适时组织公司大会	组织年庆或对企业具有重要里程碑意义的庆祝会、庆功会

续表

沟通方法	具体内容
开展丰富多彩的员工文化、体育、娱乐活动	①举办各种文娱活动及社交活动； ②组织春游、团体旅游活动； ③举办各种联谊会、英语沙龙或俱乐部；适时组织舞会、圣诞节活动、各类文体活动； ④组织文学创作、各类棋牌、书法、绘画、摄影等比赛； ⑤将员工优秀作品印刷成台历、挂历； ⑥成立各种小型的文体俱乐部(音乐俱乐部、DVD碟友会、足球队)，举办小型运动会； ⑦完善工会/员工代表大会/员工服务委员会职能，定期召开会议讨论与员工密切相关问题； ⑧组织内部和外单位的友谊比赛、爬山、游泳、球赛、保龄球等
组织和开展好企业的各项福利活动	①定期组织年度体检； ②帮助新员工提供和寻找住宅信息； ③开办卫生知识和妇女保健的讲座； ④在员工特殊时期或发生较大事件时给予员工爱心和关怀(婚丧嫁娶、小孩出生、员工生病住院、亲属事变等)； ⑤在员工生日、春节、三八妇女节、公司年庆活动等特殊日子里为员工赠语祝贺、赠送贺卡或小礼物
加强与外地分公司的联系	①通过各种形式讨论管理问题、分享好的案例和经验； ②凡是外地分公司的信件和电话必须当日处理、及时反馈
加强与员工家属的联系	①鼓励员工家属或朋友到企业参观，了解企业； ②组织员工和家属都参加的团聚活动、联欢活动等，让每个员工和家属都成为企业宣传员
加强与外部供货商的联系和业务协作单位的联系	①树立企业形象，尽一切努力扩大企业的业务和客户群； ②强调"让顾客满意"的服务态度； ③不定期举办友谊比赛； ④相互尊敬，文明礼貌，言行举止和一举一动都代表企业的对外形象
切实做好员工辞职、离职时的面谈	①了解员工离开的情况、原因； ②属于企业原因造成员工流失的，务必限期改进工作，稳定优秀人才； ③如实向企业高层反映离职的原因和情况； ④加强防范措施，采取积极政策防止和避免其他企业挖走人才

7.2.4 有效沟通的程序

沟通意味着信息交流，这种信息交流并不是简单地发发电子邮件或在网站上发布消息。有效的沟通内容主要围绕薪酬、绩效反馈、职业目标与发展、业务运作及个人努力程度、对企业成功做出的贡献等进行交流。管理者为了实现"沟通目标",可以按照如图 7-1 所示的程序进行有效沟通。

图 7-1 有效沟通的程序

步骤一:建立全方位的沟通机制

良好的沟通机制应该是多角度、双向的、多级的。全方位的沟通机制,可以形成管理层与部门领导、部门领导与普通员工、管理层与普通员工、普通员工之间的多层次交流对话机制,保持沟通渠道的畅通,并让员工意识到管理层乐于倾听他们的意见;他们所做的一切都在被关注;使每个员工都有参与和发展的机会,从而增强管理者和员工之间的理解、相互尊重和感情交流。沟通的形式,可以利用企业内部互联网;利用书面文字,如杂志、业务通讯稿、公告和布告栏等;利用口头方式诸如会议、简报小组和公共发言体系等。

步骤二:确定沟通内容

管理者应根据不同员工在不同时期面临的问题,有针对性地确定沟通内容。比如对试用期新员工的沟通,可以从"知识、技能、态度、需提高"四个角度考虑,最好用考核表(如可以叫"试用期员工考核表")来做备忘录。新员工来的时候都应知道自己的职责和工作目标,用打分的方式就很容易看出"需提高"的部分。打分和评语应本着"公平、公正"原则,对"需提高"的部分,管理者一定要明确指出,不能含糊。在双方认为暂时没有需要沟通的情况时,可以在"试用期员工考核表"上签字、认可,同时各留一份保存,以备后用。通常,沟通的内容及管理者需要做的工作如表 7-2 所示。

表 7-2 沟通内容

员工需要回答的问题	管理者需要做的工作
你是否觉得工作富有意义并热爱企业?	鼓励士气、强调团队精神、宣传企业文化
你对企业和部门的总体目标是否清楚?	确认企业总体目标,确认部门阶段目标
你对本人的职责分工是否清楚?	重申岗位和责任
你对上一阶段的工作绩效是否满意?	共同回顾和小结,并对工作予以评价和反馈
你对企业、部门及主管的领导是否满意?	征询建议、意见、期望
你对培训和个人职业生涯发展是否清楚?	共同探讨下一步的培训和个人发展目标
你对下一阶段的工作目标是否清楚?	共同设定目标、完成的数量、时间及方法
你是否清楚自己的不足和如何改进工作?	帮助员工认识不足之处、明确改进方法

步骤三：选择沟通方式

企业内部的沟通方式主要有两种：正式沟通和非正式沟通。正式沟通是通过固有的组织结构按照规定的信息传递渠道进行的信息交流和传达，如公文的传递、通知及相关信息的传达、例会和谈话等。其优点是沟通效果好、易于保密、具有较强的约束力，缺点是方式刻板、沟通速度较慢、缺乏相应的反馈和互动交流。

非正式沟通是指通过正式沟通渠道以外的信息交流和传达方式。由于企业内部非正式组织的存在，作为社会人的企业员工往往会通过非正式渠道获取和反馈大量信息，如果能够对企业内部非正式的沟通渠道加以合理利用和引导，也可以帮助企业管理者获得许多无法从正式渠道获取的信息，在达成理解的同时解决潜在的问题，从而最大限度地提升企业内部的凝聚力，发挥整体优势。

步骤四：确定沟通主体

对于具体的每次沟通，需要确定单次沟通的主体，即沟通者与被沟通者。沟通者可以是直接上级与员工直接对话，具有时效性和针对性。人力资源主管作为第三方，也可以参加沟通。被沟通者可以是本部门员工，也可以是其他部门员工。

步骤五：确定沟通地点

沟通要选择合适的地点，避免在公共区域，单位的会议室是最佳的选择。有的管理者愿意选择自己的办公室谈话，觉得自己方便，但这势必给新员工一定的"压迫感"，因为那里毕竟是"你的势力范围"。会议室处于"中间地带"，双方都会觉得公平。会议室应事先订好，免得谈话被不必要的"干扰"中断。

步骤六：确定沟通时间

针对不同时期、不同员工的情况，合理确定沟通的时间和次数。比如对试用期为3个月的员工，正式沟通的次数应以3次为好。一方面可以对管理者起到"随时提醒"的作用，另一方面及时沟通能给新员工"改正的机会"。员工受到关注和无人理睬，是截然不同的效果。管理者在与员工约谈时，要尊重员工已有的日程安排，切忌"强令指定和破坏"，因为"彼此尊重是有效沟通的基础"。

7.3 工作任务：进行员工满意度调查的业务操作

7.3.1 员工满意度调查的方式

1. 访谈调查法

优点：具有直接性、灵活性、适应性和应变性；回答率高、效度高。

缺点：事先需培训；费用大、规模小、耗时多、标准化程度低。

类型：有结构性访谈(需事先设计精心策划的调查表)和非结构性访谈(无问题提纲，可自由发问)。

场所：适用于部门较分散的公司、公共场所。

人数：集体性和个别性访谈。

时间：一次性或跟踪性访谈。

2. 问卷调查法

特点：范围广、结合访谈效果更佳。

类型：有开放性问卷和封闭性问答两种形式，各自有优缺点，两者结合更好。

问卷：需设计题目、说明、指导语、内容、动态问题、态度、编号等。

封闭性问卷设计：是非选择、多项选择、对比选择、排序选择、程度选择；开放性问卷设计：自由提问、时间限制。

以上两种方法中，由于问卷法是最易于施测与衡量的，所以衡量工作满意度时大多数采用问卷方式进行。

7.3.2 员工满意度调查的测量工具

目前企业普遍接受和采纳的"员工满意度调查"的测量工具主要有以下几种。

1. "工作描述指数法"(Index of Job Satisfaction)

此量表是由 Brayfield 和 Rothe（1951）编制而成，主要衡量工作者一般的工作满足，亦即综合满意度，也称工作满意度指数量表(Overall Job Satisfaction)。这是最有名的员工满意度调查之一，它对薪酬、晋升、管理、工作本身和公司群体都有各自的满意等级，可用于各种形式的组织。

2. "工作满意度指数量表"(Overall Job Satisfaction)

此量表是由 Brayfield 和 Rothe 编制而成。主要衡量工作者一般的工作满足，亦即综合满意度。与上述"工作描述指数法"功能相同。

3. "明尼苏达满意度调查量表"(Minnesota Satisfaction Questionnaire，MSQ)

此量表是由 Weiss、Dawis、England 和 Lofquist（1967）编制而成。量表分为短式问卷和长式问卷两种。

短式问卷包括 20 个题目，可测量工作者的内在满意度、外在满意度及一般满意度。

长式问卷则有 120 个题目，可测量工作者对 20 个工作构面的满意度及一般满意度。这 20 个大项包括以下内容。

(1) 个人能力的发挥；

(2) 成就感；

(3) 能动性；

(4) 公司培训和自我发展；

(5) 权力；

(6) 公司政策及实施；

(7) 报酬；

(8) 部门和同事的团队精神；

(9) 创造力；

(10) 独立性；

(11) 道德标准；

(12) 公司对员工的奖惩；

(13) 本人责任；

(14) 员工工作安全；

(15) 员工所享受的社会服务；

(16) 员工社会地位；

(17) 员工关系管理和沟通交流；

(18) 公司技术发展；

(19) 公司的多样化发展；

(20) 公司工作条件和环境。

此量表特点在于对工作满意度的整体性与各构面皆予以完整的衡量，但是缺点在于120道题目占用受测者的时间较长，若无相应的耐心和细心度，会导致一定的误差。

4. "彼得需求满意调查表"

此量表适用于管理层人员。其提问集中在管理工作的具体问题，如"你在当前的管理位置上个人成长和发展的机会如何？理想的状况应如何？而现在的实际状况又如何？"等。

5. "工作说明量表" (Job Descriptive Index，简称JDI)

此量表由Smith、Kendall和Hullin(1969)编制而成，可衡量工作者对工作本身、薪资、升迁、上司和同事5个构面的满意度，而这5个构面满足分数的总和，即代表整体工作满意度的分数。JDI的特点是不需要受测者说出内心感受，只就不同构面(题数不一定相同)找出不同的描述词，由其选择即可，因此，对于教育程度较低的受测者也可以回答。

对于国内企业的工作满意度调查，建议来用工作说明量表(JDI)。因为受测者只要从不同构面找出不同的描述词，较能反映真实的工作满意度状况，而且无关受测者的教育程度，受到其他因素干扰的程度可以降低。目前JDI已有中文版。

6. "SRA员工调查表" (SRA Employee Inventory)

其又称SRA态度量表(SRA Attitude Survey)。此量表是由芝加哥科学研究会(Chicago Science Research Association)(1973)编制而成，包括44个题目，可测量工作者对14个工作构面的满意度。

7. "工作诊断调查表" (Job Diagnostic Survey，简称JDS)

此量表是由Hackman和Oldham(1975)编制而成，可测量工作者一般满意度、内在工作动机和特殊满意度(包括工作安全感、待遇、社会关系、督导及成长等构面)；此外，还可同时测量工作者的特性及个人成长需求强度。

8. "工作满足量表" (Job Satisfaction Inventory)

此量表是由Hackman和Lawler编制而成，可测量受测者对自尊自重、成长与发展、受重视程度、主观态度、独立思考与行动、工作保障、工作待遇、工作贡献、制定工作目标与方式、友谊关系、升迁机会、顾客态度及工作权力13项衡量满意度的因素。

9. 洛克、阿莫德和菲德曼量表

洛克提出的员工满意度构成的 10 个因素：工作本身、报酬、提升、认可、工作条件、福利、自我、管理者、同事和组织外成员。阿莫德和菲德曼提出，工作满意度的结构因素包括工作本身、上司、经济报酬、升迁、工作环境和工作团体。

7.3.3 问卷调查法的操作流程

以问卷调查法为例进行员工满意度调查的操作流程见图 7-2。

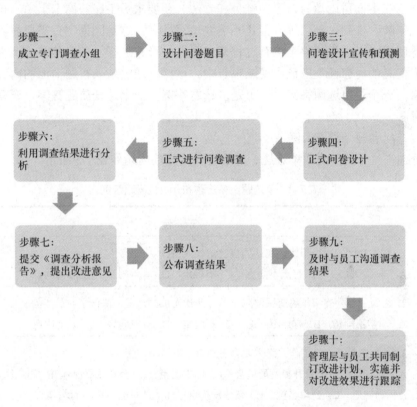

图 7-2 问卷调查法的操作流程

步骤一：成立专门调查小组

为了保证调查活动的顺利开展，有必要成立专门的调查小组，由专人负责调查过程中的各种相关事宜。如果和第三方合作，则人力资源部可以在专业调查机构的指导下组建一个 3～5 人的调查小组，并选定一名组长。调查小组的主要工作有以下几方面。

(1) 在公司许可的范围内，积极向第三方调查机构提供必要的行业和公司背景资料。

(2) 负责开展调查过程中的各种宣传活动。

(3) 组织公司各阶层员工参与调查过程中的各项活动。

(4) 结合自身的行业和公司经验，对第三方调查机构提交的每一份文件进行质疑、建议、要求补充及修改和最后的确认工作。

(5) 参与对调查结果的公布工作。

(6) 对后续改进措施的执行效果进行跟踪和评估。

步骤二：设计问卷题目

1) 调查问卷的内容和答题要求

调查问卷分为问卷部分和答题卡部分。问卷部分列出了两种问题——单选题、多选题，这两种问题都有备选的答案选项。

必须要求员工把这些问题的答案选项填在答题卡上，最后使用扫描系统把答案扫描到计算机的数据系统中。另外，答题卡上还应该设置"开放性问题"，这种问题没有答案选项，允许员工在上面自由填写自己的意见和看法。还要求员工在答题卡上填写自己的个人信息，比如年龄、性别、部门等，但是不需要填写姓名。这是因为调查需要得到真实可靠的信息，这就要求必须保证整个调查过程都以匿名的形式进行，任何涉及被调查员工具体职位和个人信息的内容都不应该出现在报告中。这样，通过录入答题卡上的内容，可以得到四种信息，一个是单选题答案，一个是多选题答案，一个是开放题答案，还有就是员工的个人信息。

2) 调查问卷题目类型示例

下面分别举几个例子说明单选题、多选题和开放性问题如表 7-3 所示。

表 7-3　单选题、多选题和开放性问题示例

分　类	示　例
单选题	1. 与本地区的同行相比，我认为自己的收入偏低 A. 非常不同意　B. 有点不同意　C. 不确定　D. 有点同意　E. 非常同意 2. 公司的绩效奖和年终奖采取隔年并分两次发放的形式，降低了对员工的激励作用 A. 非常不同意　B. 有点不同意　C. 不确定　D. 有点同意　E. 非常同意
多选题	3. 假如您重新选择工作，您主要会考虑以下哪两项因素 A. 收入水平　B. 晋升和发展机会　C. 民主气氛　D. 公司发展前途　E. 职业稳定性 F. 福利待遇　G. 公司名望　H. 充分发挥自己才能的机会　I. 教育与培训机会公司内部的人际关系　J. 工作压力　K. 其他_____

表 7-3 中的第 2 道单选题就是针对被调查公司把年终奖和绩效奖分两次发的做法而特别设计的，目的是考察有多少比例的员工对这种做法不满，如果不满的比例很高，企业就应该考虑改进；如果比例不高，企业就可以继续执行原来的政策。从这个例子可以看出，问卷可以根据企业的实际情况进行设计，这样，避免了生搬硬套，其调查结果更符合企业解决实际问题的需求。因此，若条件允许，建议为企业量身定做合适的问卷。

设计调查问卷不仅涉及很多的工作，还需要提供和形成必要的文件，具体可参见表 7-4。

表 7-4 问卷设计阶段的主要工作内容

工作项目	工作内容	中间文件	最终文件
宣传和预调	1. 搜索背景资料 2. 进行需求调研 3. 在全公司范围开展宣传 4. 召开项目启动会 5. 对各阶层员工进行访谈，并让他们对《员工满意度调查模型》的维度进行选择	1. 公司背景资料 2. 需求调研文件 3. 访谈记录 4. 《员工满意度调查模型》选择结果	1. 预调分析报告 2.《员工满意度调查模型》的选择结果
正式设计问卷	1. 根据预调结果设计出问卷初稿 2. 删去不必要问题，形成标准问卷 3. 对标准问卷逻辑排序，形成正式问卷	1. 问卷初稿 2. 标准问卷 3. 正式问卷 4. 确定参加调查的员工人数，印制问卷	正式问卷

问卷设计阶段分为两个阶段，第一个是宣传和预调阶段，第二个是正式设计问卷阶段。

步骤三：问卷设计宣传和预测

宣传和预调阶段的工作内容如下。

1) 搜索背景资料

不同行业、不同企业面临和存在的问题千差万别。为了从整体上了解和把握企业，在开展调查工作前，必须了解企业所处行业的发展历史和现状；行业竞争的情况；企业自身的发展历史和经营现状；企业的组织结构；岗位设置和人员分布情况；企业人力资源体系的建设情况；企业目前遇到的管理问题等。

2) 进行需求调研，需要调查哪些内容

为了使调查工作有的放矢，能够解决企业的实际问题，并给后续的问卷设计提供有价值的参考，有必要先进行需求调研，调查内容如下。

- 公司实施调查的原因是什么？
- 公司希望通过这次调查达到什么目的和效果？
- 公司目前的离职率怎样？公司目前在管理上存在哪些问题？公司内部是否产生了什么谣言？目前行业或公司有哪些事件影响了员工的满意度？
- 哪些群体是我们在这次调查中需要重点考察的？
- 公司的使命是什么？
- 公司以前是否做过员工满意度调查？如果做过，是否可以参考？

3) 全公司范围内的宣传工作

全公司范围内宣传工作的开展时间应略早于项目启动会和预调访谈，以让员工有足够的时间了解这次调查活动。宣传工作可以通过多种方式进行，比如在公司内部挂横幅标语，在公告栏、网站、海报、会议等平台进行宣传和解释。宣传内容应该包括以下内容。

- 告诉员工公司将要开展一次员工满意度调查。
- 参与调查活动的重要性。向员工说明这是一个表达民意的机会，是公司提高员工满意度的一个过程,并强调员工的每一个意见都可能通过调查程序引起公司的关注。
- 调查是匿名和保密的,员工的意见和反馈将会得到严格保密,只有外部的调研机构才会看到完整的答案信息。这样可以尽量避免员工因为害怕被打击报复而不敢填写真实的情况。
- 公司将如何使用和处理调查结果。
- 调查需要多长时间完成。

4) 召开项目启动会

在进行预调访谈之前,公司应该召集中高级管理层,召开项目启动说明会。通过对开展调查活动的目的、作用和意义进行说明,使中高层首先了解调查目的,以积极参与和支持后续活动的开展。

5) 访谈并对《员工满意度调查模型》的维度进行选择

访谈的形式可以是大家坐在一起共同发言、讨论,也可以是调查人员和公司员工进行一对一的交流。为了得到更全面的信息,在访谈过程中应使用事先准备好的访谈提纲。提纲中的问题应该涉及影响员工满意度的多方面内容,如薪酬福利、工作成就感和挑战性、个人职业发展、后勤支持、领导行为、企业管理和经营等。

对各阶层员工开展的访谈工作结束后,调查人员应该撰写一份《预调分析报告》,这份报告应该是对需求调研文件、背景资料和访谈记录进行综合分析后写成的。报告内容应包括对企业总体情况的介绍,对企业员工满意度现状和影响因素的分析等。这是在宣传和预调阶段得到的第二个最终文件。

步骤四:正式问卷设计

首先,根据从《员工满意度调查模型》中选出的70个维度、《预调分析报告》和访谈记录,设计出三份问卷初稿。这种问卷应该只包括单选题,而且只有问题,没有选项。

其次,抽取一部分员工,请他们选出20道他们认为不重要或者没必要在问卷中出现的问题,然后我们再把选中率最高的20道题删去,形成标准问卷。

接下来,对标准问卷中的问题进行逻辑排序,比如先问容易回答的问题,把敏感的问题放在问卷后面;按照时间顺序、一般的分类习惯和思考习惯对题目进行排序,然后进行公司内部试卷访问,对有问题的地方进行修改,并确定出最终的正式问卷。

问卷设计工作完成后,公司应该统计出有资格参加调查活动的确切员工人数,并根据该数字印刷问卷。

一般来说,以下人员不应被列为调查对象。

(1) 文盲、小学未毕业的文化素质低的员工。
(2) 不在职、长期请假或工作岗位较低(如清洁工、杂工、临时工等)的员工。
(3) 在公司工作未满三个月的员工。

步骤五:正式进行问卷调查

由于已经做了充分的宣传活动,而参与过访谈、选择问卷维度或题目等活动的员工,也会向周围的同事传播调查活动的有关信息。至此,就可以直接进行问卷的调查工作了。

当公司员工人数较少且分布集中时,使用两种方法的效果相差不大。但是当公司有上千名员工,且员工分布在不同地方的时候,使用互联网调查就会节约很多时间和人力、物力成本。如果公司的大多数员工在工作场所都能登录互联网，这时候，互联网就是我们首选的方法，互联网方式能够带来更快的反馈结果，而且容易对调查的进度进行控制，还有利于我们做问卷的检查工作。但是如果公司只有一小部分员工能够上网，则采用传统的纸张调查方式，可以用以下几种方式发放问卷。

- 按部门分发。
- 调研小组成员直接将调查问卷发放给被调查对象本人，地点可选在公司大门口或工作岗位上。
- 在公司大门口合适的位置设置调查问卷索取箱，供员工自行索取。
- 人力资源部门应该精心组织问卷的分发和回收工作，以保证问卷的填写有效率、回收率和回收的及时性。

步骤六：利用调查结果进行分析

1) 提交《数据统计报告》

一般来讲，《数据统计报告》中会包括以下内容。

- 全体参与人员在部门、年龄、性别、工龄、学历等方面的分布情况。比如员工分布在哪些年龄段，处于各年龄段的员工分别占多大比例等。
- 员工对工作和公司的整体满意度怎么样？
- 在影响满意度的各个维度上，员工们的满意度和抱怨度怎样？
- 在影响满意度的各个维度上，哪些部门、年龄段、性别、学历或工龄的员工，他们的满意度或抱怨度与其他人群明显不同。
- 通过对各问题的满意度和抱怨度进行排序，找出公司目前在哪些维度上的工作做得不错，在哪些维度上的工作还有待改善。
- 哪些维度对改善员工的整体满意度更有效。

2) 成因分析和进一步访谈

《数据统计报告》出来后，通过对企业的优劣势进行排序，可以发现企业问题的广度和权重。但是要达到解决问题的目的，仅依靠预调分析结果、开放性问题的分析结果和问卷定量部分的数据统计分析结果可能还不够。只有对企业问题的形成原因有了深刻的认识，才能制定出有针对性的解决措施，这就需要根据前面的调查结果对问题进行成因分析，并通过进一步访谈，达到深层次挖掘问题本质的目的。

步骤七：提交《调查分析报告》，提出改进意见

在这个步骤，调查人员会对整个调查过程中得到的结论进行汇总分析，并提交《调查分析报告》，进行问题成因分析，并提出相应的改进参考建议。调查分析报告包括以下内容。

1) 强项和弱项分析

在前面的《数据统计报告》中，我们对各维度的满意度和抱怨度排序，并对维度进行进一步的归类处理，可以归纳出公司目前存在哪些强项和弱项。强项即员工目前对公司比较满意的地方，我们可以在将来的工作中继续保持；弱项即员工很不满意或不太满意的地方，我们需要在今后考虑做一些改进工作。

2) 整体满意度与各维度间的相关分析

不同的企业中，各维度对整体满意度的影响作用是不同的。比如说，在一个生产型企业中，提高工人的薪资待遇往往比增加培训机会更能有效地提高他们的满意度；但在一个

薪资水平本来就比较高的公司里,增加培训机会可能比涨工资更能取悦员工。我们可以通过进行整体满意度与各维度间的相关分析,找到对整体满意度影响作用最大的因素。

  3) 杠杆分析

  有了上两步的工作基础,接下来就可以进行杠杆分析了。企业的资源是有限的,不可能满足员工的全部需求。必须争取用最小的投入,使员工满意度得到最大限度的改善。满足这种要求的领域应该具有以下的特点。

- 这些领域的满意度比较低;
- 这些领域对改善员工满意度的影响作用比较大。

  通过前面的强项和弱项分析,我们可以知道公司目前在哪些领域做得好,在哪些领域做得差;而通过多元回归分析,我们可以知道哪些领域能够有效提高员工的整体满意度,而哪些领域对提高员工的整体满意度帮助不大。我们再用满意度和相关系数分别做 X、Y 轴,可以将所有的领域分为四个区域(如图 7-3 所示)。

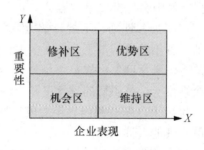

图 7-3 杠杆分析图

  (1) 优势区:这些区域对决定整体的员工满意度非常重要,企业在这些方面的表现也非常好,需要保持并发展这些优点。

  (2) 修补区:这些区域对决定整体的员工满意度非常重要,但企业在这些方面的表现比较差,需要重点修补、改进。

  (3) 机会区:这些区域对决定整体的员工满意度重要程度低,企业在这些方面的表现也比较差,员工和企业都忽略,可以挖掘出提升满意度的机会点。

  (4) 维持区:这些区域对决定整体的员工满意度重要程度低,企业在这些方面的表现也比较好,对企业的实际意义不大,不需要花太多的工夫。

  一般来说,修补区和机会区是我们需要改进的地方。对于这些地方,企业还应该根据合理性以及改进它们所需的资源数量,再把它们分为三种情况,分别对待处理:

- 对于合理且公司投入较小成本(或根本不需要成本)就可以立即改进的,公司应该立即改进。
- 合理但由于公司资源有限等原因而暂时无法改进或无法一步到位的,公司应向员工说明理由和公司在这方面有什么打算。
- 放弃与公司原则相冲突或根本不合理的。

  4) 员工评论分析

  预调访谈和问卷中的开放性题目,都允许员工对不满意的地方自由发表评论。通过分析这些评论性语句,可以了解员工的想法,并能更好地解读问卷中的数据。

项目7 员工沟通与满意度管理

5) 细分群体分析和比较

可以通过部门、年龄、性别、工龄等分类方法把员工分成不同的细分群体。很多情况下，同一种细分群体更可能存在相同的需求，因此通过细分群体分析，可以更有针对性地分析和制定改进措施。一般来说，部门分析是最有意义的，这是因为企业的组织结构是以部门为基础的，因此更容易制定和实施针对部门的改进措施。

6) 归纳主要发现

接下来，需要归纳整个调查的结果和发现的关键问题。

7) 提出主要建议

最后，需要根据主要的发现结果，提出可操作的改善建议。

步骤八：公布调查结果

调查结果出来后，人力资源部首先向总经理汇报这次调查的结果。然后公司召开部门经理会议。在部门经理会议上，向大家说明今年的满意度调查结果中，好的地方是什么、不好的地方是什么。在这个环节上，总经理的发言显然会比人力资源部经理的发言要有力得多，因为人力资源部经理说出来的话别人听着就像在为自己做宣传。而通过总经理说出来，员工会非常认可，这是分享调查结果的时候需要特别注意的地方。会议中大家分析讨论问题的时候，讨论内容应该包括哪些人有这个问题？哪个部门有这个问题？这个问题是什么时候出现的？这个问题对公司的影响是什么？最后还要问为什么出现这个问题？怎样去解决它？

步骤九：及时与员工沟通调查结果

最后公司应及时与员工沟通调查结果。沟通可以由部门经理在部门例会上进行，也可以由人力资源部和员工进行沟通，但最正式的应该是总经理和人力资源部召开员工大会进行沟通。如果不能把员工召集到一起，公司还可以利用邮件、网络、内部杂志、海报等多种方式进行沟通。沟通内容应该包括以下两点。

(1) 公司的长处和短处是什么。

(2) 针对这次调查的结果，公司将会采取哪些行动。

需要注意的是，公司一定要告诉员工公司会采取哪些行动，即使不能立即采取行动，公司也应该向员工公布行动计划，让员工看到希望。

步骤十：管理层与员工共同制订改进计划，实施并对改进效果进行跟踪

满意度调查本身是不会改变组织本身的，只有组织利用调查的信息来计划和实施变革，调查才对企业产生积极意义。在对影响员工满意度的各种因素进行改进时，公司有必要建立一个有效的改进计划。这个计划应该包括以下内容：

(1) 问题陈述。

(2) 问题分析和解决办法。

(3) 解决问题所需的资源。

(4) 期望达到的目标和实际效果。

(5) 时间安排。

(6) 纠正或预防措施。

(7) 达到预期目标后的评价及通报。

在改进计划中，对于员工集中反映的和意见特别大的问题，公司一定要拿出有实质性的并且有针对性的改善方案,指定专人负责实施并按时检查结果,进行重点改进。有了这样一个全面的改进计划,员工满意度的改进工作才能够进行下去。但是,实施改进措施并不是调查结果应用的终点,人力资源部还必须对行动计划进行跟踪,以保证实施效果。

跟踪需要注意以下几点。

(1) 告诉员工要有耐心。组织方面的变化不会在昼夜间发生,是需要时间的。哪怕公司一下采取了很多变革措施,马上开始变革,效果也不是一时半会儿就能出现的,但是员工心里往往很着急,这就需要事先跟员工沟通,让他们耐心等待。

(2) 人力资源部和业务部门经理需要用固定时间跟员工沟通公司在政策、流程等方面的变化,否则员工会认为满意度调查后什么事情都没有发生。比如开始时一个月沟通一次,后来三个月沟通一次等。

(3) 可采用的沟通方式包括月度例会、年会、内部刊物、内部邮件等。

案例分析与讨论

一个失败的上下级沟通案例及其启示

丁某是一个典型的北方姑娘,在她身上可以明显地感受到北方人的热情和直率,她喜欢坦诚,有什么说什么,总是愿意把自己的想法说出来和大家一起讨论,正是因为这个特点她在上学期间很受老师和同学的欢迎。今年,丁某从西安某大学的人力资源管理专业毕业,她认为,经过四年的学习自己不但掌握了扎实的人力资源管理专业知识而且具备了较强的人际沟通技能,因此她对自己的未来期望很高。为了实现自己的梦想,她毅然只身去S市求职。

经过将近一个月的反复投简历和面试,在权衡了多种因素的情况下,丁某最终选定了S市的一家金融企业,她之所以选择这份工作是因为目前该公司规模适中,发展速度较快,最重要的是该公司的人力资源管理工作还处于尝试阶段,如果丁某加入,则她将是公司专门负责人力资源的第一个人,因此她认为自己施展能力的空间比较大。

但是到公司实习一个星期后,丁某就陷入了困境中。原来该公司是一个典型的中小型企业,充满了各种裙带关系,缺乏必要的管理理念更不用说人力资源管理理念,在老板的眼里,只有业绩最重要,公司只要能赚钱其他的一切都无所谓。但是丁某认为越是这样就越有自己发挥能力的空间,因此在到公司的第五天丁某拿着自己的建议书走向了直接上级的办公室。"刘经理,我到公司已经快一个星期了,我有一些想法想和您谈谈,您有时间吗?"丁某走到经理办公桌前说:"来来来,丁某,本来早就应该和你谈谈了,只是最近一直忙着见客户就把这件事忘了。"

"刘经理,对一个企业尤其是处于上升阶段的企业来说,要持续企业的发展必须在管理上狠下工夫。我来公司已经快一个星期了,据我目前对公司的了解,我认为公司主要的问题在于职责界定不清;雇员的自主权力太小致使员工觉得公司对他们缺乏信任;员工薪酬结构和水平的制定随意性较强,缺乏科学合理的基础,因此薪酬的公平性和激励性都较低。"丁某按照自己事先所列的提纲开始逐条向刘经理叙述。

刘经理微微皱了一下眉头说:"你说的这些问题我们公司也确实存在,但是你必须承认一个事实——我们公司在赢利这就说明我们公司目前实行的体制有它的合理性。"

项目7 员工沟通与满意度管理

"可是,公司眼前的发展并不等于将来也可以发展,许多中小企业都是败在管理上。"

"好了,那你有具体方案吗?"

"目前还没有,这些还只是我的一点想法而已,但是如果得到了您的支持,我想方案只是时间问题。"

"那你先回去做方案,把你的材料放这儿,我先看看然后给你答复。"说完刘经理的注意力又回到了业绩报告上。

丁某此时真切地感受到了不被认可的失落,她似乎已经预测到了自己第一次提建议的结局。

果然,丁某的建议书石沉大海,刘经理好像完全不记得建议书的事。丁某陷入了困惑之中,她不知道自己是应该继续和上级沟通还是干脆放弃这份工作,另找一个发展空间。

请问:本案例中上级刘经理在上下级员工的沟通过程中存在哪些问题?该如何改进?

思考与练习

1. 员工沟通的定义和员工沟通的作用分别是什么?员工沟通的目标又是什么?
2. 员工满意度调查的定义和作用分别是什么?员工满意度调查的目标又是什么?
3. 有效沟通的基础、行为法则及具体方法分别是什么?有效沟通的程序有哪些?
4. 员工满意度调查的方式及测量工具分别有哪些?问卷调查法有哪些操作流程?

■拓展阅读

与全球员工沟通的技巧

对希望保持全球员工积极性的雇主来说,沟通是一个关键因素。通过共同的使命(定期沟通)缔结员工的归属感,这对员工的满意度至关重要。同时,对于提高生产率和提高员工敬业度大有裨益。对跨国公司来说,设计一种将来自不同地区和文化背景的团队成员联系起来的战略是至关重要的。这有助于品牌内部发出一致的声音,让您的员工体现出公司形象。遵循以下 8 条建议,可确保您与全球员工的沟通尽可能有效。

一、明确您的任务和目标

如果没有明确的任务陈述,一份全面的企业沟通策略是不可能有效的。如果您还没有这样的任务陈述,花点时间写下您的公司、企业或组织的任务使命。清楚地解释您在做什么,并陈述一些短期和长期的目标。然后想想您需要什么才能实现这些目标,如何衡量进展,以及有效的沟通策略如何能帮助到您。

二、知道您在和谁对话

熟悉您的每一个国外办事处的文化,并确保以尊重与当地员工交流的文化方式进行沟通。举个简单的例子来说:节假日,不是每个人都会在同一天庆祝相同的节日。例如,在斋月、新年或中国新年时,向海外员工发送节日贺卡,而不是给所有地区的公司办公室发送普通的"圣诞快乐"问候。

三、移动的可访问性

在当今世界，在手机上查看内容的人比在台式电脑上查看内容的人要多。因此，企业通信应该为移动平台设计出最佳工作体验，特别是当您的组织中有远程工作人员或经常出差的员工。为了确保最佳的移动浏览体验，确保您的内容具有响应性，并让您的员工知道他们需要下载哪些相关的移动应用程序来进行正确的浏览(例如，Outlook、Salesforce，等等)。

四、通俗易懂

试着编写和发送一些零食式的内容："语句简短、口吻甜蜜、内容极其充实"，这是美国 Halo 集团旗下的品牌和营销机构的建议。实现这一点的一个好方法是通过信息图表。为什么？因为研究表明，65% 的人利用视觉学习效果更好，而且处理图像的速度往往是处理文本速度的六万倍之快。因此，企业沟通有可能成为公司对自身营销的一种形式，也被称为"内部营销"。这意味着您应该投资，让您的内部资源尽可能地赏心悦目。像一个营销人员一样思考，尝试使用明亮、多彩的和专业的图形。小贴士：看看这些工具，它们可以帮助您创建很棒的信息图表，点击这里有一篇关于色彩营销心理学的文章。

五、保持简单

不要把员工的时间浪费在没有人真正关心的公司范围内的沟通上。确保每一次交流都是相关的，并且针对您的受众。员工们可能会对公司的整体经营状况以及公司的具体目标表示欢迎。一份行业趋势和竞争对手的报告可以帮助员工把自己的努力放在更宏观的背景下。当然，您也想要宣布您正在计划的任何特殊活动，比如研讨会、职业发展机遇或社交聚会。和团队领导谈谈，看看他们是否愿意有机会定期向公司其他部门汇报他们部门的活动和成就。底线：在一个多站点的公司里，要额外重视识别所有员工感兴趣的内容，而不仅仅是那些在总部工作的员工。

六、呼吁行动

在可能的情况下，在您的沟通中采取行动。让员工做一些事情——最好是简单的事情——有助于让他们投入内容中去。例如，当您发布一个新的博客时，在内部分享这个链接，并让您的员工喜欢或在社交媒体上分享它。如果有一个重要的研讨会或公司政策的更新，利用调查或测验是让员工参与的好方法，并确保他们回顾和理解新的规则或政策。

七、用他们的语言表达

与语言服务提供方合作，确保所有地区办公室的员工都能理解您的沟通内容，尤其是像更新员工手册这样的关键沟通。事实上，翻译重要的员工信息在许多国家都是法律要求的。LSP 还可以帮助您评估文本、图像和颜色是否适合不同的文化。确保用员工所使用的当地语言发送符合当地文化并遵守当地语言规则的内容，并让每个人都感到自己受到公司的重视，融入了公司文化。

八、沟通是双向的

如果员工对您的沟通做出回应，您需要有一个快速回应的机制。员工反馈是一种极好的方式，可以发现团队或网站之间的合作机会，这也可以加强公司的团结，并发现隐藏在表面之下的不断发酵的问题。您也应该考虑让员工提供匿名反馈。您可以在公司内部的全球电话会议处理匿名的评论、建议，或给内部所有办公室发送电子邮件来回复匿名建议。

项目 8　企业文化建设

【项目概述】

企业文化建设是对人的持续建设。或许这并不会影响到企业的有形资源，却会对有形资源的利用方式产生重大的影响，这种影响是通过企业文化对企业员工的价值取向和行为方式施加强有力的导向和支配作用而产生的。企业文化建设的重要内容是企业内刊建设和企业年会策划，前者指企业自行编辑、在企业内部和与企业有关联的单位、人士之间传播、交流的刊物，后者是指每年围绕企业和组织总结一年的运营情况、鼓励团队士气、展望美好未来而策划实施的一种集会形式。

【学习目标】

- 能够熟悉企业文化建设及企业文化建设的定义，能够掌握企业文化建设的内容，并且能够了解企业文化建设的作用；
- 能够熟悉企业内容的定义、作用、功能与表现；
- 能够熟悉企业年会的定义，以及企业年会与公司规模的关系。

【技能目标】

- 能够熟练掌握企业文化体系的创建步骤，并且能够根据该步骤协助进行公司企业文化的创建；
- 能够熟练掌握企业文化体系的实施和推广步骤，并且能够根据该步骤进行企业文化的实施和推广；
- 能够熟练掌握企业内刊的定位方式，进行企业内刊的内容选择，策划企业内刊的主题，并且能够协助编写企业内刊的运作方案；
- 能够熟练掌握企业年会的策划和执行步骤，并且根据该步骤协助进行企业年会的策划与执行。

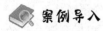

案例导入

阿里巴巴的九条精神，六大核心价值理念

一、根本价值观

阿里巴巴集团的使命是"让天下没有难做的生意"，无论是淘宝网，还是公司开发的其他软件，都立足于帮助客户(广大中小企业)把生意做得更简单、更容易。这就是阿里巴巴集团做决策时所依据的根本价值观。不过，坚持做到这一点并不容易。公司价值观的形成需要一个过程，并非一开始就定型的。因此阿里巴巴在创业过程中一边摸索一边总结，让公司的战略和价值观一点一点变得清晰。

二、企业使命

赚钱是所有企业的经营目的，但并不是所有企业的总目标。因为各行各业的公司盈利模式大相径庭，如果一切只是向钱看而不顾经营手段，就会像猴子摘苞米一样不断瞎折腾，什么事业都做不起来。所以，头脑清醒的公司首先会找准自己的发展方向，沿着相对明确的方针路线来经营事业，做到更高效、更稳定地赚钱。这个发展方向也可以被称为"企业使命"。企业使命是一家公司发展的总目标，好比是位置恒定的北极星。由企业使命衍生出来的与时俱进的发展方针好比围着北极星转的北斗星。北极星和北斗星是古代航海家辨别方向的依据。

那么，企业使命对公司管理者及全体员工的意义也正是如此。不重视企业使命的公司往往会缺少一股凝聚力。员工没有共同的目标，只是被动地按照考核要求在运作。新老交替时，优秀老员工的经验无法有效传承，新员工也各行其是。为此，阿里巴巴始终要求全体员工熟记企业的使命，老员工还要发挥"传帮带"作用，把公司的使命与价值观传授给新员工。这个做法是为了保持价值观的统一，让各式各样的人才向着同一个总目标来努力。毫不夸张地说，正因为阿里巴巴的全体员工能坚持共同的企业使命，遵循共同的企业文化价值观，才能让阿里巴巴在迅速扩大规模的同时保持着高度的凝聚力，而没有变得松松垮垮。

三、九条价值观

阿里巴巴团队总结出了团队精神、教学相长、质量、坚毅、激情、开放、创新、专注、服务与尊重九条价值观。从此以后，阿里巴巴非常重视价值观建设。

四、六大核心理念

随着时间的推移，阿里巴巴集团在不断变化中总结其价值的精华，最终形成了现在的六大核心理念：客户第一、团队合作、拥抱变化、诚信、激情、敬业。"客户第一"即尊重客户，一切围绕客户需求出发。"拥抱变化"即开放精神与创新精神的结合，把积极求变视为赢得未来机遇的主要手段，以免被不断升级更新的互联网行业淘汰。诚信、激情、敬业是每个企业的共同要求，但阿里巴巴对此要求十分严苛。

五、三大文化

笑脸文化、武侠文化、倒立文化是阿里巴巴企业文化中的三大重要组成部分，它们与公司的九条精神、六大核心价值理念相互补充，共同构成了阿里巴巴文化价值观体系。

笑脸文化即让全体员工带着笑容去工作。为了贯彻笑脸文化，阿里巴巴甚至把自己的Logo设计成一张笑脸。这种企业文化的诞生是为了让公司上下更好地适应互联网时代。现代社会生活压力大，瞬息万变的互联网行业更是如此。这个行业无论是产品研发还是营销推广都需要创意，构思创意必定会增加员工的用脑量，使员工长期处于高度紧张的忙碌状态。

但是创意这种东西，并不是冥思苦想就一定能得到的，一味紧张与一味松懈都无济于事，张弛有度才能让员工保持舒畅的心情，充分发挥出他们的聪明才智。当初做淘宝网站时，创始员工柴栋选择韦小宝做自己的淘宝花名(即该公司内部使用的一种化名)。其他员工见状也纷纷以金庸的武侠小说角色做昵称，还把公司各处都安上了桃花岛、黑木崖之类的武侠地名。于是以淘宝为起点，武侠文化在整个阿里巴巴集团蔓延开来。在阿里巴巴内部，核心技术研究项目组被叫作"达摩院",集团总部的一个办公室叫"光明顶",还有一个叫"侠客岛"。于是公司开会也被戏称为"聚首光明顶"。阿里巴巴高层也有各自的花名,比如马云的花名是风清扬,陆兆禧的花名是铁木真,邵晓峰的花名是郭靖。

淘宝开年庆活动时,阿里巴巴员工称其为"武林大会",公司还会打乱平时的隶属关系,让员工按自己的花名加入各帮派,争夺"天下第一帮"的头衔。这些富有互联网特色的做法,让武侠文化深深地烙在了每一位阿里巴巴员工的心里,促进了公司内部的交流互动,也为笑脸文化的落实提供了良好的细节支持。

倒立文化更让人感到不可思议。淘宝检验阿里新人是否合格有个特殊的标准。那就是让新员工在为期一周的培训中学会倒立,这也是培训考核的一项内容。这个奇怪的习俗其实包含了三层含义:第一,倒立是一种简单的锻炼身体方式,有助于保持饱满的工作状态。第二,其他人帮助不会倒立的人学会倒立,是一个培养团队合作精神的过程。第三,倒立可以让人们改变视角看世界,当人们有了不一样的感受时,思路往往会被打开,产生新创意。倒立文化表面上是一个突发奇想的仪式,实则是通过个性化的活动来开阔员工的视野,增强他们的毅力,激发他们的创新思维。通过这种形式,阿里巴巴员工在挑战过程中克服了心理障碍,体验到了挑战自我的成就感。如此一来,员工对公司的向心力也就更强了。

请根据以上案例分析,企业文化建设至少应该包含哪些内容?

8.1　相关知识:企业文化建设、企业内刊和年会

8.1.1　企业文化建设

1. 企业文化的定义

企业文化是企业长期生产、经营、建设、发展过程中所形成的管理思想、管理方式、管理理论、群体意识以及与之相适应的思维方式和行为规范的总和。是企业领导层提倡、上下共同遵守的文化传统和不断革新的一套行为方式,它体现为企业价值观、经营理念和行为规范,渗透于企业的各个领域和全部时空。其核心内容是企业价值观、企业精神、企业经营理念的培育,是企业职工思想道德风貌的提高。

2. 企业文化建设的定义

企业文化建设是对人的持续建设。或许这并不会影响到企业的有形资源,却会对有形资源的利用方式产生重大的影响,这种影响是通过企业文化对企业员工的价值取向和行为方式施加强有力的导向和支配作用而产生的。

3. 企业文化建设的内容

从结构上来看,企业文化可以分为精神文化、制度文化、行为文化、物质文化和形象文化五大层次。具体内容见表8-1。

表 8-1　企业文化建设的内容

建设类型	内容
精神文化	精神文化是企业文化的核心，也是企业文化的纲领，贯穿于整个经营过程，一般可以包括： ①企业的基本战略； ②企业的价值观； ③企业的行为方针等
制度文化	制度文化是精神文化的制度性体现，简单地讲就是将精神文化以文字的形式固定下来，以便于遵守和传承，一般可以包括： ①组织机构的设置原则； ②管理制度
行为文化	行为文化是精神文化在企业组织行为和员工的个人性行为上的透射，包括： ①企业家行为； ②模范人物行为； ③员工的行为
物质文化	物质文化的范围较为宽泛，成型的产品、设备、设施，都可以形成企业独有的物质文化，包括： ①企业自己的产品； ②工作环境、工作设施； ③为员工提供的奖励性旅游、托儿所、育婴室、茶餐吧、借阅览室、生活娱乐设施等
形象文化	形象文化是最外层的企业文化，也是为行业为社会所能共识的表象文化，它可以包括：企业的标识、口号、宣传册、歌曲、故事、名片、员工的服装等

4．企业文化建设的作用

1）企业文化是企业核心竞争力的关键所在

企业文化具有鲜明的个性和时代特色，是企业的灵魂，它是构成企业核心竞争力的关键所在，是企业发展的原动力。毛泽东早就说过，没有文化的军队是愚蠢的军队，而愚蠢的军队是不能战胜敌人的。企业也是一样，没有文化的企业，是愚蠢的企业，而愚蠢的企业是不能在竞争中取胜的。

2）企业文化可增强企业的凝聚力、向心力，激励员工开拓创新、建功立业的斗志

优秀的企业文化为员工提供了健康向上、陶冶情操、愉悦身心的精神食粮，能营造出和谐的人际关系与高尚的人文环境。企业内各种文娱活动的开展，活跃着员工的业余生活，加强了员工之间的团结友谊、沟通合作和团队意识；企业的激励机制，分别从物质、荣誉和个人价值三个方面对员工进行激励，激励着员工奋发向上、开拓创新、建功立业的信心和斗志；各种学习和培训使员工丰富了知识，增长了才干，让他们能更好地在企业里实现个人的价值。员工在企业文化良好的环境下工作生活，在本职岗位上各尽其能，积极进取，这样就能形成一个风气正、人心齐、奋发向上、生动活泼的局面，有了这样高素质员工队伍的企业，就能适应日益变化的新经济形势，使企业发展壮大起来。

3) 企业文化对员工起着内在的约束作用

"企业即人"企业文化即是企业人的文化，属于思想范畴，是人的价值理念，这种价值理念和思想道德属于同一种范畴。企业文化和社会道德一样，都是一种内在价值理念，都是一种内在约束，即人们在思想理念上的自我约束，因而都是对外在约束的一种补充。经营企业首先依靠企业制度，但制度总是落后于企业的发展，总有需要完善地方，有时也会有失效的时候，那么一旦企业制度失效了靠什么来约束人的行为？这就要靠企业文化来约束，靠企业的价值观来约束，使员工少犯或不犯错误。企业文化在一定程度上潜移默化地影响着企业员工的思维模式和行为模式，引导和牵引着企业员工保持健康的心态，追求精神的富足，树正气、反腐倡廉、洁身自爱、做堂堂正正的人。

4) 企业文化可促进企业经济效益的提升

企业文化作为一项高级形态的管理职能，它最终的绩效应该体现在企业的经营业绩上。美国学者约翰·科特和詹姆斯·赫斯克特经过 11 年艰苦研究，总结了 200 多家企业绩效情况，最后集中到 10 家典型公司的企业文化和经营关系上，证明了企业文化是对企业经营效益的提升有很大的促进作用。

8.1.2 企业内刊

1. 企业内刊的定义

企业内刊是指企业自行编辑、在企业内部和与企业有关联的单位、人士之间传播、交流的刊物。现在人们在提到企业内刊的时候，通常是指企业自办的杂志，准确地讲，企业内刊还包括企业自办的报纸。

现在很多企业都办了企业内刊，不同的企业会有不同名称、不同文化内涵、不同表现风格的企业内刊。不同的企业，其内刊在企业里的角色和作用也会不同。即使同一个企业，由于不同领导或主编及其价值观、风格的不同，企业内刊在企业里的角色和作用也会有所不同。

2. 企业内刊的作用

1) 传播企业理念

建立并传播企业的经营理念、价值理念、管理理念等是企业文化建设的重要任务，在这个过程中，充分沟通显得尤为重要，而企业内刊是企业实现对内对外沟通的有效手段，在企业内刊的采编途径中，通过访谈、挖掘，深化员工对企业核心理念的认识在精神层面得到充分交流，内心情感得到反映，思想得到沟通。在企业内刊的传播过程中，社会形象和员工风采得到充分展示，从而增强了员工的自信心和对企业的自豪感与责任感，优化了企业发展环境。企业内刊旗帜鲜明地唱响企业追求什么，倡导什么，反对什么的主旋律，能够使企业理念内化于心，外化于行，形成企业员工的群体性心理，在员工中发挥舆论导向的作用。

2) 服务企业发展

企业的发展战略，描述了企业未来的发展方向，反映了企业的总体规划。企业内刊的任务就是充分发挥宣传阵地和企业喉舌的功能,迅速及时将企业的年度战略、长远战略传递给广大员工,更方便贯彻落实,企业内刊可以围绕企业发展战略,精心组织版面和文章内容,有针对性地开展宣传报道,全方位、多方面调动一切有利因素和积极力量,发挥整体协同效应,既宣讲清楚形势和任务,更着眼于督促提高执行力。

3) 弘扬模范人物

先进典型、模范人物是企业的英雄,他们思想水平较高、业务技能突出、爱岗敬业,是企业先进文化外化于行的生动体现。企业内刊可以精心设计采访、深入基层进行调查研究,扩大先进典型宣传的覆盖面,宣传好先进人物,可以运用典型的示范作用和精神力量教育人、引导人、鼓舞人,可以沉淀企业的精神力量,树立起工作实践需要、员工普遍关注,并且值得学习的榜样。

4) 记录企业成长

企业的创业历史、发展历史本身就是企业的无形资产,企业内刊充当着记载企业历史的角色,在宣传报道的同时,也完成了对企业历史档案的记录。一部完整的企业内刊资料,便是一部齐全的企业发展的历史档案,是企业奋进、崛起、战胜困难的生动见证,也是企业精神代代相传,并不断沉淀的缩影,企业内刊既有原始资料,又是提炼企业文化的宝库。

3. 企业内刊的功能和表现

企业内刊的建设和发展在每个不同时期具有不同的功能和表现,企业文化是长期提炼的结果,这个结果的形成也是企业内刊长期有计划、有阶段、有层次服务的结果。在企业文化形成阶段,企业内刊就要用正确的思想去引导,去武装、去强化,去训导教育,让企业的每一个员工大脑中建立这个概念、这个意识。在企业文化发展阶段,企业内刊就要利用企业内刊去贯彻、去落实,去巩固,让企业文化不断完善和持续改进。企业内刊在企业文化战略的不同发展阶段的任务和工作重点都是不一样的。

企业内刊具有记录功能,因此一些企业内刊人"有闻必录",热衷于报道企业中发生的新闻和活动,单纯地把企业内刊当成一个留声机、传声筒,把企业内刊看成死的东西,忽视发挥企业内刊的主观能动性。

如今在企业中,甚至在社会上,都有唯文化论泛滥的倾向,很多企业文化工作者把企业文化的内涵予以压缩,然后把外延无限放大,大到可以容纳一切,万事万物皆文化的地步。由此导致企业文化建设泛文化论的产生,风马牛不相及的东西也要生搬硬套到企业文化上,牵强附会,以致企业内刊建设轻重不分,中心不明,盲打误撞,偏离了企业内刊的正常轨道。

8.1.3 企业年会

1. 企业年会的定义

企业年会就是每年围绕企业和组织为总结一年的运营情况、鼓励团队士气、展望美好未来而策划实施的一种集会形式。年会是企业的春节,也是标志着一个企业和组织一年工作的结束。企业年会往往伴随着企业员工表彰、企业历史回顾、企业未来展望等重要内容。一些优秀企业和组织还有邀请有分量的上下游合作伙伴共同参与这一全司同庆的节日,增加企业之间的沟通，促进企业之间的共同进步。

2. 企业年会与公司规模

大多数公司都会选定在每年年终的时候开一个年会，除了对公司一年的业务和运行作一个扼要的回顾总结，并将公司下一年的目标计划简要地传递给全体员工外，就是让大家借此机会相互融洽一下情感、放松一下压力、调节一下气氛。年会并不等同于公司业务的总结会，不必那么严谨，主要还是通过近距离的沟通，使员工直接感受到来自公司及各级领导的关怀，并对公司的精神有更准确的领会。

有些规模较小、人员不多的公司年会相对比较简单，主要是聚聚餐、唱唱歌、抽抽奖，图个开心，时间上不刻意定死，看大家兴致可长可短；达到一定规模的公司，年会的计划性强，甚至还要求具备专业的策划能力，让员工每年都有新鲜感。较之小型公司，无论在其形式还是在其内涵上，都会加入更多的元素，尤其是一些跨地域公司，还会把全体人员集中在一个城市。这样的安排既能够让员工在企业年会中尽情放松，增进彼此之间的了解，保持愉快而积极的心态，也能达到企业管理层对员工层的重要信息传递，为来年的工作做好思想准备。

8.2 工作任务：进行企业文化体系创建和实施的业务操作

8.2.1 创建企业文化体系

创建企业文化体系的流程见图 8-1。

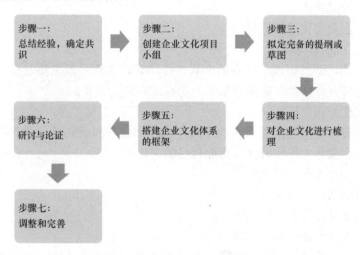

图 8-1　创建企业文化体系的流程

步骤一：总结经验，确定共识

一般情况下，人们会在经历错误之后才知道要如何改善，因此确定企业文化建立的方向，首先就应当考虑之前所经过的挫折和弊端，从而更为透彻地认识本企业自身的特点和背景。主要包括以下内容的分析和总结。

(1) 分析企业基本资料，如产品、服务、发展历程、发展战略、行业背景及所处地域特征、发展环境、变革、历次奖励或处罚、人员构成等。

(2) 访谈企业高层，以了解企业曾经及当下遭遇到的问题，并确认企业目前的改善需求与期望。

(3) 沟通企业文化建设之观念、做法与应有的认识。

(4) 了解领导层对进行企业文化建设的意愿。

(5) 取得领导层对项目支持的承诺。

步骤二：创建企业文化项目小组

接下来成立企业文化体系搭建的项目小组。

(1) 小组由中高层领导牵头，以5～10人为佳，并在成员中形成职阶跨度。

(2) 可以考虑选择具有专业经验的咨询机构。

(3) 应包括从事公司业务相关的技术人员。

(4) 设置项目联络人，负责项目的组织与协调工作。

(5) 建立人员储备，以防项目成员离职或其他原因退出后使项目工作脱节甚至搁置。

步骤三：拟定完备的提纲或草图

对整个体系搭建的流程和具体工作作出一个尽量完备的提纲或草图，内容包括以下5项。

(1) 项目目的。

(2) 项目执行期限及时间安排。

(3) 项目流程。

(4) 进度监督与汇报。

(5) 变革和冲突管理。

步骤四：对企业文化进行梳理

1) 企业文化现状调查

在企业内外部，通过访谈、问卷的方式进行调查，调查对象主要是企业各个层级的代表人物，以及外部合作伙伴、服务对象等。调查的内容见表8-2。

2) 企业文化差距分析

通过对企业背景和对各层级人员的了解，总结出初步的企业特点和内在需求，并通过借鉴及了解外部企业界大环境等提炼企业自己的文化。

- 成功企业的文化是什么？
- 同行业的文化是什么？
- 期望的文化是什么？
- 有哪些差距？如何减少差距？

当然借鉴时，有个不可忽视的因素，那就是客观的基础与环境，在改善现状、缩小差距之前我们先要剔除不适合本企业的内容，或者将其抛光打磨变成适合自己的内容。

步骤五：搭建企业文化体系的框架

调查了背景，了解了需求，接下来需要搭建一个企业文化体系的框架。

1) 根据前两个阶段所掌握的信息制作结构图

我们可以把下面这几项内容作为模板，再根据本公司的实际情况和需求分别选择不同的类项,具体见表 8-3。

表 8-2 企业文化现状调查的类型和内容

调查类型	内 容
精神文化调查	①目标事件法,即对公司发展最重要的事情,在公司工作过程中最难忘、最感动的事情等; ②目标人物法,即对企业发展贡献最大的人,在企业中最有影响力的人,人缘最好的人等; ③自我评价法,如在公司中我能够得到充分的尊重吗?我对公司的重要性等; ④满意度调查法等
行为与制度文化调查	①如是否知道公司的企业文化? ②是否接受过企业文化的培训? ③是否了解企业文化的重要性? ④企业的制度是否全部知晓? ⑤是否能够最大限度接受等
物质与形象文化调查	①如公司的网站具有文化特性和作用吗? ②有口号、标识、典型人物、服装等企业文化标志物吗? ③员工会向朋友介绍自己的公司吗? ④公司曾有过关怀措施吗?

表 8-3 信息制作结构图的模板

类 型	内 容
精神文化	企业的使命、愿景、宗旨、发展方向、经营理念、核心价值观、员工价值观、服务价值观、产业定位、服务方针、团队方针、人才方针
制度文化	组织机构设置原则、管理制度
行为文化	模范团队及人物行为
物质文化	员工可成为企业产品或提供的员工设施的终身体验者,例如,员工可优先优惠购买和使用本企业产品;安静和舒适的工作氛围、工作环境和便利、完善的办公设施等;心理辅导室,哺乳期母亲育婴室,健身室,茶餐吧等。
形象文化	独特且富有内涵的公司标志、上口而有个性的企业口号、普及又具有代表性的企业故事

2) 按照原则使"躯干"更加完整

应当根据自身企业的实际情况、客观条件和切实可行的需要来丰富实体内容。不能光做表面功夫,而忽视了将企业文化的精髓潜移默化地移植成企业员工的行为,致使企业文化成为空洞的"口号"。在众多的内容中要突出重点,以其他非重点呼应完成,从而成为一个完善可行的企业文化体系,也就是我们俗话讲的"成为一个圆"。

步骤六:研讨与论证

现在,骨架有了,内容也有了,还需要将已经成型的体系回到原点,像当初调查分析阶段一样,再对这件半成品进行研讨和论证,可以从理论和实践两方面开展,例如,座谈会上大家一同就体系方案的可行性、合理性进行讨论并提取意见。对于实践论证,由于其内容较多,时间也不允许无期限地开展,则可以选取其中的部分,有针对性地进行试验。

步骤七:调整和完善

框架是死的,但变化是活的。要使企业文化得以传承,就必须具有稳定性和长期性,即便由于外界或内部的境遇发生了突变,迫使原来拟定的相关内容需要调整或变化,但还是要"万变不离其宗",因此,一开始就需要我们对这个"宗"做全面的分析和归纳,使其固定,又为将来的变化而解释留有余地。例如,员工的行为准则就可以多从行为的种类来规范,而不应仅仅局限于目前需要或常见的具体行为。

论证和试行之后必然会产生很多的建议和意见,当然也会有问题存在。因此,我们要有充分的耐心,分析并提取意见,对即将揭开面纱的方案予以增补和调整。

8.2.2 实施和推广企业文化

实施和推广企业文化的流程见图8-2。

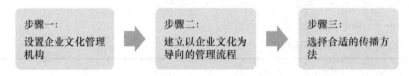

图8-2 实施和推广企业文化的流程

步骤一:设置企业文化管理机构

企业文化体系中的各个环节、各个模块都是在详细访谈、调查并征求意见、探讨修改之后的产物,如果没有一个特定的机构加以管理,持续性地实施,很容易就成为一时兴起的"运动",积极性过去之后便成为"一桩往事"。因此,实施和推广之前的首要任务是要确定一个专门机构,企业文化作为该机构的核心工作内容,由其持续地加以贯彻、监督实施。

步骤二:建立以企业文化为导向的管理流程

将企业文化结构中的内容渗透到企业各阶段的目标体系中,并纳入相应的管理流程中,以确定的文化内容引导企业的管理进程,以企业的管理流程逐步培育企业员工的行为习惯。就要包括的梳理流程有战略流程、运营流程与人力资源流程。

1)战略流程

逐步将企业的使命、愿景、宗旨、战略、发展方向、绩效目标、经营理念、组织能力向企业文化结构中确定的内容靠拢;以企业文化来树立企业的核心价值观、员工价值观、服务价值观、合作价值观、公众价值观等;以企业文化指导产业和业务定位、质量和服务方针的确定和落实。将企业使用的管理工具与企业文化相适应,以企业文化来调整工具管理,即使是硬性的工具也应做到柔性的管理。

2)运营流程

以企业文化来引导新产品的市场导向调查;以企业文化来衡量产品定位;企业文化同

项目 8　企业文化建设

样辐射到合作机构和销售渠道；广告、活动等市场推广工具须承载企业文化；设计并使用能够体现企业文化的品牌标志等。

3) 人力资源流程

企业文化同样应反映到人员结构及分布，人力资源规划等方面；以企业文化来规范和指导招聘原则，吸引并录用与本公司文化相契合的人才；以企业文化来修改、补充员工行为准则，确立奖罚机制；以企业文化来指导并统一考核机制，在企业中创造灵活、公平、公开、公正的竞争气氛；以文化为导向开展培训，并以培训成为文化传播的一种途径；以文化影响员工的意识，并为其创造参与机会、建议平台和申诉渠道，在文化的引导下处理争议等。

步骤三：选择合适的传播方法

通过文化管理机构确定需要改造的管理流程后，就可以正式并循序渐进地将企业文化向企业内外通过不同途径推广和普及。以下介绍几种方式方法，形式不同，效果各异。

1) 会议推广途径

会议的过程是工作的过程也是学习的过程，尤其是团体学习的过程。它既传播着企业价值观、规章制度及行为规范，也传播着对企业物质文化与精神文化的判断。这正是"企业"文化塑造"企业人"的过程。随着这种活动的反复开展，企业的文化理念也就逐步会渗入"企业人"的思想中。

2) 日常管理推广途径

日常管理过程中，企业的行为规范、企业的视觉、听觉等识别体系，都会提醒员工或团队看到自己须与企业的要求同行。这些都是有效的企业文化传播的过程。因此，应运用企业价值观来指导日常的工作与学习，若企业文化与企业管理存在"两张皮"的现象，则企业文化理念无法落地生根，企业管理品质就难以实现提升，唯有两者紧密结合，才能提升企业管理的水平与文化品质。

3) 教育培训推广途径

教育培训是一种组织的、人际的传播。通过企业文化培训，可以不断把文化理念植入员工的骨髓，改变员工的心智模式，促使员工依着企业文化理念完成工作，形成良好的企业氛围。

4) 媒介推广途径

媒介可以不断地通过视觉系统和听觉系统，向员工传播企业文化。企业文化在媒介反复呈现，就会促使员工逐渐形成思维定式、习惯。一旦形成习惯，企业文化也就真正落地生根了。媒介可分为对内传播媒介与对外传播媒介。对内传播媒介涵盖了企业的局域网、企业广播、报纸、简报、室内外黑板报等；对外传播媒介涵盖了地域性、全国性与国际性大众传播媒介、产品及包装设计等。它们一部分内容直接反映了企业文化，一部分内容则间接地体现企业文化。

5) 活动推广途径

企业文化也可以通过企业举办的各种文化活动进行传播、渗透。这种推广途径，往往间接地、潜移默化地促使员工接受企业文化的熏陶。也可以说，这种途径最容易把意识层面(如文化理念)转化为行动层面，最终实现企业文化自觉。

为此，企业在采取以上各种企业文化推广途径外，还可以举办"先进个人与团队的评比与表彰""技术比武""安全演练""岗位练兵""拓展训练""征文活动""演讲比赛""运动会""文艺晚会"等丰富多彩的各种活动。

8.3　工作任务：进行企业内刊建设的业务操作

企业内刊建设的流程见图8-3。

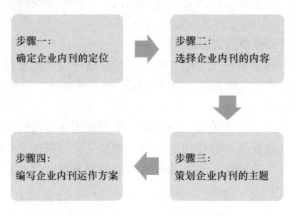

图8-3　企业内刊建设的流程

8.3.1　确定企业内刊的定位

企业内刊的定位主要是指企业内刊的功能、角色、作用、读者、类别的定位。

1. 功能定位

企业内刊是企业文化建设的重要载体；是企业形象浓缩于社会的窗口；是反映企业各阶段形势的"晴雨表"；是记录企业发展轨迹、员工心声的"刻录机"；是企业内部上下级之间、企业与客户之间、企业与目标或兴趣公众之间沟通的纽带。

2. 目标定位

企业内刊既要服从企业经济建设，更要服务于企业文化的建设。企业内刊是企业文化的产物，应铭刻鲜明的企业文化的烙印，反映企业文化建设的成效，不断促进企业文化建设取得新成效。

3. 读者定位

企业内刊的读者包括员工及家属、客户、兴趣公众、企业合作伙伴、同业交流企业伙伴、上下级单位和行业管理部门、协会、媒体等相关读者。

4. 类别定位

企业内刊主要有杂志和报纸两类，企业可根据具体条件或细分定位的要求专注于报纸或杂志类的载体形式；也可根据需要，同时拥有报纸及杂志两种载体形式。

8.3.2 选择企业内刊的内容

企业内刊的内容主要包括以下 11 项。
(1) 能体现企业实力、激励员工奋进的最新动态和人物、事件的报道。
(2) 企业价值观、理念、企业文化及成果的宣传。
(3) 企业重大政策、决策、目标、计划及执行动态的宣传。
(4) 与企业发展紧密相关的行业法规、信息的介绍。
(5) 企业重要经营管理活动和取得的突出业绩的宣传。
(6) 对优秀员工的宣传(理念故事化、故事理念化)、员工风采的展示。
(7) 有助于企业管理和员工技能提升的知识、经验的介绍。
(8) 有代表性的内部管理见解、管理心得、探讨摘要、各个层面的专题访谈及员工思想火花等。
(9) 企业新产品、新服务的推介。
(10) 行业动态、同行业单位动态、客户动态的介绍。
(11) 其他与企业文化理念没有冲突的资讯、图片等。

这些内容不一定都要在一期内刊里都体现出来，但不管是哪一期，与企业文化相融合的主题内容及特色一定要体现出来。

8.3.3 策划企业内刊的主题

每一期企业内刊，不可能包罗万象，也没必要面面俱到。可以根据企业情况和员工情况，甚至可以根据行业、区域、同业单位、客户等情况来策划和确定某期的主题。

一期企业内刊的主题通常来源于以下"三点"。

1．重点

企业在不同的发展时期，往往会有不同的重点任务和重点工作的，自然会有与之相关的重大事情、重要新闻发生；这些重点性的元素都有必要成为对应时期企业内刊的主题。

2．热点

在不同的时间里，可能会因为企业的问题或行业的问题而在企业员工中形成热点话题；这些热点话题，尤其是包含着很多不同观点和认识的热点内容的时候，有必要成为某期的主题。热点话题中，有的是客观出现的，也有的是可以被挖掘、策划出来的。

3．难点

企业和员工群体、个人都会遇到这样或那样的难题，这些难题如果不解决好，就可能阻碍企业和员工的发展，企业内刊可以发现并针对这些难题，使之成为主题，展开讨论或给出解决难题的正确思路和方法。

8.3.4 编写企业内刊运作方案

下面以如图8-4所示的企业内刊运作方案(模板)为例介绍企业内刊运作方案的编写内容。

企业内刊运作方案(模板)

一、创刊宗旨

1. 反映并传播企业文化(包括物质、精神文化等)、内聚人心、外塑形象〔作为公司品牌推广中企业文化输出的一个重要组成部分(包括企业理念、目标、发展战略等),通过传统纸质刊物及电子刊物等载体扩大公司的知名度和美誉度〕。

2. 挖掘、包装、树立和大篇幅报道先进人物、榜样的事迹,发挥文化渗透的无形而有力的作用。

3. 成为职员之间、职员与公司管理团队之间交流的渠道之一,承担上传下达、下情上达作用。

4. 成为员工学习、交流及探讨的平台。

5. 公司发展过程中产生的新任务。

二、读者定位

1. 内部员工。

2. 外部客户。

3. 目标客户。

4. 合作伙伴单位。

三、办刊策略及实施方案

1. 刊名暂定为《阳光》。

备选的刊名有《阳光人》《阳光社区》《阳光通讯》《阳光视野》《阳光家园》《阳光月刊》……

2. 内刊的栏目安排与定位:

(1)基本栏目:即每期内刊必有的栏目。

(2)常用栏目:即间隔性地经常出现于内刊上的栏目。

(3)临时栏目:即根据企业的宣传需要而临时开辟的栏目。

(4)具体栏目的构想:

刊首寄语:创刊号的刊首寄语为发刊词,以后每期内刊可根据公司的新举措(政策)或行业的新动向,适当地发表看法或提出问题,对员工(会员)起到思想引导或激励作用。〔每期限1篇稿,主要由编辑部供稿〕

公司动态:即公司新闻,公司内部发生的一些重大事件的报道,或是公司新出台的一些政策的报道等。〔每期多则新闻稿或图片新闻,编辑部供稿〕

封面故事:对封面图片进行人物故事的挖掘,或是图片背后所隐藏的事件的报道。〔每期限1篇稿,编辑部供稿〕

团队风采:以图片展示为主、辅以简单的文字说明,展示企业内团队的风采,并烘托出"愉悦地旅游、开心地工作"这一主题。〔每期展示一个团队的多张图片或展示多个团队各一张图片,摄影组供稿〕

图8-4　企业内刊运作方案(模板)

精英故事：员工的故事，以访谈录或报告文学的形式出现，并配有相关员工的照片、个人简介，以及座右铭、爱好等。[每期限1篇稿，编辑部供稿]

健康人生：介绍一些健康的生活习惯、保健知识。[每期1篇稿]

畅游天下：员工旅途中的亲身体验或感受，文体不限、篇幅不限，以及介绍旅游小常识、下一次旅游景点的预告和景点的介绍。[每期3～5篇稿，员工供稿，常识和预告由编辑部供稿]

特别报道：针对员工感兴趣的话题、特别想了解的人或事而特别策划的一个报道重点。[每期限1篇稿，编辑部供稿]

员工随笔：属于副刊的重点栏目，员工的来稿，话题不限，只要是员工的亲身经历或感受就行。[每期限1篇稿，员工供稿]

家人家事：围绕"幸福家园"这一主题而拓展的一个栏目，反映员工的家人家事，譬如乔迁新居、婚庆、生育子女等。[每期根据发生量编撰稿件]

总经理信箱：员工的投诉、建议，或是心声的吐露。[每期可多则，员工与公司领导的互动]

编读往来：员工对内刊的建议或评价，从公司动态到员工心声、从管理知识到产品知识等建议，或是从版式设计到出版发行等方方面面的建议与评价，并给予针对性地解答。[每期可多则，员工与编辑部的互动]

四、内刊工作程序

1. 编前会制度。每期编撰前轮流邀请或走访部分管理者和员工，听取建议和意见。
2. 确定当期的报道方案。修改后的方案报编委会审批。
3. 收集稿件、图片。
4. 编委会讨论稿件，确定版次和各个版面的内容。
5. 编辑排版，出小样。
6. 编委会审核小样，签付印。
7. 印刷出版。
8. 公司内部发行。
9. 按照随时更新的内刊数据库中要邮寄的单位和个人进行邮寄。
10. 调查公司内部的意见和反馈情况。
11. 开始下一期的准备工作。

五、稿件管理办法

原始稿件一律存档，以便查找。集团公司新闻必须到总经理办公室核实，各个部门的新闻稿件必须经过部门负责人签字认可后方可采纳。涉及经济数字的报道要请分管的副总经理签字核实后方可刊发。

六、稿件收集标准化工作流程

收稿登记：转送到编辑部签收登记表。

编委会讨论：经讨论后的稿件，由编委会主任签字后方可以发表。

图8-4　企业内刊运作方案(模板)(续一)

七、稿酬发放管理办法

稿件刊发以后，由委派的相关编辑制作稿费发放表，经执行主编签字后生效并通知撰稿人至财务处领款，或委托财务处打入撰稿人的银行卡内，也可将投稿作积分累计，撰稿人可根据自己积攒的积分在编辑部提供的菜单式奖品中任意挑选。

至于稿酬的具体标准或发放形式将在听取各方面意见后，报领导审核通过执行。

八、稿件收集基本渠道

1. 设置投稿箱。
2. 公司网站设置有关的页面或板块。
3. 电子邮箱搜集。
4. 员工直接送往编辑部。
5. 约稿。

九、稿件编辑

1. 稿件收集工作完成以后，由编委会全体成员召开专门会议讨论，确定稿件的刊发。
2. 排版工作标准化流程：先由编委会确定版式的基本风格，具体执行人员先经过排版培训再编辑版面。最后由执行主编统一调整和完善相关细节。

十、校对工作

刊物小样出来以后，执行主编组织人员对文字进行校对。每个校对人员校对完后在小样上签名并承担出错的后果。校对时要特别注意涉及的相关数据，应对照原稿件进行核对，如发现有出入或者是怀疑数据的真实性，要及时向执行主编提出，由执行主编或其授权联系作者或相关高管核对数据。

十一、刊物的印刷和出版

彩色铜版纸印刷，突出创新、现代、简单、精致风格。每月一期，月初出版。

十二、刊物费用预算构成

1. 日常必要开支经编委会同意的按照实际金额报销，报销程序参照其他部门执行。
2. 刊物印刷费用。
3. 邮寄费用。
4. 稿费。
5. 由刊物牵头或独立举办的活动费用。

十三、人员配置方案

编委会由主任1名、编委会委员5名构成。其中，集团公司常务副总经理担任编委会主任，编委会委员由公司高管出任。编委会负责内刊工作的协调(人员、资金、后勤保障等)、指导和把关工作。

编委会下设编辑部，具体运作每期杂志的编辑、出版和发行。编辑部设执行主编1名、编辑兼校对1名、版式设计1名。

图 8-4　企业内刊运作方案(模板)(续二)

8.4 工作任务：进行企业年会策划和执行的业务操作

进行企业年会策划和执行的流程见图8-5。

项目 8　企业文化建设

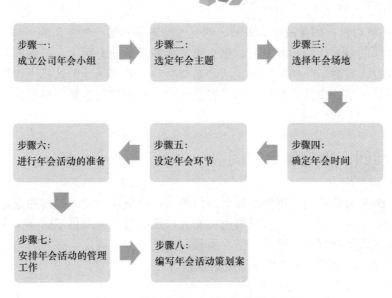

图 8-5　进行企业年会策划和执行的流程

8.4.1　步骤一：成立公司年会小组

成立公司年会小组主要是为了更好地协调各部门的事务及更有效地调配公司的各种资源来为年会服务。一般年会小组的成员一般为企业员工关系成员、行政人员，也可以是各个部门领导指派本部门的活跃分子。年会小组负责整个年会的前期策划和后期执行。年会小组应在初期确定员工关系经理或另行推选一名有一定威望和协调能力的总负责人，由其组织并安排小组成员工作时间。成员之间的能力、资源互补搭配也很重要，因为是从各个部门临时抽调的人员，总负责人必须能倾听各方意见，发扬每个人身上的长处，在短期内组成一个团结而强大的团队为年会服务。

8.4.2　步骤二：选定年会主题

年会的主题应既抢眼又精练地表达当次年会的主要思想。

首先，需要对企业当年的市场情况、经营管理情况、员工情况、期望传递的信息等进行充分的了解。

其次，还需特别注意拟定的活动主题应与企业的价值观、文化追求及品牌定位相吻合。

背景板等会场布置的风格、表演等活动环节的安排，甚至员工的服饰配饰，都应该围绕主题去策划和展开。跟随这个步骤，也就确定了活动主题思想、基调、风格和程序等。

8.4.3　步骤三：选择年会场地

场地的选择一定要合理，主要参照值是参加年会的人数及环节设置的需要。同样是 100 人参加的年会，如果在环节上没有复杂的表演，那么现场需要一个简单的舞台及可以容纳下 10 桌的空间就可以；如果需要有表演、颁奖及特邀嘉宾等一些复杂的环节，现场对舞台及灯光音响视频的要求就会相对复杂，那么所需要的场地就会更大。一般的年会可选在酒店的宴会厅进行，有时，一些公司希望活动新奇独特，那在场地的选择上也可以相对独特一些，比如别具一格的户外的场所，如果资金允许，甚至还可选择在风景好、温度适宜的海边……

8.4.4　步骤四：确定年会时间

年会是一个公司的活动，需要把各个部门的人员聚集在一起，时间的选定是非常重要的。既要保证不耽误工作，又可以聚集所有的人，还要赶在异地员工回乡探亲之前，这就需要年会小组的成员合理地安排计划了，而且，一定要提前确定，并与酒店等活动场所签约，以避免届时场地被其他企业事先下定的尴尬。

8.4.5　步骤五：设定年会环节

公司年会的通常项目环节是领导致辞，年度各类优秀代表的颁奖，员工才艺表演，抽奖，互动游戏，聚餐等。有时公司也会因为某些原因特别邀请一些知名的嘉宾来参加。在这个基础上，如何将年会活动做得尽可能地出彩，就要重视贯穿于每个环节的创意了。

比如，增加一些趣味性的互动环节，能够让企业员工放松，以达到年会作为企业内部沟通平台的最大化目的。

8.4.6　步骤六：进行年会活动的准备

1. 人员分工

由年会小组的负责人依据大家本身的特长来分配工作。如安排有协调能力的人去发动具才艺特长的员工；安排练习场所及活动场所；联系现场的服装、化妆等相关的工作。比较了解员工内需且能精打细算的人负责计划并采购一切活动所需要的物品。有一定地位和威信的员工负责公司内部的协调工作等。每个人都应按照程序要求，及时将自己独立负责的工作进展情况及特殊事项向负责人报告，同时，负责人也应准备一套应急预案以防突发情况的发生，确保活动的顺利进行。

2. 嘉宾邀请

有的公司年会会邀请一些公司的重要的客户或嘉宾来参加，不仅能让客户和嘉宾感觉受到重视，更能让客户了解公司的文化以及员工积极向上、活泼友善的素质。另外，如果资金允许，还可以邀请一些社会上的知名人士来到现场参与表演或是互动，当然，一定不能喧宾夺主，不然，活动会丧失企业特有的、携有企业文化诉求的、原汁原味的、自娱自乐的目的及气氛。

3. 节目预演

公司的年会上都会有公司的员工参与或编排的表演。可以请来专业的老师进行指导并协助编排节目。因为大家都不是专业演员，条件允许时，要多做整合预演。可以集中所有演出人员及主持人，在布置好的现场按照时间顺序彩排各个环节。彩排能够使演出人员熟悉舞台位置，上下台方向，现场音乐效果并了解如何和其他人员配合。

4. 细节安排

一场公司年会的细节安排也是非常重要的。比如现场的食品酒水供应量，节目与就餐的安排顺序，个别少数民族员工的菜点处理，投影仪字幕的大小是否合适，员工座席是否避开了高音喇叭，是否将刚发生冲突的员工之间的位置进行了妥当调整，在控制用酒量后是否在合适的时间提请领导首先集体或轮桌向员工敬酒……每个环节与环节中的衔接是通过主持人的串词，还是通过员工"连环套"或是视频音乐的提示等方法，不同的设置会带来不同的效果。

8.4.7 步骤七：安排年会活动的管理工作

活动管理是保证策划、准备工作能够得到实现的极为关键的工作。准备好充足的人和对每个环节做好具体安排和预演是至关重要的。在预演阶段对每个环节、每个工作人员的站位和配合都要做详细的安排。活动中的细节管理需要注意的地方很多，具体可分为前期准备、活动期间以及活动结束几个阶段。以下着重介绍前期准备和活动期间的管理内容。

1. 前期准备

需要对工作人员、摄影师、摄像师以及企业委托的专业公司的工作人员提前进行培训。这种培训包括工作人员分工以及执行手册的制定。在活动开始之前，需要对所有设备进行调试，包括演示的计算机是否设置了自动关机或者屏幕保护程序，活动现场需要演示的PPT文件投影是否夹带其他不必要甚至不协调的信息等。这些细节看似非常微小，却又会在现场带来巨大影响。

2. 活动期间

对工作人员进行明确的分工，每项工作都必须责任到人，保持手机或对话机的开通便于及时联络。一场活动的顺利进行需要各个方面的配合，更需要对现场环节的控制及管理。对于演出的催场和候场，舞台上的道具提供，对于整体活动的节奏的把握都是非常重要的。

8.4.8 步骤八：编写年会活动策划案

下面以如图8-6所示的公司年度员工大会策划案(模板)为例进行年会活动策划案编写的讲解。

公司年度员工大会策划案(模板)

一、主办机构

集团公司。

二、活动安排机构

大会筹备组统一策划，安排。

三、与会人员

1. 集团领导。

2. 集团各职能部门员工。

3. 集团下属公司部分代表。

四、活动内容

1. 领导贺词。

2. 企业优秀集体及个人表彰。

3. 聚餐。

4. 晚会及抽奖。

五、时间地点

时间：　　年　　月　　日　　：　——　：

地点：

六、活动费用

1. 场地租金。

2. 会场内布置费用，包括舞台布景、道具、鲜花、台饰、烟花费用；服装置办费用等。

3. 背景板、横幅、桌牌制作及参与者配饰、荧光棒、击掌手等费用。

4. 餐费：用餐标准____元/人。

5. 交通工具费用。

6. 活动现场专业摄影摄像，光盘刻录费用。

七、活动组织

1. 年会筹备进度与分工表(部分内容)

项目	步骤节点	关键事件	序	责任人	11月							12月										
					24 四	25 五	26 六	27 日	28 一	29 二	30 三	1 四	2 五	3 六	4 日	5 一	6 二	7 三	8 四	9 五	10 六	11 日	12 一	13 二	14 三	15 四	16 五	17 六
活动进度计划和方案敲定		活动方案签批	A1																									
	会务组名单确定	分导演组、节目组、奖项组、宣传组、接待组、后勤组、财务组，确认具体负责人	A2																									
	筹备小组第一次讨论会	确认主题内容和分工合作事宜	A3																									
	活动通知拟定和下发	通知拟定	A4																									
	拟订推进计划	拟订推进计划及工作分工	A5																									
	启动会议	活动方案告知、节目评选启动	A6																									
	筹备小组确认会议	人员安排到位具体工作进度协调、汇报	A7																									
	物资清单确定	物资清单初稿	A8																									

图 8-6　公司年度员工大会策划案(模板)

项目 8　企业文化建设

项目	步骤节点	关键事件	序	责任人	11月 24四	25五	26六	27日	28一	29二	30三	12月 1四	2五	3六	4日	5一	6二	7三	8四	9五	10六	11日	12一	13二	14三	15四	16五	17六
	主题确定	明确年会方向，总体风格	A9																								
	确定现场拍摄单位	确定视频录制及 CD 制作供应商	A10																								
	确定视频制作单位	确定视频剪辑解决方案，或供应商	A11																								
	开场视频	开场视频及节目的构思，与策划公司沟通制作	A12																								
	领导致辞确定	确定领导致辞内容、流程	A13																								

2. 年会议程(略)

图 8-6　公司年度员工大会策划案(模板)(续)

案例分析与讨论

2019 年的腾讯内部信

以下为马化腾、刘炽平和腾讯全体总办发出的内部邮件全文：

——写在腾讯文化 3.0 发布之际

各位同事：

大家好！今天起，公司有了全新的使命愿景和价值观。"用户为本，科技向善"是我们新的使命愿景，"正直、进取、协作、创造"是我们新的价值观。自 2003 年我们正式发布腾讯文化 1.0 版本以来，作为腾讯最重要的产品，腾讯文化已经迭代升级三个大版本。

腾讯最初的文化源自创始人团队。幸运的是，不断有成功的业务、优秀的同事在丰富腾讯文化的内涵。从最初的几个人，到如今遍布全球的 4 万多人，每一位腾讯人，都参与了腾讯文化的塑造，腾讯的文化也深刻地影响着每一位腾讯人。

21 年来，无论是对业务影响深远的"CE"(用户参与)、对员工言行举止影响广泛的"瑞雪"，还是"一切以用户价值为依归"的理念，腾讯文化都贯穿始终。

随着公司的业务越来越多元，越来越多的人才加入腾讯，随着 930 变革的启动与深入，腾讯的文化也迈向 3.0，在传承历史的同时，也开启了面向未来的全新进化。

一、"用户"和"责任"是腾讯存在和成长的两条生命线

在腾讯的发展历程中，有两条最重要的生命线，一条叫"用户"，一条叫"责任"。

最初，创始团队一心想做一款好用的产品。我们抠细节、勤迭代，抱着"不辜负用户，与用户做朋友"的信念创造了 QQ。由此开始，腾讯一步一步走到今天。正是因为恪守了"用户为本""一切以用户价值为依归"的理念，在过去 21 年中，无论面对怎样的迷茫与取舍，我们都始终坚守这个信念，走在正确的路上。对此，我们会坚定地传承下去。

2008 年汶川地震，腾讯紧急上线的寻人与捐助平台，让科技连接善意；后来，我们又发起了全网参与的 99 公益日、上线了成长守护平台，并通过 AI 的力量协助警方打拐、寻找失踪儿童……通过不断的尝试与探索，我们对科技向善的认知、思考、选择越来越清晰，

越来越坚定。最终我们决定，把它郑重地写进腾讯的使命愿景，让科技向善成为每一位腾讯人的使命与责任，让我们每一天的工作都更有意义和价值。

科技本身力量巨大，科技发展日益迅猛，如何善用科技，将极大程度上影响到人类社会的福祉。科技是一种能力，向善是一种选择，我们选择科技向善，不仅意味着要坚定不移地提升我们的科技能力，为用户提供更好的产品和服务、持续提升人们的生产效率和生活品质，还要有所不为、有所必为。具体到行动，我们要"一切以用户价值为依归，将社会责任融入产品及服务之中"，更要"推动科技创新与文化传承，助力各行各业升级，促进社会的可持续发展"。

二、传承"正直"与"进取"，迈向"协作"与"创造"

公司坚持传承正直的价值观，就是鼓励员工继续"坚守底线、以德为先，坦诚公正不唯上"，这是总办极度重视、员工高度认同的价值观。我们坚持传承进取的价值观，强调"无功便是过，勇于突破有担当"；同时赋予"进取"更高的标准和内涵，倡导员工不断追求卓越，并对管理干部有了更高的指引与要求。

"合作"升级为"协作"具有明确的价值导向。就是要"开放协同，持续进化"。对内要大家放大格局、打开边界，以开源的心态与各组织协同，用符合互联网思维的方法和工具进行协作；对外要广泛协同伙伴和生态力量，共创更大价值。我们希望，这种导向可以牵引个人成长，促进组织进化。

"创新"升级为"创造"则指向更高的要求，意味着"超越创新，探索未来"。这就需要我们不断突破现有思维，保持对前沿和未来领域的关注和投入，以更有分量、更具结果的导向去创造更大价值。我们不会忽视技术和产品的微创新，但我们有了更高的目标：面向未来、探索未来，通过创造力实现更大的社会价值。

三、让文化成为腾讯人自觉的选择

文化不是写在纸上、挂在墙上的，文化也不是几个人的事，它是我们大家的事。在那些产生巨大影响的产品和服务上，在那些改变世界的团队身上，在那些重要的决策时刻，腾讯文化贯穿始终。让文化融入我们的血液，成为一种自然的选择。

向往它、认同它、落实它、坚守它，然后去传承它。让"用户为本，科技向善"成为我们思考的起点，让"正直、进取、协作、创造"成为我们日常的言行。我相信，腾讯文化3.0必将带给我们更大的力量和更多的温度，也将指引我们走向更高远的未来！

Pony、Martin 及全体总办
2019 年 11 月 11 日

请结合以上案例分析，腾讯公司的企业文化建设有哪些值得借鉴或者需要改进的地方并说明理由？

思考与练习

1. 企业文化及企业文化建设的定义分别是什么？企业文化建设的内容有哪些？企业文化建设的作用又是什么？

2. 企业内容的定义是什么？其作用、功能与表现分别有哪些？
3. 企业年会的定义是什么？企业年会与公司规模的关系是什么？
4. 企业文化体系的创建步骤有哪些？
5. 企业文化体系的实施和推广步骤有哪些？
6. 企业内刊的定位方式有哪些？如何进行企业内刊的内容选择？如何策划企业内刊的主题？如何编写企业内刊的运作方案？
7. 企业年会的策划和执行步骤有哪些？

拓展阅读

国外企业文化建设的特点

国资委宣传工作局副局长、中央企业党建政研会副会长曾坚在《当代国外企业文化建设状况与借鉴》的报告中，广泛介绍了境外企业文化建设情况，并将其归纳为以下10个特点：

(1) 强调企业文化与社会文化的一致性，在企业文化建设中注重弘扬本国民族文化，在跨国经营中充分尊重所在国的社会文化。如：德国的企业文化冷静、理智、严谨、认真；而美国的企业文化则有着讲究个性、追求多样化、敢于冒险的特性；日韩的企业文化又受到儒家文化的影响，带有中庸、和谐、强调团队精神的特色；瑞典的企业文化则彰显民主、开放、和谐、追求卓越、重视环保……因此，在跨国经营中必须充分考虑当地的文化特色，尊重所在国的社会文化。

(2) 重视企业文化的战略定位，将企业文化融入经营管理全过程。如：瑞典的大多数跨国企业之所以能够在激烈的国际竞争中生存和发展，形成小国家、大企业，小产品、大市场的局面，很大程度上得益于它们坚持以市场为主导，构建"战略、管理、文化"三位一体的经营体系，实现了文化与管理的紧密融合。

(3) 重视使命、愿景、核心价值观在企业经营管理中的重要地位，注重发挥员工参与确立企业价值理念和制定企业愿景的积极作用，努力培育企业核心价值理念体系。

(4) 着眼企业持续稳定发展，重视建设相对稳定的员工队伍，把企业以人为本和员工以企业为家统一起来，特别注重建设人企合一的发展团队。一般来说，他们的主要做法：一是用共同的企业价值和愿景来吸引和凝聚员工；二是注重对员工的培训，使企业理念真正根植于员工之中，增强企业对员工的凝聚力；三是为员工提供较好的福利保障；四是实行多种员工奖励机制，对为企业作出突出贡献的员工给予奖励；五是重视工会作用，由管理者与工会共同协调解决管理者与员工之间的矛盾与利益冲突；六是注重非正式交流活动，增强企业凝聚力。

(5) 遵纪守法、诚实守信和高度负责的精神，倡导企业使命与社会责任相统一，为企业发展培育和谐的文化环境和氛围。企业的社会责任是近年来世界各国企业界关注的热点问题之一，企业强调责任意识和高度负责的精神，首先表现为企业的社会责任。而企业的社会责任突出强调5点：一是企业履行社会责任的最主要内容就是切实实现股东和员工的利益；二是企业履行社会责任的直接外在表现就是为社会公众提供最好的商品和服务；三是可能条件下最大限度地促进所在地区和国家的社会繁荣；四是遵守法律法规，做到及时向社会公布企业信息，保证经营活动公开透明；五是把企业发展同造福人类、保护环境、建立循环经济社会统一起来。

（6）运用各种手段塑造企业形象，展示企业文化，打造企业品牌，把宣传企业、宣传产品与经营文化相统一，培育企业新的经济增长点。日本的企业在这方面十分重视，它们在宣传产品的同时，经营企业文化：一是非常重视产品和企业形象的宣传，如：资生堂的宣传部有130多人，每年广告费用占营业额的10%；二是对企业文化进行战略投资。

（7）高度重视并积极探索企业并购重组中的企业文化融合。当前，新的一轮并购重组正在全球兴起，企业并购重组必然导致企业文化的对撞与重组。据美国一项调查研究显示，100个不成功的企业合并事例中，85%是因为管理模式不同、管理风格迥异、企业管理层不能融合造成的。因此，找出一条并购重组中行之有效的文化融合途径显得尤为重要。

（8）努力做到文化传统与创新相统一，培育支撑企业实现持续发展的文化力量。通过对一些长寿企业进行考察、研究，发现它们的一个共同点就是非常重视企业文化的传承和创新，使企业的发展奠基在深厚的文化基础上，根植于厚重的民族文化之中，同时又适应时代变化，不断发展和创新：一是继承民族文化中的优良传统，并融入企业和员工的行为之中；二是在文化传承与创新中注意形成相对稳定的"文化基因"，使之成为文化传承的精神支柱；三是通过建立资料馆、纪念馆等文化设施，达到传承文化、宣传形象、塑造品牌的目的。

（9）注重企业品牌形象宣传，积极应对新闻突发事件，不断提升和强化企业的品牌形象。境外企业在推进CI战略的同时，及时导入CS战略，使企业形象塑造提高到一个新的水平。

（10）把企业文化真正融入企业日常管理之中，使企业文化落地生根发挥作用。丰田汽车公司将企业文化渗透到企业管理的方方面面，通过精细管理形成了强大的国际竞争力。从表面看，丰田竞争力的背后是管理效率，但管理效率的背后主要是企业文化，其核心有三点：一是以人为本，相信每一位员工的能力，调动每一位员工的潜能去创造性地开展工作，使每一位员工都有价值感和成就感；二是不断改善、无止境改善的思想已融入每一位员工的血液中，成为潜意识的一部分；三是现场管理，员工在遇到问题时，不是相互责难或逃避责任，而是充分暴露问题，找出解决方法。

项目 9　灵活用工管理

微课 28　灵活用工服务　　　　　　　　微课 29　"实惠"的实习生

【项目概述】

灵活用工主要指用工单位除了全日制用工以外的企业用工形式，主要包括劳务派遣用工与非全日制用工。前者指劳务派遣是具备劳务派遣资质的派遣机构向用人单位派遣劳动者，劳务派遣机构与该劳动者签订劳动合同，用人单位与劳务派遣机构签订劳务派遣协议，并提供相应劳务费用的用工形式。后者指以小时计酬为主，劳动者在同一用人单位一般平均每日工作时间不超过四小时，每周工作时间累计不超过二十四小时的用工形式。灵活用工管理就针对这两类用工而进行的员工关系处理。

【学习目标】

- 能够掌握劳务派遣用工的特征，并且能够熟悉其对于用工单位的意义；
- 能够掌握非全日制用工的特点，并且能够熟悉其对于用工单位的意义。

【技能目标】

- 能够掌握适合劳务派遣的岗位，并且能够进行劳务派遣单位的选择；
- 能够掌握劳务派遣单位与用人单位双方的责任与义务，并且站在用人单位的角度正确地处理与劳务派遣单位的关系；
- 能够掌握劳动者在劳务派遣中的权利，并且站在用人单位的角度正确处理与被派遣员工的关系；
- 能够掌握非全日制用工的法律约定，并且能够站在用人单位的角度正确处理与非全日制劳动者的各种关系。

案例导入

劳务派遣用工退回纠纷

2017 年 2 月 17 日，李某与重庆某劳务派遣公司(以下简称某公司)建立劳动关系。2019 年 2 月 16 日，用人单位与李某再续签为期三年的劳动合同，劳动合同第二条的第三款约定："乙方(劳动者)同意，用工单位或甲方(用人单位)根据其工作表现和能力或经营需要而对其工作内容、工作岗位、工作地点进行调整。" 2019 年 7 月 8 日，用工单位以李某的工作岗位不复存在为由将李某退回至用人单位，李某认为用工单位单方退工违法，拒绝用人单位的待岗决定，争议由此发生。

请问：用工单位有权利将李某退回至用人单位吗？请分别说明相应的法律依据。

9.1 相关知识：劳务派遣用工与非全日制用工

9.1.1 劳务派遣用工

劳务派遣用工的概念见"项目1 1.1.3 企业的用工形式"。

1. 劳务派遣用工的特征

1) 用工单位"不求所有，但求所用"

微课30 劳务关系与劳动关系，傻傻分不清楚？

实行劳务派遣制，使用人单位在工人使用上"不求所有，但求所用"这种新的用人理念得以实现。用人单位只需与劳务派遣机构签订一份劳务派遣协议，然后由劳务派遣机构把合适人员派到用人单位工作。用人单位只负责对工人的使用，不与工人本人发生任何隶属关系。应当说，以"不求所有，但求所用"为特征的劳务派遣制，特别适合于那些非公有制企业、国企改制企业和那些经营发展变化比较快、不同发展阶段或不同发展时期对人才需求又不尽相同的单位。

2) 劳务派遣机构"你用人，我管人"

劳务派遣用工的用人模式实际上形成的是三种关系，也就是以劳务派遣机构为中间行为主体，形成的派遣机构与被派遣人才之间的隶属关系、派遣机构与用人单位之间的合作关系，以及被派遣人才与用人单位之间的工作关系。很显然，用人单位对人才只管使用和使用中的工作考核，剩下的一切管理工作，包括工资薪酬的发放、社会保险的代收代缴、合同的签订、续订和解除，相关问题和争议的处理、日常一系列的人事管理等，全部由人才的派遣机构负责。这样，用人单位用人，派遣机构管人，这种用人模式对用人单位来说省了很多事，减少了大批因管理工作带来的工作量和相关的麻烦。可以使用人单位的经营管理者能够更专心于事业的发展和企业的生产经营。

3) 劳务派遣机构"一手托两家"

这种做法更有利于劳务供需双方的双向选择和有关各方责权利的保障，这是劳务派遣制的一个带有根本性的好处，也是这种用人模式独特的机制。

2. 劳务派遣用工对于用工单位的益处

1) 有利于降低招聘成本

通过劳务派遣输入员工，招聘工作完全可由劳务派遣公司来完成，或者由劳务派遣公司来完成招聘中的大部分工作，这样可以减少很大一笔招聘开支。

2) 有利于降低培训成本

通过劳务派遣输入员工，用人单位可以同劳务派遣公司一起完成新员工的岗前培训工作，而劳务派遣公司也愿意配合此项工作，而在此项工作中用人单位用较少的人力财力就可以完成培训工作并达到工作要求。

3) 有利于降低薪酬支出

通过劳务派遣输入员工的薪酬低支出，往往用来作为一种激励制度来体现。派遣员工(又称劳务工)经过努力工作或工作表现优秀的，可以转为正式员工(直接与用人单位签订劳动合同的员工)，这也是国家政策的趋向，而在实际用工中劳务工与正式员工工资和福利待遇确实存在差异。劳务工除正常工资、年终双薪及法定的福利外一般不享受正式员工的福利及奖励。

4) 有利于规避裁员的风险

一旦用人单位在激烈的市场竞争中由于种种原因导致人力资源使用数量上的裁减，如果是存在劳动关系的员工必然引起劳动关系的解除，这种解除无论在程序上还是在经济补偿方面都有一定的法律强制性规定，而对于劳务派遣人员，用人单位可以用提高管理费或双方约定支付一定的补偿金作为条件与劳务派遣公司在劳务派遣协议中约定由劳务派遣公司去承担由裁员而产生的大部分经济赔偿责任，从而达到转移风险的目的。

5) 有利于规避或防范其他劳动保护方面的风险

由于劳动者的无过错行为导致劳动合同或特殊劳动关系的解除(如因为不胜任工作、非因工疾病原因等)可能导致对其他员工产生负面影响，专业劳务派遣机构(劳务派遣公司)专业性和对劳动法律的熟悉性，可以有效地帮助用人单位摆脱上述困境，或风险在发生之前就由于有相应的防范措施而得到了化解。

6) 有利于用人单位人力资源部门职能的变化

劳务派遣公司不论从自身的经济利益考虑还是从专业的劳动保障政策认知上都能起到对用人单位进行监督的作用。专业的劳务派遣公司的从业人员往往有很好的专业功底和多年从事劳动保障工作的背景，是用人单位所不及的。因此从规范和健全用人单位的用人制度，尤其是劳动关系方面的人力资源工作劳务派遣公司能起到顾问和指导的作用；更能调动员工的积极性，使用人单位把主要精力放在人力资源的开发上，放在提升企业核心竞争力上，从而实现人力资源的有效运用及合理配置。

7) 有利于增强用人单位的用人灵活性和劳动法律保护对其制约的解缚性

在"1.劳务派遣用工的特征"中讲道：劳务派遣机构是为中间行为主体，即用人单位对人才只管使用和使用中的工作考核，剩下的一切管理工作，包括劳务合同的签订、续订和解除，以及劳动争议的处理等全由人才派遣机构进行管理。且该机构是法律上的雇佣方，这样用人单位就可以解除其于劳动法律对传统用工方(同时也为法律上的用工方)的来源，可以根据工作需要对派遣人员进行使用。

9.1.2 非全日制用工

非全日制用工的概念见"项目1　1.1.3　企业的用工形式"。

1. 非全日制用工的特点

非全日制用工是比全日制用工更为灵活的一种用工形式，其特点从计酬方式看，非全日制用工以小时为单位，根据劳动者实际的工作时间支付其劳动报酬，单位时间的工资不得低于法律规定的小时最低工资标准；从工作时间看，非全日制用工的工作时间远低于全日制工作时间。

2. 非全日制用工的意义

非全日制劳动是灵活就业的一种重要形式。近年来，我国非全日制劳动用工形式呈现迅速发展的趋势，特别是在餐饮、超市、社区服务等领域，用人单位使用的非全日制用工形式越来越多。在我国促进非全日制劳动的重要意义，主要表现在以下几个方面。

1) 适应企业降低人工成本、推进灵活用工的客观需要

在市场经济条件下，企业用工需求取决于生产经营的客观需要，同时，企业为追求利润的最大化，也要尽可能降低人工成本。实际上，非全日制用工的人工成本明显低于全日制工。因此，越来越多的企业根据生产经营的需要，采用包括非全日制用工在内的一些灵活用工形式。

2) 促进下岗职工和失业人员再就业

在劳动力市场供过于求的矛盾十分尖锐、下岗职工和失业人员的就业竞争压力较差的情况下，非全日制劳动在促进下岗职工和失业人员再就业方面发挥着越来越重要的作用。

3) 有利于缓解劳动力市场供求失衡的矛盾，减少失业现象

在劳动力大量过剩、劳动力供求关系严重失衡、就业机会短缺的背景下，企业实行非全日制用工制度，可以使企业在对人力资源的客观需求总量不变的条件下，招用非全日制职工，可以给广大劳动者提供更多的就业机会。

9.2 工作任务：处理劳务派遣用工的业务操作

9.2.1 适合劳务派遣的岗位

微课31 把握好劳务派遣工的量与度

《劳动合同法》第六十六条："劳动合同用工是我国的企业基本用工形式。劳务派遣用工是补充形式，只能在临时性、辅助性或者替代性的工作岗位上实施。"

劳务派遣不是一个新鲜事物，在国内的发展已经涉及很多行业，范围也越来越广，最为集中的领域主要是：建筑领域进城务工人员的劳务派遣，外企在华派驻机构的工作人员的劳务派遣，以及企业为解决下岗、富余员工的再就业而开展的劳务派遣。具体内容如下。

1. 适合的行业

从行业来看，服务业、制造业和建筑业，如电信、银行、饭店、医院、邮政、家政、电力、铁路运输等服务性行业，商品零售业，以及建筑业和制造业的一些部门都可以适用劳务派遣。

2. 适合的岗位

从企业中的岗位来看，钟点工、话务员、柜台促销人员、销售人员、客户服务人员、

司机、保安、保洁、绿化养护员、股票运作员、数据统计员、银行、保险公司因编制所限需使用的编外人员，翻译、模特、专业顾问，外地企业进入当地设立的非法人分支机构或当地未注册机构的所需用工人员，事业单位中受到人员编制控制，而又需要增加人员的，学校中的后勤服务人员等岗位都可以适用劳务派遣。

但是从目前企业适用劳务派遣的趋势和范围来看，大有被广泛用于各种岗位的趋势，而这种情况并不科学，也并不安全。劳务派遣具有其不稳定性、灵活性和机动性的特点，如果任何岗位不分轻重地都适用劳务派遣，将会给企业培育忠诚、敬业的员工，以及塑造以人为本的文化、精神造成困难。所以，劳务派遣更多地应该适用于临时性、可替代性和辅助性的岗位。

9.2.2 选择劳务派遣单位

1. 考察劳务派遣单位的合法资质

劳务派遣机构比较复杂，有的是劳动行政机关下属的职业介绍中心、再就业服务中心转制而成，有的是一些机构、团体、事业单位、企业以及个人投资设立的私立劳务派遣公司，还有的是街道办事处、职业学校、培训中心、工会或妇联等直接从事劳务派遣业务。劳务派遣主体比较混乱和复杂，经济实力良莠不齐，一些派遣机构无力承受劳务派遣过程中的各种风险。因此，用人单位在选择劳务派遣单位时，应严格审查劳务派遣机构的经营范围、资质和注册资金状况，防范因派遣机构资质不合法而引发的劳务派遣风险。具体审查内容见表9-1。

表9-1 劳务派遣单位的合法资质

资质与条件	内　　容
公司设立的条件	《中华人民共和国公司法》规定，设立公司，应当依法向公司登记机关申请设立登记。法律、行政法规规定必须报经批准的，应当在公司登记前依法办理批准手续。依法设立的公司，由公司登记机关发给公司营业执照，营业执照签发日期为公司成立日期。公司营业执照应当载明公司的名称、住所(主要办事机构所在地)、注册资本、实收资本、经营范围、法定代表人姓名等事项。公司营业执照记载的事项发生变更的，公司应当依法办理变更登记，由公司登记机关换发营业执照。设立公司必须依法制定公司章程。公司的经营范围由公司章程规定，并依法登记。公司的经营范围中属于法律、行政法规规定须经批准的项目，应当依法经过批准。公司可以修改章程，改变经营范围，但是应当办理变更登记。公司法定代表人依照公司章程的规定，由董事长、执行董事或者经理担任，并依法登记。法定代表人变更，应当办理变更登记。公司可以设立分公司。设立分公司，应当向公司登记机关申请登记，领取营业执照。分公司不具有法人资格，其民事责任由公司承担。公司也可以设立子公司，子公司具有法人资格，依法独立承担民事责任

续表

资质与条件	内 容
符合有限责任公司设立的条件	公司的形式有有限责任公司和股份有限公司,而以企业性质经营的劳务派遣单位通常为有限责任公司。设立有限责任公司,应当具备下列条件:股东符合法定人数(50个以下);有符合公司章程规定的全体股东认缴的出资额;股东共同制定公司章程;有公司名称,建立符合有限责任公司要求的组织机构;有公司住所。有限责任公司章程应当载明下列事项:公司名称和住所;公司经营范围;公司注册资本;股东的姓名或者名称;股东的出资方式、出资额和出资时间;公司的机构及其产生办法、职权、议事规则;公司法定代表人;股东会会议认为需要规定的其他事项,并且股东应当在公司章程上签名、盖章。有限责任公司的注册资本为在公司登记机关登记的全体股东认缴的出资额。法律、行政法规以及国务院决定对有限责任公司注册资本实缴、注册资本最低限额另有规定的,从其规定。劳务派遣单位的设立首先要符合上述公司设立的条件,否则,不具备劳务派遣的合法资质
须符合劳务派遣公司设立的条件	除了具备上述条件以外,《中华人民共和国劳动合同法》(以下简称《劳动合同法》)规定:经营劳务派遣业务,注册资本不得少于人民币二百万元;有与开展业务相适应的固定的经营场所和设施;有符合法律、行政法规规定的劳务派遣管理制度;法律、行政法规规定的其他条件

2. 考察派遣单位的责任能力

用人单位招用派遣员工主要的三大目的是简化对员工的管理、转嫁用工风险和方便临时用工。这也就决定了派遣机构要对派遣员工承担起绝对的管理责任,不仅包括员工的人事关系、日常管理、工资发放、社保缴纳,最重要的是要承担起因劳动关系纠纷产生的责任,如单方解除劳动合同的经济补偿金,作为劳动争议当事人一方主体应诉,承担因违法用工产生的不利后果等。因此,派遣机构能否承担起这些责任就显得至关重要了。试想,一个行业评价、口碑差,一出问题就推卸责任,甚至法人资格存续都存在风险的企业如何能够让用人单位放心将劳务派遣业务交给他们。所以,第二个要考虑的因素就是派遣机构的责任承担能力,包括经济能力和名誉能力。

3. 签订劳务派遣协议

1) 劳务派遣涉及的合同

劳务派遣涉及的三种不同的合同,即与派遣机构签订的劳务派遣协议、员工与派遣机构签订的劳动合同、用人单位与员工签订的劳务协议。其中对劳务派遣协议、劳务协议,在协议中除了应明确用工形式的特殊性以外,还要特别明确由此产生的责任,特别是对派遣机构提供的合同,应当仔细分析相关条款,根据企业自身的需求和特点与对方讨论并加以调整。可以听取专业的人力资源顾问的意见或直接交由他们起草、修改。当然,尽管劳动合同与用人单位没有直接的关系,但是作为实际用人的一方,企业还是应该对派遣机构与员工签订劳动合同予以关注,否则会因合同未签或不规范而面临发生事实劳动关系的问题。

项目9　灵活用工管理

2)　劳务派遣协议

《劳动合同法》第五十九条规定:"劳务派遣单位派遣劳动者应当与接受以劳务派遣形式用工的单位(以下称用人单位)订立劳务派遣协议。劳务派遣协议应当约定派遣岗位和人员数量、派遣期限、劳动报酬和社会保险费的数额与支付方式以及违反协议的责任。用人单位应当根据工作岗位的实际需要与劳务派遣单位确定派遣期限,不得将连续用工期限分割订立数个短期劳务派遣协议。"明确了派遣单位与用人单位应当通过劳务派遣协议明确相互权利义务。

劳务派遣协议是劳务派遣单位与用人单位在平等自愿、协商一致的基础上订立的书面法律文件。其内容包括以下5个方面。

(1)　派遣岗位和人员数量。派遣岗位,即劳动者到用人单位从事被派遣工作的劳动岗位和任务。人员数量,即用人单位派遣到用人单位从事派遣工作的劳动者的数量。

(2)　派遣期限。即用人单位和劳务派遣单位约定的劳动者在派遣岗位工作的期间。派遣期限的起算日期,可以由用人单位和劳务派遣单位约定,一般应从劳动者实际开始在派遣岗位工作的时间起算。用人单位应当根据工作岗位的实际需要与劳务派遣单位确定派遣期限,不得将连续用工期限分割订立数个短期劳务派遣协议。如果用人单位违反法律规定,在工作岗位没有实际需要的情况下,与用人单位订立短期劳务派遣协议,降低成本或者规避责任,劳动主管部门可以追究其法律责任。

(3)　劳动报酬。包括劳动报酬的形式、构成、标准、支付方式等。

(4)　社会保险费的数额与支付方式。

(5)　违反劳务派遣协议的责任,即用人单位和劳务派遣单位违反劳务派遣协议各自应如何承担责任的条款。

这些约定对于规范劳务派遣行为,明确各方权利义务,保障劳务派遣员工利益至关重要。签订派遣协议是劳务派遣中一个不可或缺的环节,应该引起重视。不少劳务派遣纠纷就是双方没有签订书面派遣协议,或者某些关键协议条款没有明确规定而引起的。

9.2.3　处理与劳务派遣公司的关系

1. 劳务派遣单位的地位和角色

《劳动合同法》第五十八条规定:"劳务派遣单位是本法所称用人单位,应当履行用人单位对劳动者的义务。劳务派遣单位与被派遣劳动者订立的劳动合同,除应当载明本法第十七条规定的事项外,还应当载明被派遣劳动者的用人单位以及派遣期限、工作岗位等情况。劳务派遣单位应当与被派遣劳动者订立两年以上的固定期限劳动合同,按月支付劳动报酬;被派遣劳动者在无工作期间,劳务派遣单位应当按照所在地人民政府规定的最低工资标准,向其按月支付报酬。"

这一规定明确了劳务派遣单位在劳务派遣中的地位和角色。

1)　劳务派遣单位是"用人单位",应依法与被派遣劳动者订立劳动合同

劳务派遣单位的角色属于劳动关系中的"用人单位",应当与被派遣的劳动者之间签订劳动合同,履行所有用人单位应当履行的义务。劳务派遣单位虽然不实际、直接使用劳

动者,但却直接招录劳动者,作为劳动合同的相对方。《劳动合同法》明确劳务派遣单位是劳动关系中所称的用人单位,应当履行用人单位对劳动者所应承担的义务,包括订立劳动合同、及时足额支付劳动报酬、缴纳社会保险费用、办理档案转移手续等义务。

劳务派遣单位作为用人单位,应当与被派遣的劳动者签订劳动合同,建立劳动关系,并依法派遣到用人单位(即实际用人单位)工作。劳务派遣单位与劳动者签订的劳动合同的内容包括两部分:一是《劳动合同法》第十七条规定的劳动合同的法定条款和约定条款;二是劳务派遣中的特殊内容,即被派遣劳动者的用人单位、派遣期限以及工作岗位等情况。派遣单位应当告知被派遣劳动者用人单位的上述情况。

2) 劳动合同期限不低于 2 年,且被派遣劳动者在无工作期间,劳务派遣单位应当向其按月支付不低于最低工资标准的报酬

按照劳动合同法,用人单位与劳动者订立的劳动合同,其期限分为固定期限、无固定期限和已完成一定工作为期限三种。为了保护被派遣劳动者的利益,劳动合同法规定劳务派遣单位与被派遣劳动者订立的劳动合同只能是固定期限劳动合同,且期限不得少于 2 年。劳务派遣单位应当按月向劳动者支付劳动报酬,在劳动者无工作期间不得低于劳务派遣单位所在地人民政府规定的最低工资标准向与其有劳动关系的劳动者支付劳动报酬。《劳动合同法实施条例》第三十条进一步规定:"劳务派遣单位不得以非全日制用工形式招用被派遣劳动者。"这要求劳务派遣单位不得与被派遣劳动者之间签订非全日制劳动合同。因为非全日制用工,任何一方都可以随时通知对方终止用工,终止用工用人单位不向劳动者支付经济补偿。这些规定加大了派遣单位的法律责任,要求派遣单位与被派遣劳动者之间形成相对稳定的劳动关系,并保障劳动者在劳务派遣期间的最低报酬。它对规范劳务派遣用工形式,强化派遣单位的责任,严格控制劳务派遣的数量和质量具有重要意义。

2. 劳务派遣单位与用人单位的责任

为了规范劳务派遣活动,保护劳动者的合法权益,明确劳务派遣单位与实际用人单位的权利义务,《劳动合同法》第九十二条规定:"违反本法规定,未经许可,擅自经营劳务派遣业务的,由劳动行政部门责令停止违法行为,没收违法所得,并处违法所得一倍以上五倍以下的罚款;没有违法所得的,可以处五万元以下的罚款。劳务派遣单位、用工单位违反本法有关劳务派遣规定的,由劳动行政部门责令限期改正;逾期不改正的,以每人五千元以上一万元以下的标准处以罚款,对劳务派遣单位,吊销其劳务派遣业务经营许可证。用工单位给被派遣劳动者造成损害的,劳务派遣单位与用工单位承担连带赔偿责任。"

连带责任是我国立法中的一项重要民事责任制度,是一种加重责任。《民法典》规定,连带债务人都有义务向债权人清偿债务,债权人可同时或先后要求连带债务人全体或部分或一人履行全部或部分义务,被请求之债务人不得以超出自己应付份额为由,提出抗辩。只要债务没有全部清偿完毕,每个连带债务人不论他是否应债权人请求清偿过债务,对没有清偿的债务部分,都有清偿的义务。劳动合同法明确了劳务派遣单位与用人单位对被派遣的劳动者承担连带责任,当劳动者合法权益受到侵害时,可将劳务派遣单位和用人单位作为共同被诉人,向劳动争议仲裁委员会申请劳动仲裁,要求其承担连带责任。劳务派遣单位与用人单位都负有赔偿责任。

3. 劳务派遣单位的义务

《劳动合同法》第六十条规定："劳务派遣单位应当将劳务派遣协议的内容告知被派遣劳动者。劳务派遣单位不得克扣用人单位按照劳务派遣协议支付给被派遣劳动者的劳动报酬。劳务派遣单位和用人单位不得向被派遣劳动者收取费用。"这一规定明确了劳务派遣单位在履行合同中的义务。劳务派遣单位与劳动者签订了劳动合同之后，劳动者就与劳务派遣单位形成了正式的劳动关系。劳务派遣单位对劳动者应承担的义务包括以下三项。

1) 告知义务

劳务派遣单位应当将派遣协议的相关内容告知被派遣劳动者。派遣协议的很多内容，涉及被派遣劳动者的劳动报酬、社会保险、劳动条件和劳动保护等。

2) 不得克扣劳动报酬

被派遣劳动者有权按照自己提供劳动的数量和质量获得劳动报酬，有权获得最低工资保障、工资支付保障和实际工资保障。由于用人单位不直接支付劳动报酬给被派遣的劳动者，而是由劳务派遣单位转支付，现实生活中被派遣的劳动者获取劳动报酬的权利往往得不到切实的保障。因此，劳动合同法明确规定，劳务派遣单位不得克扣用人单位按照劳务派遣协议支付给被派遣劳动者的劳动报酬。

3) 不得向劳动者收取费用

劳务派遣单位与被派遣劳动者订立劳动合同，劳务派遣单位与用人单位订立劳务派遣协议，劳动者通过自己的劳动取得合法的报酬，劳务派遣单位通过管理活动获取相应的报酬，劳务派遣单位和用人单位不能以介绍费、中介费等为名向劳动者收取任何费用，也不得按一定比例扣除用人单位支付给劳动者的劳动报酬作为劳务费用的补充。用人单位支付给劳务派遣单位的管理费用应当单独列支，并明确约定。

9.2.4 被派遣劳动者在劳务派遣中的权利

1. 享有同工同酬的权利

《劳动合同法》第六十三条规定："被派遣劳动者享有与用人单位的劳动者同工同酬的权利。用人单位无同类岗位劳动者的，参照用人单位所在地相同或者相近岗位劳动者的劳动报酬确定。"确认了被派遣的劳动者与用人单位劳动者享有同工同酬的权利，具体体现了劳动合同法的公平原则。

同工同酬，是指相同岗位的劳动者不论性别、年龄、种族、用工形式等差异，在从事同等价值的工作，取得相同工作绩效的前提下，所获得的报酬也应当相同。被派遣劳动者与用人单位同类岗位的其他劳动者，如果从事相同工作，取得相同的工作绩效，其所获得的报酬也应该相同，用人单位不能简单因为其身份不同而实行差别对待。

2. 有权依法参加或者组织工会

《劳动合同法》第六十四条规定："被派遣劳动者有权在劳务派遣单位或者用人单位依法参加或者组织工会，维护自身的合法权益。"《工会法》第三条规定，在中国境内的企业、事业单位、机关中以工资收入为主要生活来源的体力劳动者和脑力劳动者，不分民族、种族、性别、职业、宗教信仰、教育程度，都有依法参加和组织工会的权利。任何组织和个人不得阻挠和限制。《劳动法》第七条规定，劳动者有权依法参加和组织工会。工会代表和维护劳动者的合法权益，依法独立自主地开展活动。被派遣劳动者应享有同其他劳动者一样参加或者组织工会的权利。

3. 依法享有解除合同的权利

《劳动合同法》第六十五条规定："被派遣劳动者可以依照本法第三十六条、第三十八条的规定与劳务派遣单位解除劳动合同。被派遣劳动者有本法第三十九条和第四十条第一项、第二项规定情形的，用人单位可以将劳动者退回劳务派遣单位，劳务派遣单位依照本法有关规定，可以与劳动者解除劳动合同。"明确了被派遣劳动者与劳务派遣单位解除劳动合同的规定。

1) 协商解除合同的权利

《劳动合同法》第三十六条规定，用人单位与劳动者协商一致，可以解除劳动合同。劳务派遣单位与劳动者之间建立的是劳动关系，劳动合同法规定的劳动者可解除劳动合同的情形同样适用于被派遣劳动者与劳务派遣单位。

2) 单方解除合同的权利

被派遣劳动者依法享有单方解除合同的权利。《劳动合同法》第三十八条规定，用人单位有下列情形之一的，劳动者享有单方解除合同的权利：未按照劳动合同约定提供劳动保护或者劳动条件的；未及时足额支付劳动报酬的；未依法缴纳社会保险费的；规章制度违反法律、法规的规定，损害劳动者权益的；以欺诈、胁迫的手段或者乘人之危，违背对方真实意思订立或者变更劳动合同的；免除自己的法定责任、排除被派遣劳动者权利的；违反法律、行政法规强制性规定的；法律、行政法规规定劳动者可以解除劳动合同的其他情形；用人单位以暴力、威胁或者非法限制人身自由的手段强迫劳动者劳动的，或者用人单位违章指挥、强令冒险作业危及劳动者人身安全的。在用人单位出现上述情形之一时，被派遣劳动者不仅享有单方解除合同的权利，并有权要求劳务派遣单位向其支付经济赔偿金。

劳务派遣单位依法享有单方解除合同的权利。《劳动合同法》规定，只有被派遣劳动者有本法第三十九条和第四十条第一项、第二项规定情形，用人单位方可将劳动者退回劳务派遣单位，劳务派遣单位有权依法行使单方解除权。第三十九条是劳动者有严重过失，用人单位有权解除合同的情形，第四十条第一项是劳动者患病不能工作、第二项是劳动者不能胜任工作，用人单位可以单方解除合同的情形，其共同特点都是因为劳动者个人原因，而不是因为用人单位原因解除合同。在这里，劳动合同法明确了用人单位解除合同的法定情形，限制用人单位随意解除被派遣劳动者的劳动合同，限定了用人单位退回劳动者的情形。除了法律规定可以将被派遣劳动者退回劳务派遣单位的情形外，用人单位不得将派遣期限未满的被派遣劳动者退回劳务派遣单位。

劳务派遣单位与被派遣劳动者依法解除或者终止劳动合同，应当依照劳动合同法规定的情形和标准支付经济补偿。《劳动合同法实例条例》第三十一条规定："劳务派遣单位与被派遣劳动者依法解除两者终止劳动合同，依照劳动合同法第四十六、第四十七条的规定执行。"劳务派遣单位违法解除或者终止被派遣劳动者的劳动合同的，依照劳动合同法规定向被派遣者支付经济赔偿金。《劳动合同法实施条例》第三十二条规定:"劳务派遣单位违法解除或者终止被派遣劳动者的劳动合同的,依照劳动合同法第四十八条的规定执行。"

9.2.5 对劳务派遣员工的管理

1. 依法规范劳务派遣员工关系

正式员工的管理主体是直接上级和人力资源部门,而劳务派遣人员的管理则涉及多个管理主体、面对多个外部市场关系。理解和处理好不同主体之间的相互关系有助于提升用人单位的管理效果。劳务派遣管理模式要重点处理以下几种关系:对派遣员工的管理,重在强调以绩效产出为目的的管理关系;在与劳务派遣单位的关系中,重在明确双方权责关系为内容的法律关系;在处理劳务派遣单位与派遣员工的关系中,重在强调以保障双方权益实现为目的的劳动合同关系。通过规范用人单位与派遣单位的关系以促进派遣单位与派遣员工的关系,增进和完善用人单位与派遣员工的关系,是建立劳务派遣员工管理机制的核心和目的。

2. 依法处理与派遣单位的关系

依法处理与派遣单位的关系,规范派遣单位对劳动者的管理,是促进绩效目标实现和建立派遣员工管理机制的重点。

1) 建立完善派遣单位的考核筛选机制

为激励派遣单位不断提高自身的服务质量,发挥派遣模式的最大效用,应认真甄选合作的派遣单位,提高服务质量,建立明确的考核体系对派遣单位进行有效筛选和考核。考核指标的设计应回答这些问题:派遣单位提供派遣人员的合格率如何?是否建立了比较完备的派遣人员信息库和备份资料以快速补充缺员职位?其社会信誉如何?能否宣传用人单位良好的工作环境、提高对派遣员工的影响力和控制力?是否与当地政府尤其是劳动保障和监察部门建立了良好的联系?能否及时为劳动者提供法律服务、保障劳动者合法权益?能否及时协调处理双方矛盾和纠纷?能否为用工时的突发情况设计合理、合法的解决措施,进行危机管理,以减少用人单位的经济损失和责任风险?

2) 设计更有效的派遣单位的激励回报机制

对派遣单位进行有效的激励和控制,能够促使派遣单位对劳动者的激励和约束,从而有助于用人单位工作目标的实现和工作效率的提高。

3) 建立和完善跟踪反馈机制

劳务派遣单位和用人单位对于劳务派遣过程中的各个环节要及时跟踪,比如派遣人员是否遵守用人单位的规章制度?工作绩效如何?是否按时、足额领到了劳动报酬?派遣单位是否按时、全额缴纳了社会保险?用人单位是否有侵犯派遣劳动者合法权益的行为?其安全生产设施是否齐全?安排劳动者额外加班是否有加班费或补助?及时沟通协调、发现并快速解决劳务派遣中的问题,不断修改完善劳务派遣流程和服务内容,是确保劳务派遣用工模式顺利进行的保障。

3. 依法退回被派遣劳动者

用人单位与被派遣劳动者之间建立的是劳务关系，而非劳动合同关系。因此，在被派遣劳动者有法定可解除劳动合同情形时，用人单位不能直接解除劳动合同，而只能将劳动者退回，由劳务派遣单位依照劳动合同法的有关规定，与劳动者解除劳动合同。《劳动合同法》第六十五条第二款规定，被派遣劳动者有本法第三十九条和第四十条第一项、第二项规定情形的，用人单位可以将劳动者退回劳务派遣单位，劳务派遣单位依照本法有关规定，可以与劳动者解除劳动合同。即用人单位可将被派遣劳动者退回的情形包括以下8类。

(1) 被派遣劳动者在试用期内被证明不符合录用条件的；

(2) 被派遣劳动者严重违反用人单位的规章制度的；

(3) 被派遣劳动者严重失职，营私舞弊，给用人单位的利益造成重大损害的；

(4) 被派遣劳动者同时与其他用人单位建立劳动关系，对完成本单位的工作任务造成严重影响，或者经用人单位提出，拒不改正的；

(5) 被派遣劳动者以欺诈、胁迫的手段或者乘人之危，使对方在违背真实意思的情况下订立或者变更劳动合同，致使劳动合同无效的；

(6) 被派遣劳动者被依法追究刑事责任的；

(7) 被派遣劳动者患病或者非因工负伤，在规定的医疗期满后不能从事原工作，也不能从事由用人单位另行安排的工作的；

(8) 被派遣劳动者不能胜任工作，经过培训或者调整工作岗位，仍不能胜任工作的。

被派遣劳动者由于上述情形被用人单位退回的，劳务派遣单位可以依照劳动合同法的有关规定，解除与被派遣劳动者的劳动合同。被派遣劳动者由于患病或者非因工负伤，在规定的医疗期满后不能从事原工作，也不能从事由用人单位另行安排的工作的，以及被派遣劳动者不能胜任工作，经过培训或者调整工作岗位，仍不能胜任工作被退回，劳务派遣单位解除劳动合同，须向被派遣劳动者支付经济补偿金。

9.3 工作任务：处理非全日制用工关系的业务操作

9.3.1 可以订立口头协议

《劳动合同法》第六十九条规定：非全日制用工双方当事人可以订立口头协议。

微课32 非全日制用工的是与非

根据《劳动合同法》第十条之规定，建立劳动关系，应当订立书面劳动合同。已建立劳动关系，未同时订立书面劳动合同的，应当自用工之日起一个月内订立书面劳动合同。非全日制用工是否也应当这样执行呢？《劳动合同法》第六十九条规定，非全日制用工双方当事人可以订立口头协议。为了更好地保持非全日制用工形式的灵活性以促进就业，《劳动合同法》对非全日制用工方式作了非常宽松的规定，规定了非全日制用工双方当事人可以订立口头协议，当然，也可以采用书面形式，不管采用口头形式还是书面形式，都是合法行为。之所以这样规定，主要是非全日制用工具有较大的灵活性，合同履行具有即时性，因而法律规定非全日制劳动合同的形式可以较为灵活。双方当事人既可以采用口头协议形式，也可以采用书面形式。

9.3.2 可以形成两个以上劳动关系

《劳动合同法》第六十九条规定：从事非全日制用工的劳动者可以与一个或者一个以上用人单位订立劳动合同；但是，后订立的劳动合同不得影响先订立的劳动合同的履行。

由于非全日制用工形式的特殊性、灵活性，非全日制就业的人员在一家用人单位往往工作时间短，获得的劳动报酬也非常有限，所以法律允许他们可以在多个用人单位任职，比较灵活。同时规定从事非全日制用工的劳动者可以与一个或者一个以上用人单位签订劳动合同；但是，后签订的劳动合同不得影响或者损害先签订劳动合同的权利和义务。非全日制用工可不签订书面合同，可建立双重或者多重劳动关系，这就是非全日制用工灵活的典型体现。

9.3.3 不得约定试用期

《劳动合同法》第七十条规定，非全日制用工不得约定试用期。以法律的形式首次明确提出非全日制劳动不得约定试用期，在非全日制用工的试用期问题上最大限度地维护了劳动者的权益。非全日制劳动合同由于工作时间短，一般对劳动技能要求不是很高，不需要通过试用来考察员工是否能胜任工作。同时，非全日制劳动关系相对灵活松散，双方当事人任何一方却都可以随时通知对方终止用工，是否约定试用期对非全日制用工没有意义。所以，用人单位对非全日制用工规定不得约定试用期条款，对不合格的非全日制员工可以随时终止合同，但对劳动者已经付出的劳动，同样需要支付足额的劳动报酬。

9.3.4 必须缴纳工伤保险

公司可以不为非全日制员工买社保，但公司需要为非全日制用工缴纳工伤保险，从事非全日制工作的劳动者发生工伤，依法享受工伤保险待遇，被鉴定为伤残 5~10 级的，经劳动者与用人单位协商一致，可以一次性结算伤残待遇及有关费用。

依据 2003 年 5 月 30 日发布、实施《劳动和社会保障部关于非全日制用工若干问题的意见》，非全日制员工可自行缴纳养老保险和医疗保险，用人单位应为其缴纳工伤保险。如果非全日制用工单位未为非全日制员工办理工伤保险，非全日制用工在该单位发生工伤事故的，仍依法享受工伤保险待遇。

非全日制用工劳动者应当参加基本养老保险，原则上参照个体工商户的参保办法执行。非全日制用工劳动者可以以个人身份参加基本医疗保险，并按照待遇水平与缴费水平相挂钩的原则，享受相应的基本医疗保险待遇。参加基本医疗保险的具体办法由各地劳动保障部门研究制定。

9.3.5 工资最长支付周期不超过 15 天

《劳动合同法》第七十二条规定:"非全日制用工小时计酬标准不得低于用人单位所在地人民政府规定的最低小时工资标准。非全日制用工劳动报酬结算支付周期最长不得超过15日。"

由于非全日制劳动用工是一种更为灵活便捷的用工形式,用人单位和劳动者之间的劳动关系也远远不如全日制劳动用工稳定,因此,法律规定非全日制劳动用工报酬的结算周期比较短,这是对劳动者权益的保护。我国法律规定,非全日制劳动合同最长支付周期不得超过15天,支付周期较短。而且非全日制用工小时计酬标准不得低于最低小时工资标准。

用人单位也要依法用工,防止因为工作疏忽而引起不必要的争议。有些用人单位为了省事,对非全日制员工每月发一次工资,看似很合理,其实已经违反了《劳动合同法》的规定,是一种违法行为。

9.3.6 用人单位可以随时终止合同,且无须向劳动者支付经济补偿

《劳动合同法》第七十一条规定,非全日制用工双方当事人任何一方都可以随时通知对方终止用工。终止用工,用人单位不向劳动者支付经济补偿。这里的"随时通知"法律并未规定书面形式还是口头形式,从举证角度出发,建议采用书面形式。本条针对非全日制劳动,对劳动合同的解除和终止作出了突破性的规定。因为非全日制用工的突出特点就是它的灵活性,规定过多会限制这一用工形式的发展。为了更好地利用非全日制用工的灵活性,从而促进就业,促进劳动力资源的优化配置,劳动合同法对非全日制用工的终止作出了比全日制用工更为宽松的规定。非全日制合同是否继续履行,双方都具有完全自由的决定权利。用人单位终止非全日制劳动合同,无须向劳动者支付经济补偿金。另外,需要注意的是,本条所指的"终止用工"既包括因劳动合同期届满而导致的终止,也包括劳动合同期没有届满而解除劳动合同的情形。

 案例分析与讨论

非全日制用工未签订劳动合同

2017年6月7日,王某入职重庆某外贸公司,双方未签订书面劳动合同,王某11月份离职后向某公司索要劳动赔偿,双方多次协商未果,王某向公司所在区劳动争议仲裁委员会提起仲裁申请,申请要求如下:

1. 要求支付2017年11月1日至11月30日期间的工资5000元(按月工资5000元计算);
2. 要求支付业务奖金1835528.48元(此项请求与第一项并无重合,工作期间公司从未支付过业务奖金);
3. 要求补缴2017年4月至2017年11月期间的社会保险(2017年4月的社会保险未缴纳,2017年5月至11月的社会保险未按每月5000元的实际工资标准缴纳);

4. 要求支付 2017 年 4 月 20 日至 2017 年 11 月 30 日期间未签订劳动合同的另一倍工资 40000 元(此款不含实际工资)；

5. 要求支付第 1 项、第 2 项请求的利息及索要工资的误工费共计 5000 元(估算)。

某公司辩称：我公司系一家正规的国际贸易公司，我公司的全日制工人均与我公司签订了劳动合同，而王某本人因自身照顾小孩及哺乳等原因不愿与我公司签订全日制劳动合同，她自愿要求成为非全日制员工，所以双方之间未签订书面的劳动合同，仅仅以口头的方式达成了非全日制用工形式的协议。

2017 年 6 月初，因王某与我公司法定代表人李某系校友关系，且王某正在哺乳期，当时王某也因无工作，便找到我公司的法定代表人李某，要求其能够在我公司处找一份既能够工作又能够兼顾不耽误对其小孩哺乳与照顾的工作岗位。我公司先是希望王某也能够成为一名全日制上班的员工，并要求签订全日制用工合同，但遭到王某拒绝。之后，我公司的负责人安排王某到我公司处从事一份非全日制工作。并且订立了口头协议，协议约定：

1. 工作内容为接打电话、收发电子邮件联系新老客户。

2. 王某在我公司处实行半天制工作时间的制度，即每天工作时间不得超过 4 小时，每周工作时间不得超过 24 小时，每月工作时间不得超过 96 个小时。

3. 非全日制劳动关系从 2017 年 6 月 1 日起开始建立。在上述规定的时间内，王某可以自由地安排上班时间。

4. 每小时的工资标准为 13 元人民币，无提成。每个月的工资标准为 1248 元，且每个月月底向王某支付工资。

2017 年 10 月初，王某在未向我公司交接任何工作手续及档案材料的前提下，突然不辞而别。后几经通知其前来公司上班，王某先是以带小孩的需要为由明确提出了辞职。2017 年 11 月初我公司通知王某前来办理工作交接，但其并未来上班也未办理交接，故不同意支付工资，双方并无奖金约定，2017 年 4 月、5 月王某并未入职我公司。

请仔细阅读案例并回答以下问题：

1. 请问某公司可以与本案例中的王某订立口头协议吗？请说明法律依据。

2. 某公司需要为王某补交社会保险吗？请说明法律依据。

3. 某公司的工资支付时间符合法律规定吗？请说明法律依据。

思考与练习

1. 劳务派遣用工有哪些特征？其对于用工单位有哪些意义？
2. 非全日制用工有哪些特点？其对于用工单位有哪些意义？
3. 适合劳务派遣的岗位有哪些？如何进行劳务派遣单位的选择？
4. 劳务派遣单位与用人单位双方的责任与义务分别有哪些？
5. 劳动者在劳务派遣中有哪些权利？如何站在用人单位的角度正确处理与被派遣员工的关系？
6. 非全日制用工有哪些法律约定？如何站在用人单位的角度正确处理与非全日制劳动者的各种关系？

拓展阅读

拓展阅读1：劳务派遣的发展演变

劳务派遣起源于20世纪五六十年代的美国，成长于欧洲、日本，后被世界各国越来越多地采用。在经济全球化和企业竞争日趋激烈的背景下，选择包括劳务派遣形式在内的新的雇佣形式，降低用人成本和风险，保证用工灵活性，成为许多国家企业用工制度的一种选择。根据日本厚生劳动省《劳动经济白皮书》(2006年)提供的数据，2000年雇佣的劳务派遣临时工比例为20%，2005年上升至24%。其中男性比例由9.4%上升为12.5%，女性比例由31.6%上升为40.6%。这说明日本女性雇员有2/5属于临时雇佣者，而在经济增长的1970年仅为12.2%。之所以如此，是因为"一个正规的员工很难解雇，现在公司都不愿意冒这个风险。景气好的时候可以多招一点员工，景气不好的时候又可能说声对不起，明天就不能再来了"。在日本，正式员工与派遣员工的收入相差一倍左右，而且在保险福利、退休金以及年休假方面也不尽一致。在中国，劳务派遣也是适应这一需要而产生，并在20世纪90年代之后如雨后春笋般地发展起来，通过劳务派遣方式就业的劳动者数量也以惊人速度在增长。企业通过采用劳务派遣方式，可以较灵活地调整用工形式，完善富余人力资源的退出机制，有效地降低人力成本，化解因体制、政策原因而产生的用人障碍，对企业提升自身管理能力，专注核心人力资源的管理发挥了重要作用。但由于缺乏明确法律规范，劳务派遣员工与正式员工在劳动关系的归属、解雇保护、社会保险交纳、福利待遇、同工同酬等方面存在差异，劳务派遣各方一旦出现纠纷，屡屡出现互相推诿、侵害劳动者权益的情形，因而规制劳务派遣关系成为一个令人关注的问题。

为规范劳务派遣人员的聘用和管理，明确用人单位、劳务派遣机构和被派遣劳动者三方的权利和义务，保证劳务用工制度的规范执行。《劳动合同法》用专节对劳务派遣用工方式首次作出规定，明确规定了劳务派遣三方的权利义务，以保障劳务派遣的规范运行。

拓展阅读2：美国劳务派遣制度

劳务派遣制度作为一种新型的资源配置模式，20世纪70年代起源于美国，随后在欧洲、日本等地区蓬勃发展，时至今日上述许多国家和地区还产生了专门规制劳务派遣制度的较为成熟的法律。

一、美国州法的相关规定

美国许多州指定了专门法律对劳务派遣进行规制。概括而言，这些州法规制的对象主要包括劳务派遣公司设立和资本的要求、劳务派遣协议的内容的规制、雇员工伤保险和失业保险费用的分担、排他和替代责任以及派遣机构和接受单位在其他方面义务和责任的分担问题。除了指定专门的规制劳务派遣的法律，许多州在保险或其他领域的法律中都会涉及劳务派遣的相关问题。

1. 对劳务派遣公司设立和资本的要求

美国有10个州的法律要求雇主租赁公司在开业前必须向州登记。有些州对雇员租赁公司设立的审批还相当严格，并规定劳务派遣公司的设立需要经过许可和登记。还有些州对劳务派遣公司的资本进行规定。也就是说美国对劳务派遣公司市场准入的监管相当严格，包括对公司的所有者和控制人都有监管的要求。这可能是考虑到劳务派遣公司作为一种经营人力资源管理的公司，雇员集中且风险较大，雇主及其控制人是否诚实守信对雇员利益的影响甚大，因此，需要对劳务派遣公司的市场准入进行控制。对劳务派遣公司的财务要求主要基于劳务派遣公司负有支付雇员工资和其他福利费用的义务，这些费用的支付与派遣工人的切身利益密切相关，如果雇主无力支付这些费用，将对派遣工人造成严重影响，因此，有必要让雇主提供一定资金，用于担保这些费用的支付。

2. 劳务派遣协议内容的规制

对劳务派遣协议内容的规制，往往涉及派遣公司和接受单位之间的权利、义务和责任的分担。按照民事合同的相关原理，派遣公司和接受单位具有决定合同内容的自由，但为了保护派遣工人的利益，法律对派遣公司和接受单位的协议也有许多限制规定，这些限制规定主要体现了法律对派遣工人的倾斜保护，体现了立法者对派遣公司和接受单位权利、义务和责任分担的立场。

立法者对职业雇主组织和客户公司之间协议的规制重点在于明确劳务派遣公司的义务和责任，即职业雇主组织必须承担的最低义务和责任，这些义务和责任不能通过合同转移到客户公司。归纳起来，职业雇主组织通常享有权利以及应该承担的义务和责任包括：指挥、控制雇员的权利，支付派遣工人工资以及支付工资税的义务，雇佣、解雇和派遣工人的权利，保证雇员安全的义务以及负责派遣工人赔偿请求的义务。这些义务体现了职业雇主组织和派遣工人之间的雇佣关系，是一般雇主通常应承担的义务，通常不得移转到客户公司。值得注意的是，为了保障雇员的人身安全，即使雇员被派遣到客户公司工作，职业雇主组织仍有义务保证雇员的安全。

3. 工伤保险

工伤保险是指对于劳工在工作期间所受伤害的保险，通常覆盖医疗、死亡、残疾、康复等内容，保险费由雇主缴纳。许多州法都在有关劳务派遣的法律或者保险法律当中规定工伤保险费用的支付问题。大部分州法要求劳务派遣公司必须支付雇员的工伤保险费用。但也有一些州允许雇员租赁公司和客户公司选择决定由其中一方支付工伤保险费用。还有一些州规定派遣公司和客户公司对派遣雇员的工伤保险费用负无限连带责任。大部分州法要求劳务派遣公司支付派遣工人的工伤保险费用，这是劳务派遣公司作为派遣工人的雇主的主要体现之一，也是保护工人利益的重要保证。

4. 失业保险费用

美国大部分州法规定失业保险费用由雇员租赁公司支付。

5. 排他和替代责任

从以上介绍可以看出，雇员租赁公司作为派遣雇员的雇主，必须承担一般雇主通常承担的责任，但雇员租赁公司对派遣雇员的义务并非无限。许多州都有"排他性和替代责任"的规定，即雇员租赁公司和客户公司不为对方的行为或疏忽负责。

6. 派遣公司和客户公司责任分担的小结

通过对以上州法的分析，大部分州规定雇员租赁公司对派遣工人承担支付工伤保险和失业保险费的义务，将雇员租赁公司视为派遣工人的雇主，也就是说雇员租赁公司在承担向派遣工人支付工资的义务的同时也承担向其支付各项保险的义务，这也再次体现了雇员租赁公司和派遣工人之间的基本的雇佣法律关系。另一方面，雇员租赁公司的责任也不是无限的。雇员租赁公司和客户公司不对对方的行为负责，也不对处于对方完全指挥和控制之下的派遣工人负责，这体现了"谁控制和指挥，谁负责"的原则，同时也表明雇员租赁公司和客户公司是相互独立的两个雇主，而不是一个雇主。

二、美国联邦法的相关规定

除了各州成文法的规定，通过判例的解释，法院解决了许多联邦法律如何适用于劳务派遣场合的问题，尤其是派遣公司和客户公司之间责任的分担。法院许多判例表明，在适用联邦法律时，客户公司在符合某些条件时将和派遣公司构成派遣工人的共同雇主，客户公司也必须承担派遣公司依据联邦法应承担的雇主责任。此即美国判例法确立的"共同雇主"法律制度。即在确定谁是雇主这个问题上，美国劳动法仍然坚持派遣机构的雇主地位，而对于要派机构则是通过法律制度使其在必要的情况下，与派遣机构承担连带责任，以达保护劳动者之目的。作为要派机构是否承担连带责任的法律标准——"共同雇主"的核心是"共同控制准则"，即在劳动派遣关系中，只要存在两个互相独立的企业共同控制并决定同一工人的劳动条件，那么他们即构成共同雇主而对该工人承担连带的雇主责任。

项目 10　员工离职管理

---【项目概述】---

员工离职是指职工离开原职务和原工作单位的劳动法律制度，而员工离职管理主要是指对职工离开原职务和原单位公司一切事务处理的管理。主要包括员工离职的管理(包括员工离职原因的分析，员工离职费用的计量和管理，各种类型员工离职的管理等)及由于员工离职而引发的劳动合同的解除和终止的管理。

【学习目标】

- 能够熟悉员工离职的定义、离职形态、离职费用的管理及经济性裁员的定义；
- 能够熟悉劳动合同解除的定义，掌握解除的适用情况；
- 能够熟悉劳动合同终止的定义，掌握终止的适用情况。

【技能目标】

- 能够独立进行员工离职原因的分析；
- 能够独立进行员工离职费用的计量和管理；
- 能够协助进行员工主动离职和非主动离职的管理，以及协助进行经济性裁员的管理；
- 能够进行员工离职后的综合管理；
- 能够熟练掌握劳动合同解除的适用情况处理方法，并且根据劳动合同解除的程序进行有效的、无风险的劳动合同解除操作；
- 能够熟练掌握劳动合同终止的条件，并且根据劳动合同终止的操作程序进行有效的、无风险的劳动合同终止操作。

 案例导入

核心员工主动离职

一家行业内排名第一的集团公司的某部门一位核心的部门经理，现年 33 岁向自己直接领导部门总监提出要离职的想法。

这位部门经理是从分公司的成立最初招聘入职的，做了整整两年的时间。听到后作为她的直接上级，虽然近 10 多年来管理团队中，听到不知道有多少有同事要提出离职的消息，都没有如此的沉重：

一是她是最得力的助手之一，执行力非常好，领悟能力也比较高，虽然是从专员岗位一点一点带起来的，但是现在对岗位工作已经可以独当一面。

二是还要重新再去招聘新人和培养，而这个岗位必须经过内部熟悉流程和了解业务开展工作，大概 2 个月时间才可以完全上手。岗位比较综合，又要求有授课的能力，还要有团队管理经验，还需要制定工作流程和制度，对外地的团队进行异地的工作指导和培训。

在听到消息后，任何管理者首先考虑的是了解原因，一定要挽留，再问到具体的离职原因，提出有同行业给了比目前 2 倍还要多的薪水。因为她提出离职之前也有其他公司找她，她都拒绝了，原因是在这工资虽然低，但是可以和领导学习到很多，所以愿意把工资看淡，但是此次面临孩子上幼儿园的学费和家庭开支的增加，加上给到的薪水让她和爱人都非常地满意，也是原来上家领导给介绍的，便答应了。

最初入职时她是专员岗位，在提升后的一年多虽然工作表现一直很好，但是因为公司加薪比例和加薪人数的限制，加上公司有规定在近一年内加过薪的则年初不在名单，所以没有争取到加薪。公司的薪酬福利在同行业，处在中等水平略微偏低一点的水平，公司在同年有三位副总裁离职，其实公司的高管，已经开始关注留人并用提高福利来留住人才的激励计划，但是都是新的政策，还没有执行和落地到这位部门经理岗位处。并且和当前月工资的比较来说还是没有那么直接地吸引。

公司部分业务也出现了波动，有下滑趋势，而这刚好是她们主要服务的业务，但是公司高管的态度是要坚持支撑这个业务继续做并且向好的方向发展，也投放了人力和物力已经开始了行动和轻微的改变。

请仔细阅读上述案例，思考并回答下面的问题：
1. 请归纳本案例中核心部门经理离职的原因。
2. 如果您是这个部门的直接领导你该如何处理这份离职申请？
3. 面对此类离职申请，公司该做出哪些方面的改进？

10.1　相关知识：员工离职、劳动关系的解除与终止

10.1.1　员工离职

1. 员工离职的定义

员工离职是指职工离开原职务和原工作单位的劳动法律制度，员工离职有以下两种具体情况。

1）　离职休养不解除劳动关系

离职入校学习进修，停薪留职，这种离职不终止劳动法律关系。

2）　从组织内向组织外移动解除劳动关系

另一种是职工本人要求辞职被单位批准离职、被单位辞退离职、主动离职等，这种离职终止劳动法律关系。后一种也可描述为从组织内部往外部的劳动移动，也就是员工从企业中流出或自愿离开企业，它既包括企业"解雇"员工，也包括员工主动"跳槽"。离职职工根据不同情况享受不同的待遇。本书中主要介绍的就是指劳动关系消失的这种离职方式。

2. 员工离职的形态

1）　依据员工是否自动移动为标准

离职以员工是否自动移动为标准，可区分为主动离职与非主动离职。

(1) 主动离职。主动离职是员工依据个人意愿所做的离职，通常称为辞职，主要是员工为了追求新鲜感，或追求高收入高福利，或谋求更大发展、增加阅历，或为了改善人际关系，或由于婚姻、家庭、出国、升学等，大多可归结为对现有工作的不满或不得已而为之。

(2) 非主动离职。非主动离职是指非员工意愿，而是雇主或组织从自身利益出发强制执行的离职，通常称为免职，在一些国家又具体分为解雇和暂时解雇。其原因主要是员工工作能力减退、残废疾病、工作表现不符合公司规定，或无法满足组织要求时，企业依据正当理由予以解雇。另外，公司业务紧缩，歇业或经济不景气时，为了节省成本，公司也可能暂时解雇员工。

(3) 退休离职。退休与主动离职和非主动离职都有关联，员工虽然愿意继续工作，但已达退休年龄而退休者，属于非主动离职；但员工在达到退休年龄之前的自愿退休则属于主动离职。

2) 依据组织是否可以避免为标准

离职以组织是否可以避免为标准，区分为可避免的离职与不可避免的离职。

(1) 可避免的离职。这是指通过组织或经营者努力有可能改变员工心意的离职，通常大部分主动离职属于可避免的离职范围。

(2) 不可避免的离职。这是指员工因疾病、死亡、怀孕(不愿享受生育保险的员工)等不可回避的原因，即不可能控制原因而导致的离职。

3) 依组织的功能性为标准

组织的功能性可区分为功能性离职(低绩效)与非功能性离职(高绩效)。

(1) 非功能性离职。这是指员工个人想离职，但组织希望能挽留他。

(2) 功能性离职。这是指员工个人想离职，而组织并不在乎，因为组织对他的评估是不好的。

4) 依据劳动合同终结的法律原因

依据劳动合同终结的法律原因，可以分为劳动合同解除与劳动合同终止两种类型。

(1) 劳动合同终止。这是指劳动合同期限届满或主体资格消失而依法终结。

(2) 劳动合同解除。这是指劳动合同生效以后，尚未全部履行以前，一方或双方依法提前终结劳动合同的行为。解除行为分为双方行为和单方行为。单方解除劳动合同，可以分为企业单方面解除或者员工单方面解除，单方解除无须对方同意。双方解除，则是无论员工首先提出解除还是企业首先提出解除，只有双方同意，达成一致，方可解除劳动合同。不同类型的员工离职类型，导致了企业不同的法律风险。

3. 员工离职的效果

离职是重要的人力资源问题，通过离职可以了解许多人事问题的症结。离职也可以反映组织的常态，一个离职率过高的组织无法成为良好的组织。例如，当一个部门离职率很高时，我们可以推测出多种原因，如管理者不信任、同事不合作、不断减薪、突然降职、公司有裁员倾向、工作缺乏成就感或工作单调、工作环境不良等，因而对离职予以有效管理具有重要意义，人力资源部必须关注员工缺席与离职资料，并予详细分析。

1) 离职的肯定效果

强调离职的肯定效果者认为,离职可以更新组织气氛,刺激新的管理方法与技术的引进;有机会裁减不胜任工作的人,有助于建立企业形象;当组织的冗员离职时,高离职率反而能促进组织活力;离职在某些人看来,是一种自由移动,可由此获得较好的待遇和工作条件。

2) 离职的否定效果

强调离职的否定效果者认为,如果企业真正需要的、有价值的员工离职,将使组织的关键员工、优秀人力的确保遭受威胁;企业支付的招募、选拔和训练费用,会因员工离职而遭受损失;新替代的员工相对经验少,易出差错,使得替代费用难以估计;员工离职还可能会影响其他员工士气,可能间接影响组织目标的完成。

3) 离职的折中效果

过高的离职率和几乎没有离职,对组织来说都不是一件好事。离职率过高,会降低员工对组织的归属感,影响全体员工士气,从而妨碍组织目标的达成和维持。相反,如果员工完全没有流动,组织也会失去活力,并倾向老化,从而妨碍组织发展。因此只要属于常态性离职,企业就不必过分紧张,但如果是想留的人留不住,想走的人不愿走,离职的人总是最优秀的,这就应该检讨。企业既要肯定离职的积极意义,又要对员工离职实施有效的管理。

4. 离职管理费用

离职管理费用是指在员工的离职过程中,管理部门为处理该项事务而发生的费用。如人事管理部门负责人或其他主管负责人与离职者的面谈,收回离职员工手中的设备、工具以及办理一些离职手续等所发生的费用。无论是主动离职,还是非主动离职,都会给组织带来费

微课33 离职手续通关之战

用,但实际上目前对如何计算离职所产生费用的讨论还比较少,大多只限于对离职有关的原因及变数的说明和研究,这样就无法以较具体的量化观念来说明离职的严重性,同时也难以明确使经营者了解如何进行离职管理。目前在我国,能够根据对离职员工面谈记录进行数据加工,并建立员工流失关键要素分析、流失成本分析的企业还很少。

5. 经济性裁员

经济性裁员是非主动离职的典型形态。在经济不景气时期,裁员常成为企业降低人工成本,提高劳动生产率和企业竞争力的重要手段。今天,裁员已不是"绩差""破产"企业的专用名词,许多业绩好的企业也从组织长远发展的角度进行裁员。

通常,正式裁员的费用要高于预算额,为确保企业利润最大化,避免裁员成本和负面影响过大,企业在面临裁员时,可以对一些裁员替代方案进行比较,例如,冻结人员的进入;停止增加工资、停发奖金;不鼓励甚至限制加班;变更劳动合同;减薪;工作分享;减少工作日;停止带薪休假等额外福利等。裁员一方面可以降低成本,提高企业竞争力,另一方面也可能带来负面影响。为降低这些负面影响,企业在制定裁员方案时应注意以下问题:向员工传递正面、积极、公平的信息;裁员方案应有利于减轻在制定、实施雇佣决策时一线经理的压力;注意维持一种企业内外的融洽关系。在市场经济条件下,保持员工

的合理流动，既有利于企业不断引进新的人才，淘汰不合格员工，又可以强化现有员工的职业危机感，促使他们努力工作，提高工作效率。

无论是员工主动离职还是非主动离职，最终的结果都是其与用工单位劳动关系的消失。按照我国《劳动法》的规定，员工离职，即劳动关系的消失分为"解除"和"终止"两种法定情形。为了平衡企业与员工的力量，建立和发展和谐稳定的劳动关系，我国法律对劳动合同的解除和终止作了严格的规定和限制。

10.1.2 劳动合同的解除

1. 劳动合同解除的定义

劳动合同解除，是指劳动合同订立后，尚未全部履行之前，由于某种原因导致劳动合同一方或双方提前消灭劳动关系的法律行为，分为法定解除和约定解除。

2. 劳动合同解除的适用情况

劳动合同解除情形根据《劳动合同法》的规定，劳动合同解除分为以下4种情况。

1) 双方协商一致解除合同

《劳动合同法》第三十六条规定："用人单位与劳动者协商一致，可以解除劳动合同。"

2) 劳动者单方面解除劳动合同

(1) 劳动者提前通知单方解除即劳动者主动辞职。《劳动合同法》第三十七条规定："劳动者提前三十日以书面形式通知用人单位，可以解除劳动合同。劳动者在试用期内提前三日通知用人单位，可以解除劳动合同。"

(2) 劳动者随时单方解除即被迫解除。《劳动合同法》第三十八条规定："用人单位有下列情形之一的，劳动者可以解除劳动合同：

(一)未按照劳动合同约定提供劳动保护或者劳动条件的；

(二)未及时足额支付劳动报酬的；

(三)未依法为劳动者缴纳社会保险费的；

(四)用人单位的规章制度违反法律、法规的规定，损害劳动者权益的；

(五)因本法第二十六条第一款规定的情形致使劳动合同无效的；

(六)法律、行政法规规定劳动者可以解除劳动合同的其他情形。

用人单位以暴力、威胁或者非法限制人身自由的手段强迫劳动者劳动的，或者用人单位违章指挥、强令冒险作业危及劳动者人身安全的，劳动者可以立即解除劳动合同，不需事先告知用人单位。"

3) 用人单位单方通知解除(《劳动合同法》第三十九条、四十条、四十一条)

(1) 用人单位可以单方面解除劳动合同。《劳动合同法》第三十九条规定："劳动者有下列情形之一的，用人单位可以解除劳动合同：

(一)在试用期间被证明不符合录用条件的；

(二)严重违反用人单位的规章制度的；

(三)严重失职，营私舞弊，给用人单位造成重大损害的；

(四)劳动者同时与其他用人单位建立劳动关系,对完成本单位的工作任务造成严重影响,或者经用人单位提出,拒不改正的;

(五)因本法第二十六条第一款第一项规定的情形致使劳动合同无效的;

(六)被依法追究刑事责任的。"

(2) 用人单位有条件地解除劳动合同。《劳动合同法》第四十条规定:"有下列情形之一的,用人单位提前三十日以书面形式通知劳动者本人或者额外支付劳动者一个月工资后,可以解除劳动合同:

(一)劳动者患病或者非因工负伤,在规定的医疗期满后不能从事原工作,也不能从事由用人单位另行安排的工作的;

(二)劳动者不能胜任工作,经过培训或者调整工作岗位,仍不能胜任工作的;

(三)劳动合同订立时所依据的客观情况发生重大变化,致使劳动合同无法履行,经用人单位与劳动者协商,未能就变更劳动合同内容达成协议的。"

(3) 经济裁员。经济性裁员是指用人单位在遭遇到经济上的困难时,通过裁减人员以达到摆脱困境的目的。经济性裁员是用人单位用人自主权的体现,但是大规模裁减人员,不但损害劳动者的合法权益,对社会稳定也会带来不利的影响。《劳动合同法》第四十一条规定:"有下列情形之一,需要裁减人员二十人以上或者裁减不足二十人但占企业职工总数百分之十以上的,用人单位提前三十日向工会或者全体职工说明情况,听取工会或者职工的意见后,裁减人员方案经向劳动行政部门报告,可以裁减人员:

(一)依照企业破产法规定进行重整的;

(二)生产经营发生严重困难的;

(三)企业转产、重大技术革新或者经营方式调整,经变更劳动合同后,仍需裁减人员的;

(四)其他因劳动合同订立时所依据的客观经济情况发生重大变化,致使劳动合同无法履行的。

4) 不得解除的情形

《劳动合同法》第四十二条规定:"劳动者有下列情形之一的,用人单位不得依照本法第四十条、第四十一条的规定解除劳动合同:

(一)从事接触职业病危害作业的劳动者未进行离岗前职业健康检查,或者疑似职业病病人在诊断或者医学观察期间的;

(二)在本单位患职业病或者因工负伤并被确认丧失或者部分丧失劳动能力的;

(三)患病或者非因工负伤,在规定的医疗期内的;

(四)女职工在孕期、产期、哺乳期的;

(五)在本单位连续工作满十五年,且距法定退休年龄不足五年的;

(六)法律、行政法规规定的其他情形。"

10.1.3 劳动合同的终止

1. 劳动合同终止的定义

劳动合同的终止,是指劳动合同期满或者当事人约定的劳动合同终止条件出现,双方当事人的权利义务履行完毕,结束劳动关系的行为。《劳动法》第二十三条规定"劳动合同期满或者当事人约定的劳动合同终止条件出现,劳动合同即行终止"。

2. 劳动合同终止的适用情况

1) 劳动合同的正常终止

《劳动合同法》第四十四条规定:"有下列情形之一的,劳动合同终止:

(一)劳动合同期满的;

(二)劳动者开始依法享受基本养老保险待遇的;

(三)劳动者死亡,或者被人民法院宣告死亡或者宣告失踪的;

(四)用人单位被依法宣告破产的;

(五)用人单位被吊销营业执照、责令关闭、撤销或者用人单位决定提前解散的;

(六)法律、行政法规规定的其他情形。

2) 劳动合同顺延终止

《劳动合同法》第四十五条规定:"劳动合同期满,有本法第四十二条规定情形之一的,劳动合同应当续延至相应的情形消失时终止。但是,本法第四十二条第二项规定丧失或者部分丧失劳动能力劳动者的劳动合同的终止,按照国家有关工伤保险的规定执行。"

10.2 工作任务：进行员工离职管理的业务操作

10.2.1 分析员工离职的原因

1. 员工离职的关键要素

员工离职的原因是多方面的。由于市场经济体制的建立和完善,宏观择业环境或政策的改变,员工流动观念的更新,社会就业模式的转变,以及新兴职业的出现,使人们有了更多的择业范围和择业自由。

微课34 离职文本,别让我雾里看花

由于各种主、客观环境的改变,员工在进入企业之后,可能因各种问题而离开组织,离职问题也就会自然发生。事实上导致高绩效员工离职的原因很多,分析起来也比较复杂,员工离职的关键要素集中体现在以下 7 个方面。

(1) 领导层：员工与领导层之间的相互信用程度；

(2) 工作/任务：员工工作/任务的影响(获得认可),工作的挑战及工作的兴趣；

(3) 人际关系：与上司/同僚/客户/部属等多维度人际关系的处理；

(4) 文化与目的：员工是否具有目的感以及强烈的组织价值；

(5) 生活质量：实际工作环境,工作与家庭生活之间的平衡；

(6) 成长机会：获得晋升、成长、训练和学习的机会；

(7) 全面薪酬：工资与经济性报酬、福利。

2. 需要特别重视的离职因素

对下述两种情况下产生的离职问题,应予特别注意管理。

1) 劳动力市场变化的因素

(1) 人力的高龄化倾向。人力高龄化之所以成为问题，是因为高龄员工的体力及对新知识、新技能的接受远落后于年轻员工，而高龄员工在组织中一般担任较高职责，其结果可能导致年轻员工士气低落，甚至离职，同时也会妨碍组织的活力。但高龄员工处事稳健，有丰富的办事经验，也是企业不能忽视的。因此，如何处理这些高龄人力资源便成为很重要的课题。

(2) 人力的高学历化趋势。随着越来越多受过高等教育的就业人口踏入社会，这些高学历员工在就业初期，由于个人的追求、价值观、个性特点、能力与专长、心态和观念等与现实存在较大差异，因而离职的倾向也较高，这不但增加了企业的招聘、甄选成本，也会影响到组织氛围。

(3) 技术人才的"挖墙脚"问题。一些企业在初创、业务扩张阶段，往往从同行业或相关行业的企业中高薪挖掘人才，特别是学有专长而市场又短缺的技术人员。目前我们还没有一套有效的信用机制，对不守信用的"跳槽"行为予以规范。没有章法的跳槽行为影响了企业的技术开发，破坏了劳动市场秩序，同时也严重影响到企业的离职管理。

(4) 中年员工的压力问题。企业在成长阶段，业务不断拓展和扩大，员工升迁相对较为容易，组织也更加有活力，但企业一旦进入安定期，升迁管道便会变得狭窄不畅，中年员工在抱负难以施展的状况下，加上家庭经济负担日益加重，不得不离开企业寻求更高的报酬与福利，因此，中年员工的离职问题也应加以重视。

(5) 经济的兴衰。经济景气时，企业发展迅速而有活力，对人力的需求也会随之增加，一旦经济衰退，人事调整及改善雇佣常常成为降低成本、增加绩效的手段。此时，员工的自动及非主动离职也就随之产生。

2) 个人与组织的关系

首先，影响离职的最基本因素是员工个人因素，从员工个人因素分析，离职原因主要可归为：待遇水平不合理或不能满足个人、家庭生活需求；个人工作量或工作时间超负荷；工作环境不良，如噪声、危险等；管理制度和人事机制不佳，升迁机会渺茫；休假与福利措施不完善；员工对企业前途、安定性缺乏信心；组织内部不融洽，包括人际关系不好，员工人格不被上级尊重等；婚姻、家庭环境因素，如家庭距离公司太远、家人反对、出国等；个人身体原因如伤残、疾病等不可抗拒因素；员工表现无法符合公司要求；企业为了节省成本而解雇员工等。

其次，是组织因素，包括组织的领导风格、待遇水平、管理制度和人才机制以及所在行业等，都是影响员工离职的主要因素。社会环境与组织因素作用于个人因素，对离职行为起主导作用。中国古代学者所说的，"合则留，不合则去"，足以说明了离职者的心态。

10.2.2 员工离职费用的计量

离职费用的测定在做法上的确有其困难之处，主要是无法确定某些费用是否应计入离职费用之中，如雇用及训练费用、生产力的低下、超时工作、新进人员的适应等产生的费用。

微课35 恐怖的离职成本

虽然离职费用的测定不易，但企业可根据实际情况将相关的所有离职费用项目整理为一个标准化的形式，作为评估之用。一般计算离职费用可按照图10-1进行。

图10-1　员工离职费用计量的流程

步骤一：确定离职率

1) 离职率的定义

离职率是企业用以衡量企业内部人力资源流动状况的一个重要指标，通过对离职率的考察，可以了解企业对员工的吸引和满意情况。离职率过高，一般表明企业的员工情绪较为波动、劳资关系存在较严重的矛盾，企业的凝聚力下降，它可导致人力资源成本增加(含直接成本和间接成本)、组织的效率下降。但并不是说员工的离职率越低越好，在市场竞争中，保持一定的员工流动，可以使企业利用优胜劣汰的人才竞争制度，保持企业的活力和创新意识。对人力资源部门来说，关键要区分核心员工的离职率和低效员工的离职率，降低核心员工的离职率，同时使低效员工的离职率达到企业追求的指标。

2) 三维离职率计算与分析法

三维离职率计算与分析法是一套基于企业员工分类，进行多维度的离职率计算与分析法。所谓三维离职率就是指企业的综合离职率、新员工离职率、老员工离职率。该方法通过针对企业员工性质分类，对离职情况进行多维度分析，找出企业在人力资源管理中的不足，从而可以针对性地进行改进。

(1) 综合离职率。这是指在一定时期内，员工离职的数量占"员工"的比率，也就是我们传统所说的离职率，它的计算公式为：

综合离职率=[当期离职总人数/(期初人数+当期新进总人数)]×100%

(2) 新员工离职率。通常是指在企业工作一年以下，甚至半年以下的员工(有的企业把工作不满两年的员工定为新员工，这个可由各个企业实际情况来界定)的离职数量占"员工"的比率，它的计算公式为：

新员工离职率=[当期新员工离职总人数/(期初新员工人数+当期新进总人数)]×100%

(3) 老员工离职率。通常是指在企业工作一年以上的员工(有的企业认为工作满两年及以上的员工才算为老员工，这个可根据各个企业实际情况来界定)的离职数量占"员工"的比率，它的计算公式为：

老员工离职率=[当期离职老员工人数/(期初老员工人数+当期新进老员工总人数)]×100%=[当期离职老员工人数/(期末老员工人数+老员工离职人数)]×100%

另外，也可以计算可以避免的离职率，它的计算公式为：

$$离职率 = \frac{该月离职人数 - 不可避免的离职人数}{月中员工总数} \times 100\%$$

根据这一公式计算的离职，是衡量一个组织中人力资源管理计划是否有效的重要数据，因为它能够指出哪些离职是可以避免的离职，也表明了管理者可以通过更好的甄选、训练、管理领导、改善工作环境、提高薪酬以及升迁机会等方法，来控制或减少部分员工的离职。

步骤二：确认费用项目

离职费用应包括哪些项目，则因分析要素和资料汇集的困难程度而有很大差异，但大致可归为以下类别。

(1) 员工离职费用，例如：
- 个人离开企业时所发生的费用；
- 员工离职时的津贴和失业税。

(2) 招募费用，例如：
- 职位空缺进行招募的广告费用；
- 检验及体检费用；
- 行政上所发生的费用(如行政上所花的时间成本及面谈成本等)；
- 新进员工训练费用(训练教材、师资上课报酬及规划等费用)；
- 因训练不足导致的低生产性费用。

(3) 其他费用，例如：
- 设备闲置费用及更换职务而产生的不良生产费用等；
- 因更换职务导致的不良生产性费用。

步骤三：决定可测与不可测费用

员工离职对组织造成的影响常利弊兼有，而且决定离职费用也相当困难及复杂。某些费用可以很清楚地测定，如广告费、心理及身体检查费等，但某些费用却很难测定，如经营者按照惯例接见求职者所花费的时间，就很难换算为离职费用。因而，企业管理者应着眼于解决不可测定的离职费用，发展出一套适合实际且可调整的对策。

步骤四：决定可控与不可控的费用

离职的可控与否，决定着管理者的努力方向，一般如退休、疾病及死亡等属于不可控因素引起的离职，但某些离职则较易控制，如因工作性质、工作条件、监督及报酬等引发的离职。人力资源管理应从组织整体目标出发，尽可能在权责范围内配合企业目标，采取调控措施，留住核心人才。

步骤五：计算实际全体费用

离职一经确定，每次的离职费用便可具体转换为可测定的形态，然后在确定的离职费用项目及标准费用下，计算全体的离职费用。例如，可以采用以下几个公式计算：

面谈时间成本费=(与每人面谈前的准备时间+与每人面谈所需时间)×面谈者工资率×企业离职人数

离职员工的时间费用=每人面谈所需时间×离职员工的加权平均工资率×企业离职人数

与离职有关的管理活动费用=各部门对每位离职者的管理活动所需时间×有关部门员工的平均工资率×离职人数

……

根据选定的项目将所有的离职项目按照离职人数进行求和计算得出全体离职费用。也可分别计算出综合离职费用、新员工离职费用和老员工离职费用，进行比较分析。

10.2.3　员工离职费用的管理

企业在测定了标准离职费用之后，应将对费用的管理应用于离职管理中，协助订立各职位及各部门的正常离职费用，同时每月应扼要说明控制离职的情形，并将其资料予以归档，以备以后之需。离职费用管理的功能主要是明确责任归属、细化预算和监督管理。

1. 明确责任归属

离职资料的控制，可使有关管理者了解与离职有关的费用项目，并促使其认识降低此项费用的必要性。在离职费用的管理上，最重要的问题是责任划分，尤其是设定分权组织，将整体预算划分为几个次级部门预算，各部门均须建立本身的预算以控制部门费用，即将组织责任进行分摊，将组织的费用控制于总预算之下，这样，与特定部门有直接关联的费用将产生直接压力，促使其谋求善策。

2. 细化预算

企业在最初设定离职预算时，往往无法达到既合理又切合实际的境界，加之外部环境与组织的不断变化，预算的订立必须依赖于相应反馈机制以及相关资料的补充。

3. 监督管理

企业每月应记录离职的人数和理由，并计算相关实际费用，比较预算与实际花费，采取持续的降低措施，直到离职费用控制在适当水平。

离职费用管理的目标，在于充分接纳真正具有技术、才能和创造力的新员工，将离职费用维持在适当水平，使所获效益等于投入控制所需要的成本。

10.2.4　员工主动离职的管理

从组织的维持和发展来看，一般而言，应尽可能抑制主动离职，即尽可能抑制因对企业的报酬、福利、工作时间及其他工作条件等不满而产生的可避免的离职，以确保组织核心的人力资源。

那么，员工为什么会自动离开组织呢？一般而言，工作满意与离职率成反比，即工作满意度高的员工离职的可能性较低。当然这一关系的强度也可能由于组织和时间的不同而改变，即使是对某一工作极为不满的人，但由于工作性质所限，或经济不景气、失业率增高，或年纪偏大等因素都可能会影响离职率。一般的情况是，满意工作的人留在组织中，不满的人离开了组织，工作越能满足员工需求，员工的满意度越高，也越愿意留下，反之，员工不满，流出动机也就越强。因而，如果组织不能调和工作与员工对工作的期待，离职率就会自然升高，这就涉及对工作、薪酬、激励机制和工作环境方面的设计，以及对员工期望的管理。

企业之所以非常重视主动离职是因为它不仅影响到企业形象，而且可以反映企业的状态。针对引发主动离职的因素，应采取如下三条管理对策。

1. 建立和完善制度性管理策略

建立企业内部申诉制度及人事咨询制度，改善各种人际关系以解决员工的不满与苦闷。重视辞职离职事件，处理好人才的内部提拔和外部引进问题，处理好人才的跳槽和制约问题。建立有效的绩效考核制度，采取多种激励措施稳定人才，如以升迁、薪酬和福利等来满足员工个人需求，当然这些管理策略都应与组织目标相一致。

2. 建立有效的程序化沟通

1) 提升管理、领导能力

留住高忠诚度的雇员群体，需要人力资源经理和直线经理在提升个人管理、领导力的同时，将更多的时间和精力投资在员工身上，与员工保持良好的沟通习惯，建立彼此充分信任的关系，引导员工学习并不断地突破绩效极限，将员工的能力开发像产品开发一样对待。要用赞扬和精神奖励留住员工的心，强调企业的凝聚力，处理好员工的向心力、凝聚力的培养问题，尊重员工意见，以情感交流温暖员工的心。

2) 进行离职面谈

当员工离职时，开诚布公地与离职员工进行沟通和访谈是十分必要的。离职面谈是企业员工关系管理的一项重要工作，通过面谈环节，不仅为企业人力资源流动状况分析提供了基础工作记录，更为重要的是建立了企业沟通的有效渠道。比如，有些主动辞职的员工，辞职理由是为了个人发展、学习及家庭原因等理由，表面看合情合理，但经过谈话却会发现员工对部门经理的工作风格、团队氛围、绩效的评价状况、当前职位工作内容不满。所以有效的面谈可以找到员工真正的离职原因，并从侧面了解到业务部门内部的管理情况。如果确实是公司方面的问题，也可以通过离职面谈能够留下这些员工。人力资源部门在与员工进行沟通之前，要了解以下信息：部门经理的态度和要求、工作进展情况、员工的劳动合同状况和附属协议情况(如培训协议、保密协议、服务协议等)、财务借款情况、设备领用情况、工作中涉及的应收应付情况等，涉及违约的，还要熟悉相应的法律条款。

离职面谈的目的，主要是了解员工作出离职决定的原因和想法，对个人发展的考虑和设想，避免因沟通不足造成的误解。事实上真正对公司内部管理程序、价值文化以及公司内部其他一些管理边角问题能够作出客观、公正、大胆评价的人恰恰正是那些办理离职的人。深入了解员工离职原因有时可能会遭到离职者搪塞敷衍，因此离职面谈需要态度坦诚，目的明了。一般需要了解的信息包括：离职的真实原因，导致离职的主要事件；离职人员对公司当前管理文化的评价；对公司的工作环境以及内部人际关系的看法；对所在部门或公司层面需要改进的合理化建议；离职后本岗位后续工作展开的建议以及离职后个人职业生涯规划等，进一步确认员工离职的真实原因和可保留的余地。在面谈过程中，可以根据部门对员工辞职的态度(准予或不准予)，代表企业向员工表示对于辞职的关注，并善意地与员工交流应注意到的违约责任和一些附属协议中的保密责任、知识产权等条款，提醒和防范员工损害企业的合法权益。

3. 工作再设计

员工的需求不同，对工作所尽的责任也会不同。如果员工对其成长需求很高，或想获得到升迁、较高待遇，则他会更愿意接受高技术性、挑战性及自主性的工作，以提高工作动机、工作满足以及工作绩效，进而达到成长的目的。一些学者指出，应当对员工习惯性、例行性工作进行工作再设计，注入一些挑战性、自主性及成就感，以避免员工对工作产生厌倦感，在工作过程中要赋予员工参与决策的权利，并使员工获得工作绩效的反馈。这就涉及工作再设计以及对员工期望的管理。企业要管理好员工期望，使期望与实际所得相匹配，了解员工期望的变化，使其处于一个组织能长久满足的水平。

10.2.5 员工非主动离职的管理

1. 非主动离职的典型形态

非主动离职的典型形态是解雇，解雇是离职方式中最强硬，也是最痛苦的形式。从员工方面看，虽然某些员工可以很容易转换工作，但从企业立场看，即使解雇不满意的员工也是很困难的。因此，企业在甄选员工时应更加慎重，才可避免或减少双方的损失与伤害。

2. 解雇的依据

一般来说，解雇主要根据员工的绩效考核记录、矫正员工过失的指示记录、书面警告、法律法规规定以及企业的规章制度。企业为纠正员工不良行为所做的警告，虽然通常被认为是非效率的措施，但却是维护企业整体纪律的制度化的必要手段。非主动离职需要的技巧性更强，通常员工关注的内容是企业辞退的理由是什么，具体到他个人为此需要承担什么责任、个人的损失和补偿是什么。遇有员工有怨气的时候，要让员工有辩解的倾诉的机会，引导员工化解心中的不悦。

3. 解雇的处理

当解雇被认为是解决问题的必要方法时，管理者应依法快速作出决定，以避免员工的不安及疑虑，或处理上的困难。但一般而言，管理者应尽量避免使用解雇手段，而采用其他替代方案，如常用的方法是调换部门、减薪及降级。由于减薪、降级容易造成员工心理上的挫折感，对企业产生不同程度、不同层面的影响，因此使用时应预先加以充分斟酌。

10.2.6 经济性裁员的管理

无论是基于劳动力成本战略实施的裁员，还是基于系统战略包括组织更新、组织再造实施的裁员，企业都要依法进行裁员管理，减少裁员过程中的劳动争议，避免不必要的成本支出，同时注意裁员的艺术与技巧，实行人性化的裁员，如在裁员过程中应注意保护员工个人隐私；寻求反馈信息，与员工充分沟通；措辞谨慎、语气诚恳、态度坚决；努力创造友好、轻松气氛，对员工未来发展计划给予关心和鼓励，甚至企业可以为员工的重新就业进行积极正面的推荐。裁员

微课36 经济性裁员 却裁出幸福感

管理既是一项艰难的工作，又是一项极具挑战性的工作。具体执行程序见图 10-2。

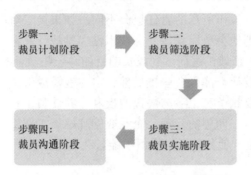

图 10-2　经济性裁员的管理流程

步骤一：裁员计划阶段

在裁员计划方面，需要经过 5 个分步骤。

（1）明确企业战略及目标。具体包括：明确企业业务战略与远景目标，充分考虑企业的现实和未来；确定新组织高层构架；对裁员的商业价值进行评估；列出具体岗位裁员的数目和依据。

（2）计划制订的过程。具体包括：确定筛选被裁员工的依据；确定遣散费、补偿费的数量及法律依据；制定保留或重新雇佣战略。

（3）制定平稳裁员沟通策略：沟通内容包括公司战略、裁员原因介绍、裁员标准和裁员过程说明等。沟通方式包括员工会议、通知、信函和内部刊物等。沟通时间要注意艺术和恰当，比如沟通时间不宜过长，不宜在发放年终奖以前等。

（4）建立裁员管理小组。需要根据前面的步骤，比如裁员的数量及人员建立确定裁员小组的人员级别及人数。

（5）制定裁员时间表。按照企业战略及目标及裁员过程等制定详尽的裁员时间表。

步骤二：裁员筛选阶段

在裁员筛选阶段，主要有以下三个分步骤：

（1）制定筛选标准，确定裁员对象；

（2）确定管理层中可能被裁名单，评估候选人；

（3）确定最优裁员名单和最应保留员工名单，并对名单进行评估。

步骤三：裁员实施阶段

在人员的遣散过程中有两个分步骤：

（1）确定遣散费用的整套方案，包括遣散费用的计算依据、计算方式以及审定福利授予方案；

（2）确定新职介绍方案，目的是为解雇员工提供建议和咨询服务，提高他们对市场的了解，在面试时提供尽可能的帮助，从而实现员工价值。

在保留或重新雇佣过程中，包括以下两个分步骤：

（1）确立重新雇佣战略，包括阐明工作、薪酬和福利的安全性问题，保证员工及时了解企业动态；

(2) 建立保留战略，包括为所有员工建立保留体制，申明解释员工可能存在的担忧等。

步骤四：裁员沟通阶段

裁员管理方案的制定与实施应由企业的主要领导人亲自过问，由至少一名高层领导参加组成的工作小组来负责，裁员管理工作不是简单的企业人力资源管理工作。裁员管理方案的制定要根据企业的战略和目标，方案的实施会影响到企业的各个层面。

10.2.7 员工离职后的综合管理

在完善离职管理对策之后，还必须注意离职人员的辅导问题。虽然人员离职后将不再对公司有明显的直接贡献，但如果能继续和他们保持联系，则对公司的宣传以及员工向心力的培育具有很大帮助，所以人力资源部需要有人负责处理相关事务，并建立离职人员的档案资料，适时更新。

1. 组织管理

对离职后员工的管理，可以推行以下活动。

1) 座谈会

企业可以定期或不定期举行形式多样的座谈会，由离职人员与公司在职人员进行沟通，一方面传授经验，避免重蹈覆辙，另一方面可以交换新的知识、技术等。

2) 恳谈会

让离职员工可以重回公司分享公司成长的喜悦，并与现职员工相互叙旧。这一措施不仅对现职员工具有激励作用，而且可以让离职员工对公司有认同感，视公司如自己的家庭。

3) 演讲会

企业可以举办演讲会，邀请离职员工一起参加，以增进其新的观念与知识；或者聘请有特殊经验、才能的离职员工通过演讲方式让现职员工在观念上有所启发。

2. 反馈管理

离职人员不论是退休、非主动离职，或主动离职等，都可以在适当时机让其返回工作岗位，利用座谈会、恳谈会，或私下提一些具体建议等方式，为公司决策提供参考，并激励员工士气。

与离职或退休人员保持联系，定期或不定期访问、通信，以了解其近况，并作适当的辅导与协助，维持良好关系，以提高其向心力或归属感，进而能对公司作义务宣传，促进业务发展。

对某些员工而言，离职或许只是暂时离开工作岗位，或因不可抗拒的理由必须离职，因此，公司在政策上必须对工作优异却离职的员工保持适当联系，必要时可予以重新聘请，返回工作岗位。

对退休人员在生活上要多予关心、照顾，如果精神和体力状况良好，可让其返回工作岗位，依其专长与企业本身需求，予以有效运用。

10.3 工作任务：进行劳动合同解除和终止的管理

10.3.1 劳动合同解除的适用情况处理

1. 双方协商一致解除劳动合同

双方协商一致解除劳动合同的流程见图 10-3。

微课 37　解除劳动
合同，因谁之过

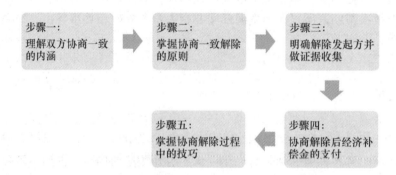

图 10-3　双方协商一致解除劳动合同的流程

步骤一：理解双方协商一致的内涵

协商解除是解除劳动合同诸多形式中最为平和，也最常用的一种方式。如果双方当事人不愿意继续保持这种劳动关系，共同提出解除劳动关系，或一方不愿意保持这种关系，另一方同意，双方协商一致，则可以解除劳动关系。协商一致具有如下内涵。

(1) 双方当事人具有平等的解除合同请求权。员工和企业都可主动向对方提出解除劳动合同关系的请求。

(2) 必须经双方平等自愿协商一致达成协议，才能解除合同，任何一方不能将自己的意志强加给对方。

(3) 协议解除不受任何条件的约束，只要不违反法律、法规规定，不损害他人利益即可。

(4) 协商解除只要达成协议，即可即时解除，无须提前通知。

步骤二：掌握协商一致解除的原则

协商解除是劳动合同自由原则的体现，是双方当事人理性选择的结果，因此双方对其产生的后果是可以预见的。在协商解除劳动合同的过程中，一定要遵循自愿原则，一方不得有利诱、胁迫另一方的违法行为。只有在平等自愿、协商一致的基础上，劳动合同才可以顺利解除，否则就会引发劳动争议。

步骤三：明确解除发起方并做证据收集

同时，应注意究竟由哪一方首先提出解除劳动合同的动议，其法律后果是不一样的。因此，通过协商解除劳动合同时，双方当事人都要做好证据的收集工作，一旦发生纠纷，就要拿出证据来证明究竟是哪一方首先提出解除劳动合同的动议，以此来证明用人单位是否承担向劳动者支付经济补偿金的义务。

步骤四：协商解除后经济补偿金的支付

如果是劳动者首先提出解除合同的动议，并与用人单位协商一致解除劳动合同的，法律没有规定用人单位有支付经济补偿的义务。但如果是由用人单位首先提出解除合同的动议，并与劳动者协商一致解除劳动合同，用人单位应当向劳动者支付经济补偿。另外，企业与员工协商解除劳动合同，按照法律规定支付经济补偿金的做法，并不是因为企业违约，而是对员工的一种补偿。如果企业不支付经济补偿金，就违反了有关法律规定，如果员工要求，而且还采取仲裁或诉讼手段的，企业除了要全额发给经济补偿金外，还须按该经济补偿金数额的 50%～100%支付额外经济补偿金。

步骤五：掌握协商解除过程中的技巧

实践中，企业可以对一些直接处理可能会导致不利后果的情形，采用灵活、变通方式协商解除劳动合同，如对过失性解除合同证据不足的，对非过失性解除合同操作成本太高的，或者一些特别重要、影响力大的员工解除合同的。采用柔性化协商解除合同，应特别注意以下三点。

(1) 做好协商解除合同的预案。为避免造成紧张感，企业应选择合适时间通知员工；直接告知员工企业的处理决定，并简单描述处理理由；切记注重事实，重点强调决定作出的慎重和不可更改。不与被处理员工辩论，积极倾听员工陈述，并以点头或用短暂沉默等方式加以配合。

(2) 面谈。区分不同情况进行有效率面谈，如对过失性解除但证据不足的，应留取并固化已经取得的员工违纪证据，告诫或敦促员工与企业协商解除；对非过失性解除但操作成本太高的，须把握员工心态，互相陈述相互利益关系，晓之以理。

(3) 掌握员工协商解除的技巧。解除劳动合同，须以事实为基础，严格遵循程序，讲究适当的技巧和要领。如应与员工仔细讲述经济补偿金额与具体算法，注意不要在已经商定好的条款上当场承诺增加任何内容，同时也不要承诺会"调查一下事后给予答复"，这样会把解除程序复杂化，弄到难以收拾的地步。

2. 员工单方解除合同

为了保障劳动者择业自主权，促进人才合理流动，《劳动合同法》明确规定了劳动者享有解除劳动合同的权利。劳动者单方解除劳动合同有以下 4 种情形。

1) 试用期内提前 3 天通知解除合同

《劳动合同法》规定，劳动者在试用期内，可以提前 3 天通知用人单位解除劳动合同。试用期是劳动关系很不稳定的一段时期，在试用期内，劳动者可以选择离开，只需要将离开的意愿提前 3 天告诉用人单位即可，无须征得用人单位的同意。当然，在这种情况下解除劳动合同，用人单位无须支付劳动者经济补偿。

2) 一般情形下提前 30 天通知解除合同

(1) "提前 30 天通知"的内涵。它既是劳动者单方解除劳动合同的条件，也是解除合同的程序。通过这种途径解除劳动合同，劳动者无须提供任何理由，只需要提前 30 天以书面形式通知即可。但是，用人单位也不承担支付劳动者经济补偿的义务。为防止员工行使辞职权给企业生产经营造成不利影响，法律要求员工提前 30 天通知，以便企业在 30 天内重新物色人选。

(2) "通知解除合同"的内涵。这一规定赋予员工任意解除权，是对员工自主择业权的确认和具体化。辞职权是择业权派生出来的权利，它是一种形成权，即员工不需任何理由，只要作出辞职的意思表示即可成立。

(3) 企业处理员工辞职的注意事项。具体见表 10-1。

表 10-1　企业处理员工辞职的注意事项

注意事项	具体内容
确认书面辞职手续	①提前通知须有正式的相关书面手续； ②企业应细化离职管理流程，尤其注意书面证据的确认和保留，员工提交辞职报告，企业应做好离职备案和交接手续安排，明确告知员工相关权利义务； ③如果员工只是口头通知辞职后又反悔，辞职并不生效
强化离职管理	①提前 30 天通知期不能用休假期抵扣，有的员工在提出辞职后，以休假等理由就不再到企业工作了。按照法律规定，员工既有解除合同前的通知义务，同时也有享受休假的权利，但两者之间不存在直接对等的联系； ②员工在履行了提前通知的义务后，并不表示其在最后的 30 天内能够随意安排自身工作计划，员工有义务依法受到企业的行政管理和工作调度
掌握法律后果	员工擅自离职，给企业造成损失的，企业可以要求索赔损失

3) 用人单位违法，劳动者可以通知解除合同

根据相关知识部分的介绍，按照《劳动合同法》的规则，如果劳动者因为此项理由解除劳动合同，用人单位还要依法向劳动者支付经济补偿。企业应及时检视可能存在的不当行为，预防和化解法律风险。

(1) 检视安全生产事项。注意安全生产方面有无违反合同约定或法律规定的情况，如未按照约定提供劳动保护或者劳动条件的，如安全服装、防暑降温安排、女职工"三期"保护等。要将安全生产责任落实到人，作为绩效考核依据，避免安全生产事项进一步转化为劳动关系处理上的被动，导致间接损失。

(2) 检视工资社会保险事项。工资支付应当"及时""足额"。企业应特别重视社会保险费的缴纳，应当告知并强制员工依法缴纳社会保险费。依法缴纳，包括依照相关规定，在规定时间、按照规定的基数进行缴纳。

(3) 检视规章制度规定。如果企业规章制度违反法律、法规规定，损害员工利益，员工可以依法解除劳动合同。

(4) 检视管理行为的规范性。规范管理行为和管理方式，避免采用扣减津贴、奖金等方式强迫员工劳动。

4) 非常情况下，劳动者可以立即解除劳动合同

根据相关知识部分的介绍，按照《劳动合同法》的规则，用人单位以暴力、威胁或者非法限制人身自由的手段强迫劳动者劳动的，或者用人单位违章指挥、强令冒险作业危及

劳动者人身安全的，劳动者可以立即解除劳动合同，无须事先告知用人单位。同时，如果劳动者因为此项理由解除劳动合同，用人单位还要依法向劳动者支付经济补偿。

3. 用人单位单方解除合同

根据《劳动合同法》第三十九条规定(见相关知识部分内容)，法律规定用人单位可以单方解除劳动合同的法定情形包括以下三种。

1) 劳动者有重大过失，用人单位可以解除劳动合同

(1) 经济补偿的支付。用人单位在这种情形下解除劳动合同，无须提前30天通知，且不受用人单位不得解除劳动合同的法律限制，无须支付经济补偿。

(2) 用人单位的注意事项。具体见表10-2。

表10-2 用人单位因劳动者有重大过失解除劳动合同的注意事项

注意事项	具体内容
确实掌握相关证据	对于过失性解除，法律设定了严格的条件，企业行使该权利前应当根据所掌握的证据进行评估。只有有证据证明员工有过失行为，符合法定解除条件的，才可以解除合同
严格履行法律程序	企业行使过失解除合同权利，应依法征求工会意见，将解除劳动合同通知书文本交由员工签字。解除通知是企业用于解除或终止与员工的劳动合同的法律文本，可以用于判断双方劳动关系的解除时间

2) 劳动者无过失，用人单位可以解除劳动合同

(1) 用人单位需要履行的义务。根据《劳动合同法》第四十条规定(见相关知识部分内容)的情形下，用人单位可以单方行使解除劳动合同的权利，但是必须履行提前30天以书面形式通知劳动者的义务。如果用人单位无法提前30天以书面形式通知劳动者，则应另外支付劳动者1个月的工资，来代替提前30天通知的义务。用人单位根据这些情形解除劳动合同，要依法支付劳动者经济补偿。

(2) 非过失性解除。非过失性解除是员工本身并无主观过失，而是基于某些外部环境或者劳动者自身的客观原因，企业可以单方面解除劳动合同的法定理由。实践中，企业要正确理解法律的相关规定，在相关证据和法定程序方面都应严格依法操作，如"员工不胜任工作"，企业解除步骤是：绩效考核后明确认定不能胜任工作；企业对其进行培训或者调整工作岗位；再次绩效考核后发现该员工仍然不能胜任工作或调整以后的工作；将理由通知工会并征求意见；企业向该员工发出解除劳动合同书；向该员工支付经济补偿金。再如，"客观情况发生重大变化"，包括企业经上级主管部门批准或根据市场变化决定转产或调整生产任务或企业一方发生变化，如随着技术水平、生产设备更新和生产效率的提高，原来的技术规范、工时定额已不适应新的需要，必须对原劳动合同的产量、质量指标、劳动报酬等条款作相应的修改、补充或废止。

3) 经济性裁员

(1) 经济性裁员的程序。

根据《劳动合同法》第四十一条规定(见相关知识部分内容)：用人单位由于遭遇到经济

上的特殊困难，一次性裁减的人员在 20 人以上，或者被裁减的人数虽然不足 20 人，但占用人单位职工总数10%以上的，应当按照下列程序进行：

步骤一：提前 30 日向工会或者全体职工说明情况；

步骤二：提出裁减方案，内容包括：被裁减人员的名单、裁减时间及实施步骤，符合法律、法规规定和集体合同约定的被裁减人员经济补偿办法；

步骤三：将裁减人员方案征求工会或者全体职工的意见，并对方案进行修改和完善；

步骤四：向当地劳动行政部门报告裁减人员方案；

步骤五：由用人单位正式公布裁减人员方案，与被裁减人员办理解除劳动合同手续，按照有关规定向被裁减人员支付经济补偿金，出具裁减人员证明书。

(2) 优先留用人员的范围。

为了保护弱势群体的权益，《劳动合同法》第四十一条还规定："裁减人员时，应当优先留用下列人员：

(一)与本单位订立较长期限的固定期限劳动合同的；

(二)与本单位订立无固定期限劳动合同的；

(三)家庭无其他就业人员，有需要抚养的老人或者未成年人的。

用人单位依照本条第一款规定裁减人员，在六个月内重新招用人员的，应当通知被裁减的人员，并在同等条件下优先招用被裁减的人员。"

4. 用人单位不得解除合同的情形

《劳动合同法》第四十二条(见相关知识部分内容)作出了用人单位不得解除劳动合同的规定，是对特殊劳动者在特殊时期的一种特别保护，如疑似职业病还在医学观察期的劳动者、患病尚处于医疗期内的劳动者以及处于"三期"的女职工等，他们都处于一个弱势时期，因此法律规定劳动者在这些情形下，用人单位不得因为"无过失解除合同"或者"经济性裁员"而解除劳动合同。但是，如果这些劳动者有过失，同时具备用人单位可以"过失性解除合同"情形的，用人单位仍然可以依法解除劳动合同。

10.3.2 用人单位单方解除劳动合同的程序

劳动合同解除程序，指双方当事人在解除劳动合同时，应当依法办理的手续或者遵循的步骤。当事人依据法律法规规定解除劳动合同的，用人单位应当向劳动者出具解除劳动合同的书面证明，并办理有关手续。解除合同的程序见图10-4。

微课38 让人疑惑的经济补偿金

步骤一：用人单位征求工会意见

用人单位单方解除劳动合同，应当事先将理由通知工会。用人单位违反法律、行政法规规定或者劳动合同约定的，工会有权要求用人单位纠正。用人单位应当研究工会的意见，并将处理结果书面通知工会。

步骤二：用人单位提前书面通知劳动者

规定解除合同的预告期，是各国劳动立法的惯例。除了劳动者有过失，用人单位可以随时解除劳动合同之外，我国劳动法律要求用人单位与劳动者解除劳动合同，需要提前 30

日以书面形式通知对方。

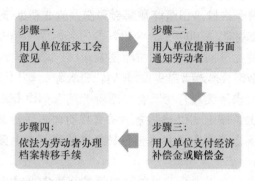

图 10-4　用人单位单方解除劳动合同的流程

步骤三：用人单位支付经济补偿金或赔偿金

1) 支付经济补偿金

经济补偿是用人单位解除和终止劳动合同而给劳动者的一次性经济补偿金。经济补偿金的标准，主要取决于劳动者在本单位的工作年限和劳动者解除劳动合同前 12 个月的平均工资水平。《劳动合同法》大大扩大了支付经济补偿的范围，规定有下列情形之一的，用人单位应当向劳动者支付经济补偿。

(1) 用人单位违法，如没有及时足额支付工资等，以及强迫劳动等非常情况下，劳动者解除劳动合同的；

(2) 用人单位提出解除合同动议并与劳动者协商一致解除劳动合同的；

(3) 用人单位因劳动者身体健康状况、不胜任工作以及客观情况变化而解除劳动合同的；

(4) 用人单位依照破产法规定重整而解除劳动合同的；

(5) 除用人单位维持或者提高劳动合同约定条件续订劳动合同，劳动者不同意续订的情形外，因劳动合同期满终止固定期限劳动合同的；

(6) 用人单位被依法宣告破产或被吊销营业执照、责令关闭、撤销或提前解散的；

(7) 以完成一定工作为期限的劳动合同终止时，用人单位应当支付经济补偿；

(8) 劳务派遣单位或者被派遣劳动者依法解除、终止劳动合同，应当支付经济补偿；

(9) 法律、行政法规规定的其他情形。

经济补偿按劳动者在本单位工作的年限，每满 1 年支付 1 个月工资的标准向劳动者支付。6 个月以上不满 1 年的，按 1 年计算；不满 6 个月的，向劳动者支付半个月工资的经济补偿。劳动者月工资高于用人单位所在直辖市、设区的市级人民政府公布的本地区上年度职工月平均工资 3 倍的，向其支付经济补偿的标准按职工月平均工资 3 倍的数额支付，向其支付经济补偿的年限最高不超过 12 年。其中，月工资是指劳动者在劳动合同解除或终止前 12 个月的平均工资，具体包括计时工资或者计件工资以及奖金、津贴和补贴等货币性收入。劳动者在劳动合同解除前 12 个月的平均工资低于当地最低工资标准的，按照当地最低工资标准计算。劳动者工作不满 12 个月的，按照实际工作的月数计算平均工资。劳动合同解除或终止，劳动者应当按照双方约定，办理工作交接。用人单位依照有关规定应当向劳动者支付经济补偿，在办结工作交接时支付。

此外，工伤职工劳动合同终止时，用人单位除依法支付经济补偿外，还应当依照国家有关工伤保险的规定支付一次性工伤医疗补助金和伤残就业补助金。

2) 经济赔偿金的支付

(1) 应付金额二倍的标准向劳动者加付赔偿金。《劳动合同法》第四十八条："用人单位违反本法规定解除或者终止劳动合同，劳动者要求继续履行劳动合同的，用人单位应当继续履行；劳动者不要求继续履行劳动合同或者劳动合同已经不能继续履行的，用人单位应当依照本法第八十七条规定支付赔偿金。"《劳动合同法》第八十七条："用人单位违反本法规定解除或者终止劳动合同的，应当依照本法第四十七条规定的经济补偿标准的二倍向劳动者支付赔偿金。"

(2) 应付金额百分之五十以上百分之一百以下的标准向劳动者加付赔偿金。《劳动合同法》第八十五条规定："用人单位有下列情形之一的，由劳动行政部门责令限期支付劳动报酬、加班费或者经济补偿；劳动报酬低于当地最低工资标准的，应当支付其差额部分；逾期不支付的，责令用人单位按应付金额的百分之五十以上百分之一百以下的标准向劳动者加付赔偿金。"

(一)未按照劳动合同的约定或者国家规定及时足额支付劳动者劳动报酬的；

(二)低于当地最低工资标准支付劳动者工资的；

(三)安排加班不支付加班费的；

(四)解除或者终止劳动合同，未依照本法规定向劳动者支付经济补偿的。"

步骤四：依法为劳动者办理档案转移手续

用人单位与劳动者解除合同后，劳动者档案转移的劳动争议。《劳动合同法》第五十条规定：用人单位应当在解除或者终止劳动合同时出具解除或者终止劳动合同的证明，并在15日内为劳动者办理档案和社会保险转移手续。规定用人单位为劳动者出具解除或者终止劳动合同的证明，是为了方便劳动者寻找新的就业机会，尽快重新就业。为劳动者办理档案和社会保险转移手续，是为了保证劳动者社会保险缴纳的连贯性，保证劳动者能够及时交纳社会保险。用人单位解除或终止劳动合同应当办理的相关手续，包括出具证明、转移社会保险、办理工作交接、支付经济补偿以及保存档案备查。用人单位对已经终止的劳动合同的文本，至少保存2年备查。

10.3.3 劳动合同终止的条件

劳动合同分为有固定期限劳动合同和无固定期限劳动合同，一般情况下，最常见的还是有固定期限的劳动合同，这里的期限是指合同开始生效至因结束而失效的时间周期。《关于贯彻执行〈中华人民共和国劳动法〉若干问题的意见》明确规定，无固定期限的劳动合同不得将法定解除条件约定为终止条件，从而防止用人单位规避解除劳动合同时给付劳动者经济补偿的义务。企业在约定条件终止合同时，需要注意以下几个方面的问题。

1. 约定终止条件应是法定解除条件之外的条件

所谓法定条件，是指法律、法规规定的可以解除劳动合同的条件，只要符合这些条件，企业就可以依法解除劳动合同。既然这些条件可以解除劳动合同，就不能作为终止劳动合同的条件来约定。

2. 约定的终止条件应当是在生产经营过程中出现的某种事件

这些事件如生产线报废、项目结束、任务完成等，或者是员工个人的某种行为，如出国定居、考研等。

3. 终止条件必须是合同生效前尚未出现的客观情况

如果是劳动合同生效前就已经出现的事件或行为，就不能作为终止条件在劳动合同中约定。而这里所说的客观情况，是指不能确定的情况，是自然出现而不是人为制造的。也就是说，企业不能在劳动合同中把自身主观制造的条件约定为合同终止条件，例如，机构合并、人事调整等。

4. 约定终止条件要充分考虑企业的经营特点

约定劳动合同终止条件，目的就是要在这种条件出现时终止合同。因此，必须充分考虑企业自身的生产经营特点，不同性质的企业在劳动合同履行过程中遇到的具体情况也不同，如果把本单位生产经营中根本不可能遇到的情况约定为劳动合同终止的条件，就失去了意义。

10.3.4 劳动合同终止的程序

实务操作中也有很多用人单位忽视了劳动合同终止的程序，终止劳动合同和解除劳动合同都是使劳动关系归于终结的方式，属于离职管理中的一个环节，因此，程序上有很多相同之处。具体见图10-5。

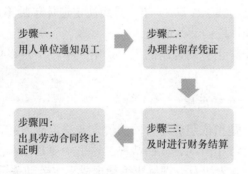

图10-5 劳动合同终止的流程

步骤一：用人单位通知员工
向员工出具终止合同的书面通知。

步骤二：办理并留存凭证
员工在离职时，应当填写《离职交接单》之类的凭证，并将交接事宜记录其中，经相关部门负责人确认后，送人力资源部门备案。

步骤三：及时进行财务结算
企业应及时为离职员工进行财务结算，包括应向员工支付最后的工资、经济补偿金，以及员工应承担的相关费用等。根据《劳动合同法》第四十六条的规定，除用人单位维持或者提高劳动合同约定条件续订劳动合同，劳动者不同意续订的情形外，用人单位终止固定期限劳动合同的也应支付员工经济补偿金。

步骤四： 出具劳动合同终止证明

在员工离职后出具终止劳动合同的证明，并在十五日内为劳动者办理档案和社会保险关系转移手续。

特别关注

1. 劳动合同的续订

根据《劳动合同法》的规定，劳动合同期满，双方可以续订劳动合同。续订劳动合同除了双方协商一致续订之外，《劳动合同法》规定，有下列情形之一的，劳动合同的期限应当延续至相应的情形消失。

微课39 续签合同，请别让我猜

(1) 从事接触职业病危害作业的劳动者未进行离岗前职业健康检查，或者疑似职业病病人在诊断或者医学观察期间的；

(2) 在本单位患职业病或者因工负伤并被确认丧失或者部分丧失劳动能力的，应按照国家有关工伤保险的规定执行。根据《工伤保险条例》规定，职工因工致残被鉴定为一级至四级伤残的，保留劳动关系，退出工作岗位；职工因工致残被鉴定为五级、六级伤残的，除工伤职工本人提出可以与用人单位终止劳动关系以外，应保留与用人单位的劳动关系，由用人单位安排适当工作；

(3) 劳动者患病或者非因工负伤，在规定的医疗期内的；

(4) 女职工在孕期、产期、哺乳期的；

(5) 劳动者在本单位连续工作满15年，且距法定退休年龄不足5年的；

(6) 法律、行政法规规定的其他情形。

上述情形是法定不得终止劳动合同的规定，用人单位不得终止劳动合同，直至这些情形消失为止。

2. 劳动合同逾期不终止的后果

逾期终止劳动合同，是指依照劳动合同的约定或法定应当终止而未及时终止，造成拖延或延续一段时间才进行终止劳动合同的情况。这里主要是指合同期满或合同终止的约定条件出现时，双方当事人均未提及办理终止手续形成事实劳动关系的情形。

根据《最高人民法院关于审理劳动争议案件适用法律若干问题的解释》(法释〔2001〕14号)第十六条规定，劳动合同期满后，劳动者仍在原用人单位工作，原用人单位未表示异议的，视为双方同意以原条件继续履行劳动合同。一方提出终止劳动关系的，人民法院应当支持。《劳动部关于实行劳动合同制度若干问题的通知》(劳部发〔1996〕354号)第十四条规定，有固定期限的劳动合同期满后，因用人单位方面的原因未办理终止或续订手续而形成事实劳动关系的，视为续订劳动合同。用人单位应及时与劳动者协商合同期限，办理续订手续。由此给劳动者造成损失的，该用人单位应当依法承担赔偿责任。因此，当员工的劳动合同到期，而企业不愿再与其续签合同的，就应当及时送达终止通知书，通知该员工办理合同终止手续。否则，如果逾期不终止或强行逾期终止的，不仅会产生事实劳动关系，还要承担给员工造成损失的赔偿责任。

案例分析与讨论

用人单位未办理社保

何某于2016年10月入职广东一家民营医院做护士，该医院一直未为何某缴纳社会保险。何某于2018年10月13日向医院提交了书面辞职报告，于同年11月14日，找医院办理离职手续和执业医师证注册转移手续。医院以种种理由拖延办理，并拒绝为何某的执业医师证转移申请材料盖章。

何某随即向当地劳动仲裁委员会提出劳动仲裁申请，并提出如下仲裁请求：
1. 依法裁决解除申请人和被申请人之间的劳动合同关系，并为申请人结清工资；
2. 依法责令被申请人配合申请人办理《医师执业证书》的变更手续；
3. 依法裁决被申请人向申请人支付经济补偿金；
4. 依法裁决被申请人为申请人补缴社会保险中应该由被申请人负担的部分。

仲裁委员会受理后，于2018年12月25日作出了裁决。

请仔细阅读案例并回答以下问题：
1. 申请人主动向单位申请离职，单位还需承担经济补偿责任吗？
2. 被申请人应该向申请人支付几个月的经济补偿金？法律依据是什么？
3. 如果您是劳动争议仲裁委员会的工作人员，您应该如何进行该案件的仲裁裁决？

思考与练习

1. 员工离职的定义是什么？离职形态有哪些？离职费用的管理是指什么？经济性裁员又是指什么？
2. 劳动合同解除的定义是什么？解除的适用情况有哪些？
3. 劳动合同终止的定义是什么？终止的适用情况有哪些？
4. 员工离职的原因有哪些？员工离职费用又分别如何计量和管理？
5. 员工主动离职和非主动离职管理有哪些区别？如何进行经济性裁员的管理？
6. 如何进行员工离职后的综合管理？
7. 针对不同的劳动合同解除情况分别有哪些适用方法？其解除的操作流程是什么？
8. 劳动合同终止的条件有哪些？其操作程序又是什么？

拓展阅读

员工辞职需要老板批准吗

《劳动法》第三十一条、《劳动合同法》第三十七条都明确规定，劳动者辞职应当提前三十日以书面形式通知用人单位。《劳动部办公厅关于劳动者解除劳动合同有关问题的复函》规定，按照《劳动法》第三十一条的规定："劳动者解除劳动合同，应当提前三十日以书面形式通知用人单位。"劳动者提前三十日以书面形式通知用人单位，既是解除劳动合同的程序，也是解除劳动合同的条件。劳动者提前三十日以书面形式通知用人单位，解除劳动合同，无须征得用人单位的同意。超过三十日，劳动者向用人单位提出办理解除劳动合同的手续，用人单位应予以办理。因此一般员工辞职所担负的义务就是提前三十天书面通知用人单位。而这里所说的"通知"仅仅是员工单方面的告知，不需要上级领导批准。

《劳动部关于实行劳动合同制度若干问题的通知》(劳部发〔1996〕354号)第十五条规定，在劳动者履行了有关义务终止、解除劳动合同时，用人单位应当出具终止、解除劳动合同证明书，作为该劳动者按规定享受失业保险待遇和失业登记、求职登记的凭证。因此，办理退工手续是企业为离开企业的员工应尽的义务。一些城市的地方政策还对企业不及时为员工办理退工手续规定了相应的责任。

所以，只要员工履行了提前30天提交辞职的书面通知，企业就应该放行，而不能以没有经过公司批准来加以阻拦。否则，不仅不会留住员工，反而会因手续的迟延办理而承担类似于失业保险损失、行政部门罚款等不必要的责任。

不辞而别的员工能按照自动离职处理吗

如果企业选择按照"自动离职处理"，需要经过以下程序。根据原劳动部办公厅《关于通过新闻媒介通知职工回单位并对逾期不归者按自动离职或旷工处理问题的复函》(劳办发〔1995〕179号)规定：按照《企业职工奖惩条例》(国发〔1982〕59号)第十八条规定精神，企业对有旷工行为的职工作除名处理，必须符合规定的条件并履行相应的程序。因此，企业通知请假、放长假、长期病休员工在规定时间内回单位报到或办理有关手续，应遵循对员工负责的原则，以书面形式直接送达职工本人；本人不在的，交其同住成年亲属签收。直接送达有困难的可以邮寄送达，以挂号查询回执上注明的收件日期为送达日期。只有在受送达员工下落不明，或者用上述送达方式均无法送达的情况下，方可公告送达，即张贴公告或通过新闻媒介通知。自发出公告之日起，经过30日，即视为送达。在此基础上，企业方可对旷工和违反规定的员工按上述法规作除名处理。能用直接送达或邮寄送达而未用，直接采用公告方式送达，视为无效。

可见，如果公司选择"自动离职处理"，就必须按照这个规定中诸多的步骤和程序来操作，否则就会面临公司的处理决定被撤销，或者因单方解除劳动合同需要支付经济补偿金的风险。因此，企业可以选择按照违纪处理的方式。可以在企业规章制度中明确旷工达一定期限就可以解除劳动合同的条款，从而可以在具体操作中，依据员工的缺勤状况，以违纪为由解除个别不告而别员工的劳动合同。

项目 11　劳动争议的预防和处理

【项目概述】

> 劳动争议的预防主要指通过企业规章制度的制定和执行以避免劳动争议的发生。而劳动争议是指劳资关系当事人之间因为对薪酬、工作时间、福利、解雇及其他待遇等工作条件的主张不一致而产生的纠纷。在我国，具体指劳动者与用人单位之间，在劳动法调整范围内，因适用国家法律、法规和订立、履行、变更、终止和解除劳动合同以及其他与劳动关系直接相联系的问题而引起的纠纷。劳动争议是员工关系不协调的反映，只有妥善、合法、公正、及时处理劳动争议，才能维护劳动关系双方当事人的合法权益。

【学习目标】

- 能够掌握劳动争议的概念、分类及特征；
- 能够熟悉劳动争议的范围、劳动争议处理的目的和原则；
- 能够掌握劳动争议处理中的对核心概念的理解。

【技能目标】

- 能够熟练掌握企业规章制度与国家法律法规的关系；
- 能够协助制定符合法律规定及适应企业内部的规章制度；
- 能够熟练掌握完善企业规章制度的方法和技巧，并且进行企业规章制度的完善；
- 能够熟练地进行劳动争议证据的保护和运用；
- 能够熟练掌握劳动争议处理的法律程序，并且根据该程序站在用人单位的角度进行任何阶段的劳动争议处理。

  案例导入

证据不足被判败诉

以下案例根据真实仲裁庭审案例改编：

申请人罗某称，申请人于 2016 年 5 月 16 日进入被申请人处从事销售经理工作，双方签订过期限为 2016 年 5 月 16 日至 2018 年 5 月 15 日的劳动合同。2018 年 4 月 23 日双方劳动关系解除。但本人在职期间尚有销售提成 17 万余元没有结清。现要求被申请人支付，具体提成为：

2016 年 6 月 2 日至 2017 年 12 月 18 日的重庆某项目的销售提成为 12204 元；
2016 年 6 月 2 日至 2017 年 12 月 31 日的安徽某项目的销售提成为 77113 元；
2016 年 6 月 2 日至 2018 年 1 月 22 日的成都某项目的销售提成为 74925 元；
2016 年 6 月 2 日至 2018 年 2 月 1 日的青海某项目的销售提成为 10689 元。
以上合计销售提成共计 174958 元。

被申请人辩称，申请人主张的所有销售项目并不是申请人自己独立负责，被申请人处规定销售提成是要在财务核算出项目的成本及利润率，且必须在这些项目回款之后才可以领取项目销售提成，而申请人销售业绩为零，不符合领取销售提成的标准，故不同意申请人的申诉请求。

申请人为证明自己的主张，本会提供如下证据：

1. 劳动合同一份，用以证明双方存在劳动关系；
2. 2010年销售承包责任书一份，用以证明双方签订的销售指标；
3. 被申请人2016—2017年销售政策电子邮件一份，用以证明申请人提取销售提成的依据；
4. 工作汇报一份，用以证明申请人要求销售提成的依据。

被申请人对证据1的真实性及证明事项均无异议；对证据2的真实性无异议，但表示申请人不符合领取销售提成的标准，根据该责任书第二点的规定根本就不涉及申请人所说的项目，第五条规定领取销售提成的前提条件必须是发货并收回货款，但被申请人并未收到货款；对证据3的真实性不予认可，表示因该邮件未经公证，且被申请人在2016—2017年的销售政策沿用的是2015年的销售政策，自2018年起才使用新的销售政策；对证据4的真实性不予认可，表示因为没有原件。

请问：如果你是仲裁争议管理委员会的仲裁员，你应该如何进行该案的仲裁裁决？并说明裁决依据。

11.1 相关知识：劳动争议与劳动争议处理

11.1.1 劳动争议的概念、分类及特征

1. 劳动争议的概念

劳动争议，也称劳资争议，是指劳资关系当事人之间因为对薪酬、工作时间、福利、解雇及其他待遇等工作条件的主张不一致而产生的纠纷。在我国，具体指劳动者与用人单位之间，在劳动法调整范围内，因适用国家法律、法规和订立、履行、变更、终止和解除劳动合同以及其他与劳动关系直接相联系的问题而引起的纠纷。劳动争议是员工关系不协调的反映，只有妥善、合法、公正、及时处理劳动争议，才能维护劳动关系双方当事人的合法权益。

微课40 劳动争议处理概述

2. 劳动争议的分类

1) 根据劳动争议的主体不同

一般而言，根据争议的主体不同，可将劳动争议分为个别争议和集体争议两种。

(1) 个别争议。这是指雇主与员工个人之间所发生的争议，其争议对象是私法上的权利，也是劳动合同上的内容，因而也可称为"权利争议"。

(2) 集体争议。这是指雇主与员工的团体即工会之间所发生的争议，其争议的对象是

项目 11 劳动争议的预防和处理

团体的利益,也就是有关集体协议的内容。集体争议是以劳动者团体即工会为主体的、在集体谈判过程中发生的争议。

2) 根据劳动争议性质不同

根据劳动争议性质不同,劳动争议可区分权利事项争议和调整事项争议两种。

(1) 权利事项争议。权利争议(或称法律争议)是指那些产生于对一项现行法律或集体协约的使用或解释(在某些国家也包括现行劳动合同)引起的争议。即劳资双方当事人基于法律、集体协议和劳动合同规定的权利义务所产生的争议,也就是双方因为实现劳动法、集体协议和劳动合同所规定的既存权利义务所发生的争议。权利争议的处理多采用仲裁、诉讼的方法解决,因为既定权利的确认相对容易。

(2) 调整事项争议。这是指劳资双方当事人对于劳动条件主张继续维持或变更的争议。利益争议则由于其复杂性和专业性特点,通常由政府或专业人士出面进行仲裁,而很少采用诉讼途径。

3) 我国劳动争议的划分

在中国,目前通常把劳动争议分为"一般劳动争议"和"因签订、履行集体合同发生的争议"。

(1) 一般劳动争议。这是发生在特定的员工与雇主之间,因为适用国家法律、法规和订立、履行、变更、终止和解除合同等劳动权利义务而产生的争议。根据劳动者一方人数的多少和争议理由是否相同,进一步规定,发生劳动争议的职工一方在 10 人以上,并有共同理由的,应当推举代表参加调解或者仲裁活动。

(2) 因签订、履行集体合同发生的争议。因签订集体合同而发生的争议由劳动保障行政部门会同同级工会代表、企业代表共同进行协调;因履行集体合同而发生的劳动争议可以向劳动争议仲裁委员会提起申诉,如对仲裁裁决不服,可以向法院起诉。

3. 劳动争议的特征

1) 劳动争议是劳动关系当事人之间的争议

劳动关系当事人,一方为劳动者,另一方为用人单位。劳动者主要是指与在中国境内的企业、个体经济组织建立劳动合同关系的职工和与国家机关、事业组织、社会团体建立劳动合同关系的职工。用人单位是指在中国境内的企业、个体经济组织以及国家机关、事业组织、社会团体等与劳动者订立了劳动合同的单位。不具有劳动法律关系主体身份者之间所发生的争议,不属于劳动争议。如果争议不是发生在劳动关系双方当事人之间,即使争议内容涉及劳动问题,也不构成劳动争议。如劳动者之间在劳动过程中发生的争议,用人单位之间因劳动力流动发生的争议,劳动者或用人单位与劳动行政管理中发生的争议,劳动者或用人单位与劳动行政部门在劳动行政管理中发生的争议等都不属劳动争议。

2) 劳动争议的内容涉及劳动权利和劳动义务,是为实现劳动关系而产生的争议

劳动关系是劳动权利义务关系,如果劳动者与用人单位之间不是为了实现劳动权利和劳动义务而发生的争议,就不属于劳动争议的范畴。劳动权利和劳动义务的内容非常广泛,包括就业、工资、工时、劳动保护、劳动保险、劳动福利、职业培训、民主管理、奖励惩罚等。

3) 劳动争议兼具对抗和非对抗性矛盾

劳动争议既可以表现为非对抗性矛盾，也可以表现为对抗性矛盾，而且两者在一定条件下可以相互转化。在一般情况下，劳动争议表现为非对抗性矛盾，给社会和经济带来不利影响。

11.1.2 劳动争议的范围

《劳动争议调解仲裁法》明确了劳动争议的范围。

1. 因确认劳动关系发生的争议

这包括是否存在劳动关系、什么时候存在劳动关系、与谁存在劳动关系等的纠纷。根据《劳动合同法》规定，劳动关系自用工之日起建立，而不是从订立劳动合同时成立。这样就有可能出现在订立劳动合同前劳动关系已经形成的情况，这就有可能因确认劳动关系产生劳动争议。劳动关系的确认是处理很多劳动争议的先决条件，只有在存在劳动关系的前提下，劳动者才拥有法律赋予的一系列权利，例如，获得劳动报酬的权利、休息休假的权利、获得劳动安全卫生保护的权利、享受社会保险和福利待遇的权利等，如果无法确认劳动关系，或劳动关系的确认发生错误，劳动者的权利主张就无法获得法律的支持。

2. 因订立、履行、变更、解除和终止劳动合同发生的争议

企业劳动合同管理涉及订立、履行、变更、解除和终止各个环节。"订立"合同，是指双方签订合同，建立劳动关系的过程，是劳动合同管理的第一个环节。"履行"，是指劳动合同在依法订立生效之后，按照合同约定的条款，全面实际履行合同，实现劳动合同规定的权利义务的活动。"变更"，是指双方当事人就已订立的劳动合同的部分

微课41　变更合同，岂可单方随意

条款达成修改、补充协定的法律行为。"解除和终止"是劳动合同的终结状态。"解除"是指一方或双方当事人在合同期满前提前要求终结劳动合同的行为。"终止"则是在劳动合同期满或当事人主体有一方不存在时，劳动合同自然终止的状态。解除和终止是合同管理的最后一个环节。劳动关系从建立，到履行，到终结，都不可避免会出现争议，这些争议均属于劳动争议的受案范围，当事人可以依照《劳动争议调解仲裁法》，通过法律程序进行处理。

3. 因除名、辞退和辞职、离职发生的争议

"除名、辞退"，是用人单位单方面要求解除合同的行为。"辞职、离职"，则是劳动者要求解除劳动关系的行为。无论哪一方要求终结劳动关系，都会对对方产生很大的影响。对劳动者来说，劳动关系的解除意味着劳动者丧失劳动收入的主要途径。对用人单位来说，劳动者辞职、离职意味着人力资源的流失。在这一过程中，双方争议不可避免，因而属于劳动争议的受案范围。目前企业已采用"解除"劳动合同的方式，而不再使用"开除、除名"方式处理员工。这一规定主要针对事业单位而言的，事业单位还在使用像除名、辞职、辞退这样的一些人事处理方式。事业单位发生争议，也适用《劳动争议调解仲裁法》。

4. 因工作时间、休息休假、社会保险、福利、培训以及劳动保护发生的争议

"工作时间"是指劳动者依法履行劳动合同的时间。依照相关规定,我国实行劳动者每日工作时间不超过 8 小时、平均每周工作时间不超过 40 小时的标准工时制度。"休息休假"是劳动者的权利,法律保障劳动者在工作时间之外享有充分的休息、休闲和娱乐。"社会保险"是国家通过立法强制征集专门资金用于保障劳动者在丧失劳动能力或劳动机会时基本生活需求的一种物质帮助制度。我国的社会保险包括养老保险、医疗保险、工伤保险、失业保险和生育保险。社会保险争议可以分为劳动者与用人单位因为交费而产生争议,以及劳动者与社会保险经办机构产生的争议。《劳动争议调解仲裁法》中所规定的涉及社会保险的争议一般应当是指劳动者与用人单位之间因社会保险有关问题发生的各种争议,诸如对是否要参保有争议的,对未参保赔偿发生争议的,对工伤保险单位应承担的待遇发生争议的。"福利、培训"是劳动者与用人单位签订劳动合同时,双方自愿约定的事项,通常包括劳动者可享受到的福利、用人单位提供培训、培训服务期、违反服务期约定违约金等。"劳动保护"是法律赋予劳动者的权利,用人单位应为劳动者提供符合国家规定的劳动安全卫生条件和必要的劳动防护用具,并将可能造成的职业伤害如实告知劳动者。工作时间、休息休假、社会保险、福利、培训及劳动保护都属于劳动标准的范畴,劳动标准与劳动者的切身利益和身心健康直接相关,也是劳动争议的多发环节。这方面的劳动争议,同样属于《劳动争议调解仲裁法》的调整范围。

5. 因劳动报酬、工伤医疗费、经济补偿或者赔偿金等发生的争议

"劳动报酬"是指劳动合同约定的用人单位以货币形式支付给劳动者的报酬。取得劳动报酬是劳动者的权利,法律应予以维护。"工伤医疗费"是劳动者遭受工伤或患职业病时,用人单位为劳动者的治疗和康复支付的相关费用。"经济补偿"是用人单位解除或终止劳动合同,应予以劳动者经济补偿。"经济赔偿金"则是依据"损失赔偿"原则,用人单位向劳动者支付的赔偿金和劳动者向用人单位支付的赔偿金。赔偿金的数额按照法律规定的标准和实际损失的数额确定。劳动报酬、工伤医疗费、经济补偿和赔偿金,都属于劳动者与用人单位之间的金钱给付。这类劳动争议关系到劳动者和用人单位的经济利益。尤其对于劳动者来说,这类争议的解决是否公正合法,直接关系他们的生活甚至生命。此类劳动争议,也属于《劳动争议调解仲裁法》的调整范围。

6. 法律、法规规定的其他劳动争议

除以上 5 种劳动争议事项外,法律、法规规定的其他劳动争议也应纳入《劳动争议调解仲裁法》的调整范围。

11.1.3 劳动争议处理的目的和原则

1. 劳动争议处理的目的

设定劳动争议处理制度的目的,是为了公正及时处理劳动争议,建立和谐稳定的劳动关系,保护劳动者合法权益。

微课42 劳动关系协调

1) 公正及时处理劳动争议

公正及时处理劳动争议，保障用人单位与劳动者的合法权益，有利于平衡劳动合同双方当事人的利益，有利于建立和谐稳定的劳动关系。

2) 建立和谐稳定的劳动关系

劳动争议，特别是集体劳动争议，如果不能及时预防和有效解决，就会引起停工、罢工，影响经济发展和社会安定。因此，事先预防和事后公正处理劳动争议具有重要意义。这就需要建立解决纠纷的相应机构，通过法定程序解决纠纷，使劳动关系在协调、稳定、有序的轨道上发展，促进劳动关系双方的合作与共同发展。

3) 保护劳动者合法权益

只有将劳动争议纳入法制的轨道，才能妥善处理，切实保障双方的合法权益，发展良好的劳动关系。

2. 劳动争议处理的原则

劳动关系原则上是一种不受国家权力直接干预的私人自治关系，但如果不能及时预防和有效解决劳资间发生的各种纠纷，可能对国家经济发展带来不利的后果。因此，事先预防和事后公正处理劳资纠纷具有重要的意义。这就需要建立解决纠纷的相应机构，通过合适的方法解决。

1) 着重调解、及时处理原则

调解是处理劳动争议的基本手段，贯穿于劳动争议处理全过程。企业劳动争议调解委员会处理劳动争议的工作程序全部是进行调解。仲裁委员会和人民法院处理劳动争议，也应当先行调解，在裁决和判决前还要为当事人提供一次调解解决争议的机会。调解应在当事人自愿的基础上进行，不得有丝毫的勉强或强制。调解应当依法进行，包括依照实体法和程序法，调解不是无原则的"和稀泥"。对劳动争议的处理要及时。企业劳动争议调解委员会对案件调解不成，应在规定的期限内及时结案，避免当事人丧失申请仲裁的权利；劳动争议仲裁委员会对案件先行调解不成，应及时裁决；人民法院在调解不成时，应及时判决。

2) 在查清事实的基础上依法处理原则

正确处理调查取证与举证责任的关系。调查取证是劳动争议处理机构的权力和责任，举证是当事人应尽的义务和责任，两者有机结合，才能达到查清事实的目的。处理劳动争议既要依实体法，又要依程序法，而且要掌握好依法的顺序，按照"上法优于小法，后法优于先法"的顺序处理。处理劳动争议既要有原则性，又要有灵活性，坚持原则性与灵活性相结合。

3) 当事人在适用法律上一律平等原则

劳动争议当事人法律地位平等，双方具有平等的权利和义务，任何一方当事人不得有超越法律规定的特权。当事人双方在适用法律上一律平等、一视同仁，对任何一方都不偏袒、不歧视，对被侵权或受害的任何一方都同样予以保护。

11.1.4 劳动争议处理中的核心概念理解

1. 劳动争议的时效

1) 时效的一般规定

(1) 劳动争议时效。这是指在规定的期限内，劳动争议当事人不行使申诉权，申诉权因期满而归于消灭的制度。劳动争议仲裁时效，是指劳动争议发生后，争议当事人如果不在法定的期限内向仲裁机构申请仲裁，则丧失通过仲裁程序保护自己的合法权益的制度。通常我们也把仲裁时效称作申诉时效。时效期限届满，当事人即丧失请求保护其权利的申诉权，仲裁委员会对其仲裁申请不予受理。

(2) 我国立法对劳动争议时效的规定。法律为行使申诉权规定了时间界限。根据《劳动争议调解仲裁法》第二十七条规定，劳动争议申请仲裁的时效期间为1年。仲裁时效期间从当事人知道或者应当知道其权利被侵害之日起计算。即当事人应当从知道其权利被侵害之日起1年内，以书面形式向仲裁委员会申请仲裁。如期限届满，即丧失请求保护其权利的申诉权，仲裁委员会对其仲裁申请不予受理。这种时效的规定，是针对正常情况下作出的。仲裁时效问题无论是对争议当事人还是劳动争议仲裁委员会都是非常重要的，因为法律不保护权利上的"睡眠者"。劳动法律之所以对时效作出规定，目的之一是为了稳定劳动关系。因为劳动争议发生在劳动者和用人单位之间，如果争议得不到及时解决，双方对立的情绪就得不到缓解，势必影响正常的生产经营秩序。另外，规定仲裁时效，也便于及时查清事实真相，避免由于时间太长而难以收集到证据，造成人力、物力的浪费，甚至劳而无获。

(3) 劳动争议发生之日。这是指"知道或者应当知道权利被侵害之日"，也就是说，"争议发生之日"，并不是非得以双方当事人产生正面冲突为标志，而是从当事人知道自己的权利被侵犯之时，在法律上就被认为是产生"争议"之日，此时也就是仲裁时效的起算之日。申诉时效的起算点不是凭空设定的，而是有证据表明当事人知道自己的权利被侵害的日期，或者根据常理可以推断当事人应当知道自己的权利被侵害的日期。

2) 时效中断

劳动争议仲裁时效中断，是指在仲裁时效进行期间，因发生一定的法定事由，使已经经过的仲裁时效期间统归无效，待时效期间中断的事由消失后，仲裁时效期间重新计算的一种时效制度。根据《劳动争议调解仲裁法》第二十七条规定，仲裁时效中断的情形有三种情形。

(1) 当事人一方向对方当事人主张权利；
(2) 向有关部门请求权利救济；
(3) 对方当事人同意履行义务。

符合任何一种情况，仲裁时效即发生中断。从中断时起，仲裁时效期间重新计算。

3) 时效中止

劳动争议仲裁时效中止，是劳动争议仲裁的一方当事人在法定的仲裁申请期限内，因不可抗力或其他正当理由阻碍权利人行使请求权，仲裁程序依法暂时停止，待法定事由消灭之日起，再继续计算仲裁时效期间的一种时效制度。根据《劳动争议调解仲裁法》第二十七条的规定，时效中止主要有以下两种情形。

(1) 不可抗力即不能预见、不能避免和不能克服的客观情况，例如因地震、海啸、水灾，或者因战争、交通中断，当事人无法完成在仲裁时效内应当完成的行为。

(2) 其他正当理由，即除了不可抗力之外，使权利人无法行使请求权的客观情况。从中止时效的原因消除之日起，仲裁时效期间继续计算。仲裁时效中止的时间不计入仲裁时效，而将仲裁时效中止前后的时效时间合并计算为仲裁时效期间。

4) 特殊规定

《劳动争议调解仲裁法》第二十七条规定了特殊情况下的仲裁时效，即劳动关系存续期间因拖欠劳动报酬发生争议的，劳动者申请仲裁不受 1 年仲裁时效期间的限制；但是，劳动关系终止的，应当自劳动关系终止之日起 1 年内提出。对劳动关系存续期间劳动者追索劳动报酬争议的仲裁时效作出规定，是为了更好地维护劳动者的合法权益。若劳动者与用人单位已解除或终止劳动合同，因追索劳动报酬发生争议的，劳动者应当在劳动关系终止之日起 1 年内提出申请仲裁，超过 1 年的时间，仲裁委员会也将不予受理。

2. 劳动争议处理的期限

根据《劳动争议调解仲裁法》的规定，仲裁庭裁决劳动争议案件，应当自劳动争议仲裁委员会受理仲裁申请之日起 45 日内结束。案情复杂需要延期的，经劳动争议仲裁委员会主任批准，可以延期并书面通知当事人，但是延长期限不得超过 15 日。逾期未作出仲裁裁决的，当事人可以就该劳动争议事项向人民法院提起诉讼。《劳动争议调解仲裁法》大大缩短了仲裁审理时限。自当事人向仲裁委员会提交仲裁申请之日起 5 日内，劳动争议仲裁委员会应决定是否受理；决定受理后，应当自受理仲裁申请之日起 45 日内结束；案情复杂需要延期的，经劳动争议仲裁委员会主任批准，可以延期并书面通知当事人，但是延长期限不得超过 15 日。此外，《劳动争议调解仲裁法》规定，对仲裁委员会逾期未作出仲裁裁决的，当事人可以就该劳动争议事项向人民法院提起诉讼。缩短仲裁审理期限，明确仲裁委员会消极不作为时的司法救济，对于保护劳动者和用人单位的合法权益，及时、快捷解决劳动争议，防止推诿和久拖不决具有重要意义。

11.2 工作任务：进行劳动争议预防的业务操作

劳动争议的预防主要指通过企业规章制度的制定和执行以避免劳动争议的发生。

11.2.1 明确企业规章制度与国家法律法规的关系

2001 年最高人民法院《关于审理劳动争议案件若干问题的司法解释》第十九条规定："用人单位根据《劳动法》第四条之规定，通过民主程序制定的规章制度，不违反国家法律、行政法规及政策规定，并已向劳动者公示的，可以作为人民法院审理劳动争议案件的依据。"这一司法解释，明确规定只要规章制度内容合法、经过民主程序，并向劳动者公示的,即具有法律约束力,赋予企业规章制度以法律效力,可以作为法院审理劳动争议的依据,实际将企业的合法的规章制度视为国家法律在本企业的一种延伸,因此规章制度也就是企业的"内部法"。

规章制度是企业人力资源管理的重要手段和工具,企业通过制定规章制度,告诉员工应该做什么、不应该做什么,应该怎样做,对员工的行为进行规范。规章制度是企业规定劳动者工作行为、工资福利待遇的形式,通过制定制度实现人力资源的录用、培训、考核以及退出目标。规章制度是国家法律在本企业的具体化,合法的规章制度为处理劳动关系问题提供了标准和准则。劳动法律、法规只能对劳动关系双方的权利义务作出原则性、纲领性的规范,不可能对每个具体企业的行为规范作出详细规定,规章制度作为双方"合意"的法律,可以对法律未尽的事宜作出详细、具体的约定,明确彼此的权利和义务,规范双方在工作过程中的行为。在发生劳动争议时,规章制度也是解决纠纷的重要依据和证据,为解决纠纷提供了便利,降低了争议解决的成本,因而规章制度也是维护劳动者和用人方合法权益的法律保障。

11.2.2 制定符合法律规定的企业规章制度

《劳动合同法》第四条规定:"用人单位应当依法建立和完善劳动规章制度,保障劳动者享有劳动权利、履行劳动义务。用人单位在制定、修改或者决定有关劳动报酬、工作时间、休息休假、劳动安全卫生、保险福利、职工培训、劳动纪律以及劳动定额管理等直接涉及劳动者切身利益的规章制度或者重大事项时,应当经职工代表大会或者全体职工讨论,提出方案和意见,与工会或者职工代表平等协商确定。在规章制度和重大事项决定实施过程中,工会或者职工认为不适当的,有权向用人单位提出,通过协商予以修改完善。用人单位应当将直接涉及劳动者切身利益的规章制度和重大事项决定公示,或者直接告知劳动者。"

按照《劳动合同法》和司法解释规定,用人单位在制订规章制度时应当注意以下 4 类问题。

1. 明确本单位民主程序的形式和要求

《劳动合同法》对于直接涉及劳动者切身利益的规章制度或者重大事项的制定程序作出了具体规定。首先,规章制度应当经职工代表大会或者全体职工的讨论,如企业有职工代表大会,应当将规章制度的草案提交职工代表大会讨论,充分听取职工意见;没有职工代表大会的,应将规章制度草案通过公告形式告知全体职工,由全体职工提出意见和建议。其次,企业应当充分考虑职工代表大会或者全体职工的意见和建议,对草案进行修改,有工会的与工会进行平等协商确定;没有工会的,企业应当民主选举出职工代表,并与职工代表平等协商确定。民主程序是规章制度制定和修改的必经程序,若没有经过民主程序而由企业单方面制定,则不具有法律效力。因此,企业应明确本单位制定和修改规章制度的民主程序和流程,将企业现有规章制度提交职代会或全体职工讨论,并将结果公示,使企业规章制度在制订程序上合法化、规范化。

2. 向全体员工公示

按照民主程序制定的规章制度，企业应当通过适当形式向全体职工公示。通常，公示可以采取以下方式。

(1) 在企业的公告栏或内部办公系统发布；
(2) 由各部门传阅，并由每个职工签字确认已经认真阅读并知晓；
(3) 将规章制度作为劳动合同的附件，由职工在劳动合同书上签字认可；
(4) 汇编印成《员工手册》向每一名员工发放；
(5) 组织员工进行规章制度的学习和考试考核。

规章制度对劳动者具有约束力，其前提是员工必须知晓其内容和要求，因此，公示和告知是企业规章制度产生法律效力的必要条件。若企业没有履行上述公示或告知程序，则规章制度没有法律效力。企业对规章制度进行公示时，要注意保留已经公示的证据，以避免法律风险，如在员工阅读规章制度后，要求其签字确认"已经阅读"并且承诺"遵守"等。

3. 内容不违反国家法律、法规及相关政策

企业规章制度的内容不得违反国家法律、法规及相关政策中的禁止性和限制性规定。规章制度只有在内容合法的前提下，在企业内部才有约束力。如果规章制度内容违法，侵犯了劳动者合法权益，劳动者不仅可以不遵守，而且有权随时解除劳动合同，并要求企业支付经济补偿金。目前，企业规章制度不合法的情况较为普遍，一些企业采用过去的习惯性做法，这些做法不合法，但企业不知道不合法；一些企业为了解决某些实际问题，制定了一些政策，这些政策看似合理，但不合法等，如有的企业在薪酬制度中规定：员工中途离开的，没有派发的奖金一律不再发；加班费包含在奖金中等。一些企业则是公开违法，如工时、加班、休假制度违反法定标准，规定员工在合同期内不得结婚生育，随意扣押劳动者的证件等。不合法的制度规定，不仅不能约束员工行为，还会引发员工的不信任，而且一旦因此发生争议也不会得到支持。《劳动合同法》第八十条规定，用人单位直接涉及劳动者切身利益的规章制度违反法律、法规规定的，由劳动行政部门责令改正，给予警告；给劳动者造成损害的，应当承担赔偿责任。因此，企业应及时对现存规章制度进行合法性审查，对不合法律规定的条款进行修订或删除。

4. 制定主体符合法律规定

规章制度在本单位范围内应当具有统一性和权威性，单位规章制度应当以用人单位名义颁布实施，任何部门、机构具有规章制度的制定资格，不得自行制定相关制度。通常，企业规章制度由专门负责人力资源管理的专门机构牵头制定，相关管理部门参与，最终须以用人单位名义发布。企业业务部门制定并以部门名义发布的规章制度，因不符合主体资格而存在法律效力风险。设立子公司的用人单位，总公司的规章制度并不当然对子公司具有法律效力，规章制度有效的前提是各子公司将总公司的规章制度按照法律规定的程序，经本公司职工代表大会或全体职工讨论，与本公司工会或者职工代表平等协商确定，并向职工公示。设立分公司的用人单位，如果分公司的员工是与总公司签订劳动合同的，总公司在制定规章制度过程中，若分公司及其员工也参与征求意见并有代表参与平等协商，则规章制度对分公司有效。否则，须按照子公司的方式和程序对规章制度进行确认。

11.2.3 完善企业规章制度的方法与技巧

制定专业、合法、有效的规章制度可以有效降低管理成本，防范劳动争议和企业败诉风险。《劳动合同法》对企业现有的人力资源管理模式带来了全方位的深远影响，也给企业规范、完善规章制度带来了巨大挑战。抓住机遇，梳理完善制度，提升管理水平，是企业在新的法律环境下有效运用《劳动合同法》的必然选择。

1. 梳理、更新、完善现行规章制度

规章制度滞后于现行法律法规的要求，是目前很多企业存在的突出问题。《劳动合同法》对许多问题作出了新规定，改变了过去的"游戏规则"，企业应根据新法对规章制度进行合法性、规范性、可操作性、协调性进行审查，对不符合法律规定的制度进行修订和更新，避免因规章制度不合法而带来争议，并通过建立有效的规章制度，发挥其在维护企业日常管理、防范管理风险的积极作用。例如，过去在劳动合同中可以约定违约金条款，《劳动合同法》则对违约金作了严格限制和规范，除了培训协议和商业秘密竞业限制外，不得再约定违约金事项。另外，《劳动合同法》对劳务派遣、非全日制用工作了具体规定，企业要将用工模式纳入法律调整模式，避免不规范用工带来的法律风险。对劳动报酬、工作时间、休息休假、劳动安全卫生、保险福利、职工培训、劳动纪律以及劳动定额管理等直接涉及劳动者切身利益的规章制度进行梳理，更新和完善，健全相关各项管理制度。

2. 根据法律规定细化企业相关制度

企业规章制度要依据法律，但又不是照抄法条，而要联系具体实际，将法律规定具体化、细化，使其具有可操作性。例如，法律规定，当劳动者严重违反用人单位的规章制度时，企业可以解除劳动合同。但在实际操作过程中，许多企业不能具体、明确说明劳动者违反了哪项规章制度，以及是否"严重"。因为企业的规章制度过于笼统、抽象，也没有具体规定"严重"的标准，从而导致企业认为很"严重"，但劳动者认为不"严重"或者仲裁员认为不"严重"。企业据此与员工解除劳动合同时，常因证据不足而导致败诉。为解决此类问题，企业一定要明确什么是"严重违纪"，如规定有下列情形之一的，属于严重违反规章制度的行为：不服从管理、辱骂、殴打管理人员，或对管理人员进行打击报复的；连续旷工10天以上或一年内累计旷工达到30天以上的；试用期满后，发现应聘过程中提供的应聘资料有虚假、有隐瞒的，等等。通过这些规定，明确界定何种行为属于严重违反规章制度，既提供了明确的标准，又使得员工非常清楚企业的要求以及违反的后果。此外，还要在规章制度中明确录用条件、岗位职责、绩效考核标准等，并作出清晰规定，使这些制度符合《劳动合同法》的要求。很多企业都规定，劳动者在试用期间被证明不符合录用条件的，用人单位可以解除劳动合同。但是何谓"不符合录用条件"，企业却没有明确说明，一旦劳动者对此不服，企业难以提供证据来证明劳动者不符合录用条件。

3. 用语要规范和准确

企业规章制度的书写缺乏规范，普遍存在用词生硬、语句歧义等问题，导致企业规章制度变得晦涩难懂、难以理解，也就难以发挥在劳动争议处理中的重要依据作用。企业制定规章制度，切忌使用过多生疏词汇，语言应力求通俗易懂和言简意赅。在撰写具体条款时，应尽量使用简明语言直截了当加以说明，避免使用容易产生歧义的语句。标点符号的运用要准确，比如有的企业规定"有贪污，打架，盗窃的属于严重违纪的行为"。这一规定，显然将标点符号用错了，三种行为之间用逗号，表示几个行为都做了才有效，而这三种行为基本不会同时发生，所以要用顿号，即表示有其中任何一种行为都属于严重违纪行为。规章制度应像法条那样简练、清晰和明确，严谨阐明用人单位和劳动者的权利义务。

4. 实事求是、切实执行

建立规章制度，其本质就是要形成规矩，建章立制。规章制度是用人单位劳动管理宪章，是劳动管理的自治规范、行为守则，一经制定、生效，对用人单位全体成员都具有约束力，在内容与实施上相当于法律、法规的延展和具体化。所以，用人单位制定的规章制度只要不违反法律法规的禁止性规定，劳动者就应当遵守。制定规章制度，一定要实事求是、量力而行，不能盲目求大、求全，能做到什么程度，就写到什么程度，做到"写你想做的，做你所写的"。企业要让每个岗位、每个员工怎么去做，就怎么去写规章制度。而规章制度一旦建立，就要严格执行，必须按所写的去做到位。企业规章制度的核心内容就是解决"做什么，怎样做"这个企业管理最基本和永恒的课题。规章制度首先必须符合法律的规定，做到"合法、合理、全面、具体"。

11.3 工作任务：进行劳动争议证据的保护和运用的业务操作

11.3.1 劳动争议证据的作用

1. 双方举证责任

1）"谁主张，谁举证"

"谁主张，谁举证"是指当事人在仲裁、诉讼中对自己的主张加以证明，并在自己的主张最终不能得到证明时承担不利法律后果的责任。

2）用人单位的部分举证责任

《劳动争议调解仲裁法》合理确定了劳动关系双方的举证责任，将"谁主张，谁举证"与"用人单位举证责任"结合起来，并明确了用人单位拒绝提供相关证据的法律后果。这一规定不仅继承了"谁主张，谁举证"的民法原则，而且规定了用人单位的举证责任。《劳动争议调解仲裁法》第六条规定："发生劳动争议，当事人对自己提出的主张，有责任提供证据。"但考虑到在劳动争议案件中，大量的证据由用人单位掌握管理，劳动者在发生争议的时候难以提供，因此为了保护劳动者的合法权益，《劳动争议调解仲裁法》第六条同时规定："与争议事项有关的证据属于用人单位掌握管理的，用人单位应当提供；用人单位不提供的，应当承担不利后果。"因为事实上，劳动者和用人单位双方的地位在劳动争议处理程序中是不平等的，双方的维权能力不对称。突出表现在，劳动者在劳动争议处理程序中处于弱势地位；有些与争议事项有关的证据是用人单位掌握管理的，例如人事档案、工资发放清单、考勤记录、绩效考核材料、奖金分配制度、社会保险费缴纳，等等，劳动者一般无法取得和提供。在这些情况下仍然坚持"谁主张，谁举证"，对劳动者来说有失公平。所以，《劳动争议调解仲裁法》在这些情况下仍然坚持"谁主张，谁举证"，对劳动者来说有失公平。所以《劳动争议调解仲裁法》规定了用人单位的部分举证责任。

2. 质证和辩论

《劳动争议调解仲裁法》第三十八条规定："当事人在仲裁过程中有权进行质证和辩论。质证和辩论终结时，首席仲裁员或者独任仲裁员应当征询当事人的最后意见。"这一规定明确了仲裁活动中的质证和辩论问题。

1) 质证

(1) 质证的权利。当事人在仲裁过程中有权进行质证，质证是双方当事人之间对彼此提供的证据的真实性、合法性、关联性以及有无证明力、证明力大小进行说明和质辩。具体见表 11-1。

表 11-1 证据的要求

证据的要求	内容
真实性	是证明所反映的内容应当是真实的，客观存在的
关联性	是证据与案件事实之间存在客观联系
合法性	是证明案件真实情况的证据必须符合法律规定的要求

质证是当事人的一项重要权利，也是仲裁庭审理过程中的一项重要内容，是查明事实、分清责任、公正仲裁的重要环节，仲裁庭可以通过当事人之间互相质证审查判断证据是否真实、可靠，从而查清案件事实，准确及时解决纠纷。

(2) 质证的顺序。申请人出示证据，被申请人进行质证→被申请人出示证据，申请人进行质证→第三人出示证据，申请人、被申请人对第三人出示的证据进行质证→第三人对申请人或被申请人出示的证据进行质证。

(3) 质证的具体处理。案件有两个以上独立请求的，可以要求当事人逐项陈述事实和理由，逐个出示证据并分别进行调查和质证。对当事人无争议的事实，无须举证、质证。经仲裁庭准许，当事人及其代理人可以就证据问题相互发问，也可以向证人、鉴定人或者勘验人发问。当事人及其代理人相互发问，或者向证人、鉴定人、勘验人发问时，发问的内容应当与案件事实有关联，不得采用引诱、威胁、侮辱等语言或者方式。对书证、物证、视听资料进行质证时，当事人有权要求出示证据的原件或者原物。但有下列情况之一的除外："出示原件或者原物确有困难并经人民法院准许出示复制件或者复制品的；原件或者原物已不存在，但有证据证明复制件、复制品与原件或原物一致的。"视听资料应当当庭播放或者显示，并由当事人进行质证。涉及国家秘密、商业秘密和个人隐私或者法律规定的其他应当保密的证据，不得在开庭时公开质证。

(4) 质证的方法。根据证据的不同而采用不同的方法。证人应当出庭作证，接受当事人的质询。证人出庭作证时,应当出示证明其身份的证件。仲裁庭应当告知其诚实作证的法律义务和作伪证的法律责任。出庭作证的证人不得旁听案件的审理。仲裁庭询问证人时,其他证人不得在场,但组织证人对质的除外。若"证人确有困难不能出庭"的,如年迈体弱或者行动不便无法出庭的;路途特别遥远,交通不便难以出庭的;因自然灾害等不可抗力的原因无法出庭的等,经仲裁庭许可,证人可以提交书面证言或者视听资料或者通过双向视听传输技术手段作证。

2) 当事人在仲裁过程中有权进行辩论

(1) 仲裁庭辩论。这是在庭审调查事实的基础上,双方当事人对案件事实的认定、各自的责任和适用法律等提出自己的主张。辩论是开庭审理的必经程序,也是当事人行使辩论权的重要阶段。辩论开始前,由首席仲裁员提示双方当事人不要重复事实,辩论的重点应着重在责任的分析和运用法律上。辩论应围绕案件事实是否清楚、责任是否分明以及如何适用法律等进行。

(2) 辩论的终止。如在辩论中当事人又提出新的事实或仲裁认为庭审调查时尚未查清的,应终止辩论程序,恢复庭审调查程序。待查清案件事实后,再恢复辩论程序。如果案件事实在庭审中暂时不能查清,应宣布休庭,待当事人举证或仲裁庭获取证据后,再继续开庭。待事实查清后,再恢复辩论阶段。

质证和辩论终结时,应当征询当事人的最后意见。为充分保证当事人发表意见的权利,质证和辩论终结时,首席仲裁员或者独任仲裁员应当征询当事人的最后意见。

11.3.2 劳动争议证据的保护与运用

1. 加强举证意识,规范管理流程

在劳动争议的证据规则中,用人单位承担较大的举证责任,并对举证不能的后果进行了明确规定,"没有证据或者证据不足以证明当事人的事实主张的,由负有举证责任的当事人承担不利的法律后果"。因此,用人单位应当增强证据意识,规范管理流程,在订立、履行、变更、解除和终止劳动合同时,保留好劳动者同意的书面证据以及与企业用工有关的职工名册、工资发放、社会保险缴纳等证据材料,有些资料如加班审批单等应一式两份,由劳动者与用人单位各自保存一份。为避免劳动者对用人单位提供的证据的真实性提出异议,用人单位在行使管理权过程中形成的资料应尽量由劳动者本人签字确认,规章制度的建立和修改应按照法律规定的程序进行。

2. 注意举证时限制度

针对过去长期实行的当事人在诉讼中的各个阶段均可以随时提出新的证据主张,导致诉讼程序的安定性得不到应有的保障,2001年最高人民法院公布了《关于民事诉讼证据的若干规定》(以下简称《证据规定》),明确规定了举证时限制度。人民法院应当根据案情确定举证期限,举证期限不得少于30日,自当事人收到案件受理通知书和应诉通知书的次日起算,举证期限也可由当事人协商并经法院认可。人民法院应当向当事人说明举证的要求及法律后果,促使当事人在合理期限内积极、全面、正确、诚实地完成举证。对逾期举证,法院将不组织质证,也就是不能作为定案的依据,并且逾期举证提供的证据不能作为推翻

原判决的新证据。举证期内提交证据材料有困难的，须由当事人提出申请并经法院决定。

3. 证据交换制度

双方当事人在开庭审理前互相交换证据，证据交换可以由当事人申请，也可以由法院依职权决定。证据交换的主持人是审判人员。

4. 界定了非法取证的范围

《证据规则》明确规定"以侵犯他人合法权益或者违反法律禁止性规定的方法取得的证据，不能作为认定案件事实的依据"，对"非法"的范围进行了限定。电视暗访、私自录音、录像，不一定就是非法证据，只有侵犯了他人隐私权、侵犯了国家秘密、企业商业秘密等非法方法取得的证据才认定为非法取证。

11.4 工作任务：进行劳动争议处理的业务操作

劳动争议处理方法，分为一般调整方法和紧急调整方法。一般调整方法，又可以具体分为协商、斡旋和调解、仲裁和审判。紧急调整方法，是各国劳动争议立法普遍对公益事业或紧急情况下的劳动争议采取紧急调整的方法。所谓紧急情况下的劳动争议，即对公众的日常生活不可缺少或对国民经济产生重大影响的劳动争议事件，如铁路、邮电、医疗、银行、广播等行业的集体纠纷，许多国家都规定了特殊的处理程序，具体方法如下。

- 坚持优先和迅速处理的原则；
- 政府在必要时可采取强制仲裁，即停止或者限制影响公共利益和国民生活的争议行为，采取紧急的方法提出解决问题的方案；
- 争议行为的实施期限短。

劳动争议处理的一般调整方法需要严格按照图 11-1 的程序进行。

图 11-1 劳动争议处理的一般调整方法的程序

11.4.1 劳动争议协商

协商是劳动关系双方自主解决争议的一种方式。协商可以是双方自主协商，也可以由第三方介入进行协商。"第三方"可以是本单位人员，也可以是双方都信任的其他人，如律师等。协商的特点有以下 4 个。

1. 自愿性

通过协商解决争议是双方当事人的自愿行为，经协商达成的和解协议体现双方意志，和解协议由当事人自觉自愿履行。

2. 灵活性

协商具有简便灵活、快捷的特点，当事人双方可以随时就争议具体事项进行商谈，协商方式由当事人灵活选择。与调解、仲裁和诉讼相比，协商解决劳动争议具有更大的灵活性。

3. 选择性

协商不是处理劳动争议的法定必经程序，劳动争议发生后，当事人可以选择协商，也可以选择向调解组织申请调解或直接向劳动争议仲裁委员会申请仲裁。

4. 平等性

在协商过程中双方当事人的地位平等。为保证协商过程的公正平等，法律允许劳动者邀请工会或第三方参与协商，共同解决劳动争议。

协商是解决劳动争议的第一个环节，其好处是解决争议的气氛比较平和，双方不伤和气，不丢面子；解决争议的方式最为便捷，具有简易、灵活、快捷的特点，有利于在短时间内化解矛盾；通过协商方式解决争议，还可以减轻调解机构、仲裁机构和人民法院的压力，最大限度降低解决争议的成本，减少人力、物力和时间的支出。

11.4.2 劳动争议调解

1. 劳动争议调解的概念

劳动争议调解，是指调解组织对企业与劳动者之间发生的劳动争议，在查明事实，分清是非、明确责任的基础上，依照国家劳动法律、法规，以及依法制定的企业规章和劳动合同，通过民主协商的方式，推动双方互谅互让，达成协议，消除纷争的一种活动。劳动争议调解是一种力求达成一致的过程，立足于把矛盾、纠纷化解在基层，促进劳动关系的和谐稳定。调解人不偏袒任何一方，不把自己的决定强加于当事人，而是帮助双方找到一个都可以接受的解决办法。调解劳动争议的依据是有关劳动法律、法规和依法制定的规章制度和劳动合同。

调解解决纠纷，具有成本低、及时、灵活的优点，可以促使当事人双方尽快取得谅解，减少双方的对立情绪，防止矛盾激化，因此，调解也被称为解决纠纷的"第三条道路"和"绿色"纠纷处理机制。在解决劳动争议中引入调解机制，有利于把争议及时解决在基层，最大限度地降低当事人双方的对抗性，阻止双方矛盾激化，对解决劳动争议起着很大的作用，尤其是对于希望仍在原单位工作的员工，通过调解解决劳动争议当属首选步骤。《劳动争议调解仲裁法》在确立企业调解制度的基础之上，整合并强化了劳动争议调解制度，重申了着重调解的原则，规定了调解组织的类型、调解员的任职资格、调解的方式、调解协议的效力等。

2. 劳动争议调解的种类和机构

《劳动争议调解仲裁法》第十条第一款规定："发生劳动争议，当事人可以到下列调解组织申请调解：(一)企业劳动争议调解委员会；(二)依法设立的基层人民调解组织；

(三)在乡镇、街道设立的具有劳动争议调解职能的组织。"根据这一规定,我们国家的劳动争议调解组织主要包括三类,劳动者与用人单位发生劳动争议后,可以根据自愿的原则,向这三种调解组织中的任何一个申请调解。

企业劳动争议调解委员会。企业劳动争议调解委员会是建立在企业内部从事劳动争议调解工作的专门组织,对发生在本单位的劳动争议案件,经当事人自愿提出调解后,在查清事实、分清是非、明确责任的基础上,运用宣传法律法规和说服教育、规劝疏导的方法,使劳动争议及时得到解决的一种活动。企业劳动争议调解委员会由职工代表和企业代表组成。职工代表由工会成员担任或由全体职工推举产生,企业代表由企业负责人指定。企业劳动争议调解委员会主任由工会成员或者双方推举的人员担任。

基层人民调解组织是我国解决民间纠纷的组织。人民调解委员会是村民委员会和居民委员会下设的调解民间纠纷的群众性组织,在基层人民政府和基层人民法院指导下进行工作。人民调解委员会的任务为解决民间纠纷,并通过调解工作宣传法律、法规、规章和政策,教育公民遵纪守法,尊重社会公德。通过基层人民调解组织解决劳动争议,在企业外部提供了解决争议的途径,成本低、效率高,有利于提高劳动争议处理的总体效率,也有望节约司法资源和成本。《劳动争议调解仲裁法》规定发生劳动争议,当事人可以向基层人民调解组织申请调解。

在乡镇、街道设立的具有劳动争议调解职能的组织。在乡镇、街道设立劳动争议调解组织,是一些经济发达地区为了解决劳动争议的实际需要而设立的区域性、行业性调解组织。与企业调解委员会相比较,区域性、行业性调解组织地位超脱,调解员与企业没有利害关系,调解更具有权威性。行业性劳动争议调解组织熟悉行业情况,与成员单位联系紧密的优势,为及时解决劳动争议提供了便利条件。

3. 劳动争议调解的原则

劳动争议调解员应当由公道正派、联系群众、热心调解工作,并具有一定法律知识、政策水平和文化水平的成年公民担任。公道正派,要求调解员具有一定的道德力量和社会影响力,在群众中享有较高威信。调解劳动争议,在一定程度上需要靠调解员的影响力和说服力。调解员为人正派、信誉高,具有较好的沟通能力和亲和力,有利于妥善解决劳动争议。调解员调解劳动争议,应当充分听取双方当事人对事实和理由的陈述,耐心疏导,帮助其达成协议。

1) 充分听取双方当事人对事实和理由的陈述

充分听取双方当事人对事实和理由的陈述,就是要求调解员以事实为依据,在弄清事实、分清是非的基础上开展调解工作,帮助双方解决分歧,就争议事项达成共识。只有事实清楚,矛盾焦点明确,调解工作才能"有的放矢",纠纷才能顺利解决。因此,在开展调解工作前,调解员既要听取劳动者一方对事实和理由的陈述,也要听取用人单位一方对事实和理由的陈述,不能只听一家之言,偏听偏信。此外,调解员在听取双方当事人陈述时,可以要求其提供相应的证据,以帮助调解员弄清事实。若证据不足或没有证据,也不妨碍调解工作的进行,调解员也可以主动调查了解,弄清事实。

2) 耐心疏导

耐心疏导,就是要求调解员根据法律、法规和政策,耐心地对争议双方当事人进行说服和教育，做到以理服人，而不能以势压人。调解工作是一项耗费时间和精力的工作，这就要求调解员有耐心、虚心和诚心，不厌烦地对双方当事人进行开导和说服，从而引导争议双方以和解的方式解决纠纷。在进行劝导时，调解员也可以提出自己的意见，但不能强迫双方当事人接受自己的主张。这是因为调解协议是双方当事人真实意思的表达，是双方自愿的结果。调解内容涉及双方当事人权利和义务的，调解员应当尊重当事人自己的意愿进行处理。如果强迫当事人达成调解协议，不是当事人心甘情愿，即使达成协议，也可能得不到履行。

4. 调解的期限和效力

《劳动争议调解仲裁法》第十四条规定："经调解达成协议的，应当制作调解协议书。调解协议书由双方当事人签名或盖章，经调解员签名并加盖调解组织印章后生效，对双方当事人具有约束力，当事人应当履行。自劳动争议调解组织收到调解申请之日起15日内未达成调解协议的，当事人可依法申请仲裁。"明确了调解协议效力和调解期限。

双方当事人经调解达成一致意见后，调解组织应当制作调解协议书。调解协议主要应当载明双方当事人的基本情况、纠纷简要事实、争议事项及双方责任、双方当事人的权利和义务、履行协议的期限等。调解协议书由双方当事人签名或盖章，经调解员签名并加盖调解组织印章后生效，对双方当事人具有约束力，当事人应当履行。调解协议是在双方自愿的基础上达成的，是双方意思表示一致的结果，相当于合同，具有合同的效力。经过劳动争议调解组织调解所达成的调解协议具有合同的约束力，双方当事人应当按照协议的内容来履行相应的义务，享受相应的权利。这些规定强化了双方当事人的履约意识，维护调解协议的严肃性。《劳动争议调解仲裁法》第十五条规定，达成调解协议后，一方当事人在约定期限内不履行调解协议的，另一方当事人可以依法申请仲裁。达成调解协议后，如果一方当事人不履行调解协议，劳动争议并没有得到解决，这就需要其他的争议解决机制发挥作用。根据《劳动争议调解仲裁法》的规定，仲裁是解决劳动争议的必经程序，如果一方当事人不履行调解协议，另一方当事人就可以依法申请仲裁，以便使劳动争议得到尽快解决。《劳动争议调解仲裁法》第十六条规定，因支付拖欠劳动报酬、工伤医疗费、经济补偿或者赔偿金事项达成调解协议，用人单位在协议约定期限内不履行的，劳动者可持调解协议书依法向人民法院申请支付令。人民法院应当依法发出支付令。支付令是人民法院根据债权人的申请，督促债权人履行债务的程序，是民事诉讼法规定的一种法律制度。在解决劳动争议中引入支付令制度，可以尽快解决劳动争议，强化调解协议的效力。

调解组织调解劳动争议的程序是：调解准备→调解开始→实施调解→调解终止。当事人申请调解，可以口头或书面形式向调解委员会提出申请。口头申请的，调解组织应当当场记录申请人基本情况、申请调解的争议事项、理由和时间。调解劳动争议应当讲究效率，及时、尽快解决劳动争议。为防止劳动争议"久调不解"，《劳动争议调解仲裁法》规定，自劳动争议调解组织收到调解申请之日起15日内未达成调解协议的，当事人可以依法申请仲裁。也就是说，调解的期限是15天，在15天内未达成调解协议的视为调解不成，当事人任何一方都可以向劳动争议仲裁委员会申请仲裁。

11.4.3　劳动争议仲裁

1. 劳动争议仲裁的概念

劳动争议仲裁指劳动争议仲裁委员会对用人单位与劳动者之间发生的劳动争议，在查明事实、明确是非、分清责任的基础上，依法作出裁决的活动。劳动争议仲裁是处理劳动争议的一种重要方式，在及时处理劳动争议，维护当事人合法权益，化解社会矛盾方面发挥着重要的作用。劳动争议仲裁制度是处理劳动争议的核心制度，是劳动争议处理的中间环节，也是《劳动争议调解仲裁法》规定的重要制度。劳动争议仲裁具有较强的专业性，其程序与司法程序相比，较为简便、及时。

2. 劳动争议仲裁机构的设立、组成及管辖

1) 劳动争议仲裁机构的设立

《劳动争议调解仲裁法》第十七条规定："劳动争议仲裁委员会按照统筹规划、合理布局和适应实际需要的原则设立。省、自治区人民政府可以决定在市、县设立；直辖市人民政府可以决定在区、县设立。直辖市、设区的市也可以设立一个或者若干个劳动争议仲裁委员会。劳动争议仲裁委员会不按行政区划层层设立。"这一规定明确了劳动争议仲裁委员会的设立原则、设置权限和设立方式。仲裁委员会设立应遵循统筹规划、合理布局和适应实际需要的原则，应根据城乡发展、区域发展、经济与社会发展等实际情况，统一筹划仲裁委员会设立的数量与层次。仲裁委员会的设立既不能太集中，也不能太分散，要以劳动争议仲裁处理的现实需要为标准，劳动争议案件较多的地区可设多个仲裁委员会，劳动争议案件较少的地区可少设仲裁委员会。这一设立原则体现了精简、高效、灵活的特点。仲裁委员会不按照行政区划在省、市、县三级层层都设立，而是仅仅在市、县、区设立。各仲裁委员会之间没有上下级隶属关系，不存在级别管辖，而是相互独立的争议处理机构。劳动争议仲裁委员会下设办事机构，负责办理劳动争议仲裁委员会的日常工作。

2) 劳动争议仲裁机构的组成

劳动争议仲裁委员会的组成，采用"三方性"的组织原则。劳动争议仲裁委员会由劳动行政部门代表、工会代表和企业方面代表组成。劳动争议仲裁委员会组成人员应当是单数。劳动争议仲裁委员会由三方代表组成，其好处在于可以给争议当事人以公平感和可靠性，从而赢得其信任，有利于仲裁活动的开展。由于三方分别代表不同的身份，有各自的劳动关系方面的专门知识，可以从不同的角度看待问题，能够代表和反映不同方面的认识和利益要求，从而在广泛、客观的基础上作出公正的裁决，防止发生偏颇，也使裁决易于为当事人接受并执行。仲裁委员会的组成人员必须是单数，这样才不会出现持不同意见的仲裁员相持不下，不能取得一致的局面，仲裁委员会也才能实行少数服从多数的原则。

3) 劳动争议仲裁委员会的职责

劳动争议仲裁委员会依法履行下列职责。

(1) 聘任、解聘专职或者兼职仲裁员；

(2) 受理劳动争议案件；

(3) 讨论重大或者疑难的劳动争议案件；
(4) 对仲裁活动进行监督。

4) 劳动争议仲裁的管辖

劳动争议仲裁管辖就是仲裁委员会受理劳动争议仲裁案件的具体分工和权限，明确了劳动争议案件应由哪一个仲裁委员会受理，或是申请仲裁的当事人应到哪一个仲裁委员会提出申请。劳动争议仲裁管辖的确定对于当事人申请仲裁至关重要，因为当事人须向有管辖权的仲裁委员会提起申诉。

《劳动争议调解仲裁法》第二十一条规定："劳动争议仲裁委员会负责管辖本区域内发生的劳动争议。劳动争议由劳动合同履行地或者用人单位所在地的劳动争议仲裁委员会管辖。双方当事人分别向劳动合同履行地和用人单位所在地的劳动争议仲裁委员会申请仲裁的，由劳动合同履行地的劳动争议仲裁委员会管辖。"这一规定明确了仲裁委员会的管辖范围。我国的劳动争议仲裁实行特殊地域管辖，明确只能由劳动者合同履行地或用人单位所在地的劳动争议仲裁委员会管辖。当管辖权发生争议时，由劳动合同履行地的仲裁委员会管辖。"劳动合同履行地"，通常指履行劳动合同义务的实际固定工作地点。"用人单位所在地"，一般是指用人单位的注册地，注册地与经常营业地不一致的，以用人单位经常营业地为用人单位所在地。正确确定仲裁案件的管辖权，便于正确行使申诉权，保证劳动争议得到及时处理。

3. 共同当事人和第三人

《劳动争议调解仲裁法》第二十二条规定："发生劳动争议的劳动者和用人单位为劳动争议仲裁案件的双方当事人。劳务派遣单位或者用工单位与劳动者发生劳动争议的，劳务派遣单位和用工单位为共同当事人。"对共同当事人和第三人作了明确的规定。

1) 共同当事人

劳务派遣单位或者用工单位与劳动者发生劳动争议的，劳务派遣单位和用工单位为共同当事人。《劳动合同法》第九十二条规定，"劳务派遣单位违反本法规，给被派遣劳动者造成损害的，劳务派遣单位与用工单位承担连带赔偿责任"，与此相衔接，《劳动争议调解仲裁法》明确规定，在劳务派遣中劳务派遣单位和用工单位为共同当事人，有效防止了劳务派遣单位与用工单位相互推诿侵害劳动者合法权益的情况出现，保证了劳动争议能够得到及时处理。

2) 第三人

《劳动争议调解仲裁法》第二十三条规定："与劳动争议案件的处理结果有利害关系的第三人，可以申请参加仲裁活动或者由劳动争议仲裁委员会通知其参加仲裁活动。"劳动争议仲裁第三人，是指与劳动争议案件处理结果有直接利害关系而参加到当事人之间已经开始的劳动争议仲裁活动中的人。所谓利害关系，是指仲裁委员会对劳动争议的处理结果，会影响到第三人的权利得失或义务增减，第三人参加仲裁活动是为了保护自己的合法权益，第三人在仲裁中以自己名义参加仲裁，其请求可能与申诉人或被诉人相似，也可能都相反。它具有独立法律地位，最终目的是维护自己的合法权益。例如，用人单位招用尚未解除或者终止劳动合同的劳动者，原用人单位与劳动者发生劳动争议的，可以列新的用人单位为第三人。

4. 劳动争议仲裁人员的回避

在通常情况下，仲裁庭一旦组成，即负责所受理的劳动争议案件的处理直至结案，但如果遇到仲裁庭组成人员有应当回避的情况，就要另行组成仲裁庭。仲裁员回避，是指劳动争议仲裁员不参加与自己有利害关系或其他关系的劳动争议案件仲裁活动的法律行为。仲裁员回避主要包括两种方式：自行回避与申请回避。自行回避，是仲裁员知道自己具有应当回避的情形，向仲裁委员会提出回避申请，并说明情况，主动不参加对案件审理或任务执行。申请回避，是仲裁员并未主动提出回避申请，但当事人认为仲裁员存在回避情形，可能影响公正处理，向仲裁委员会提出申请要求该仲裁员退出仲裁活动并即时更换人员。提出回避是当事人的一项重要权利，当事人认为有必要提出回避申请的，可以口头或书面两种方式提出。《劳动争议调解仲裁法》第三十三条规定："仲裁员有下列情形之一，应当回避，当事人也有权以口头或者书面方式提出回避申请：(一)是本案当事人或者当事人、代理人的近亲属的；(二)与本案有利害关系的；(三)与本案当事人、代理人有其他关系，可能影响公正裁决的；(四)私自会见当事人、代理人，或者接受当事人、代理人的请客送礼的。劳动争议仲裁委员会对回避申请应当及时作出决定，并以口头或者书面方式通知当事人。"这一条款是关于仲裁员回避制度的规定。

5. 部分争议实行一裁终局制度

《劳动争议调解仲裁法》第四十七条规定："追索劳动报酬、工伤医疗费、经济补偿或者赔偿金，不超过当地月最低工资标准十二个月金额的争议，除本法另有规定的外，仲裁裁决为终局裁决，裁决书自作出之日起发生法律效力。"这一规定确立了部分劳动争议案件实行一裁终局制度。

1) 一裁终局制度

一裁终局制度是劳动争议仲裁庭对申请仲裁的纠纷进行仲裁后，裁决立即发生法律效力，当事人不得就同一纠纷再向劳动争议仲裁委员会申请仲裁或向人民法院起诉的制度。《劳动争议调解仲裁法》规定，两类劳动争议案件实行"一裁终局"：一是小额劳动争议，即劳动报酬、工伤医疗费、经济补偿或者赔偿金不超过当地月最低工资标准12个月金额的案件；二是因执行国家工作时间、休息休假、社会保险等国家标准而发生的争议。实行一裁终局处理的案件，主要是一些涉及劳动者生存权益、案情较为简单、争议标的较小的案件，从保护劳动者角度确立了快速解决的制度。这类案件专业性较强，有明确的法律标准，便于仲裁员及时、公正地作出裁决。一裁终局处理争议的制度，缩短了劳动争议案件的处理周期，可以让大量的劳动争议案件在仲裁阶段就得到彻底解决，无须拖延到诉讼阶段，同时，也防止了当事人恶意诉讼、案件久拖不决的情形。一裁终局制度有利于提升劳动争议处理工作效率，减轻当事人负担，提高劳动争议仲裁的权威性和法律效力。

2) 对一裁终局裁决不服

对一裁终局裁决不服，劳动者可向法院提起诉讼。《劳动争议调解仲裁法》第四十八条规定，劳动者对一裁终局案件的裁决不服的，可以自收到仲裁裁决书之日起15日内向人民法院提起诉讼。劳动者对一裁终局裁决不服的，可以在15日内向人民法院提起诉讼，也可以选择不诉讼，选择权完全掌握在劳动者手中，劳动者期满不起诉的，视为放弃诉权，裁决书对劳动者发生法律效力。用人单位对一裁终局案件的裁决享有申请撤销权。根据《劳动争议调解仲裁法》第四十九条的规定:"用人单位有证据证明一裁终局案件的仲裁裁决有下列情形之一,可以自收到仲裁裁决书之日起 30 日内向劳动争议仲裁委员会所在地的中级人民法院申请撤销裁决:(一)适用法律、法规确有错误的;(二)劳动争议仲裁委员会无管辖权的;(三)违反法定程序的;(四)裁决所根据的证据是伪造的;(五)对方当事人隐瞒了足以影响公正裁决的证据的;(六)仲裁员在仲裁该案时有索贿受贿、徇私舞弊、枉法裁决行为的。人民法院经组成合议庭审查核实裁决有前款规定情形之一的,应当裁定撤销。仲裁裁决被人民法院裁定撤销的,当事人可以自收到裁定书之日起 15 日内就该劳动争议事项向人民法院提起诉讼。"

3) 对一裁终局以外的仲裁裁决不服

对一裁终局以外的仲裁裁决不服,可向人民法院提起诉讼。《劳动争议调解仲裁法》第五十条规定:"当事人对一裁终局规定以外的其他劳动争议案件的仲裁裁决不服的,可以自收到仲裁裁决书之日起十五日内向人民法院提起诉讼;期满不起诉的,裁决书发生法律效力。当事人提起诉讼应当注意不能超过诉讼时效。仲裁裁决发生法律效力即具有强制执行力,若一方当事人逾期不履行,另一方当事人可以向人民法院申请执行,维护自身的合法权益。"

《劳动争议调解仲裁法》仍保持了"一调一裁两审,仲裁前置"的模式。对于一裁终局以外的其他劳动争议案件,当事人不愿协商或协商不成的,可以先向调解组织申请调解;不愿调解或调解不成的,可向仲裁委员会申请仲裁;若对仲裁裁决不服,在诉讼时效内,可向人民法院提起诉讼,寻求司法救济。

6. 先行裁决和先予执行制度

1) 先行裁决

《劳动争议调解仲裁法》第四十三条规定:"仲裁庭裁决劳动争议案件时,其中一部分事实已经清楚,可以就该部分先行裁决。"先行裁决,是指劳动争议仲裁庭在仲裁过程中可以对部分事实已经清楚的案件先行作出仲裁裁决,其他未裁决部分待相关事实进一步查明后,通过后续裁决来解决。一般情况下,仲裁庭在查明事实后对全部仲裁请求作出裁决。但在仲裁过程中,由于种种客观原因,仲裁庭可能一时难以查清全部争议事实。规定先行裁决程序,对涉及劳动者基本生活、部分事实清楚的仲裁请求先行作出裁决,可以缓解劳动者燃眉之急,有利于及时保护劳动者合法权益。先行裁决后,整个案件并没有结束,仲裁庭接下来再对其他请求事项进行裁决。先行裁决的效力是终局的,与终局裁决一样具有法律约束力。仲裁庭在以后的终局裁决中,不得对先行裁决的结果进行变更,也不得对部分先行裁决的事项再进行裁决。先行裁决与最终裁决的内容要保持一致,不能相互矛盾。

2) 对部分劳动争议案件可以裁决先予执行

《劳动争议调解仲裁法》第四十四条规定:仲裁庭对追索劳动报酬、工伤医疗费、经济补偿或者赔偿金的案件,根据当事人的申请,可以裁决先予执行,移送人民法院执行。仲裁庭裁决先予执行的,应当符合下列条件。

(1) 当事人之间权利义务关系明确;

(2) 不先予执行将严重影响申请人的生活。

劳动者申请先予执行的,可以不提供担保。这一规定明确了先予执行制度。先予执行,是指对追索劳动报酬、工伤医疗费、经济补偿或者赔偿金的给付之诉,在作出裁决之前,裁定一方当事人履行一定义务,并立即执行的制度。仲裁和诉讼,都是一种事后救济途径,如果所有的劳动争议案件都只有在仲裁结束、诉讼结束后才能执行,在劳动者急需帮助的情况下,可能会出现"正义来得过迟"问题。

7. 劳动争议仲裁不收费制度

《劳动争议调解仲裁法》第五十三条规定:"劳动争议仲裁不收费,劳动争议仲裁委员会的经费由财政予以保障。"明确规定劳动争议仲裁不收费。

8. 劳动争议仲裁的程序

仲裁的程序见图11-2。

图11-2 劳动争议仲裁的程序

步骤一:当事人申请立案

当事人向仲裁委员会申请仲裁,应当提交申诉书,并按照被诉人数提交副本。《劳动争议调解仲裁法》第二十八条规定:"申请人申请仲裁应当提交书面仲裁申请,并按照被申请人人数提交副本。仲裁申请书应当载明下列事项。

(1) 劳动者的姓名、性别、年龄、职业、工作单位和住所,用人单位的名称、住所和法定代表人或者主要负责人的姓名、职务;

(2) 仲裁请求和所根据的事实、理由;

(3) 证据和证据来源、证人姓名和住所。

书写仲裁申请确有困难的,可以口头申请,由劳动争议仲裁委员会记入笔录,并告知对方当事人。"规定了仲裁申请书的具体内容。

步骤二:仲裁委员会受理案件

仲裁委员会在规定的期限内作出受理或者不予受理的决定。根据《劳动争议调解仲裁法》的规定,劳动争议仲裁委员会收到仲裁申请之日起5日内,认为符合受理条件的,应当受理,并通知申请人;认为不符合受理条件的,应当书面通知申请人不予受理,并说明理由。劳动争议仲裁委员会受理仲裁申请后,应当在5日内将仲裁申请书副本送达被申请人。被申请人收到仲裁申请书副本后,应当在10日内向劳动争议仲裁委员会提交答辩书。劳动争议仲裁委员会收到答辩书后,应当在5日内将答辩书副本送达申请人。被申请人未提交答辩书的,不影响仲裁程序的进行。仲裁庭应当在开庭5日前,将开庭日期、地点书面通知双方当事人。当事人有正当理由的,可以在开庭3日前请求延期开庭。是否延期,由劳动争议仲裁委员会决定。申请人收到书面通知,无正当理由拒不到庭或者未经仲裁庭同意中途退庭的,可以视为撤回仲裁申请。被申请人收到书面通知,无正当理由拒不到庭或者未经仲裁庭同意中途退庭的,可以缺席裁决。

步骤三:仲裁调解

当事人申请劳动争议仲裁后,可以自行和解。达成和解协议的,可以撤回仲裁申请。

仲裁庭在作出裁决前，应当先行调解。调解达成协议的，仲裁庭应当制作调解书。调解书应当写明仲裁请求和当事人协议的结果。调解书由仲裁员签名，加盖劳动争议仲裁委员会印章，送达双方当事人。调解书经双方当事人签收后，发生法律效力。

步骤四：仲裁庭审与结案

调解不成或者调解书送达前，一方当事人反悔的，仲裁庭应当及时作出裁决。仲裁庭作出裁决后，应当制作裁决书，送达双方当事人。

11.4.4　劳动争议诉讼

1. 劳动争议诉讼的概念及种类

1）劳动争议诉讼

劳动争议诉讼，指当事人不服劳动争议仲裁委员会的裁决，在规定的期限内向人民法院起诉，人民法院依照民事诉讼程序，依法对劳动争议案件进行审理的活动。此外，劳动争议的诉讼，还包括当事人一方不履行仲裁委员会已发生法律效力的裁决书或调解书，另一方当事人申请人民法院强制执行的活动。我国《劳动法》第八十三条规定："劳动争议当事人对仲裁裁决不服的，可以自收到仲裁裁决书之日起 15 日内向人民法院提起诉讼。一方当事人在法定期限内不起诉又不履行仲裁裁决的，另一方当事人可以申请人民法院强制执行。"劳动争议诉讼，是处理劳动争议的最终程序，它通过司法程序保证了劳动争议的最终彻底解决。

2）劳动争议诉讼的种类

根据《劳动争议调解仲裁法》的规定，劳动争议诉讼具体种类包括以下三类。

(1) 对被撤销的仲裁委员会裁决的起诉。根据《劳动争议调解仲裁法》规定，当事人对一裁终局裁决以外的裁决不服，可以自收到仲裁裁决书之日起 15 日内向人民法院提起诉讼；期满不起诉的，裁决书发生法律效力。当事人对发生法律效力的裁决书，应当依照规定的期限履行。用人单位对一裁终局裁决不服，须先申请撤销，其仲裁裁决被人民法院裁定撤销的，当事人可以自收到裁定书之日起 15 日内就该劳动争议事项向人民法院提起诉讼。

(2) 仲裁委员会不予受理的劳动争议讼。根据《劳动争议调解仲裁法》规定，劳动争议仲裁委员会收到仲裁申请之日起 5 日内，认为符合受理条件的，应当受理，并通知申请人；认为不符合受理条件的，应当书面通知申请人不予受理，并说明理由。对劳动争议仲裁委员会不予受理的劳动争议或者逾期未作出决定的，申请人可以就该劳动争议事项向人民法院提起诉讼。

(3) 仲裁委员会逾期未作出仲裁裁决的劳动争议。根据《劳动争议调解仲裁法》第四十三条规定，仲裁委员会裁决劳动争议案件，应当自受理仲裁申请之日起 45 日内结束。案情复杂需要延期的，经劳动争议仲裁委员会主任批准，可以延期并书面通知当事人，但是延长期限不得超过 15 日。逾期未作出仲裁裁决的，当事人可以就该劳动争议事项向人民法院提起诉讼。

2. 人民法院受理的劳动争议案件范围

1) 受理范围

关于劳动争议案件的受理范围，根据《最高人民法院关于审理劳动争议案件适用法律若干问题的解释》规定，劳动者与用人单位之间发生的劳动争议，当事人不服劳动争议仲裁委员会作出的裁决，依法向人民法院起诉的，人民法院应当受理，具体包括以下事项。

(1) 劳动者与用人单位在履行劳动合同过程中发生的纠纷。

(2) 劳动者与用人单位之间没有订立书面劳动合同，但已形成劳动关系后发生的纠纷。

(3) 劳动者退休后，与尚未参加社会保险统筹的原用人单位因追索养老金、医疗费、工伤保险待遇和其他社会保险费而发生的纠纷。

(4) 用人单位和劳动者因劳动关系是否已经解除或者终止，以及应否支付解除或终止劳动关系经济补偿金产生的争议，经劳动争议仲裁委员会仲裁后，当事人依法起诉的，人民法院应予受理。

(5) 劳动者与用人单位解除或者终止劳动关系后，请求用人单位返还其收取的劳动合同定金、保证金、抵押金、抵押物产生的争议，或者办理劳动者的人事档案、社会保险关系等移转手续产生的争议，经劳动争议仲裁委员会仲裁后，当事人依法起诉的，人民法院应予受理。

(6) 劳动者因为工伤、职业病，请求用人单位依法承担给予工伤保险待遇的争议，经劳动争议仲裁委员会仲裁后，当事人依法起诉的，人民法院应予受理。

2) 不属于受理范围的纠纷

同时，《最高人民法院关于审理劳动争议案件适用法律若干问题的解释》明确规定，下列纠纷不属于劳动争议。

(1) 劳动者请求社会保险经办机构发放社会保险金的纠纷；

(2) 劳动者与用人单位因住房制度改革产生的公有住房转让纠纷；

(3) 劳动者对劳动能力鉴定委员会的伤残等级鉴定结论或者对职业病诊断鉴定委员会的职业病诊断鉴定结论的异议纠纷；

(4) 家庭或者个人与家政服务人员之间的纠纷；

(5) 个体工匠与帮工、学徒之间的纠纷；

(6) 农村承包经营户与受雇人之间的纠纷。

3. 劳动诉讼案件的管辖

劳动争议案件的诉讼管辖，是指各级法院之间以及同级法院之间受理第一审劳动争议案件的分工和权限。

劳动争议案件由用人单位所在地或者劳动合同履行地的基层人民法院管辖。劳动合同履行地不明确的，由用人单位所在地的基层人民法院管辖。通常，劳动争议当事人不服仲裁裁决可向仲裁委员会所在地的人民法院提起诉讼。但如果有涉外因素或根据案件性质、繁简程度、影响的范围，对于难度大、影响范围广的案件也可由中级人民法院或高级人民法院作为第一审法院进行审理，而不是由作出仲裁裁决的仲裁委员会同级的基层人民法院管辖。

当事人双方就同一仲裁裁决分别向有管辖权的人民法院起诉的，后受理的人民法院应当将案件移送给先受理的人民法院。

4. 劳动诉讼案件的当事人

当事人双方不服劳动争议仲裁委员会作出的同一仲裁裁决，均向同一人民法院起诉的，先起诉的一方当事人为原告，但对双方的诉讼请求，人民法院应当一并作出裁决。

用人单位与其他单位合并的，合并前发生的劳动争议，由合并后的单位为当事人；用人单位分立为若干单位的，其分立前发生的劳动争议，由分立后的实际用人单位为当事人。用人单位分立为若干单位后，对承担劳动权利义务的单位不明确的，分立后的单位均为当事人。用人单位招用尚未解除劳动合同的劳动者，原用人单位与劳动者发生的劳动争议，可以列新的用人单位为第三人。原用人单位以新的用人单位侵权为由向人民法院起诉的，可以列劳动者为第三人。

原用人单位以新的用人单位和劳动者共同侵权为由向人民法院起诉的，新的用人单位和劳动者列为共同被告。劳动者在用人单位与其他平等主体之间的承包经营期间，与发包方和承包方双方或者一方发生劳动争议，依法向人民法院起诉的，应当将承包方和发包方作为当事人。

5. 劳动争议诉讼时效

根据《劳动法》和《劳动争议调解仲裁法》的规定，劳动争议当事人对仲裁裁决不服的，自收到裁决书之日起15日内，可以向人民法院起诉。当事人在法定期限内既不起诉、又不履行仲裁裁决的，另一方当事人可以申请人民法院强制执行。

人民法院审理劳动争议案件，对下列情形，视为"劳动争议发生之日"。

（1）在劳动关系存续期间产生的支付工资争议，用人单位能够证明已经书面通知劳动者拒付工资的，书面通知送达之日为劳动争议发生之日。用人单位不能证明的，劳动者主张权利之日为劳动争议发生之日。

（2）因解除或者终止劳动关系产生的争议，用人单位不能证明劳动者收到解除或者终止劳动关系书面通知时间的，劳动者主张权利之日为劳动争议发生之日。

（3）劳动关系解除或者终止后产生的支付工资、经济补偿金、福利待遇等争议，劳动者能够证明用人单位承诺支付的时间为解除或者终止劳动关系后的具体日期的，用人单位承诺支付之日为劳动争议发生之日。劳动者不能证明的，解除或者终止劳动关系之日为劳动争议发生之日。

拖欠工资争议，劳动者申请仲裁时劳动关系仍然存续，用人单位以劳动者申请仲裁超过时效为由主张不再支付的，人民法院不予支持。但用人单位能够证明劳动者已经收到拒付工资的书面通知的除外。

案例分析与讨论

2017年6月份，张某到重庆某公司从事网络管理员的工作，签订了2年的劳动合同。但2019年开始经济下行，某公司的融资进展不顺利，经营面临很大苦难。2019年3月，某公司以经营状况恶劣，需要进行经济裁员为由与张某解除了劳动关系。

张某认为某公司属于单方面非法解除劳动合同,随即向重庆地方劳动争议仲裁委发起劳动仲裁。要求某公司支付其某公司违法解除劳动合同,到当地劳动人事争议仲裁委提起仲裁,要求公司支付违法解除劳动合同的赔偿金近 24000 元(赔偿金计算:8000 元/月×1.5 个月×2 倍)。

2019 年 7 月,某公司收到仲裁裁决书,仲裁委作出裁决,要求某公司支付张某违法解除劳动合同的赔偿金 24000 元。

某公司不服仲裁裁决结果,但是因为各种原因导致收到仲裁裁决结果 18 天以后,才通过邮寄的方式向当地人民法院提交相应的材料,表示不服仲裁结果要提起诉讼。

请回答以下问题:

1. 请说明张某要求的赔偿金的计算的法律依据。
2. 如果您是法院的工作人员,您应该如何进行该案件的处理?

思考与练习

1. 劳动争议的概念是什么?其分类及特征分别又有哪些?
2. 劳动争议的范围有哪些?劳动争议处理的目的和原则分别又是什么?
3. 劳动争议处理中的核心概念有哪些?该如何对其进行理解?
4. 企业规章制度与国家法律法规有何关系?
5. 企业规章制度的方法和技巧分别有哪些?该如何进行企业规章制度的完善?
6. 如何进行劳动争议证据的保护和运用?
7. 劳动争议处理的法律程序有哪些?该如何进行各阶段劳动争议的处理?

■ 拓展阅读

国外劳动争议处理的主要模式

一、斗争模式

其主要特点是国家放任劳资对立,矛盾尖锐。劳资双方不存在谈判协调机制,劳动者通过怠工、罢工等方式与资本家对抗,国家则对劳工的行为进行压制。此种模式目前在世界上已不存在。

二、多元放任模式

以英国、美国为代表。政府对于劳资争议只在很少的情况下主动介入,鼓励并引导劳资双方通过自行协商交涉解决争议,对于争议的外部解决提供调解、调停、仲裁等多种非官方处理途径和渠道,其中,民间机构开展的劳动争议仲裁被作为最主要的解决劳动争议的方式。

三、协调自治模式

以法国和德国为代表。这种模式的特点是以劳资双方自行协调解决争议,国家采取必要的手段维持劳资双方的力量均衡,国家设立独立的劳动争议司法处理机构和程序。但是两国的模式又有区别，法国式协调自治模式又被称作劳资抗衡式的协调自治模式。在这种模式下，工会以罢工等必要的工业行为与雇主联盟力量相抗衡，国家对于劳资争议的介入不积极。德国式协调自治模式又被称为制衡式的协调自治模式。在这种模式下，国家通过劳工参与企业管理、职工持股等方式提高劳工及其团体对资本家作为企业股东的控制权。发生劳动争议后，国家司法机关居中裁判。

四、统合模式

以瑞典、日本为代表。强调国家在处理劳动争议中的作用，对于劳资双方不能自行协商解决的争议，国家设立的专门机构如日本的劳动委员会、瑞典的调解委员会主动介入。

五、司法倚重模式

在这种模式下，个体性质和集体性质劳动权利争议的解决主要倚重司法处理机制。在处理劳动争议时，司法机关(法院)介入强、作用大；而政府介入弱、作用小，解决劳动争议所依托的机构中，以司法的力量为主体和主导。这种模式以德国为代表。

六、专业权威模式

在这种模式下，司法机关和政府在解决劳动争议的过程中介入都相对被动、力量较弱。劳动争议多由专业化、半民间化的第三方组织解决。代表国家有英国、美国、澳大利亚等国家。

七、准司法模式

在这种模式下，主要由政府和法院之外的第三方机构行使准司法权来解决集体劳动争议。代表国家是日本。

另外，还可以根据劳动争议处理过程中调解、仲裁和司法三者的关系，将劳动争议处理模式划分为"先调后裁""调裁自由""或裁或审""强调强裁""只裁不审""只审不裁"等多种处理模式。

参 考 文 献

[1] 程延园. 员工关系管理[M]. 2版. 北京：中国人民大学出版社，2008.
[2] 刘磊，韩佳. 员工关系管理实务[M]. 北京：中国物资出版社，2010.
[3] 郭庆松. 企业劳动关系管理[M]. 天津：南开大学出版社，2001.
[4] 吴国存. 人力资源开发与管理概论[M]. 天津：南开大学出版社，2001.
[5] 张德. 人力资源开发与管理[M]. 3版. 北京：清华大学出版社，2007.
[6] 廖泉文. 招聘与录用[M]. 3版. 北京：中国人民大学出版社，2015.
[7] 刘俊敏. 我的第一本招聘面试实战指南[M]. 北京：人民邮电出版社，2016.
[8] 姚裕群. 招聘与配置[M]. 2版. 大连：东北财经大学出版社，2016.
[9] 罗宾斯. 组织行为学[M]. 10版. 孙健敏，李原译. 北京：中国人民大学出版社，2005.
[10] 李原. 企业员工的心理契约——概念、理论及实证研究[M]. 上海：复旦大学出版社，2006.
[11] 李原，孙健敏. 雇用关系中的心理契约：从组织与员工双重视角下考察契约中"组织责任"的认知差异[J]. 管理世界，2006(11).
[12] 彭剑锋，饶征. 基于能力的人力资源管理[M]. 北京：中国人民大学出版社，2003.
[13] 林嘉，杨飞，林海权. 劳动就业法律问题研究[M]. 北京：中国劳动社会保障出版社，2007.
[14] 王红. 人力资源第三方服务工作手册[M]. 北京：中国劳动社会保障出版社，2018.
[15] 杨明娜. 绩效管理实务[M]. 3版. 北京：中国人民大学出版社，2018.
[16] 陈国海. 员工培训与开发[M]. 2版. 北京：清华大学出版社，2016.
[17] 中国法制出版社. 中华人民共和国劳动合同法实用版[M]. 北京：中国法制出版社，2018.
[18] 中国法制出版社. 中华人民共和国劳动争议调解仲裁法注解与配套[M]. 4版. 北京：中国法制出版社，2017.
[19] 斯坦威. 人力资源管理必备制度与表格范例[M]. 北京：北京联合出版公司，2015.
[20] 李新建. 员工关系管理[M]. 天津：南开大学出版社，2009.
[21] 杨光瑶. 从入职到离职：员工关系管理[M]. 北京：中国铁道出版社有限公司，2020.
[22] 任康磊. 员工关系管理与职业发展从入门到精通[M]. 北京：人民邮电出版社，2020.
[23] 敬嵩. 员工关系管理[M]. 北京：中国电力出版社，2014.
[24] 鲍立刚. 员工关系管理技能应用[M]. 北京：机械工业出版社，2018.
[25] 龚艳萍. 企业管理[M]. 北京：清华大学出版社，2016.
[26] 雍德军. 企业员工培训浅议[J]. 合作经济与科技，2018(16).
[27] 石金涛，唐宁玉，顾琴轩. 培训与开发[M]. 2版. 北京：中国人民大学出版社，2002.
[28] 葛玉辉. 员工培训与开发[M]. 北京：清华大学出版社，2014.
[29] 杜映梅. 绩效管理[M]. 北京：中国发展出版社，2007.
[30] 张惠晨. 绩效管理——与员工进行持续有效的绩效沟通[J]. 中国质量，2004(7).
[31] 冯勇成. 绩效反馈中的批评技巧[J]. 中国劳动，2005(9).
[32] 风铃. 善用与上司的沟通管道[J]. 中外管理，2006(3).
[33] 陈强，张丽平. 绩效沟通中的反馈技巧[J]. 商场现代化，2006(11).
[34] 钱路. 绩效反馈面谈，不容粗糙的艺术[J]. 人力资源，2007(5).
[35] 蓝群辉，杜国志. 绩效沟通：绩效管理的核心[J]. 高等教育与学术研究，2007(4).
[36] 张惠晨. 绩效管理——与员工进行持续有效的绩效沟通[J]. 中国质量，2004(7).